송창근 평전

벽도 밀면
문이 된다

40대 시절의 송창근 목사.

미국에서 뇌일혈로 쓰러졌다가 귀국한 뒤의 모습.
발병한 이후, 많이 상하고 늙어보였다고 한다.

東洋大學生徒學籍簿

第　種　號

退學及除名理由	除名	卒業年月	所屬部科	入學試驗	入學年月	生年月	本籍及戶主	氏名
大正　年　月　日	大正　年　月　日	大正　年　月　日	第　年	大正　年　月　日	大正十一年四月六日	明治三十一年十月五日生	朝鮮咸鏡北道　慶興郡雄基面雄尙洞　宋始澤　長男	宋昌根

族籍　職業

保證人	兵微・猶豫・明書・附交	入學前ノ學歷	住所
佐藤寅太郎　慶之朝治元年十二月五日生	大正　年　月　日　號	間島局子街光成中學校　大正元年四月　日　第一學年二入學　大正四年三月　日卒業	小石川區戶崎町三三八

雜事	合計	第四年	第三年	第二年	第一年		第四年	第三年	第二年	第一年	
					出席時數 出席日數 缺席時數 品行點		盞 平月	盞 平月	盞 平月	盞 平月	試驗年月 得點 及落 優劣 順席

(No.　　　)

1922년 4월에 입학한 일본 동경의 '동양대학(東洋大學)'의 학적부.
입학 전의 출신학교가 '간도 국자가 광성중학교'로 기록되어 있다.

宋昌根 譯編

바울과그의信仰

京城彰文社發行

1923년 12월 1일에 창문사에서 출간된 최초의 저서. 일본어 서적에서 번역하고 편집하였다. 현재 장로회신학대학 도서관에 한 권이 소장되어 있다.

힐듸애오

Over The Mill

株式會社
京城彰文社發行

1924년 11월 20일에 출간된 영어소설의 번역서. 최초의 영어서적 번역서이다. 현재 이화여대 중앙도서관에 한 권이 소장되어 있다.

THE CHIME OF BELLS

1926년 10월에 입학했던 샌 앤셀모에 있는 샌프란시스코
신학교의 건물들.

미국 유학시절 김재준
(오른쪽)과 함께.

미국 유학시절 김재준
(왼쪽)과 함께.

REGISTRATION IN PRINCETON THEOLOGICAL SEMINARY

Your name in full *Chang Keun Song*

In order to a complete registration of the Seminary, which will afford material for the Biographical Catalogue of the graduates of the Seminary which is issued from time to time, and be of service in many other ways, each student is requested to fully and accurately give the information concerning himself requested below.

N. B.—In giving dates, please be particular to give day, month and year; in giving names, give all in full (not initials merely).

1. Date of registration, *Sept. 27, 1927*

2. Residence, *i. e., home, at time of entering the Seminary* *Seoul, Korea.*

   Street *address*

3. Father's full name, *(with any degree, as A.B., D.D.)* *Shi Tak Song*

   Your father's calling

4. Mother's full maiden name *Pong Sam Song Shin*

5. Your Birth. Date *Oct 5 1898* Place *Kyeng Hung, Korea.*

6. Single or married? *yes* If married, will your family live in Princeton? *no*

7. With what church *(thus: Grace Presb. Church of Rochester, N. Y.) did you* first unite by profession, and at what age? *Presbyterian, Kyeng Hung at the age 10*

8. College, or colleges, *(not theological)*
   Name of College (in its legal form).   Years in residence (thus: 4 years, 1920-24).   Degree (thus: A.B. 1927).

   Toyo Univ., Tokyo, Japan   *1921 – 23*   *No degree*
   the first two years of a four years course.

9. Occupation *if any, in years,* between college and Seminary
   Manager of Y.M.C.A. for the Koreans in Japan

10. Theological Schools, *if any with which you have been* previously connected.
    Name of Seminary (in its legal form).   Years in Residence (thus: Jun. '22-23, Mid. '23-24).   Graduated?   Degree (thus: B.D. 1927).

    Aoyama Gakuin Union Theo. Sem. Feb. '23 – 24 mid. '24 – 25
    Sen. '25 – 26   graduated 1926   ✓

11. Church Membership now. *(thus: Grace Presb. Church of Rochester, N. Y.)*
    Sung Dong Presbyterian Church, Seoul, Korea,

12. Presbytery, *or similar ecclesiastical body, with which now connected, as student taken under care, licentiate, or ordained minister, (underscore the relationship or add in writing).*

13. If licensed, *by what body, in what place, at what date?*

14. If ordained, *by what body, in what place, at what date?*

송창근 목사가 1927년 9월 27일에 입학한 프린스턴 신학교의 등록부.

THE GRADUATING CLASS, 1930

Standing: Ryall, Paden, Barnard, Weimer, Henry, Shirey, Macdonald, Ashton, Schaeffer, Schoeffel.
Seated: Tross, Silay, Gray, Atwell, Whitacre, Mamberger, Song, Potter, Lutz.

피츠버그의 웨스턴 신학교에서 석사과정을 마친 1930년 5월에 교수진 및 졸업
생 동료들과 함께. 앞줄 왼쪽에서 세 번째가 송창근 목사.

GRADUATION PROGRAM
AT 3:15 P. M. IN ILIFF CHAPEL

Organ Prelude—"Finale" .... *Lemmens*
    Mrs. Ira Abbott Morton
Processional .... Hail Alma Mater
    (In front cover of Hymnal)
Invocation .... The Reverend Earl Cranston Wright, A.B., S.T.B.
Responsive Reading—Psalter, Page 71 .. Rabbi William S. Friedman,
    A.B., LL.D.
Prayer .... The Reverend Otto C. Domer, A.B., B.D.
Hymn .... "O Love That Will Not Let Me Go"
    (The Hymnal No. 481)
Introduction of Commencement Speaker
    The Reverend Bishop Charles L. Mead, A.B., A.M., D.D., LL.D.
Address .... The Reverend Bishop Francis John McConnell,
    A.B., S.T.B., D.D., Ph.D., LL.D.
Presentation of Class The Reverend Professor James Thomas Carlyon,
    A.B., A.M., S.T.B., S.T.M., D.D., Ph.D.
Conferring of Degrees The Reverend President Elmer Guy Cutshall,
    A.B., A.M., B.D., D.D., Ph.D.
Felicitations .... Chancellor Frederick Maurice Hunter,
    A.B., A.M., Ed.D., LL.D.
Hymn .... "Where Cross the Crowded Ways of Life"
    (The Hymnal No. 423)
Benediction The Reverend Ira G. McCormack, A.B., B.D., D.D.
Recessional—"Coronation March" .... *Meyerbeer*

GRADUATING CLASS
MASTER OF ARTS
**John Rosentrater, A.B.
MASTER OF THEOLOGY
*Earl Colburn Eppert, A.B.
*Albert Sam Feller, A.B.
Lyman Schiller Johnson, A.B.
Marvin B. Kober, A.B.
John Van Leach, A.B.
*John Rosentrater, A.B.
Ronald E. Terry, A.B.
DOCTOR OF THEOLOGY
Edwin A. Briggs, A.B., B.D.
Percy Chandler Ladd, A.B., B.D.
*S. Dallas McNeil, A.B., B.D.
George E. Pennell, A.B., A.M., S.T.M.
Chang K. Song, A.B., S.T.B., S.T.M.
Abraham F. Hotson, A.B., B.D., A.M.

**Degree granted by the University of Denver at end of Summer upon completion
of work.
*Degree granted upon completion of work at end of Summer Quarter.

THE TRUSTEES, THE PRESIDENT, AND THE FACULTY OF THE ILIFF SCHOOL OF THEOLOGY REQUEST THE HONOR OF YOUR PRESENCE AT THE COMMENCEMENT EXERCISES, BEGINNING TUESDAY, JUNE SECOND, CONTINUING THROUGH WEDNESDAY, JUNE THIRD, NINETEEN HUNDRED AND THIRTY ONE, DENVER, COLORADO.

1931년 6월에 있었던 덴버의 아일리프 신학교 졸업식 프로그램이다. '송창근'의 이름 표기가 'Chang K. Song'으로 되어 있다. (검은 선 안) −위

미국 아일리프 신학교에서 박사학위를 받은 송창근 목사.
아시시의 성 프란시스를 존경했던 송목사는 그의 영어식 이름으로 '프란시스(Francis)'를 사용했다. −아래

THE ILIFF SCHOOL OF THEOLOGY

THE PAULINE IDEA OF SALVATION BY FAITH

ON

BASIS OF JEWISH CONCEPTION

A DISSERTATION

SUBMITTED TO THE FACULTY

OF THE ILIFF SCHOOL OF THEOLOGY

IN PARTIAL FULFILLMENT OF THE

REQUIREMENT FOR THE DEGREE OF

DOCTOR OF THEOLOGY

DEPARTMENT OF NEW TESTAMENT

BY

CHANG K. SONG

DENVER, COLORADO

MAY, 1931

송창근 목사가 아일리프 신학교에서 1931년 5월에 제출했던 박사학위 논문.

평양 산정현교회를 담임했던 때
막내딸 시온 양을 안고.

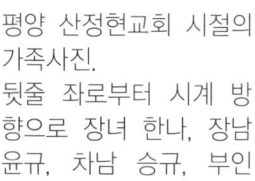

평양 산정현교회 시절의
가족사진.
뒷줄 좌로부터 시계 방
향으로 장녀 한나, 장남
윤규, 차남 승규, 부인
김재권 여사, 차녀 옥순.

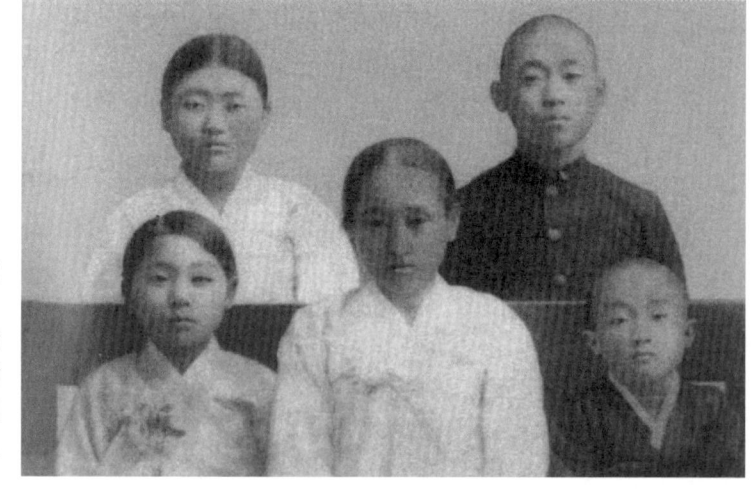

평양 산정현교회에서 목회할 때 송 목사와 윤 할머니.
윤 할머니는 늘 송 목사에게 냉면을 만들어 대접하기를 즐겨했다.

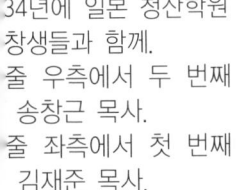

34년에 일본 청산학원 창생들과 함께.
줄 우측에서 두 번째 송창근 목사.
줄 좌측에서 첫 번째 김재준 목사.

1932년, 박사학위를 받은 뒤 귀국하여 첫 담임 목회를 맡은 평양 산정현교회의 신도들과 함께.
부인 김재원 사모(앞줄 가운데)가 막내딸 시온 양을 안고 있다.

부산에서 나병원을 운영하면서 나환자 구료사업을 크게 벌렸던 매켄지 선교사와 함께.

聖貧

第一卷　第一號

感想

생각해주는마음

宋昌根

創刊辭

1936년 4월에 부산에 내려간 송창근 목사가 도시빈민 선교사업에 종사하던 때 발행한 잡지 『성빈(聖貧)』. 1937년 4월 1일에 발행된 제1권 제1호의 1쪽의 모습이다.

김재준 목사(왼쪽) 및 이름을 알 수 없는 선교사와 함께.

조선신학교 설립 기성회 실행위원회 관계자들 모습.
두 번째 줄 왼쪽에서 세 번째 인물이 송창근 목사.

예수敎
長老會

朝鮮神學校設立概要

一、目的　「福音的信仰에　基礎한　基督敎神學을　研究하야　現　朝鮮敎會가　要求하는　健全한　敎役者를　養成하물　目的함

二、名稱　基督敎長老會朝鮮神學校라稱함

三、位置

四、修業年限　豫科二年　本科三年　研究科一年又는二年

五、定員　豫科八十名　本科百二十名　研究科若干名

六、入學資格　豫科＝中學卒業者　又는同等以上者로　基督信者
本科＝豫科卒業者　又는專門學校卒業의基督信者
研究科＝本科、他神學校卒業者、多年敎役從事者

七、各科學科課程
豫科

송창근 목사가 1939년에 추진했던 '예수교장로회 조선신학교'의 설립 개요.

수양동우회 사건으로 수감되었다가 출옥한 뒤에 가족들과 함께.
맨 왼쪽부터 시계 방향으로 차남 승규, 차녀 옥순, 장남 윤규, 큰사위 김상규 목사, 장손자 김삼열, 장녀 한나, 부인 김재권 사모, 삼녀 시온, 송 목사.

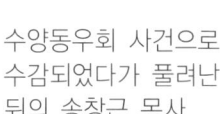

수양동우회 사건으로 수감되었다가 풀려난 뒤의 송창근 목사.

1941년 (43세). 김천 황금정교회에서 목회하던 때 교우들과 구미 금오산에 올랐다. 사진 중앙에 검은 양복 입은 분이 송 목사.

1940년 (42세). 김천 황금정교회 담임목사 시절에 성가대원들과 함께.
가운데 줄 왼쪽에서 네 번째가 송 목사.

1945년 2월 26일에 일본 동경교회를 방문한 송창근 목사.

1942년 3월 10일에 김정준과 조선출의 합동 결혼식을 거행하다.

동자동 조선신학교 시절의 교사.

1946년 (48세). 조선신학교 교장에 취임한 송창근 목사.

1946년 (48세). 조선신학교 신입생 환영 야외예배에서 학생들과 함께
(10월 18일 동구릉).

1947년 (49세). 조선신학교 성가대원들과 함께 성탄절에.

1948년 (50세). 조선신학교 제7회 졸업식에서 제자들과 함께.
앞줄 왼쪽에서 여섯 번째 있는 분이 송창근 목사.

동자동 신학교 교정에서. 제자들이 김재권 사모님께 꽃다발을
증정했다. 앞줄 왼쪽에서 두 번째가 송창근 목사.

1949년 2월에 도미
할 때 여의도 비행
장에서.
왼쪽부터 김재준 목
사, 최순복 집사, 송
목사, 유재기 목사,
장남 송윤규 의사.

도미하시는 송창근 목사와
배웅 나온 박요슈아 장로
(여의도 비행장).

미국에서 김태묵 목사에게
보낸 편지

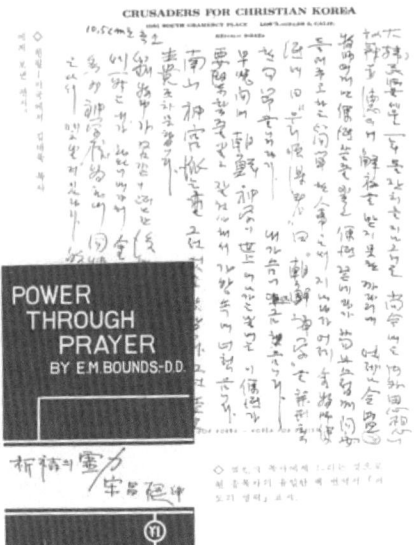

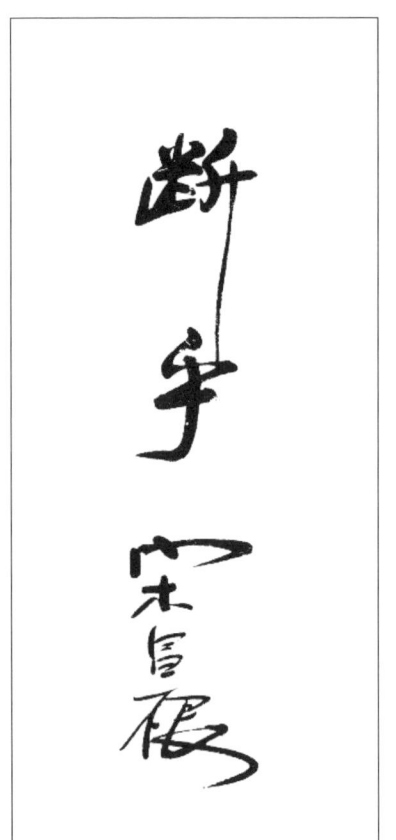

「단호」라고 쓴 송창근 목사의 필적.

하와이에서 요양하
던 때의 모습.
오른쪽 첫 번째 분
이 송창근 목사.

하와이에서 한인교회
교우들과 함께(왼쪽
첫 번째 분이 송창근
목사).
송 목사는 뇌일혈로
쓰러진 뒤에 하와이
에서 몇 달 동안 요
양했다.

조선신학교 교장으로 바쁜 나날을 보내던 때 어느
야유회 날에. 앞에 앉은 분이 송창근 목사.

1948년 경. 동자동 조선신학교 교정에서. 왼쪽부터 송창근 교장, 스코트 박사, 김재준 교수, 최윤관 교수, 조선출 교수.

6 · 25 전쟁 직전의 어느 날 야유회에서.

1947년 (49세). 조선신학교 교장 재임시의 모습. 뒷줄 우측부터 시계 반대 방향으로 김재준 교수, 송창근 교장, 최윤관 교수, 조선출 교수.

1950년 (52세). 서울 성남교회 담임목사 시절에 중등주일학교 제1회 졸업식에서 주일학교 교사 및 졸업생들과 함께. 앞줄 두 번째가 송창근 목사.

동자동 신학교에서 교수
진 및 학생들과 함께.
둘째 줄 왼쪽에서 다섯
번째가 송창근 목사.

1950년 4월 6일에 있었던 조선신학교 학부 제1회 졸업식.
앞줄 왼쪽부터 김정준 교수, 김재준 교수, 송창근 교장, 최윤관 교수, 스코트 교수,
정대위 교수.

6·25 직전 조선신학교 이사장 함태영 목사님의 담화. 왼쪽부터 이장식 전임강사,
김재준 교수, 함태영 이사장, 최윤관 교수, 송창근 교장.
송창근 목사님의 남아 있는 사진들 중에서 생애 최후의 사진이다.

부인 김재권 사모님.
19세에 13세의 송창근
에게 시집와서 평생을
묵묵히 내조했다.

머리말

6·25 한국전쟁 중 고 김대현 장로와 함께 설립한 조선신학교를 지키다가 납북되어 순교하신 고 마우 송창근 목사는 1898년 10월 5일 함경북도 경흥군 웅기면 웅상동에서 태어났다. 그는 성 프란체스코의 '성빈'(聖貧) 사상에 큰 감화를 받아 평생 그 사상의 실천을 위해서 사셨다. 그는 신학교 교수, 학장, 교회의 목회자였으나 그의 삶의 중심에는 '성빈'과 '경건'이 있었다. 그는 부자의 친구이기도 했고 거지의 친구이기도 했으며, 지식인도 무식한 사람도 모두 그의 친구였다. 그는 권위 있는 목회자였으나 해학적 인간으로 많은 사람들로부터 존경을 받았다.

그는 엄격한 생활신앙, 행동하는 신학적 삶을 살았으나, 그의 인간성은 다정다감하였다. 그리하여 그는 갈등과 분열보다는 화해와 일치를 강조하였으며, 그리스도의 구원에 감격하면서 살려고 했다. 그는 어느 교파보다도 한국 교회 전체를 사랑하였을 뿐만 아니라 한국 사회와 민족을 자기 몸과 같이 사랑하여 교회와 민족이 지향해야 할 방향을 제시하는 지도자였다.

<전기>에 그의 삶과 사상 등이 자세하게 기록되어 있기 때문에 "머리말"에서는 더 이상 그의 삶에 관하여 쓰지 않으려고 한다.

이 <전기>를 출판하려고 한 것은 불행하게도 그의 삶과 사상에 대한 연구가 별로 없고, 한국 교회와 사회는 점차적으로 그를 잊어가고 있기에 그를 기념하기 위해서 설립된 '만우 송창근 목사 기념사업회'와 '경건과신학연구소'는 작가 송우혜 씨에게 그의 전기의 집필을 부탁하였다. 이것은 단지 한 사람의 삶의 흔적을 써두려는 것만이 아니다. 오늘의 한국 사회와 교회가 그와 같은 지도자를 필요로 하기 때문이다. 우리는 그의 전기를 통해서 인간이 이 세상에서 어떻게 살아야 하는지를 다시 한 번 생각해 볼 수 있을 것이다.

이 <전기>가 출판되는 데 가장 큰 도움을 준 사람은 작가 송우혜 씨다. 그는 자료수집 등 고 송창근 박사에 대해서 지금까지 알려지지 않았던 많은 내용을 이 책에 담기 위한 이 어려운 작업을 오로지 고 송창근 박사의 삶을 다시 한 번 한국 사회와 교회, 한국 기독교인들, 특히 젊은이들에게 알려주려는 일념에서 희생적으로 수고해 주셨다. 이 책은 그의 노력이 아니었으면 출판될 수가 없었을 것이다. 우리는 그의 희생적 노력에 깊이 감사를 드린다.

우리는 이 책을 읽으면서 고 송창근 박사의 삶을 우리의 삶의 지표로 삼는 일을 통하여 작가의 노력에 보답하여야 할 것이다.

2008년 10월 20일
경건과신학연구소 소장 주재용

송창근은 누구인가

강원용 목사

지금도 나는 송창근 목사를 생각하면 몽양 여운형이 함께 떠오른다. 해방 이후 기독교계와 정치계 그리고 우리 현대사에서 위대하다는 인물들을 거의 다 만나봤지만, 정치계에서는 여운형, 교계에서는 송창근 목사만큼 나를 아쉽게 만드는 인물이 없다. 한창 일하실 나이에 잡혀가고 암살당한 두 분의 삶이 내게는 너무나 아쉽다.

두 사람의 공통점은 기막힐 정도의 미남자라는 것도 있지만, 두 사람 다 휴머니스트라는 점이다. 그들은 인간에 대한 깊은 애정을 가진 인도주의자였다. 또 자유분방한 사람이라는 점도 공통점으로 들 수 있을 것이다. 어떤 틀 속에 매여 살 수 없는 사람이 송창근 목사이고 여운형이었다.

송창근 목사는 강의하러 들어와서도 신학 애기보다는 그저 사는 이야기를 구수하게 들려주었다. 강의가 끝나갈 무렵, 학생들이 선생님의 신학은 무슨 신학이냐고 물으면 흑판에 커다랗게 '잡종신학' 이렇게 네 글자를 적어놓고 나갔다. 조직신학이니 무슨 신학이니 하는 어떤 틀 안에 갇히는 것을 거부했다.

송창근 목사와 여운형은 이 외에도 공통점이 하나 더 있다. 해방 이후 60여 년이 지나는 오늘날까지 우리 역사에서 정말 큰 별과 같이 나타난 두 분이지만 오늘 이 역사 속에서는 거의 잊혀져가고 있다는 점이 바로 그것이다.

지난 1997년 7월 19일은 여운형 선생이 떠난 지 50년째 되는 해였다. 그때 기념사업회의 위원장을 내가 맡아 선생의 산소 앞에서 50주기 추도식을 거행했는데, 그날 그 무덤가에는 노인들만 한 쉰 명 나와 있었다.

1999년 10월 5일에는 송창근 목사 탄신 백주년을 맞아 만우 신학 기념 강연회가 있었다. 나는 그곳에 나가 강연을 했는데, 그 자리에도 많은 사람은 나와 있지 않았다.

송창근은 어떤 사람이었을까.

송창근 목사의 연보를 보면 2년 동안 '수양동지회' 사건으로 감옥에 갔다온 것이 기록되어 있는데, 사실 그는 안도산의 직계로 신간회 등 여러 사건으로 감옥에 갔다 온 전력이 있다. 언젠가 한 번은 나더러 이런 얘기를 한 적도 있다.

"야, 너 큰소리 치고 다니는 것은 좋은데, 절대로 감옥엔 붙잡혀 가지 말아라."

송창근 목사가 감옥에 가서 고생하던 얘기 중에 가장 잊을 수 없는 것이, 앞에서도 말한 남산 사건이다. 밤에 남산에 끌려가 온몸을 발가벗긴 채 큰 소나무에 꽁꽁 묶여 아침까지 모기들에게 뜯긴 것이, 육체적으로 또 정신적으로 참 고통스러웠다는 얘기였다.

그가 농담 삼아 하는 이야기가 하나 있다.

"세상엔 무서운 사람이 셋이 있어. 밖에서는 형사, 교회에서는 장로, 집에서는 며느리야."

어쨌거나 나는 그의 고문 얘기를 듣고 일은 열심히 하되 어떻게든 감옥에 가는 것만은 피해야 한다고 생각했다.

당시 우리 교계에는 세 부류의 지도자가 있었다. 하나는 주기철 목사처럼 감옥에서 저항하다가 순교를 당한 사람이다. 그 다음은 진짜 친일을 하는 목사다. 그런 목사들은 신사참배를 하러 떠나면서 "우리 눈에 보이는 천황께 충성 못하는 사람들이 눈에 안 보이는 하나님께 어떻게 충성하겠느냐"고 말한 작자들이다.

송창근 목사는 이런 두 유형에 속하지 않고 부득이하게 일제의 테두리 속에서 목숨은 이어가면서도 그리스도의 증인이 되기 위해 고통스러운 삶을 살아낸 인물이다. 그런데 그가 해방 이후 친일을 했다는 말이 여기저기 번져 있어 그는 신경과민 증세를 보이기도 했다. 그가 했다고 하는 친일 내용을 자세히 알아보면 그것은 친일이라고 얘기할 수도 없는 성질의 것이었다.

앞에서도 말했듯이 일제의 강요로 이곳저곳에서 강연을 하도록 강요받았는데, 송 목사는 정치 이야기는 일부러 안하고 신불출 저리 가라고 할 정도로 사람들이 배꼽 잡고 웃을 수 있는 이야기들만 했다. 일본에 협력하는 일을 그런 식으로 교묘하게 피해간 것이었다.

그런데 그게 나중에 친일 의혹을 사게 되어 처단할 사람의 명단에 올랐을 때 그는 큰 충격을 받았다. 다른 사람 같으면 대수롭지 않게 넘겼을 텐데 송창근 목사에게는 가슴에 못을 박는 아픔이 된 듯하다. 곁에서 보고 있는 내가 답답해서 "뭐, 그런 걸 가지고 그렇게 마음 상해 하십니까"라고 말하면 그는 그렇지 않다고 하면서도 계속 속상해했다. 일말이라도 거리끼는 일을 견뎌내지 못하는 분이었다.

일제시대를 살아보지 않은 사람은 친일이나 항일을 너무나 쉽게 생각한다. 거물들이야 창씨개명을 거부할 수 있었겠지만 민초들이 무슨 수로 그런 것을 거부할 수 있었겠는가. 저항시인 윤동주가 창씨개명을 했다고 하면 요즘 사람들은 놀라겠지만, 그 시대는 생존이 걸린 문제였다. 완전히 세상을 등지고 깊이 숨어 살지 않는 바에야 주민등록증 갱신하듯 선택의 여지가 없는 문제였다. 아니 그보다 더했다. 전쟁 중 식량 배급도 받을 수 없었고, 심지어 기차표도 살 수 없었다.

자신의 안일을 위해 일제에 자진하여 협력한 사람과 생존을 위해 마지못해 침묵으로 암흑을 견뎌낸 사람이 똑같이 친일 인사로 올라서는 안 될 일이다. 더구나 친일 경력을 감쪽같이 덮어두고 잘만 살아가는 사람들이 있는데 말이다.

현재 우리 민족의 가장 큰 과제는 남북의 평화와 통일을 기도하는 것이다. 송 목사는 말끝마다 "많은 날을 같은 조선놈끼리 북놈 남놈 붙어서 싸우니 무슨 짓이냐"고 호통을 쳐댔다. 그런 그이기에 함경도와 가장 사이가 좋지 않은 평안도에 가서 목회를 했고, 평안도에서 또 부산으로 내려온 것이다. 이런 지방 사역을 통해 지방색을 초월하고자 한 사람이 송창근 목사였다. 남이면 어떻고 북이면 어떤가, 모두 조선사람인데, 하는 송창근 목사의 이 생각은 오늘날 한국 사회와 한국 교회가 귀담아 들어야 할 대목이다.

21세기의 한국 교회가 지난 역사에서 뚜렷이 부각시켜야 할 인물이 있다면 바로 송창근 목사라고 나는 말하겠다.

―강원용 목사 회고록 『역사의 언덕에서』 2권에서

목   차

1. 명민하고 활달하고 대담한 소년

1898년은 한 해 내내 세상이 몹시 시끄러웠다. 미국이 스페인과 전쟁을 벌였고, 쿠바에서는 반란이 일어나고, 미국은 필리핀과 괌과 푸에르토리코를 획득하고 하와이를 병합했다. 서구 열강은 '병든 거인'으로 불린 청나라를 삼키기에 혈안이 되어 독일은 교주만을 조차했고, 러시아는 여순과 대련을 점령했고, 프랑스는 광주만을 조차했고, 영국은 구룡반도와 위해위를 조차했다. 그리고 그처럼 갈가리 찢긴 청나라에서 무술정변이 일어났다.

국내 사정 역시 시끄러웠다. 그 전 해인 1897년에 조선왕조 5백년 왕업을 격상시켜서 '대한제국'으로 국호를 바꾸었는데, 이 해에 들어와서 독립협회 주최로 만민공동회가 열리고, 러시아가 부산 앞바다의 절영도를 조차했고, 동학교주 최시형이 처형되었으며, 김홍륙의 독다(毒茶)사건이 일어났고, 『제국신문』과 『황성신문』이 발간되었다.

그 해 10월 5일. 대한제국의 북쪽 변방 마을의 하나인 함경북도 경흥군 웅기면 웅상동에서 한 아기가 태어났다. 준수한 얼굴에 활달한 기상이 넘치는 활발한 사내아기였다. 부친은 송시택(宋始澤) 씨, 모친은 신봉암 씨. 그들은 첫아기에게 '창근'이라는 이름을 붙여주었다. 창성할 창(昌), 뿌리 근(根), 풀이하면 "창성할 나무의 뿌리가 되라"는 뜻이 된다. 귀하게 얻은 장남에게 붙여줌직한 이름이었다.

웅상동은 속칭 몽새 마을이라고 불렸는데 산자수명(山紫水明)한 곳이었다. 웅기항에서 왼쪽 편에 있는 재를 넘어 십리 정도 되는 곳에 있는 마을로서, 70여 가구의 농가가 자리 잡은 꽤 규모가 큰 마을이었다. 주위에 원시림처럼 큰 나무들이 많아서 집 짓는 재목들이 모두 크고 번듯했기 때문에 집집마다 구조들이 모두 거창하고 당당했다고 한다.

마을 서북쪽으로는 세 겹으로 높은 산봉우리들이 병풍처럼 둘러 있는데 그 중 가장 높은 봉우리는 마치 부채 같다고 하여 화선산(花扇山)이라는 화사한 이름을 지녔고, 북서쪽에는 뫼막봉이라는 산이 있어 웅기 항구와 접하는 계곡을 이루고 있었다. 동남쪽에는 삼십 리에 걸친 백사장이 있었다.

송씨네가 웅상에 자리 잡은 것은 송창근의 부친인 송시택의 사촌형인 송시억으로부터 비롯되었다. 본관이 은진 송씨인 송시억은 15세 때에 충청도 고향을 떠나서 연해주로 가려고 길을 나섰는데, 웅상까지 와서는 그냥 눌러 앉았다. "이처럼 산이 좋고 물이 좋은 곳이 있는데, 더 갈 게 무엇이랴!"고 했다는 것이다. 연해주로 가려고 길을 떠난 이유는 무엇이고, 충청도에서 길을 떠나서 멀리 함경북도까지 왔으면서도 끝까지 목표한 곳을 가지 않고 도중에서 멈춰서 주저앉은 것 또한 알 수 없는 일이다.

풍수설을 믿는 지관들이 웅상 마을의 산과 물이 고루 수려해서 장차 큰 인물이 나올 것이라고 하여, 그 고장 사람들 중에는 그 말을 믿고 기다리는 이들도 많았다고 한다. 나중에 철도가 부설되어 웅상 마을을 지나서 나진 종점까지 연결되어 교통도 편리했다.

아무튼 웅상에 자리 잡고 시작한 새로운 삶은 매우 편편했던 것 같다. 송시억은 이내 고향에서 형제와 친척들을 불러들여서 함께 자리 잡고 일가를 이루었다. 송시억의 가문은 매우 진취적이고 활달한 가풍을 지녔었다. 함경북도에 기독교가 처음 들어왔을 때 온 집안이 입교했고, 송창근의 종숙이 되는 송시명 씨의 주도로 북일학교라는 신학문 교육 기관을 세웠다고 한다. 송시억의 아들 중에 송창희가 있고, 송창희의 아들이 송몽규이다. 송몽규는 시인 윤동주의 고종사촌형으로서, 일제 시대에 일본 경도제대 재학 중에 독립운동 혐의로 체포되어 윤동주와 함께 재판을 받고 후쿠오카 감옥에서 함께 복역하다가 나란히 옥사한 것으로 유명하다.

송창근의 부친인 송시택은 6형제 중 장남이었는데, 그들 형제들도 모두 올라와서 그 중 네 명은 웅상 마을에서 함께 살았고, 두 명은 북간도로 이주하여 살았다고 한다.

송창근 소년은 어려서부터 성격이 쾌활하고 명랑했다. 그래서 친구들이 많았다. 교회에도 열심이었다. 그의 형제는 모두 5남매로서, 남동생 두 명(창혁, 창세)과 여동생 두 명이 있었다.

송창근의 부모는 후손을 보고 싶은 마음이 조급했던 모양이다. 맏아들 송창근이 13세 때 결혼을 시켰다. 상대는 6살이 많은 김재권이었다. 시키는 대로 하기는 했지만, 그 결혼은 송창근에게 별 의미가 없었던가 보았다. 결혼한 직후에 그는 가출을 감행했다.

지금 송창근 목사의 연보나 관련 자료들에는 대개 그가 15세 때 가출하여 북간도 명동으로 가서 명동중학교에 입학한 것으로 되어 있다.

그러나 그것은 사실이 아니다. 그는 13살 때 야반도주하여 가출하여 홀로 북간도에 가서 먼저 소학교에 다녀서 졸업했고 이어서 중학교로 진학하여 다니다가 집으로 돌아왔다고 한다. 그런 내역이 그 자신의 글로 명확하게 증언되어 있는 자료가 있다.

일제 강점기에 발간되었던 어린이 잡지인 『아이생활』 1935년 6월호는 '설문 특집(設問 特輯)'으로 사회 각계각층의 인사들에게 두 가지 질문을 주고 그 답변을 실었다. 질문은 두 가지로서, "1. 만일 내가 다시 어린이가 된다면? 2. 소년기(少年期)에 도망(逃亡)해본 실기(實記)"였다.

송창근 목사도 응답자 중 한 분이었는데, '평양 송창근 박사'라고 이름이 표기된 아래 실린 그의 답변은 다음과 같았다.

1. 내가 다시 어린이가 된다면 하고 싶을 것이 어찌 많은지요. 허지만 그걸 다 할 수 있나요. 그 중에 제일 하구 싶은 것은 내가 어렸을 때에 암만 어른들이 한문 글 짓고 글씨 쓰는 것을 힘쓰라고 권했지만 그것 하기가 그렇게 싫여서 안했는데 요즘은 좀 후회가 돼요. 그래서 다시 어린이가 되기만 한다면 한시(漢詩) 짓는 것과 글씨를 배우고 싶습니다.

2. 저는 열두살에 처음 도망질 처서 집을 떠나기를 시작하야 지금까지 객지를 돌아단였습니다. 처음 집을 떠날 때는 여름 하기방학했다가 가을 개학 때인데 우리 집안 형네 족하네가 모두 서울 공부를 가누라고 떠나는데 우리집은 원악 가난하니까 어디 서울을 바라나볼 수 있나요. 남 다 가는 공부를 못 가서 미칠 지경인데 누가 말하기를 북간도로 가면 그저 공부시켜 주는 데 있다는 뜬소문

을 듣고 그리로 가자니깐 어디 부모님네가 가게를 합디까! 게다가 열두살때에 장가를 금방 들었는데 안해가 그를 알고 가면 고생만 죽도록 할테니 부디 가지 말라고 자꾸 달래더구면요. 그래서 아야 눈치가 집에서 허락 받아서 공부 가기는 틀렸기로 밤에 자다가 슬 그면이 이러나서 안해 농장 속에서 옷 몇가지와 어머님께 무슨 돈 인가 몇원 있었는데 그놈을 훔쳐가지고 밤새도록 산골길을 걸어서 마츰내 북간도에 가서 슷한 고생을 하면서 거기서 소학교 졸업하 고 중학교에 다니다가 사정이 있어서 집에 돌아왔습니다. 이것이 제가 처음 도망가든 이야깁니다.[1]

지금까지 "송창근 박사는 열세 살 때 장가를 들었다."고 널리 알려져 왔다. 그런데 이 글에서 굳이 그가 자신이 "장가를 열두 살 때 들었다." 고 쓴 것은 나이를 만으로 계산한 탓으로 보인다. 그렇다면 그는 1910 년에 결혼한 것이고, 그가 북간도로 달아난 때도 1910년이었다. "남 다 가는 공부를 못 가서 미칠 지경"이었다고 한 것을 보면, 그가 만 열 두 살 어린 나이에도 불구하고 향학열이 대단했음을 알 수 있다.

1910년에 "북간도로 가면 그저 공부시켜 주는 데 있다."는 '뜬소문' 을 듣고 북간도에 갔었다고 하는데, 어떤 학교였을까. 정대위[2] 박사의

---

1) 『아이생활』, 1935년 6월호, 2~3쪽.

2) 정대위(1916~2003) : 북간도 용정 출생. 평양 숭실중학을 졸업하고 일본 동지사 대학에서 신학을 전공했다. 캐나다 토론토 대학 대학원을 거쳐 미국 예일대학 대학원에서 철학박사 학위를 받음. 한국신학대학 교수, 유네스코 한국위원회 초대 총장, 건국대학교 총장, 캐나다 오타와 칼레톤 대학 교수,

증언에 그의 부친 정재면 선생과 송창근 목사에 관한 이야기가 있다. 정재면은 북간도 명동촌에 있는 명동학교 교사였다가 나중에 목사가 된 분인데, 그 두 분의 관계가 다음과 같았다는 것이다.

　　송 박사의 말씀에 의하면 내 아버님이 자기에겐 스승이 되신다고 하였고, 아버님을 호칭할 때에는 언제나 "목사님"이 아니라 "선생님"이라고 일생 동안 불렀다. 또 아버님과 합석을 하실 때엔 언제나 한쪽 무릎을 세우고 다른 한쪽을 꿇고 앉으셨다.3)

　이 증언으로 보아, 북간도 명동촌에 명동학교가 생겼다는 소문을 들은 송창근 소년이 야반도주하여 명동촌에 가서 명동소학교에 다닌 것이고, 명동소학교를 졸업한 뒤 명동중학교에 진학했음을 알 수 있다.

　1910년 당시 북간도에는 몇 개의 신학문 기관인 '학교'들이 새로 설립되어 있었다. 대개 기독교계 사립학교들인 명동학교(1908), 창동학교(1908), 정동학교(1908), 광성학교(1908) 등이 잇따라 개교하여 신학문을 가르쳤다.

　그 중에서 명동학교는 여러 가지 일화가 많은 학교였다. 많은 인물을 길러내어 역사에 큰 자취를 남겼다.

　명동학교는 명동촌이 북간도에 자리 잡은 것에서 비롯되었다. 명동촌은 두만강변의 도시인 회령, 종성 등에 거주하던 학자들 네 가문에서 의논하여 두만강 건너에 있는 청나라 지주의 장원이었던 동가지팡 일

한신대학 학장 등을 역임했다.

3)　정대위, 『노닥다리 초록 두루마기』, 종로서적, 1987, 15쪽.

대에 땅을 사 놓고 같은 날에 두만강을 건너가서 한꺼번에 자리 잡음으로써 마을이 시작되었다. 그들 네 학자 가문의 대소가 22집안의 가족들 도합 141명으로 이루어진 이민단이 두만강을 건넌 날은 1899년 2월 18일로서, 처음에는 세 학자의 집안에서 각기 서재를 열어서 학생을 뽑아서 한학을 가르쳤다.

1906년에는 전 의정부 참찬 이상설이 이동녕, 이준, 정순만, 박정서 등의 동지들과 함께 용정에 와서 그 곳에서 제일 큰 집인 천주교 회장 최병익의 집을 사서 학교를 만들었다. 그것이 북간도 최초의 신학문 교육기관인 '서전서숙'이었다. 이상설은 사재로 서전서숙의 모든 경비를 충당하면서 학생들을 가르침으로써 북간도에서 처음으로 신학문 교육이 시작되었다. 망국의 위기감에 시달리던 선각자들의 필사적인 노력들 중 하나였다.

그러나 이듬해인 1907년에 이상설이 고종의 밀명을 받아 헤이그 밀사로 가게 되면서 그 여비 마련을 위해서 건물을 팔게 되어 서전서숙은 문을 닫았다. 그러자 서전서숙에서 잠시 신학문을 공부한 김학연, 남위언 등 명동사람들이 명동촌에 신학문을 가르칠 학교를 세울 것을 추진했다. 그리하여 세 군데 있던 한학 서재를 하나로 합쳐서 1908년 4월 27일에 '명동서숙'이라는 이름으로 문을 열었다. 비상한 시기에 비상한 각오로 새로운 학교를 시작한 것이다.

명동서숙은 초대 숙장에 박무림 선생, 숙감에 김약연 학자, 재무 담당은 문치정 등으로 출발했다. 일단 학교의 문은 열었지만 실력 있는 신학문 선생을 구하기가 힘들어서 그들은 큰 고통을 겪었다. 그러다가 1909년에 드디어 당년 27세의 정재면 선생이 명동서숙에 부임하게 되어 비로소 제대로 된 신학문을 가르치기 시작했다.

정재면(鄭載冕, 1882-1962)은 평남 숙천 출신으로, 서울에 있는 '청년회관'이란 기독교 신학문 교육기관에서 공부한 독실한 기독교인이었다. 그는 또한 이동휘, 안창호, 양기탁, 김구, 전덕기 등이 활약한 애국 비밀결사인 '신민회(新民會)'의 회원인 젊은 지사였다. 그는 학업을 마친 뒤에 원산 보광학교에 교사로 재직 중이었는데, 신민회에서 "북간도에 가서 이상설이 하던 교육사업을 재건하라."는 권고가 있었다. 그래서 보광학교를 사직하고 북간도에 들어간 것이었다.

정재면은 용정에서 신학문 교육기관을 재건하는 데 여러 여건상 어려움이 있음을 알게 되자 당시 이미 문을 열어놓고 있는 명동서숙으로 눈을 돌렸고, 명동서숙 측에서도 그에게 부임해 줄 것을 강력하게 요청했다. 정재면은 이때 부임 조건으로 "학생들에게 정규과목의 하나로 성경을 가르치고 예배를 드릴 수 있어야 함."을 내걸었다. 명동촌의 지도급 유학자들은 며칠 동안 토론을 거듭한 끝에 "그런 조건으로라도 제대로 된 신학문의 선생을 모셔야겠다."라고 결정했다. 명동촌에서 요구 조건을 수락하자, 정재면은 명동서숙에 부임했다. 그리하여 명동촌에 신학문과 기독교가 함께 들어갔다.

1909년에 정재면이 부임함과 함께 동시에 서숙이 학교로 조직이 개편되었다. 초대 숙장인 박무림 선생이 물러나고 '교장 김약연, 교감 정재면'이란 체제가 되었다. 정재면의 활약은 대단했다. 자신도 열심히 가르칠 뿐더러 쟁쟁한 교사진을 대거 끌어들였다. 역사학자 황의돈, 한글학자 장지영, 주시경 선생의 문법책 『우리 말본』의 서문을 쓴 박태환, 일본 조도전 대학 출신의 법학자인 김철 등이 명동학교의 교사로 왔다. 모두 독립운동가로서의 기상이 대단한 분들이었다.

1910년에는 중학교 과정을 만들었다. 사방에서 학생들이 몰려들어 큰 학교가 되었다. 1910년 8월 29일의 한일합방으로 나라가 망했다는 소식이 오자, 교사들과 학생들은 모두 대성통곡을 했다. 특히 역사학자 황의돈 선생이 어찌나 애통스럽게 땅을 치며 통곡했던지, 사람들의 뇌리에 깊은 인상을 주었다.[4]

만 12세 소년 송창근이 1910년 가을에 가출하여 찾아갔을 때, 명동학교는 위와 같은 체제로 활기차게 움직이고 있었다. 그런데 김재준 목사가 쓴 글에 송창근 소년이 집을 도망 나갈 때 이야기가 다음과 같이 소개되어 있다. (이 글에서 김재준은 송창근을 그의 호인 '만우'로 지칭하고 있다.)

만우의 청소년시절 애기는 그의 막역한 고향 친구였던 고 김주협 장로가 말해 준 것이다.

만우의 친구는 고향인 농어촌교회 청년들이었다. 항도인 웅기가 '거리'로는 가깝지만, 모여든 사람들은 생소한 나그네들이었기 때문이다.

그의 가장 가까운 친구는 노구산(台岩洞)의 김주협과 '서포항'의 엄기남(嚴基男)이었다. 이 세 동지는 모두 어린시절에 결혼한 사람들이었다.

그러나 가정에는 흥미가 없고 어디론가 집을 떠나 공부할 생각만 하고 있었다고 한다(세 동지는 의논하고 몰래 간도로 건너가기로 했다).

약속된 시일에 '만우'는 해당화 덤불 속에 숨어 김주협이 오기

---

4) 송우혜, 『윤동주 평전』, 푸른역사, 2004, 55~61쪽 참조.

를 기다렸다. 김주협이 나타났다. '만우'는 손을 내밀어 암호를 보냈다. '주협'은 부친과 함께 밭갈이를 하도록 되어 있었는데, '만우'의 손짓 암호가 '주협'의 부친에게 들켜버렸다. 주협씨 부친은 '주협'이 오늘 따라 몹씨 초조해 하는 눈치를 주목하고 있었기에 '만우'의 손짓 암호를 탈출 암호로 알아채고 노발대발하여 소채찍을 휘두르며 '만우'에게 달려드는 것이었다.

"이놈의 송가놈아, 네가 우리 아들을 홀려 어디로 끌고 가려는 거냐? 어디 혼나봐라!"

'만우'는 날 살려라! 줄행랑을 쳤다.

'주협'은 그 후에 기어코 간도에 가서 명동중학에서 공부하다가 결국 학업을 마치지 못하고 돌아왔다.

'만우'는 그 길로 바닷가 백사장을 걸어 서포항의 엄기남을 찾았다.

엄기남은 가난한 농어부였다. 그는 드물게 보는 미남이었고 예의 바르고 교회나 어떤 공식모임에 갈 때에는 말쑥한 삼동주 바지저고리에 구김새 없는 삼동주 두루마기까지 입고 나왔다. 갓 결혼한 신랑이라서 그랬는지는 몰라도 어쨌든 환골탈태(換骨脫胎)한 미남임에는 틀림없었다 한다.

만우는 엄기남을 만나 같이 가자고 졸랐다.

'엄'은 말했다.

"창근이, 학비를 좀 마련했나?"

"세 사람이 쓸 만한 노비(路費)는 있다네."

하고 만우는 대답했다.

"그것만 갖고 월사금과 식비는 어떻게 하지? 내 듣기에는 금년에 청어가 많이 잡힐 거라는데 나는 청어잡이 한몫 보려고 지금 명주실 그물을 뜨고 있는 중일세! '창근'이 먼저 가게. 내가 청어를 흠뻑 잡아 돈 한 보따리 메고 갈 테니 먼저 가서 기다리게!"

'만우'는 말했다.

"이봐 엄 집사, 성경에도 '쟁기잡고 뒤돌아보는 자는 내게 합당치 않다'고 했는데 중대한 결단을 앞두고 무슨 놈의 청어잡이야? 갈릴리 호수에서 고기잡던 어부 베드로에게 '내가 너를 사람 낚는 어부가 되게 하리라' 했을 때 그들은 그물과 배와 소유를 당장 버리고 예수를 따르지 않았는가?"

엄기남은 그해 봄에 청어를 많이 잡아 돈도 적잖이 생겼다. 학비가 넉넉하니 걱정없다고 떠날 준비를 서둘렀다. 그러나 떠나기 바로 전에 장질부사(염병)에 걸려 세상을 떠났다.5)

위의 증언과 본인의 술회에서 드러나는 열두 살 어린 송창근의 가출 여정을 종합해 보면 드라마틱하기 그지없다. "밤에 자다가 슬그먼이 이러나서 안해 농장 속에서 옷 몇가지와 어머님께 무슨 돈인가 몇원 있었는데 그놈을 훔쳐가지고 밤새도록 산골길을 걸어서노구산에 사는 친구 김주엽을 찾아가서 '해당화 덤불 속에 숨어서' 기다리다가 친구의 부친에게 들켜서 허탕을 치고, 다시 홀로 바닷가 모랫길을 걸어 서포항에 가서 엄기남을 찾아갔으나 역시 뜻대로 되지 않자, 송창근은 혼자 북간도행을 결행한 것이다.

위의 이야기에서 눈길을 강하게 끄는 것이 있다. 당시 소년 송창근이

---

5) 김재준, 『만우회상기』, 한신대학 출판부, 1985, 15~17쪽.

지녔던 '만 열두 살'의 나이답지 않은 당찬 추진력이다. 친구 셋이서 함께 북간도로 공부하러 가기로 약속했다가 다른 두 명이 가지 못하는 상황을 맞았음에도 불구하고, 그는 포기하지 않고 혼자서 과감하게 떠난 것이다.

그리고 또 하나 주목하게 되는 것이 그의 미래에 대한 확고한 계획성과 해박한 성경 지식과 능숙한 변설이다. 12세의 어린 나이에 이미 성경의 가르침에 따라서 확고한 사고를 하고 있고, 사람을 설득하는 논리적 근거로서 성경을 자유자재로 인용하고 있다. "성경에도 '쟁기잡고 뒤돌아보는 자는 내게 합당치 않다'고 했는데"라든가, "갈릴리 호수에서 고기 잡던 어부 베드로에게 '내가 너를 사람 낚는 어부가 되게 하리라' 했을 때 그들은 그물과 배와 소유를 당장 버리고 예수를 따르지 않았는가?"라는 시의적절한 말이 거침없이 나오고 있다.

그런 모습으로 집을 떠난 송창근은 북간도에 가서 명동소학교에 들어가서 공부하여 졸업하고, 명동중학교에 진학했다. 아마도 어린 나이에 고생을 무척 많이 했을 것이다. 뒷날 그가 당시의 일을 회상하는 글에서 "누가 말하기를 북간도로 가면 그저 공부시켜 주는 데 있다는 뜬소문을 듣고"라고 술회하면서 '뜬소문'이었다고 밝힌 것처럼, 명동소학교의 교육은 전혀 무료교육이 아니었기 때문이다.

당대 명동학교의 실정을 보여주는 자료에는 "명동학교의 수업료는 1학년부터 3학년까지는 1년에 4원 80전이었고, 4학년부터 4원 80전 외에 좁쌀 6말을 더 받았고, 학생들에게서 약간의 땔나무를 거두어 들였다."[6]고 기록되어 있다. 명동학교 일은 모두 기억하는 김신묵[7] 권사님

---

6) 허청선 · 강영덕, 『중국조선민족교육사료집』 1, 중국 연길 연변교육출판사,

의 회고담에도 명동소학교나 명동중학교가 무료교육이었다는 이야기는 전혀 없었다.

돌아보면, 그의 인생 역정은 초창기부터 순탄치 않았다. 그는 명동학교가 무료교육기관인 줄만 알고 가출까지 하면서 찾아갔으나 막상 현지에 도착해 보니 유료였다. 아마도 뒤통수를 쇠망치로 세게 맞은 듯했으리라. 그럼에도 불구하고 그는 그대로 집으로 돌아가지 않았다. 그 어린 나이에 혼자서 돈도 없이 객지에서 버티면서 명동소학교를 졸업하고 명동중학교로 진학했다. 송창근이 천부적으로 지녔던 뛰어난 적응력을 매우 인상적으로 드러내는 일화이다.

김재준 목사가 송창근의 친우 김주협 씨에게서 들었던 이야기 중에는 다음과 같은 증언도 있어, 송창근의 '명동중학교 시절'을 명확하게 증언한다.

김주협씨는 또 이런 회고담을 들려주었다.

'만우'는 세련된 미남이면서도 모험적이고 의협심이 강하고 불의를 묵과하지 않았다.

북간도 명동중학에 다닌 때였다. 그 지방에 악덕으로 유명한 중국인 고리대금업자가 있었다. 가난한 중국인, 조선인들에게 고리로 돈을 꾸어주고 토지나 집문서를 담보로 잡았다가 하루라도 기일이 늦어지면 당장에 토지나 집을 차압하고, 차압할 것이 없으면

2000, 376쪽.

7) 김신묵 권사님은 문익환 목사님의 모친으로서, 명동학교의 초창기 일에 대한 가장 중요한 증언자이다.

빚진 자의 아내를 빼앗아 하인 또는 소실로 삼는 못된 놈이 있었다.

'만우'의 친한 친구 한 사람이 그 고리대금업자에게 걸려 아내를 뺏기게 되었다. 그때 중학생이었던 '만우'는 "저런 죽일놈 같으니, 그 되놈의 새끼에게 우리 동포 아낙네를 제물로 바친단 말이냐? 절대로 안될 말이다!"하고 분노가 머리 끝까지 치밀었다.

'만우'는 세밀하게 그 집 구조와 그 여인이 있는 방과 집문서, 땅문서들을 둔 장소들을 정탐했다. 납치된 여인과 내통할 수 있는 여자가 연락하여, 그 중국인이 외출한 틈을 타서 담장을 넘어가 그 여인을 구출하고 다시 담장을 넘어 뺑소니쳤다. 호개들이 짖기 시작한 때는 벌써 탈출 도주한 후였다.

그 일이 탄로되자 '만우'는 중국인의 복수가 무서워 딴 지방으로 피했다.8)

송창근의 명동중학교 시절은 그렇게 마감되었다. 그는 명동촌과 명동중학교를 떠났다. 그러나 배움의 길에서 떠난 것은 결코 아니었다. 그는 소영자에 있는 '광성중학교'를 찾아갔다. 소영자는 국자가(지금의 연길시) 근처에 있는 곳이니, 명동촌으로부터 1백 리 가량 멀리 떨어져 있는 고장이었다.

---

8) 김재준, 『만우회상기』, 한신대학 출판부, 1985, 17~19쪽.

2. 이동휘 선생과의 만남

　광성중학교는 학교가 있는 곳의 지명을 따서 일명 '소영자중학교'라
고도 불렸다. 당시 '독립군학교'로 불리면서 명동촌의 명동중학교 못지
않은 명성을 지니고 있었다.

　광성중학교에 간 송창근은 그의 전 생애에 매우 강력하고도 결정적
인 영향을 끼친 인물을 만났다. 성재 이동휘 선생이었다. 광성중학교를
세우고 운영하는 일에 이동휘가 적극 관여하고 있었기에 가능했던 일
이다.

　이동휘와 송창근의 만남은 그 정서상에서 보았을 때 흡사 물과 물고
기가 만난 것 같았을 것이다. 지닌 품성으로 보아, 두 사람은 서로 매우
비슷했다. 세상에 익히 전해진 대로 이동휘는 '감격의 인물'이었다. 연
설에 매우 능했고, 하고자 하는 일에 자신을 던져 불사르는 열정을 지
닌 사람이었다. 그런데 송창근 역시 본질적으로 '감격의 인물'이었던
것이다.

　작가인 춘원 이광수가 쓴 글에 그가 이동휘를 직접 만났을 때의 이

야기가 있어서 이동휘의 생전 면모를 실감 있게 증언한다.

　　추정9)의 물린10) 집에서 나는 성재 이동휘(誠齋 李東輝)를 만났다. 그는 내게는 초면이었다. 그는 키가 크고 눈이 세모가 나고 검은 수염이 뻗치고 목소리가 웅장하고 손이 크고, 악수할 때에는 남의 손을 으스러지게, 힘 있게 쥐었다. 얼른 보기에 그는 열정가였다. 추정이 어디까지든지 표표한 선비 같은 데 비겨 성재는 금시에 칼을 빼어 들고 삼군을 호령할 장군이었다. 추정의 가느스름한 눈에는 지모의 미소가 빛나고, 성재의 뚝 부릅뜬 눈에서는 금시에 분노의 불길이 일어날 것 같았다. 이동휘가 일찍 서울서 일본 관헌에게 잡혀 가서 심문을 받을 때에,

　　『이놈들! 너희 잔등에 서양놈의 채찍 자리에서 구더기를 파내는 날이 올 것이니 그때에야 너희 일본이 우리 대한에 잘못한 죄를 피눈물로 뉘우치리라.』

　　하고 호령하였다는 것을 나는 본국에서 들었거니와, 추정 집에서 만나보고 과연 그러할 사람이라고 느꼈다.

　　성재 이동휘는 강화 진위대장으로 군대 해산을 당하였다. 그는 장병을 영문 마당에 모아 놓고 눈물을 뿌려서 일장의 훈시를 하매 전 장병이 통곡하였고, 그들의 대부분은 의병이 되었다고 한다. 그

---

9) 추정 이갑(1877~1917) : 일본 육군사관학교 출신의 무관이었던 애국지사. 대한제국 군대 해산 때까지 육군대신 부관으로 있었고, 해외로 망명한 뒤에는 독립운동 지도층 인사들의 단결과 화합을 위하여 노력했다.

10) 물린 : 목릉(穆陵), 북만주에 있는 지명의 하나.

는 그 후 개성을 중심으로 하여 각지에 학교를 세우고 애국 연설을 하고 돌아 다녔던 것이다.

　하루를 묵어 성재가 떠난 뒤에 추정은 성재를 비평하여 이렇게 말하였다.

　『성재는 저렇게 열성 덩어리지마는 사람에게 속는 흠이 있어.』11)

　이동휘는 만나는 즉시 소년 송창근을 매우 아끼고 총애했다. 그를 따로 불러 사동처럼 심부름을 시키면서 가까이 데리고 다녔다고 한다. 송창근도 마음을 다해서 이동휘를 모셨고 깊이 따랐다. 그리하여 송창근은 어린 나이에 국가적 대인물의 훈도를 경험한 것이다.

　이동휘(1873~1935)는 함경남도 단천군의 한미한 집안에서 출생했다. 그가 18세 때 단천 군수의 통인 자리를 얻은 것이 사회생활을 시작한 첫걸음이었다. 단천 군수가 무리한 일을 했을 때 화로를 덮어씌우고 뛰쳐나와 서울로 갔다고 한다. 그는 서울에 가서 무관학교에 들어갔다. 1897년에 무관학교를 졸업하고 상동청년회에 입회했으며, 1902년에 참령으로 승진하여 강화 진위대장에 임명되었다. 1905년에 강화 진위대장 직을 사임하고, 강화 보창학교를 설립했다. 이후로 서우학회, 한북흥학회, 신민회의 조직과 운영에 참여했고, 1907년에 해아 밀사사건에 이은 고종의 강제 양위 때는 강화읍 연무당에서 대규모 군중집회 개최하여 결사항전을 강조하고, 강화 정족산성에서 기독교인들과 해산 군인 400여 명을 모아 대규모 반일집회를 개최했다.

---

11) 이광수,「나의 고백」,『이광수 전집』7, 삼중당, 1977, 245쪽.

1907년 8월에 해아 밀사사건과 강화 봉기의 배후자 및 주동자로서 체포되었다가 12월에 석방되었다. 1908년 1월에 개성에 보창학교를 세워서 교장으로 취임했는데, 동시에 그동안 그가 세운 학교 24개를 관리했다. 1909년에는 기독교 선교사 그리어슨의 조사로 함경도를 순회하면서 기독교 선교를 적극적으로 펼쳤다. 1911년 3월에 '보안법 위반사건'으로 체포되어 1912년 7월에 석방되었다. 석방된 뒤 강화도 지역에만 72개 학교를 설립했고, 백여 학교의 교장으로 일했다.

1913년에 북간도에 망명했고, 1914년에는 나자구 사관학교 설립과 운영에 힘썼다. 1918년에 한인사회당을 창당했고, 1919년 11월에 상해 임시정부 국무총리에 취임했다. 1921년 1월에 임시정부를 탈퇴했고, 1921년 5월에 고려공산당을 창당했다. 1923년에 적기단을 조직했고, 1935년 1월에 해삼위에서 별세했다.

그는 "속이는 자에게는 알고도 속이워야 한다. 만일 그 속임을 당하지 아니한다면 똑같은 적은 사람이다."라는 소신을 지니고 평생을 살았다. 그는 또한 열정의 인물이었다. 웃을 곳에 웃지 않고 울 곳에 울지 않는 사람을 볼 때면 "냉혈의 동물이다. 목우(木偶)와 등신(等身)이다." 라고 크게 나무랐다. 그는 대중 앞에서 연설할 때 피눈물을 휘뿌리고 목 놓아 통곡하는 때가 많았다. 자신의 열과 정을 이기지 못하고 충정에서 솟아나는 눈물이며 울음이었다. 그는 또한 총명이 대단하여 한번 인사한 사람은 성명만 잘 기억할 뿐만 아니라 몇 해 뒤에 만나더라도 먼젓번에 만난 장소와 시일까지 분명하게 기억하고 있었다고 한다. 그래서 사람들이 그의 총명이 비상하다고 감탄하면, "사람은 사람으로 더불어 함께 살고 함께 일한다. 함께 살고 함께 일하자고 만나는 사람을 어찌 등한하게 대할 것인가? 나는 사람을 잊지 않기 위하여 그 사람

을 명심해 두었을 뿐이지 나의 총명이 비상한 것이 아니다."라고 대답
하곤 했다.[12]

　여기서 소영자에 있던 광성중학교에 대하여 알아본다. 허청선·강영
덕이　펴낸『중국조선민족교육사료집』1권(연변교육출판사)에　있는
「국자가 소영자의 독립군학교 '광성학교'」편에 다음과 같이 기록되
어 있다.

　　소영자 광성학교는 1908년에 설립되었다고 하나 자세한 것은
　미상이다. 만약 당시 설립되었다면 처음에는 자그마한 서숙이었을
　것이다. 그러나 <광성(光成)>이란 뜻은 '광복성공(光復成功)'이라
　는 뜻이니 아마도 한일합병 이후에 지은 이름이라고 추측된다.
　　계봉우 선생의 회상록「꿈속의 꿈」에 의하면 광성학교는 1911
　년 3월 러시아에 체류하고 있던 이종호(대한제국 내장원경 이용익
　의 손자)와 김립이 간도에 독립군을 양성하기 위한 학교를 세우기
　로 토의하고 이종호가 자금을 내어 소영자에 학교를 설립하였다.
　초기에는 한족지주이며 과부인 강씨의 강(厂)형으로 된 큰 집을
　구매하였다. 이 집은 한족 초가집으로서 칸이 넓고 높아 교실로는
　안성맞춤이었다. 교사와 학생들은 통나무를 채벌하여 긴 책상과
　걸상을 만들었다. 남향한 정채를 교실로, 동쪽과 서쪽의 집을 기숙
　사와 식당으로 사용했는데 서쪽 기숙사는 상당히 긴 집이었다고
　한다.

---

12) 원세훈,「서백리아와 이동휘-성재 이동휘의 추억」,『삼천리』1935년 3월
　　호, 63~65쪽 참조.

학교 설립 초기(1911년)에는 교명을 '길동 기독학당'이라고 하였는데, 이것은 일제의 간섭과 감시를 피하기 위해 중국식으로 이름 지었던 것이다. 학교의 종지는 민족의 독립을 위해서 헌신할 인재의 양성이었다. 그러므로 사람들은 이 학교를 '독립군 학교'라고도 불렀다.

학교의 교장은 리동춘, 학감은 김립(보성전문법과 졸업, 서북학회 회원), 교사는 윤해(간민교육회 부회장, 보성전문법과 졸업), 장기영(서북학회 회원, 평양 대성학교 교원, 후에 고려공산당 (상해파)간부), 계봉우(한북진학회 회원, 역사학자, 상해 임시의정원 북간도 대표), 김하석(한북진학회 회원, 후에 대한국민의회 군사부장), 문경(한말 장교), 오영선(일본 물리학교 출신, 이동휘의 사위), 간사는 구춘선(한말 왕궁 수비대 수문장, 후에 북간도 대한국민회 회장), 이봉우(간민교육회 간사, 대한국민회 북간도 지부 책임자), 황원호(이범윤, 안중근과 함께 의병투쟁을 하였고 경흥과 회령으로 진공한 적이 있다), 이남원, 재무는 정현서(식당 주임), 박춘서 등이었다. 이들은 모두 쟁쟁한 애국지사들이었다. 1912년 겨울에 이동휘가 와서 교장을 담당하다가 1913년에 러시아로 갔다.[13]

학교 건립 초기, 학생들은 남학생 82명, 여학생 24명이었는데 현지 학생 이외의 대부분은 조선 국내와 러시아에서 반일운동에 뛰어들었던 열혈청년들이었다. 이들의 대부분은 기숙사생활을 하였다. 교과 과정으로는 법률정치과와 중학부, 그리고 부설 소학과

---

13) 다른 자료들에는 이동휘가 1913년에 와서 1914년에 간 것으로 기록되어 있다.

야간 여학부가 있었다. 법률정치과는 반일운동가를 양성하기 위하여 설치하고 법과 출신인 김립과 윤해가 담임하였는데, 개설 1년에 폐지되었다. 중학부는 기타 교사들이 책임지고 중학과정을 교수하였으며 3년 만에 연변 각지 학교의 교사 수요를 만족시키기 위하여 사범속성과로 개편하여 1년 수업을 마치고 졸업하도록 하였다. 소학부는 연령과 지식 정도의 차이에 근거하여 갑반과 을반으로 나누었는데 갑반(고등반)에는 조선어, 역사, 지리, 산술, 자연, 중국어, 수신, 음악, 도화, 체조 등 과정을 설치하였다.

학교에서의 반일 교육은 매우 열성적이었다. 매일 아침 상학 전에 교직원과 학생들이 일제히,

　　잊었나 잊었나 우리 원쑤가

　　합병한 수치를 네가 잊었나

　　삼천리 강산의 조상나라를

　　우리 손으로 광복합시다.

라는 노래를 합창한 다음에 수업을 시작했다고 한다.

학교에서는 특히 조선역사 교육을 강화하여 민족의식 제고에 힘썼다. 『최신동국사(신한독립사)』와 『오수불망(吾讐不忘)』과 『안중근전』 등은 교사 계봉우 선생이 편찬하였는데, 그는 낮에는 중학부의 조선역사와 지리를 강의하고 밤에는 야간 여자부의 역사와 지리 과목 등을 가르쳤다. 『신한독립사』는 근대에 있어 외래 침략자들을 반대하여 싸운 조선인들의 역사, 특히 일제의 조선 침략과 조선 민중들의 영용한 반일 투쟁을 중점적으로 서술하였다. 『오수불망』에서는 삼국시대로부터 조선 민중들이 일본 침략을 반대하여 싸운 역사를 연대순으로 기술하여 일제의 침략, 특

히 한일합병 후의 일제의 식민통치 정책과 죄상을 폭로하였다. 『안중근전』은 안중근 의사가 조선 침략의 원흉 이등박문을 격살한 사실을 위주로 그의 반일투쟁역사를 엮은 책이었다. 상기 서적들은 일본 간도 총령사관에 의하여 '금지서류'로 규정되었다.

학교에서는 군사교육과 훈련도 강화하였는데, 체육과는 문경이 담임하고 군사훈련은 구춘선 등이 지도하였다. 무기는 없었으나 학생들은 체육과 결합하여 목총으로 제식, 총검술 등 훈련을 진행하였다.[14]

위의 글과 당시 상황을 종합해 볼 때, 송창근 소년은 마침 이동휘가 광성중학교 교장으로 일하고 있을 때 광성중학교에 찾아갔던 것으로 보인다. 앞에서 인용한 정대위 박사의 증언에는 다음과 같은 이야기도 있다.

만우 선생은 내 선친을 그의 스승이라고 말씀해 왔다. 그 말씀에 따른다면 (1)만우 선생이 그의 소년시절에 만주땅에 건너가서 중학교에서 공부하시던 시절에 처음으로 교회에 출석하여 설교를 들은 것이 내 선친의 강도(講道)이었다고 한다. 선친은 그때 아마도 만주 명동중학(明東中學)의 교사로, 교회엔 장로로 계신 때이었을 것으로 짐작된다. (2)그러나 만우 선생의 소영자중학(小營子中學) 동창생인 신태수(申泰洙) 박사(건국대학교 전 이사장)의 말

---

14) 허청선 · 강영덕, 「국자가 소영자의 독립군학교 '광성학교'」, 『중국조선민족교육사료집』 1, 중국 연길 연변교육출판사, 2000, 106~107쪽 참조.

씀에 의하면 만우 선생은 소영자중학 출신이기 때문에 내 선친에게서 직접 배우신 일은 없었을 것이라는 것이다. 인제는 두 분이다 안 계시니 그들 사이의 관계를 더 정확히 알아볼 길이 없다.15)

송창근 소년이 광성중학교를 떠나게 된 것은 이동휘가 시베리아로 떠났기 때문이었다. 그 일에 대해서 송창근에게서 직접 들었던 이야기를 김재준이 기록해 놓은 증언이 있다.

그는(송창근) 그 당시 북간도에서 독립군 사관학교를 경영하던 이동휘 선생을 찾아가서 심부름을 하면서 지냈다고 들었다. 그 학교가 재정난으로 막다른 골목에 도달했을 때, 이동휘 선생은 궁여지책으로 산골에 피신하고서 마적이 그를 인질로 잡아갔다고 소문을 퍼뜨렸다. 그러면 교포들이 속량금을 거둬오지 않을까 하는 계책에서였다고 한다. 그는 열두 살 난 송창근 소년만을 데리고 혼자 산골 한적한 데로 갔었다는 것이다. 소년은 성재 이동휘 선생이 시키는 대로 심부름을 했지만 그것도 별 수 없었다는 것이다. 하루는 시냇가 바위 위에 앉아 있던 이동휘 선생이 "이 민족, 이 백성을 어찌할꼬!"하면서 호랑이 고함치듯 온 골짜기가 찌렁찌렁 울리게 통곡하는 모습을 곁에서 봤노라고 했다. 그 부리부리한 큰 눈에서 주먹 같은 눈물이 쏟아지는 것을 차마 똑바로 쳐다볼 수 없어서 덩달아 엉엉 울기만 했노라는 것이었다. 그리고 이동휘 선

---

15) 정대위,「신학교와 만우 선생」,『만우 송창근』, 선경도서출판사, 1978, 421쪽.

생은 시베리아를 향하여 북간도를 떠났다. 같이 따라가겠다는 소년 만우에게는 "너는 본국에 돌아가서 목사가 되라."하면서 억지로 돌려보내더라는 것이다.16)

위의 기록에서 작은 오류가 눈에 뜨인다. 송창근이 처음 가출하여 북간도에 간 때가 '열두 살'이었으니, 명동소학교와 명동중학교를 거쳐서 광성중학교에 다니던 때는 이미 '열두 살'을 한참 넘긴 나이일 수밖에 없다. 그런데 위의 글에는 "그는 열두살 난 송창근 소년만을 데리고"라고 나온 것이다.

위의 증언에 나오는 '독립군 사관학교'가 어느 학교를 의미하는지 명확치 않다. 이미 '독립군 학교'라는 별칭을 갖고 있던 '광성중학교'를 말하는 것인지, 아니면 이동휘가 1914년에 설립한 '나자구 사관학교'를 말하는 것인지 알 수 없다. 그러나 이미 1914년이라면 제1차 세계대전이 발발한 해로서, 일본의 압력을 받은 러시아나 중국 측에서 자신들의 영토 안에 거주하고 있는 조선인들에게 대해서 가혹하게 박대하고 있을 때였고, 노령이나 중국령에 있는 교포사회에서도 독립운동에 대한 열기가 싸늘하게 가라앉은 때였다. 그렇잖아도 가뜩이나 살기 어려운 때에 조국의 독립은 매우 요원해 보였기에 독립운동에 돈과 사람을 투입하는 것을 꺼리게 된 것이다.

위의 증언의 행간에는, 그러한 시대 상황과 인심의 변화 앞에서 이동휘가 겪었던 좌절과 절망과 슬픔이 가득하다. 당대에 '이동휘'라고 하면 이미 하나의 살아 있는 전설이었다. 그는 국가와 민족을 위하는 애

---

16) 김재준, 「잊을 수 없는 만우」, 『만우 송창근』, 1978, 322쪽.

끓는 충정으로 일신이 뭉쳐 있는 데다 타고난 천분이 대중을 휘어잡는 연설에 능했기 때문에, "한 번 연설에 교회 하나가 서고, 한 번 연설에 학교 하나가 선다."는 말이 생겼을 정도였다.

그런 이동휘가 독립군을 양성하기 위한 교육기관 운영자금에 너무나 몰린 나머지, 생각하다 못한 궁여지책으로 "이동휘가 마적에게 잡혀갔다."는 소문을 내어 그 속량금을 받아서 쓸 생각까지 했던 것이다.

당시 만주의 마적들은 사람을 납치해다 놓고 목숨값을 치르지 않으면 그대로 죽였다. 본보기를 보이기 위해서 죽이기 전에 손가락이나 팔을 잘라 가족이나 친척들에게 보내기도 했는데, 아무튼 목숨값을 보내지 않으면 반드시 죽였다. 그럼에도 불구하고 "이동휘가 마적에게 잡혀갔다."하는데도 북간도 동포들이 '이동휘의 목숨값'을 내놓지 않은 것이다. 그런 상황에 정면으로 맞닥뜨려 이동휘가 절망하여 "이 민족, 이 백성을 어찌할꼬!"하면서 대성통곡한 것이다.

이동휘는 그런 처절한 절망 속에서도 그래도 '기독교'에 희망을 걸었다. 아마도 "민족이 갱생하려면 사람이 먼저 변화해야 한다."는 절체절명의 명제 안에, 그가 기독교에 걸었던 희망의 본질이 있었을 터였다. 기독교의 가르침을 따라서 사람들이 변화할 때, 그때에 우리 민족이 나아갈 새로운 길이 열릴 것이라고 본 것이다. 그래서 어린 송창근에게 "너는 본국에 돌아가서 목사가 되라."고 명한 것이다.

이동휘의 '절망'과 함께 그가 준 '가르침'은 송창근의 뼛속 깊이 아로새겨졌고, 그의 나머지 생애를 관통하는 지침이 되었다. 이동휘의 그 놀라운 재능과 뛰어난 능력과 가없는 충정을 가지고도 해결할 수 없었던 것, '사람을 근본적으로 변화시키는 힘'을 지닌 기독교적 대변혁에 대한 열망이 송창근을 사로잡았다. 그래서 그때로부터 불과 5년 뒤에

3·1운동이 일어나서 상해에 임시정부가 서고 이동휘가 상해 임시정부의 국무총리가 되었지만, 송창근은 상해로 가지 않았다. 그는 신학을 공부하여 목사가 될 길을 밟아갔다.

그러나 이동휘의 삶과 연결된 마음의 끈은 오래도록 그의 마음속에 생생하게 살아남아 있었다. 그는 뒷날 일본 동양대학에 유학했을 때, 출신학교를 적는 난에 '광성중학교'라고 적어 넣었다.

3. 서울 피어선 성경학원과 YMCA 활동

송창근은 북간도에서 집으로 돌아온 뒤, 한동안 부모님의 농사일을 거들었다. 신학을 공부하러 가려 해도 서울에 갈 돈이 없었다. 그는 길게 간 밭이랑을 따라가면서 두 알 세 알 콩을 심고 소를 먹이는 등 하릴없는 농사꾼의 나날을 보냈다. 그의 첫딸 한나가 1916년생인 것을 보아, 그가 고향에 돌아온 때는 적어도 1915년임을 알 수 있다.

가출하여 외지에 나갔을 때 계속 미션 스쿨을 다녔던 사람답게, 그는 고향에 돌아온 뒤에도 교회생활을 열심히 했다. 그래서 19세의 어린 나이에 이미 그의 고향 교회에서의 신급(信級)이 '영수'였다. '영수'라면 장로와 집사 중간에 있는 직책으로서, 그 당시의 교회 풍속에서 보자면 매우 높은 직책에 속했다. 그냥 쉽게 얻을 수 있는 것이 아니었다.

그러나 그는 역시 농사꾼으로서의 소박한 삶을 살아내기에는 꿈과 이상이 너무도 컸다. 그는 어느 날 홀로 된 셋째 숙모가 소를 사려고 모아두었던 돈을 훔쳐서 서울로 달아났다. 그리하여 이동휘 선생이 "너는 본국에 돌아가서 목사가 되라."고 명했던 가르침을 지키는 첫걸음을 떼었다. 실행 방식이 과히 은혜롭지 않았던 것은 사실이나, 서울에 가서 신학 공부를 하려는데 차비가 없었으니 그런 비상수단을 쓴 것이다.

그가 고향에서 두 번째로 가출하여 서울에 올라간 때에 대해서도 그 시기가 각기 여러 가지로 이야기되고 있는데, 현재 '15세 설'이 가장 유력하게 전해지고 있다. 그러나 김인서의 글에 의해서 그가 적어도 '19세' 곧 '만 18세' 때에 서울로 올라간 것으로 보아야 함을 알 수 있다. 훗날 송창근 박사가 평양에서 부산으로 가던 때 김인서가 쓴 글에 다음과 같은 구절이 있다.

"19세의 송 영수(領袖)와 22세의 김 교사(教師)가 국경(國境) 어느 밤에 인사(人事)한 것이 송 박사와 여(余)의 처음 교제(交際)였었다."

그로 보아서, 송창근이 적어도 '19세' 때의 어느 날까지는 국경지방인 고향 함경북도 웅상에서 지내면서 '영수'라는 교회 신급을 지니고 신앙생활을 하고 있었음을 알 수 있다.

송창근의 나이 19세, 곧 '만 18세' 때라면 '1916년'이다. 생애 두 번째로 가출하여 서울에 간 송창근은 피어선 성경학원(3년제)을 다녔고 졸업한 해가 1919년이었다. 그렇기 때문에 그의 두 번째 가출은 1916년, 곧 그의 나이 만 18세에 있었던 것으로 보는 것이 합당하다.

당시 조선은 총독 사내정의(寺內正毅)의 무단통치 하에 있었다. 정치·사회·경제·교육계, 모든 면에서 숨이 꽉꽉 막힐 듯 억눌려 있었으나, 유일하게 종교계 그것도 기독교계만은 숨이 나가는 곳이었다. 서양 선교사들과 그들의 모국인 서양 열강의 국력이 일종의 방패막이가 되어준 까닭이다. 그래서 많은 젊은 인재들이 기독교 안으로 뛰어들었다.

송창근은 1916년에 서울에 온 뒤 피어선 성경학원에 다녔다. 피어선 성경학원은 1912년에 설립된 초교파적 성경학원이었다. 피어선(Dr. Arthur T. Pierson, 1837~1911) 박사는 미국인으로서 목사이자 선교 잡지 편집인이며 선교사이자 성경교사로서 매우 성실하고 부지런한 삶을 살았다. 그는 목회 50년 동안에 13,000회 이상의 설교와 강연을 했으며, 50권 이상의 책을 썼고, 많은 소책자와 시와 노래와 종교적 간행물과 기사들을 집필했다.

그는 1910년에 목회 사역 50주년과 결혼 50주년을 기념하여 세계 각지를 순회 방문하는 선교여행 중에 일본과 한국을 방문하기로 계획했다. 그런데 일본 방문 중에 병에 걸렸다. 그러나 병을 무릅쓰고 그해 12월에 한국을 방문하여 서울에 6주간 머물면서 성경 강해 시간을 가졌다. 그런데 그때 한국 교인들이 보여준 열성이 그를 깊이 감동시켰다. 그리하여 그는 서울에다 '연합성경학원'을 세우려고 굳게 결심했다. 그는 귀국한 뒤 병에서 회복되지 못하고 앓다가 사망했는데, 그의 지인들과 후원자들이 그의 마지막 소원이었던 서울의 성경학원 설립을 위해 열심히 노력했다. 그 결과, 1912년 10월에 협성신학교 교사를 빌려서 피어선 성경학원이 개원되었고, 1915년에 신문로 2가 89번지에 커다란 3층 벽돌 건물을 착공하여 1917년에 완공됨으로써 새 건물에서 가르치기 시작했다.

송창근이 1916년 봄에 피어선 성경학원에 입학했을 때는 새 교사를 건축 중이었다. 당시 송창근이 왜 피어선 성경학원에 들어갔는지는 알 수 없다. 당시 배재학당이나 경신학교나 연희전문처럼 기독교 계통 학교들도 있었고, 신학교로는 협성신학교도 있었는데, 그는 피어선을 선택했다.

송창근은 피어선 성경학원에서 공부하는 한편, 중앙기독청년회

(YMCA)에 가입하고 기독교청년회관(YMCA 회관)에 드나들면서 여러 지도자들의 가르침을 받았다. YMCA 회관은 종로에 우뚝 서 있던 3층의 커다란 붉은 벽돌 건물이었다.

이때로부터 1926년에 일본 청산학원을 졸업할 때까지 만 '10년'이란 세월에 걸쳐서, YMCA는 송창근의 삶에서 떼려야 뗄 수 없는 인연을 가진 매우 소중한 신앙공동체이자 사회단체가 되었다. 그는 서울에서는 서울 YMCA에서 열심히 활약했고, 일본 유학 중에는 동경 YMCA에서 크게 활동했다. YMCA 활동을 위해서 자신을 던지고 헌신했다.

송창근이 처음 YMCA에 갔을 때, 민족의 지도자이자 YMCA의 지도자였던 이상재 선생이 그를 상대로 장난을 쳤던 일화가 있다. 이상재 선생은 마침 바나나 송이를 갖고 있었다. 그는 새로 온 젊은 친구 송창근에게 바나나 한 가닥을 떼어준 뒤, 보란 듯이 자신도 한 가닥을 떼어서 입에 넣고 껍질째 깨물어 먹는 시늉을 했다. 그러자 바나나를 난생 처음 본 송창근도 그를 따라서 바나나를 껍질째 깨물었다. 그러자 이상재 선생이 대뜸 손벽을 치고 웃으면서 "저, 촌놈. 바나나 먹는 것 좀 봐라!"하고 놀리더라고 한다. 아마도 유쾌한 웃음판이 한바탕 벌어졌을 것이다. 집 떠난 외로운 젊은이의 마음을 훈훈하게 녹이고 따뜻하게 다독여주는 것은 그처럼 죄 없이 밝은 한바탕의 웃음판이다. 당시 서울 YMCA 회관이 집과 고향을 떠나서 서울에 새로운 둥지를 튼 젊은 송창근의 마음에 얼마나 위안이 되었을지를 역력하게 알 수 있다. 국경지방의 젊은이가 홀로 서울에 올라와서 지낼 때, 사방을 돌아봐야 아는 사람 하나 없는 백사지와 같은 고장에서 YMCA는 그에게 따뜻한 가정의 역할을 해주었다. YMCA에서 만나는 이들이 곧 그의 가족이요 보호자요 친구였다.

YMCA는 대한제국 시기이던 1903년 10월 28일에 수도 서울에서 '황성기독교청년회(皇城基督敎靑年會)'라는 이름으로 창설되었다. 『한국 기독교청년회 운동사』를 쓴 전택부 선생의 글에 따르면, "YMCA 운동이란 본래 사회적 불안의 산물"이라고 한다. 1884년에 영국 사회가 정치적 변동과 산업혁명의 와중에서 혼란에 싸여 있었을 때 런던에서 사상 최초로 YMCA가 창설되었고, 대한제국의 수도 서울에서 1903년에 처음으로 '황성 YMCA'가 창설될 때 역시 급격한 정치적 사회적 변동기의 혼란 속에 있었다는 것이다. 정치적 사회적 격변기의 동요와 혼란과 불안으로 고통 받는 젊은이들이 그들의 마음과 정신과 몸을 추스릴 공동체적 공간으로서 YMCA를 의지하고, 거기서 새 힘을 얻기를 바랐던 것임을 알 수 있다.

서울에 온 송창근이 드나들기 시작했을 당시, 종로에 있는 YMCA 회관에서는 이상재 선생이 60대의 이른 바 '노인 청년'으로서 젊은이들을 기르고 있었다. 그는 1913년에 64세로 총무가 된 이래 1916년까지 YMCA 운영의 실무를 담당했고, 1916년 5월에 윤치호가 신임 총무로 취임한 뒤로는 늘 회관에 나와 앉아서 터줏대감 노릇을 하면서 YMCA를 이끌었다.

월남 이상재(1850~1927) 선생은 충남 한산에서 출생했다. 유학을 신봉하는 집안에서 태어나서 어려서부터 유교에 관한 교육을 받았고 한때 과거 준비에도 몰두했었기 때문에 한문의 소양이 대단했다. 그가 처음으로 세인들의 눈에 뜨이는 출세를 한 것은 1887년에 주미 공사 박정양의 참사관으로 미국에 가서 주미 공사관에 근무했던 일이었다. 그는 귀국한 뒤 갑오경장 때는 우부승지 직에 올랐고, 군국기무처 위원과 학무아문의 참의로 학무국장을 역임했다. 1896년에는 서재필 등과 독립협회를 조직하여 영도했고, 만민공동회에서도 맹렬하게 활동하면서 '웅변가'로서 큰 명성을 떨쳤다.

1902년에 독립협회 회원들과 함께 투옥되어 3년 만에 석방되었는데, 이때 감옥에서 우연히 성경을 읽게 된 것이 계기가 되어 기독교도가 되었다고 한다. 같이 수감된 이승만을 위하여 정동교회에서 차입해준 기독교 서적 중에 '성경'이 있었던 것이다. 당시 감옥에서 이상재 선생이 성경을 읽는 중에 특히 그의 마음을 깊이 울린 구절이 있었다.

공중에 나는 새를 보라. 심지도 아니하고 거두지도 아니하고 곡식 모아 곡간에 들인 것도 없으나 하나님이 저들을 먹이시느니라. 들에 피는 백합화를 보라. 수고하지도 않고 길쌈하지도 않으나 하나님께서 저들을 입히시느니라. 내가 진실로 너희에게 이르노니, 솔로몬의 모든 영광으로 입은 것이 이 꽃만 못하였느니라. 너희는 무엇을 먹을까 무엇을 입을까 근심하지 말라. 이는 이방(異邦) 사람들이 구하는 바요, 너희 하나님께서는 이 모든 것이 너희에게 있어야 할 줄을 아시느니라. 너희는 먼저 그 나라와 그의 의를 구하라. 그리하면 이 모든 것을 너희에게 더하시리라.

위의 구절 중에서 특히 그의 마음을 친 것은 "너희는 먼저 그 나라와 그의 의를 구하라."라는 말씀이었다고 한다. 그래서 그는 감옥 안에서 기독교인이 되어 출옥했다. 1907년에 잠깐 의정부 참찬 직에 있다가 사퇴한 뒤, 이상재 선생은 관계(官界)를 영영 떠나서 기독교운동에 전력했다. 그의 그러한 모습을 두고 신문기자였던 김을한은 "이상재 선생이 신앙생활과 생의 최후의 망명처로 삼은 것이 종로 기독교 청년회

[YMCA]이다."라고까지 표현했다.17)

송창근은 이처럼 이상재 선생과 같은 대인물이 자리 잡고 있는 종로 YMCA 회관을 드나들면서 그의 직접적인 훈도를 받았다. 송창근이 후일 유머를 즐기고 사람들을 대할 때 매우 포용력이 큰 우의관계를 지속적으로 유지했던 것에는, 이처럼 청소년 시절에 이상재 선생을 가까이에서 직접 모시고 보고 들으면서 받은 감화가 크게 작용했을 것으로 보인다.

이상재 선생의 해학과 풍자는 그야말로 과인(過人)한 것이었다. 그 중에서도 일본이 1910년에 한일합병으로 대한제국을 멸망시킨 뒤, 그 다음 해에 조선 사회 각 방면의 지도적 인물들을 망라하여 일본 시찰단을 만들어 일본에 파견했을 때의 일화는 매우 유명하다.

당시 이상재 선생도 그 시찰단에 참가하여 동경으로 갔다. 그때 시찰단은 일본의 각 도시와 학교 등을 시찰한 뒤, 하루는 동양에서 제일 크다는 동경 병기창(兵器廠 : 전쟁 무기를 제작하는 군수공장)을 둘러보았다. 그 날 저녁에 동경 시장(市長)이 주최하는 환영연 자리에서 시찰단원들이 차례로 감상담을 말하게 되었다. 이상재 선생의 차례가 되자 그는 자리에서 일어나서 천천히 입을 열었다.

"오늘 동양에서 제일 간다는 동경 병기창을 보았소. 커다란 대포며 무수한 총기들을 보고, 과연 일본이 동양의 강국임을 잘 알게 되었소. 그런데 한 가지 걱정이 있소. 성서에 가라사대 '칼로 일어서는 자는 칼로써 망한다'고 하였으니, 다만 그것이 걱정되는 구려.

---

17) 김을한, 『月南 李商在 一代記』, 1985, 31~40쪽 참조.

일본인들은 처음에는 이상재 선생이 일본을 찬양하는 줄로 알고 좋아하다가 다 듣고 보니 일본의 패망을 예언한 것이라서 내심 크게 분개하였다는 것이다.

서울 YMCA를 통해서 그와 같은 대인물을 가까이에서 대할 수 있었던 것은 젊은 시절의 송창근이 누렸던 커다란 인복(人福) 중의 하나였다.

송창근의 피어선 성경학원 시절에 관해서는 알려진 게 별로 없다. 다만 그가 성경에 매우 해박한 지식을 가졌고, 몇 년 뒤인 일본 유학시절에 동경 YMCA의 성서연구반에서 유학생들에게 성경을 가르쳤던 것으로 보아서, 이때 열심히 성경을 공부했던 것으로 보인다.

김재준의 글에 '송창근의 피어선 성경학원 시절의 일화'가 하나 있는데, 이렇게 기록되어 있다.

"(송창근은) 어느 유지의 도움으로 피어선 성경학교에 입학하여 공부하게 되었다. 언젠가는 그 유지가 보내는 매달 16원 학비가 오지 않았다. 그래서 그이에게 편지했더니, 이미 보냈다는 회답이었다. 학교 사무실이며 우편소 등에서 조사한 결과 같은 반 학우 중 한 사람이 가로챈 것이 드러났다. 만우는 임시학우회를 열고 지리시간에 쓰는 지도축 대여섯 개를 가져다 박살나도록 그놈을 두들겨 팼다. 떠들썩하는 소리가 교무실에까지 들렸다. 교사가 나와 보니 그 모양이었다. 무슨 폭행이냐고 만우를 나무라는 것이었다. 만우는 자초지종의 사유를 말했다. 그놈은 당장에 퇴학당하고 돈도 찾았다고 했다. 이것은 만우 자신이 필자에게 들려준 말이다."18)

위의 이야기에서 알 수 있는 사실은 다음과 같다.

1. 송창근은 피어선 성경학원을 어느 독지가의 도움으로 다녔다.

2. 그 독지가는 한 달에 '16원'씩 보조해 주었다.

그런데 "지도축 대여섯 개를 가져다가 박살나도록 그놈을 두들겨 팼다."라는 대목에서는 아무래도 과장해서 부풀린 혐의가 짙다. 물자가 매우 귀했던 그때에 '지도축 하나'도 아니고 '지도축 대여섯 개'를 동료 학우를 두들겨 패는 일에 써서 모두 '박살나도록' 만들었다는 것은 너무 무리한 이야기이기 때문이다.

피어선 성경학원은 3년제 학교였다. 1916년 봄에 입학한 송창근은 1919년 3월에 졸업했다.[19]

---

18) 김재준, 『만우 회상기』, 한신대학 출판부, 1985, 21쪽.

19) 수양동우회 사건의 재판기록에도 "1919년 3월에 피어선 성경학원을 졸업했다."고 기록되어 있다.

4. 삼일운동과 투옥

송창근이 1919년 3월에 피어선 성경학원을 졸업했을 때, 마침 남대문교회의 조사(전도사)의 자리가 비어 있었다. 조사였던 함태영 씨가 3·1만세 사건으로 수감됨으로써 그 자리가 빈 것이다. 그런데 송창근이 그 자리에 발탁되었다.

그것은 당시 기독교계에서 송창근에 대해 지니고 있었던 평가가 어떠했는지를 보여준다. 함태영은 연륜과 관록을 함께 지녔던 당대의 거물이었다. 대한제국 시기에 이미 검사와 판사를 역임했던 분으로서, 사회적 위상은 물론 종교적으로나 나이로도 까마득히 위인 대선배였다. 그런데 그의 후임자로서 송창근이 선택되었다는 것은 피어선 성경학원 재학 3년 동안에 송창근이 기독교계에서 스스로 크게 두각을 나타내는 데 성공했음을 의미한다.

함태영은 1873년에 함북 무산에서 출생하였다. 그는 대한제국 시기에 법관 양성소를 나와서 검사가 되었다. 그가 재직하고 있을 때 독립협회 사건이 일어나서 이상재(李商在), 이승만(李承晩) 등이 구속되었는데, 그는 이들에게 무죄를 선고하여 석방시켰다. 이 사건으로 그는 파면 당하였다. 그 후 그는 다시 대심원(大審院), 복심법원(覆審法院)의 판사에 임명되어 판사직을 역임하였다.

한일합방 후에는 기독교 신자가 되어서 장로로 장립을 받았고, 1912년의 제2회 경기충청노회에 연동교회의 총대로 참석한 이래 노회에서 활발한 활동을 하였다.[20] 함태영은 연동교회 장로로 시무하던 중 박정찬 목사의 후임으로 삼일운동이 일어나기 전 해인 1918년에 남대문교회의 조사(助師:전도사)로 부임하였다.[21] 그러다 삼일운동이 일어나자 주모자 중 한 사람이라는 혐의를 받아 체포되었던 것이다.

그처럼 대인물인 함태영이 구속되어 빈 자리가 된 남대문교회의 조사 후임자로서 '피어선 성경학원 졸업'이라는 경력밖에 없는 당년 21세의 송창근이 발탁된 것은 대단히 파격적이다. 아마도 그가 서울 YMCA 활동을 통해서 드러내었던 역량과 재능이 크게 평가된 듯하다. 남대문교회 조사가 됨으로써 송창근은 생애 처음으로 자신의 직업을 갖게 되었다. 그는 열정을 갖고 조사로서의 업무를 수행해 나아갔다.

현재 발견되는 자료 중 송창근의 저작물로 가장 이른 시기에 저술된 글이 '1919년 4월 23일'에 쓴 '아해의 노래'라는 제목의 시이다. 그가 남대문교회 조사일 때 쓴 것이다. 『주일학계(主日學界)』라는 잡지에 실린 것인데, 잡지 권수가 '제1권 제2호'인 것을 보아서 주일학교 운영

---

20) 『남대문교회사』, 남대문교회사 편찬위원회, 1979, 95쪽.

21) 1918년 6월 18일의 경기충청노회 14회 회의록의 임사부 보고에서 연동교회 장로 함태영 씨를 남문밖교회로 이임하였음을 보고하고 있다.(『남대문교회사』, 95쪽)

자들을 독자층으로 삼아서 갓 창간된 잡지였던 것으로 보인다. 시의 전문은 다음과 같다.

아해의 노래

송창근

주―리고 헐벗은 나의 동무들아
그곳을 떠나 이곳에 오너라―
생명의 떡 영광의 옷이 많다.

갈하고 속타하는 나의 동무들아
그곳을 떠나 이곳에 오너라―
수정같이 맑은 샘 이곳에 흐른다.

어둔 중에 조―는 나의 동무들아
그곳을 떠나 이곳에 오너라―
햇빛보다 밝은 빛 여기에 비친다.

주후 1919년 4월 23일.[22]

---

22) 『主日學界』, 제1권 제2호. 원문은 다음과 같다.

兒孩의 노래

송창근

이것은 삼일운동의 거센 노도의 여파가 사회 도처에서 세차게 일렁이고 있던 1919년 4월 하순에 발표된 작품이다. 이 시에서 그는 고통스럽고 암울한 현실과 대비하여 새로 지향해야 할 이상향을 보여주고 있다.

'주―리고 헐벗은 나의 동무들', '갈하고 속타하는 나의 동무들', '어둔 중에 조―는 나의 동무들'에게, 그는 '이곳에 오너라'라고 초청하고 있다. 그가 말하는 '이곳'은 어떠한 곳인가. '생명의 떡 영광의 옷이 많고, 수정같이 맑은 샘 흐르고, 햇빛보다 밝은 빛 비치는 곳'이라는 것이

주―리고 헐버슨 나의 동모들아
그곳을 써나 이곳에 오너라―
生命이 떠 榮光의 옷이 만타.
승명   영광

갈ᄒᆞ고 속타ᄒᆞ는 나의 동모들아
그곳을 써나 이곳에 오너라―
水晶 ᄀᆞᆺ치 묽은 심 이곳에 흐른다.
슈정

어둔중에 조―는 나의 동모들아
그곳을 써나 이곳에 오너라―
히빗보다 붉은 빗 여긔에 빗친다.

주후 1919년 4월 23일.

다. 그 곳은 곧 '기독교 세계'일 것이다.

그런데 송창근의 1919년과 1920년의 행적에 관해서 현재 상당한 착오가 존재한다.

공식적인 연표를 비롯한 각종 자료들에 "송창근은 독립운동 관련 창가 사건으로 1920년에 징역 6개월 형을 받았고, 복역을 마친 뒤에 다시 강우규 의사 사건에 연루되어 일경에 붙잡혀서 고초를 치르다가 강우규 의사가 체포된 뒤에 풀려났다."라고 되어 있다.

그러나 그것은 실제 사실과는 크게 다르다. 강우규 의사 사건으로 고초를 치른 것이 먼저였고, 독립운동 관련 창가 사건으로 인한 복역이 나중이었다.

1919년 3월에 조선인들이 벌였던 전 민족적인 삼일운동으로 인하여 일본의 대조선정책이 크게 변화했다. 무단정치를 일삼던 육군파의 사내정의 총독이 갈리고 그 후임으로 해군파의 재등실 총독이 부임한 것은 1919년 9월 1일이었다.

그러나 조선 민족은 재등실 총독이 편안하게 부임하도록 놔두지 않았다. 그가 일본에서 건너와서 부산에서 기차를 타고 상경하여 남대문 정거장에서 내린 뒤에 폭탄 투척사건이 일어났다. 기차에서 내린 그가 마차에 올라탔을 때 강우규 의사가 폭탄을 던진 것이다.

재등실은 혁대에 탄피가 맞았을 뿐 무사했지만 다수의 사상자가 났다. 신임 총독의 부임길에 발생한 폭탄투척사건을 미리 방지하지 못해서 독이 오를 대로 오른 일제 경찰은 조선인 혐의자들을 마구잡이로 검거하여 사납게 신문했고, 거기 송창근도 걸려들었다. 폭탄이 북쪽에서 왔을 것이라는 이유로 북쪽 인사들을 주로 잡다가 취조했다고 하는데, 송창근도 북쪽 출신이라서 잡혔던 것 같다.

당시 송창근은 남산 왜성대에 끌려가서 신문을 받았는데, 낮에는 낮에대로 취조하고, 밤이면 벌거벗겨 나무에 묶어 놓아 모기들이 밤새도록 피를 빨아먹게 하는 고문을 당했다고 한다. 남산의 모기들이 밤새도록 물어뜯는 고통은 정말로 견디기 어려운 것이었다. 육체적으로는 물론 정신적으로도 고통이 너무도 컸다. 인가에 사는 모기보다 산야에 있는 야생 모기의 독은 매우 독하다. 그때의 고초가 어찌나 컸던지, 뒷날 송창근은 두고두고 그 이야기를 했다고 한다.

김재준의 회고에 의하면 "그때 경시청은 남산, 지금의 외교구락부 언덕 위에 있었다. 만우는 유치장에 갇혔다. 샅샅이 조사한다. 밤에는 발가벗겨 바깥 나무에 꽁꽁 묶어 놓는다. 남산 사는 모기란 모기는 모두 달라붙어 생피의 향연을 즐긴다. 꽁꽁 묶였으니 모기를 때릴 수도 없고 가려운 데를 긁을 수도 없었다. 밤 새고 낮에는 조사 받고 먹을 생각도 없어 죽고만 싶었노라 했다."23)는 것이다. 일경의 잔혹하고 야비한 고문의 수법을 웅변하는 일화이다.

9월 1일에 폭탄을 던졌던 강우규 의사는 9월 17일에 자수했다. 자신이 잡히지 않고 있음으로 해서 무고한 사람들이 붙잡혀서 갖가지 고문을 당하는 것을 전해 듣고 그냥 견디고 있을 수가 없어서 자수했다고 전해진다. 그래서 송창근도 풀려났는데, 불과 며칠 사이에 얼굴을 몰라볼 정도로 몹시 상했더라고 한다.

그로부터 넉 달 뒤인 1920년 1월에 송창근은 다시 일경에 잡혀 들어갔다. 이번에는 무고한 혐의를 뒤집어쓴 게 아니었다. 실제로 독립운동에 관련된 창가를 배포한 일 때문에 빚어진 사건이었다.

---

23) 김재준, 『만우 회상기』, 한신대학 출판부, 1985, 26쪽.

현재 국가기록원에 그 사건으로 경성지방법원에서 1920년 3월 19일에 선고된 판결문의 원본이 소장되어 있다.

사건명은 '정치범죄 처벌령 및 출판법 위반 피고사건'.

관련자는 박인석(朴仁錫, 당 20세, 학생, 주소 경성부 관철동 194번지), 정후민(鄭候敏, 당 18세, 학생, 함경북도 경흥군 웅기면 웅기리. 당시 경성부 남대문통 5정목 75번지), 송창근(宋昌根, 당 23세, 야소교 전도사, 함경북도 경흥군 웅기면 웅기리. 당시 경성부 남대문통 5정목 75번지), 장윤희(張允禧, 당 29세, 무직, 경성부 대평통 1정목 72번지), 김원근(金瑗根, 당 52세, 교사, 경성부 효제동 35번지)의 5명이었다.

판결문에 따르면, 사건의 발단과 내용은 다음과 같다.

피고 박인석은 1919년 삼일운동에 참가하여 체포되어 보안법 위반사건으로 서대문 감옥에 구류되었었는데, 감옥에 있을 때 '경성독립비밀단'이라 내세우고 서로 공모하여 조선독립운동을 원조하려는 목적으로 불온한 가사와 구절을 나열한 창가를 지었다. 박인석은 출옥한 뒤에 그 창가를 인쇄하여 반포하여 조선독립운동을 지원하려고 기획하여 이를 송창근에게 의논하였다.

피고 송창근은 그 기획에 찬성하여 두 사람이 공모하여 조선독립운동을 도울 목적으로써 대정 9년(주: 1920년) 1월 말경 소할 관서의 허가를 받지 아니하고 경성부 남대문통 세브란스 병원 안에서 등사기계를 사용하여 전기 창가를 6백 부를 인쇄하고, 피고 정후민 등에게 부탁하여 수백 부를 경신학교, 배재학교, 이화학당, 정신학교 등의 생도에게 반포하게 하고, 또 스스로 창가 백수십

부를 중앙학교 생도 및 세브란스 병원 간호부 등에게 반포하고, 피고 정후민 및 장윤희는 동월경 피고 박인석 등으로부터 전기 창가 반포를 의뢰받자 그 창가가 위와 같이 불온한 가사와 구절로 나열되어 있음을 알면서도 조선독립운동을 선동할 목적으로써 정후민은 70부를 경신학교 생도에게 반포하고 피고 장윤희는 수십 부를 피고 김원근에게 의뢰하여 정신학교 생도에게 반포하고, 정신학교 교사 피고 김원근은 동월경 그 의뢰에 응하여 그 창가가 위와 같이 불온한 가사와 구절로 나열되어 있음을 알면서도 조선독립운동을 선동할 목적으로써 수십 부를 정신학교 생도에게 반포함으로써 피고들은 다수가 공동으로 조선독립운동을 도우려는 목적으로 이를 선동하였다, 는 것이었다.

또한 피고 김원근은 장윤희로부터 경서비밀독립단의 창가 수매를 정신여학교 생도에게 반포해줄 것을 의뢰받자 동교 생도 김유실과 김경윤 등에게 나눠서 배포하였다는 것이다.[24]

창가를 직접 지었던 박인석 및 그와 함께 그 창가를 6백 부 인쇄하여 각 학교 생도들에게 반포한 송창근에게 적용된 법률은 '정치범죄 처벌령'과 '출판법'의 위반, 두 사람에게는 실형이 선고되었다. 박인석은 '징역 2년', 송창근은 '징역 6월'이었다.

그리고 나머지 인쇄된 창가를 각 학교 학생들에게 배포한 죄만 있는 정후민, 장윤희, 김원근의 3명에게는 각기 '징역 3월'에 '집행유예 2년'이 선고되었다.

---

24) 국가기록원 소장 판결문

당시 판결문에 송창근의 직업은 '야소교 전도사'로 기록되어 있다. 그가 서울 남대문교회 전도사로 재직하고 있을 때였음을 명확하게 드러낸다. 지금 송창근 박사 관련 기록에는 거의 모두 그가 피어선 성경학원을 1915년에 입학하여 1920년 3월에 졸업한 것으로 기록되어 있다. 그러나 이 판결문에 의하여 그것이 틀렸음이 확실하게 증명된다.

송창근은 사건이 일어난 1920년 1월 말에 이미 남대문교회 전도사였다. 그리고 그가 피어선 성경학원을 졸업했다는 1920년 3월은 일본 경찰에 체포되고 수사 결과 기소되어 재판을 기다리고 있던 때였고, 1920년 3월 19일에 열렸던 경성지방법원의 선고 공판에서 '징역 6개월' 형을 선고받았다.

판결문에는 '미결일수' 즉, 체포되어 재판정에서 형을 선고받을 때까지 구속되어 있던 기간을 징역형 일자에 합산해주도록 명하는 조치가 없다. 그런데 아마도 미결일수가 다소 합산되어 형이 집행되었던 듯하다. 판결문이 선고된 1920년 3월 19일의 다음 날부터 '6개월 징역형'을 복역했다면 만 6개월 뒤인 1920년 9월 19일에 출옥해야 했는데, 실제로는 그보다 약간 빨리 출감했다. 그가 1920년 8월 말에 이미 함경도에 가 있었던 것이 『동아일보』 기사로 확인된다. 그가 1920년 9월 1일에 회령에서 강연회를 열고 '4백여 명 청중'을 상대로 강연을 한 것을 보도한 기사이다.

그는 감옥에서 출감한 뒤 고향에 근친하러 갔다. 그가 감옥에 있던 6개월 동안 근심걱정으로 마음을 태웠을 부모님을 안심시켜드리기 위해서였다. 그리고 이때 귀향한 김에 그는 고향인 웅기는 물론 인근 도시인 회령 등지의 여러 교회를 돌면서 '강연회'를 열어 연설을 했다.

근친하러 일시 귀향한 그가 이처럼 고향 인근 도시들에서 '강연회'를 개최하게 된 것에는 서울에서 YMCA 활동을 하면서 축적된 감각이 크게 작용했던 것으로 보인다. YMCA 활동에서는 '강연'이나 '연설'이 매우 큰 비중과 위상을 차지하기 때문이다. 『동아일보』의 기사 내용 역시 그 강연회가 '회령기독청년회' 곧 '회령 YMCA'의 주최로 열린 것이었음을 밝히고 있어서 그런 추정을 뒷받침한다.

아마도 이때가 그의 이름이 생애 처음으로 신문 사회면에 기사화된 것이라고 보이는데, 『동아일보』 1920년 9월 11일자에는 송창근과 관련된 기사가 두 개 실려 있다. 제목은 각기 '기독청년회 간담회'와 '기독청년회 강연회'로서, 기사 내용은 다음과 같다.

기독청년회(基督靑年會) 간담회(懇談會)

회령기독청년회장 선교사 매도날(梅道捺)씨는 성연(盛宴)을 설비하고 거(去) 8월 31일 오후 8시반 당지 서문내(西門內) 예배당 내에 간담회를 개최한 바 동 회장 매도날 씨의 취지 설명이 유(有)한 후 매(梅) 부인의 독창과 또는 환등(幻燈)이 유하얏스며 내빈 송창근(宋昌根) 군의 일장(一場) 권사(勸辭)는 만장(滿場) 제씨(諸氏)에게 대갈채(大喝采)를 박(博)하얏다. 경(更)히 청년회 총무 최경재씨는 회관 설비에 대한 의연금을 논급한 바 회원중으로부터 출연한 금액이 백여 원에 지(至)하고 전창국 씨의 회장 매도날 씨에게 대한 감사적 답사가 유한 후 폐회하얏다더라.

(회령)25)

---

25) 『동아일보』, 1920. 9. 11.

기독청년회(基督靑年會) 강연회(講演會)

　회령기독청년회 주최로 본월 1일 오후 8시반에 연사 송창근(宋昌根) 군을 청요(請邀)하야 당지 서문내 예배당 내에 강연회를 개하고 『현대(現代)의 생활(生活)과 인심(人心)의 개조(改造)』란 연제로 강연한 바 심원(深遠)한 이상(理想)과 격절(激切)한 어조는 4백여 명 청중으로 무한한 감상을 야기(惹起)케 하얏스며 일동의 찬미(讚美)와 선교사 매도낼(梅都捺) 씨의 기도로 폐회하얏다더라.

(회령)26)

　당시 송창근의 나이는 22세. 이때부터 그는 타고난 재능으로 기독교계만이 아니라 일반 사회에도 두각을 나타내기 시작했다. 감옥살이를 하고 고향에 근친하러 온 길에 고향 일대의 도시들에서 강연회 연사로 초청받고 그 일이 서울에서 발간되는 신문에 실리는 사람이 된 것이다. 그가 회령의 강연회에서 4백여 명의 청중을 상대로 강연할 때 "심원한 이상과 격절한 어조는 무한한 감상을 야기케 하였다."고 하니, 매우 성공적인 강연회를 가진 것이다.

　송창근이 김재준을 처음 만난 것이 바로 이 당시의 고향 방문 시기였다. 그때 만났던 김재준의 회고담을 보면, 송창근의 모습은 매우 밝고 의연하고 당당하다. 아직 청청하게 젊은 나이라서 6개월의 감옥살이쯤은 아무런 상처가 되지 않았던 듯하다. 김재준은 '1920년 8월 말에서 9월 초'인 당시를 '1919년 크리스마스 가까이'라고 혼동하여 착

---

26) 『동아일보』, 1920. 9. 11.

각하고 있는데, 아무튼 그의 회고담은 다음과 같다.

　내가 만우(晩雨) 송창근 형(宋昌根 兄)을 처음으로 만난 것은 1919년 12월 크리스마스 가까이였던 것 같다. 그때 내 나이는 19세, 함경북도 웅기항에 있는 웅기 금융조합(요즘의 농업협동조합 같은 곳) 서기로 근무하고 있었다. 기독교 신자도 아니었고 사상적으로 계발된 데가 없는 한 청과(靑果) 같은 소년이었다. 그래도 3·1운동 직후라서 상해로부터 또는 만주, 시베리아를 거쳐 잠입하는 독립신문도 가끔 읽을 수 있었고 두만강 저편으로 건너가기 위해서 잠깐 들리는 독립지사들도 만나볼 수 있었다. 그래서 민족의식이랄가는 약간 싹트기 시작하였다.

　만우형(晩雨兄)은 나보다 두 살 위였으나 교회인, 사회인으로서 이미 성숙한 청년이었다. 그는 그 당시 서울 남대문교회(역전 세브란스병원 구내에 있는 큼직한 한옥집이었다) 조사(전도사)로 시무하면서 3·1운동에 가담했다는 것 때문에 6개월 징역을 치르고 출감한 후 근친도 할 겸 고향 교회들도 예방하려고 웅기에 온 것이었다. 그는 재치 있는 미남으로서 연설도 잘하고 좌담에도 능숙하고 교제 솜씨도 세련된 품위 있는 청년이었다. 나는 교회와는 관계가 없었기 때문에 그가 웅기 교회에서 연설을 했다고 들었지만 별 흥미도, 관심도 없이 넘겨보냈다. 그런데 하루는 그가 내 하숙집 방에 일부러 찾아와서 정중하게 첫 인사를 하고 "말씀 많이 들었기 때문에 인사라도 드리고 가려고 이렇게 실례스러운 방문을 했습니다."하고서는 곧 떠났다. 이튿날 나는 거리에서 그를 만났다. 그는 좀더 구면인 친밀감으로 나를 대했다. "지금 3·1운동 이

후에 우리 민족은 일어나고 있습니다. 천운(天運)은 갔다가도 반드시 돌아옵니다. 김선생 같은 유능한 젊은이가 그저 이런 데 묻혀 있을 때는 아닙니다. 용감하게 정리하고 서울 와서 공부를 다시 하십시오."하는 것이었다. 나는 가슴이 뭉클해지고 결단의 용기 같은 것을 느꼈다. 그래서 몇 달 후에는 직장이니 뭐니 다 치워버리고 서울에 모험할 수 있었던 것이다.27)

이것이 송창근과 김재준의 첫 만남이었다. 김재준과 처음으로 만나게 된 계기를 증언하는 위의 일화는 송창근이 지닌 바 인품을 잘 드러내고 있다.

송창근은 천성적으로 '설계자'로서의 특성을 지닌 사람이었다. 큰 눈으로 현상을 보고 본능적으로 그에 대한 대비를 하는 사람이었다. 실제로 그는 몇 년 뒤에 '자기건축(自己建築)' 곧 "자기 자신을 어떻게 설계하여 운용할 것인가?"하는 문제의 중요성을 강조하는 글을 써서 세상에 발표했다.

송창근이 지닌 그러한 특성은 나이나 경력과 상관없는 것이다. 천품에 속하는 것이었다. 그는 이때 불과 '만 22세'의 나이였다. 보통 사람으로 치자면 자신의 미래를 생각하며 그에 대응하기에도 힘겨워할 나이다. 그럼에도 불구하고 송창근은 달랐다. '인재 발굴'에 대한 본능적인 감각과 실천력이 있었다. 그리하여 절로 '인재 발굴하여 키우기'를 시작한 것이다. 이미 서울에 자리 잡은 그가 고향 웅기땅에 다니러 왔다가 "웅기금융조합에 다니는 김재준이란 사람이 똑똑하다."는 소문을

---

27) 김재준, 「잊을 수 없는 만우」, 『만우 송창근』, 1978, 321~322쪽.

듣고 일부러 찾아가서 인사를 트고 서울행을 권한 것이다.

극작가 주태익 씨는 『만우 송창근』의 '전기 편'에서, 위의 일화를 소개한 뒤에 이렇게 썼다.

이것이 송박사와 김재준 목사의 초대면이고 그것만으로 두 분의 성격을 잘 말해주고 있다. 송박사는 아마 누구에게서였는지 김재준이란 청년에 대한 말을 들었을 것이다. 성실하고 두뇌가 명석한 젊은이가 있다고. 그러나 여러 사람(바꾸어 김재준 목사라든가) 같았으면 김재준 청년을 하숙방까지 찾아가는 수고는 안했을 것이다. 송박사는 그만큼 사람을 그리워하고 아끼는 성격 때문에 실례일 수도 있는 그런 행동을 감히 취했던 것이다. 그래서 김재준이라는 한국교회사상의 한 거인을 찾아냈던 것이 아닌가. 어찌 김재준 목사뿐이랴. 뒤에 기록할 기회가 있으려니와 송박사는 일삼아 유능한 젊은이를 찾아 원근을 가리지 않고 걸음을 옮겼던 것이다.28)

과연 송창근이 지닌 품성 한 부분의 핵심을 찌른 말이다.

송창근이 실천했던 그처럼 본능적인 '인재 발굴하여 키우기' 작업은 "민족을 일으키려면 사람이 필요하다."는 절박함을 지니고 평생에 걸쳐서 끊임없이 시도되었고, 결국 '인간 송창근'이 지닌 가장 특징 있는 표지 중 하나가 되었다.

---

28) 만우 송창근선생기념사업회, 『만우 송창근』, 1978, 26쪽.

5. 생애 최초의 논설

송창근이 '독립운동 창가 사건'으로 감옥살이를 하고 나온 지 8개월 만인 1921년 5월의 일이다. 송창근의 삶에서 매우 의미가 큰 일이 일어났다. 그가 생애 첫 논설을 잡지에 발표한 것이다.

당시 '중앙기독교청년회(YMCA)'에서는 출판사업의 일환으로 1921년 3월부터 『청년(青年)』이란 제목으로 월간 잡지를 발행하기 시작했다.[29] 1921년 5월에 세 번째 호가 발간되었는데(제1권 제3호), 송창근은 바로 그 잡지에 논설을 발표했다.

제목은 「교회를 발전하랴면 우리난 엇지할가 (교회를 발전시키려면 우리는 어찌할까)」.

『청년』 잡지 측에서 당시 남대문교회의 조사였던 송창근을 '교회 발전 문제'에 대한 대책을 논증할 수 있는 인재로 보고 그를 필자로 선정하여 원고를 청탁한 것이다. 당시 23세의 청년이었던 송창근은 그

---

29) 전택부, 『한국 기독교 청년회 운동사』, 1994, 범우사, 281쪽.

원고를 청탁 받고 매우 기뻤던 듯하다. 원고의 맨 첫머리에 쓴 글에 그 기쁨이 그대로 드러나 있다.

> 내가 이제 본 문제를 가지고 청년지에 묵(墨을) 염(染)하려 함에 가슴 속에서 떠오르는 여러 가지 많은 느낌을 자못 억제하기에 어렵다. 한편으로 생각하면 많은 환희를 불금(不禁)하나이다.[30]

송창근이 서울에 온 이래 가장 친숙하게 드나들면서 활발하게 활동한 곳이 YMCA였다. 당시 YMCA는 젊은 기독교인들의 활동의 장이자 마음의 안식처였다. 그러한 YMCA에서 발간하는 잡지의 필자로 자신이 선정된 것, 특히 주어진 주제가 '교회 발전'에 관한 것임이 그의 마음에 "많은 환희를 불금하게한 것이다.

그는 그때까지 그와 같은 글을 쓴 경험이 없었다. 그러나 막상 써낸 글은 그가 타고난 논객이라는 것을 극명하게 증명했다. 그는 원고에서 자신이 그간 강렬하게 느끼고 있던 조선 교회의 긴급한 당면 문제점들을 적시하고 그에 대한 해결책을 제시했다. 매우 강력하게 호소하는 힘이 있는 아주 당찬 글이어서, 전혀 처음으로 논설을 쓴 사람의 글과 같지 않다.

글의 내용과 별도로 그 기사에서 눈길을 끄는 것은, 그가 이때 이미 '만우(晩雨)'라는 호를 쓰고 있었기에, 필자 이름이 '송만우(宋晩雨)'로

---

30) 원문 : "余가 今에 本 問題를 가지고 靑年紙에 墨을 染하려 함에 가슴 속에서 써오르는 諸多의 늣김을 자못 抑制하기에 얼엽다. 一便으로 生覺하면 만은 歡喜를 不禁하나이다."

표기되어 있는 점이다.

이 논설은 송창근의 생애에서 매우 중요한 의미를 갖는다. 우선 현재 발견된 자료들 중에서 가장 최초로 저술된 논설이다. 그러나 그런 무엇보다도 더욱 크게 주목해야 할 것은, 이 논설이 지닌 상징성과 예언적 가치이다.

논설 발표 당시 송창근의 나이는 불과 23세였다. 그러나 이 논설에는 그가 훗날 평생에 걸쳐서 줄곧 생각한 것과 행한 것들의 틀이 매우 명확하고 구체적인 형태로 짜여져 제시되어 있다. 그것은 평소 그가 '교회 발전 문제'를 매우 깊이 있게 그리고 아주 진지하게 생각하고 있었다는 방증이다. 그래서 청탁 받은 원고지 칸을 메우기 위해서 쓴 글이 아니라, 자신이 지녔던 평소의 신념과 소신을 그대로 담아놓은 살아 있는 글을 쓴 것이다. 그래서 그 논설을 발표한 뒤의 송창근의 나머지 평생은 "자신이 생애 첫 논설에서 제시해 놓은 목표를 향해 끊임없이 날마다 전진한 것에 불과하다."고 말할 수 있을 정도였다.

위의 논설은 오랜 세월 동안 완전히 잊혀졌다가 1984년에 한신대학 서광일 교수에 의해서 '기장 역사 희귀 자료 발굴' 작업의 하나로 재발굴되었다. 이 글에 대해서 당시 한신대학 학장이던 정대위 박사는 이렇게 평했다.

그의 글은 마치 신학대학장 취임연설과 같은 내용을 가진 문장이다. 지금으로부터 거의 칠십 년 전 젊은 만우 선생이 쓰신 이 글들은 오늘 우리들의 현실에 비춰보아도 100 퍼센트 타당한 내용을 가지고 있다. 그는 그만큼 날카로운 투시력(透視力)을 가지신 분으로 진실로 커다란 포부를 가지신 어른이셨다. 그러므로 그의 토쿄 신학생 시절의 그의 교우(交友) 관계는 그저 한갓 친구들 사이에 얽혀진 자연발생적인 것이 아니라 어떤 사명감에 뭉치는 동지(同志)적인 우의(友誼)였다. 그들의 계획은 제2 이사야의 외침과 에즈라—느헤미아의 포부, 그리고 에제키엘의 성전 설계와 같이 젊은 만우의 가슴에 그리고 그와 동시대인들인 그의 벗들의 가슴에 뜨겁게 사려져 있었을 것이다.[31]

여담이지만, 후대의 사가들 중에서 이 논설의 가치를 '송창근'이란 필자의 인격과 전혀 상관없이 중시하는 분들이 있다. 그 시대에 조선 기독교가 처했던 상황과 문제점을 매우 잘 드러내는 글로 꼽아서 자신들의 저서에다 인용하고 있는 것이다.[32]

여기서 문제의 논설에 대하여 살펴본다. 송창근은 먼저 글의 서두에서 조선의 기독교 현황을 적시했다.

기독교가 우리 반도에 전래하여 들어온지 불과 30여 년인 금일을 당하야 면면촌촌(面面村村)에 그리스도 일홈(이름)을 독송(讀誦)하지 안는(않는) 곳이 업스며(없으며) 교인의 수로 말하더래도 30여 만에 달하고 집회소로는 3천여 개소나 되는 처소가 잇고 교역자의 수로는 조선사람으로만 2천8백여 명에 니르고(이르고) 외

---

31) 정대위, 『노닥다리 초록 두루마기』, 종로서적, 1987, 76쪽.

32) 전택부, 『한국 기독교청년회 운동사』, 1994, 범우사, 377쪽.
　민경배, 『한국기독교회사』, 2007, 연세대학교 출판부, 400쪽.

국인까지 모도(모두) 합하야 3천의 다대수를 차지하게 되엿스며 교육기관으로 경성을 중심하고 큼즉큼즉한 도시에 전문학교로붓터 중등 정도 소학 교육의 설치가 별로 업는 곳이 업스며 병원을 시설하여 구제사업에 노력하는 일이라든지 멧(몇) 가지 못되나마 신문잡지를 발행하야써 사상 통일의 기관을 설(設)하야 무인지경(無人之境)이든 우리 종교계에 일대 광채를 발휘하게 되는 등 제사(諸事)를 볼 째에는 아무라도 과거 30여 년 동안에 노력하신 선배 제씨와 현금에 사역하시는 교역자 제씨의 그 고심분투함과 열심 전도함에 대하야는 깁픈(깊은) 동정과 더운 눈물을 흘여(흘려) 뜨거운 감사를 마지 못하나이다.

그러하나 다른 일면으로 현하 우리 종교계를 관찰하여 가지고 내두사(來頭事)를 상각할 째에는 도저히 낙관할 여지가 업습니다. 차점(此點)에 들어가서는 조선의 야소교 사회를 근심하는 자― 한 번 보와서 색색(色色)의 비경(悲境)을 만이(많이) 발견하리라 하나이다.

라는 것이 그의 진단이었다.

그리하여 "단도직입적으로 우리 종교계에 목하의 상태를 거하야 장래 교회 발전책에 대한 긴급 문제 멧(몇) 가지를 말하야 대방가(大方家) 제씨의 참고에 공(供)코저 함이 여(余)의 본의임으로 차하(此下)에 일이(一二)의 의견을 술(述)하나이다."라는 전제 아래, 그는 다음과 같은 6가지의 해결책을 제시했다.(이하 현대문으로 바꿈)

1. 사회적(社會的)으로 화(化)하라

이것은 '사회적 진보와 발전에 맞추어서 그에 맞는 방식으로 기독교 진리를 설파하라'는 요구였다.

송창근은 "진리는 작일(昨日)이나 금일(今日)이나 영원히 변치 않는 그것"으로서, "그리스도께서 계시하신 교리가 시대와 장소를 따라 모양이 바뀐다는 것이 아니라 그 교리를 해석하는 사람들의 지식은 진보되고 그 진리를 접하는 사회의 정태(情態)가 날마다 진전하여 향상하는 까닭에 동일한 진리와 동일한 교리라 할지라도 때를 따라서 그 광색(光色)을 인간사회에 발휘하는 방법에 이르러서는 서로 크게 다름이 있을 것이외다."라고 지적했다.

그래서 "그러한 의미에서는 옛날에는 옛날의 기독교가 있고, 현대에는 현대적 기독교가 있고, 장래에는 장래 기독교가 있을 것을 명명백백히 아는 것"이라면서, "나는 반드시 사회적 화(化)가 된 기독교가 있어야 하리라고 고규(苦叫:괴롭게 부르짖음)한다"고 토로하고 있다.

이것은 기독교가 전래된 이래, 무식한 이도 맹목적으로 성경만 읽고 목사가 되어 교인들을 이끄는 일이 다반사였던 현상에 대한 준열한 비판이었다. 기독교가 전래된 초창기 선교사들은 한국인 교역자 양성정책의 기준으로 "선교 사업의 초창기에 있어서는 그를 교육시키기 위해 미국에 보내지 말 것. ……그의 교육은 일반인에게 존경을 받고 권위가 설 수 있도록 한국인의 평균교육수준보다 약간 높게 하고, 너무 높게 하여 일반인이 시기심이나 이탈감을 갖지 않도록 할 것."[33] 등을 채택

---

33) 백낙준, 『한국개신교사』, 연세대학교 출판부, 1973, 226쪽.

했다고 한다. 그런 정책이 유지된 결과, 한국인 목회자들의 수준이 전반적으로 얕을 수밖에 없었다.

송창근은 그러한 현상을 직시하고 '사회적 화'의 필요성, 곧 '사회적 진보와 발전에 맞는 방식으로 기독교 진리를 전하기'를 요구한 것이다. 그는 '사회적 화'가 필요한 근거를 성경에서 제시하기도 했다.

"여러분들이여, 요한전 17장을 읽으시오. 거기에 주께서 세상에 대해 우리에게 가르치신 근본정신이 있습니다. '내가 비옵는 것은 저들을 세상에서 떠나게 함이 아니라 보존하사 악한 데 빠지지 않기를 기도합니다'라고 예수께서 말씀하신 것을 기억한다면, 우리들은 도저히 현재를 부인하고 물질을 배척하며 지식을 무시하지 못할 것이고, 교회를 세상 밖에 하나의 단체를 조직하려 하심이 아닌 것을 깨달으라고 합니다. 그리고 물질계로 하여금 심령계와 분리되게 하지 않고 물질의 사회를 심령사회에 복종시켜 속히 땅 위에 천국을 건설하도록 노력하라고 합니다."

2. 노소 충돌의 근기(根氣)를 제거하라

당대는 기존의 전통 문화와 새로 일어나는 신진 문화의 교체기여서, 신구 문화의 충돌이 격심한 때였다. 그런 현상은 교회 내부에서도 마찬가지로 드러나서 교회 발전을 저해하고 있었다.

송창근은 그 문제를 다루는 이 장을 "노년(老年)은 경험에 살며 청년은 이상과 희망에서 사는 것이외다."라는 말로 시작했다. 그는 "노년이 청년을 배척하는 것이 해가 될진대 청년이 노년을 반대함도 그와 같은 폐해가 있을 것"이라고 지적하고, "노년은 매사를 청년들에게 향하여 양보하시고 청년은 과거가 없었더라면 현대가 없었을 것을 깨닫고 노년에 순(順)하여 성(盛)함만 있고 쇠(衰)함은 없어짐을 희망합니다."라면서, 노소가 서로 용납하여 충돌의 뿌리 자체를 없앨 것을 호소했다.

3. 교역자를 양성하라

이 장에서 송창근은 그가 생각한 '교역자(敎役者)'의 상을 제시하는 것으로 글을 시작했다.

"시대의 사명을 맡은 자도 교역자이며, 교회를 관리하는 자도 교역자이며, 사회의 의범(儀範)도 교역자이다. 진실로 귀하고 중한 것은 교역자이다. 적어도 이러한 교역자는 지적 자격과 능력적 자격과 영적 자격이 구비한 자라야 될 것이다.

그러한 전제 아래, 송창근은 반문한다.

"이러한 교역자를 어디서 찾을까?"

그리고 그에 대한 대답을 이렇게 제시했다.

"오늘날 사회는 벌써 찾아 구한 지는 오래 됐습니다. 그러나 지금껏 없습니다. 그대로 그냥 있다 하면 장래에도 없을 것입니다. 재언(再言)을 기다리지 않고, 뜻 있고 재주가 뛰어난 청년, 신앙에 독실한 청년, 유망한 청년으로 시설이 완전한 외국에 유학하게 하여 사회가 갈망하는 교역자를 양성하라 할 것입니다."

그는 이 장을 다음과 같은 말로 마쳤다.

"교회 당국 제공은 현상유지만으로 만족히 여기지 말으시고 교회 발전책의 생명인 교역자 양성에 대하여 새삼스러운 각성을 갖도록 해야겠습니다."

4. 신학교육방침을 개선하라

이 장에서 송창근은 먼저 신학교 교육에 대한 문제점을 지적했다.

"신학교라 함은 누구나 없이 교역자 양성기관이라 함은 일반적으로 용인하는 바입니다. 그렇기 때문에 현대가 요구하는 교역자가 되려면, 적어도 철학이 어떤 것인지, 정치가 어떤 것인지, 자연과학이 어떤 것인지, 문학이 어떤 것이며 예술은 어떤 것이고, 시대사조가 변해 가는 것에 대해 대략은 알아야 할 것입니다(성서에 대한 강해(講解)와 신학에 대한 연구를 중심으로 하고)."

그리고 구체적으로 그에 대한 대안을 제시했다.

"경성이나 평양에 있는 신학교가 어떻게 하는지요?

첫째로는, 연한(年限)이 상관이 됩니다. 남들은 5,6년을 전공해도 오히려 부족하거든 하물며 모두 합하여 18개월 못 되는 시일에 아무리 잘한다 한들 도저히 불가능한 일입니다.

둘째로는, 교사 문제입니다. 서울이나 평양에 신학 교사들을 보면, 거의 다 지방 선교에 밤낮 얽매어 어찌할 수 없는 중에서 간신히 여가를 얻어서 교수(教授)를 하니, 아무리 성력(誠力)과 열심으로 한다 하더라도 도로(徒勞)에 돌아가기 쉽습니다.

셋째로는, 교수 받는 학생들의 정도 문제입니다. 근대에 와서 상식을 함양한 청년들이 다소의 자각을 가지고 시작한 청년들도 있기는 하지만, 10에 7,8은 그렇지 못합니다. 이러고야 어찌 성공을 바라며 행복 있기를 기대하리이까?

충정으로 고하노니, 신학 교육에 종사하는 당신들은 속히 방침을 개선하여야 할 것입니다. 물론 초창시대이며 따라서 경제문제도 있을 터라 그렇겠지만, 여러 다른 사업은 오히려 정지하고서라도 완전한 시설을 하여서 외국에 가지 않고서도 넉넉히 공부하도록 하는 것이 교회 발전이 느리고 빠름에 관계가 얼마나 많을 것인지 알 수 있습니다."

당시 송창근이 지니고 있었던 '제대로 된 신학 교육에 대한 욕구'가 얼마나 강한 것인지를 보여주는 것이 "여러 다른 사업은 오히려 정지하고서라도 완전한 시설을 하여서 외국에 가지 않고서도 넉넉히 공부하도록 하는 것이 교회 발전"에 직결된다는 지적인 것이다.

5. 경제력을 충실케 하라

송창근은 교회 발전책의 원동력의 하나로서 '경제력 충실'을 중시하는 이유에 대하여 다음과 같이 벽력 같은 한 마디로 갈파한다.

"재력(財力)이 있는 곳에 권력(權力)이 따르는 까닭입니다.

이 장에는 그가 본 '조선 교회에 미치는 선교사들의 경제력이 지닌 영향력에 관한 관찰과 그 폐해에 대한 성찰'을 담고 있다.

"재력과 권력이라는 것은 밀접한 관계가 있습니다. 얼른 보아서 알 것은 이것입니다. 현금 우리 반도에 3천여 회당과 학교와 병원 시설이 있다 한대도, 어느 모퉁이에 선교사의 힘을 빌지 않은 것이 없습니다. 그렇기 때문에 우리네에게는 아무런 힘이 없습니다. 우리네는 그저 맹종하는 것이 일입니다."

그리하여 그에 대한 대안으로서 그가 주장하는 것은 이러했다.

"조선 교회의 발전을 진정으로 기대한다면 속히 경제력을 충실하게 하라 할 것입니다. 이 목적을 득달하려면 현금에 선각자는 일체 교인들에게 직업의 신성함을 가르쳐 주어 실업을 장려하며 실업의 근본이 되는 과학을 장려하여야 하겠습니다."

당시 대부분의 국민들이 소규모 농업에 종사하던 전통적인 농업사회에서, 송창근은 '직업의 신성함을 전제로 한 실업의 장려'와 '실업의 근본이 되는 과학의 장려'를 '교회 발전책'의 하나로서 강력하게 주장한 것이다. 그것은 그가 지녔던 미래사회를 내다보는 혜안을 드러내는 것으로서, 그가 갖추고 있던 견식의 넓고 활달함을 미루어 짐작하게 한다.

6. 기독교의 문학을 일으키라

송창근은 기독교 문학을 통한 전도의 효과를 매우 중시했다. 그리하여 기독교 문학이 매우 영세한 상태인 것을 두고 "이보다 더한 원통한 일이 없다."고까지 표현했다. 그가 지녔던 '기독교 문학 창달'에 대한 의지와 구도를 잘 드러내는 것이다.

이 장의 전문은 다음과 같다.

"이 점에 들어서는 더욱이나 공공적적(空空寂寂)합니다. 참으로 우리 종교계에서 이보다 더한 원통한 일이 없습니다. 조선의 중심이요 도회(都會)로는 큰 도회라도 경성에 '기독신보', '주일학계', '신학세계', '성경 잡지'가 있으며, 평양에는 '신학지남'이 있으며, 춘천에서 발행하는 '세광'이 있을 뿐입니다.

또한 서적 잡지 발행기관소로는 서울에 야소교서회가 불완전하나마 선교사의 계관(計管)하는 것 그 하나뿐인즉, 종교계를 위하여 근심하는 자가 어찌 통한을 면하겠습니까?!

이제 희망하며 충정으로 기원하는 것은, 큼직큼직한 도시마다 서적 잡지 발행기관이 일어나고 신문 잡지 서적 종람소(縱覽所)를 설치하여 우리 기독교 신자들로 하여금 진전하게 하여 봅시다. 조선 야소교 문학계를 위하여 진심(盡心) 노력하는 연로 연소 선각자 여러분에게 우리는 끊임없는 동정을 가하여 물질과 정신 양면으로 찬동함이 우리가 취할 본래 길이라 하겠습니다."34)

위의 논설에서 송창근이 제시한 위와 같은 6가지 해결책은 모두 절실하게 조선 교회의 현안을 반영하고 그에 대한 대안으로서 가치를 크게 지니고 있었다. 그뿐더러 그는 타고난 언어감각과 현실감각을 유감없이 드러내었다.

"노년(老年)은 경험에 살며 청년은 이상과 희망에서 사는 것", "시대의 사명을 맡은 자도 교역자이며, 교회를 관리하는 자도 교역자이며, 사회의 의범(儀範)도 교역자이다. 진실로 귀하고 중한 것은 교역자이다.", "교회 발전책의 생명인 교역자 양성", "재력(財力)이 있는 곳에 권력(權力)이 따르는 까닭", "조선 교회의 발전을 진정으로 기대한다면 속히 경제력을 충실하게 하라." 등등, 진실을 제대로 반영하는 강력한 설득력을 지닌 논리를 유려한 문장으로 유감없이 펼친 것이다.

그리고 무엇보다도 크게 주목할 사항이 있다. 그가 이미 '1921년 5월'이라는 시점에서 "선교사의 경제력에 따른 조선 교회의 예속문제"를 매우 강력하게 제기했다는 사실이다.

조선 천지가 모두 가난하기 그지없던 '1921년 현재'에 선교사들이 가져오는 원조물자와 원조금은 조선 교회를 유지하고 발전시키는 원동

---

34) 『청년(靑年)』, 1921년 5월호.

력으로 매우 고맙게 받아들여지고 있었다.

그럼에도 불구하고, 그때 이미 송창근은 그런 현상을 매우 불편하고 부적절한 것으로 받아들였고, 그런 폐단을 타파할 수 있는 방도로서 '조선인에 의한 조선교회의 경제력 충실화'를 구상하고 있었던 것이다. 이것은 그가 소년 시절에 만주에서 이동휘 등 독립운동지사들과 지낸 시절에 받았던 영향이 알게 모르게 그의 꿋꿋한 독립자존의 신념을 형성하게 된 바탕이 된 것이 아닌가 싶다.

뒷날 그가 일본과 미국 등 외국 유학을 떠날 때, 그러한 그의 신념의 강고함이 실제로 확인되었다. 당시 대부분의 기독교인 유학생들은 대개 선교사의 연줄이나 후원에 의지하여 유학했다. 그러나 송창근은 전혀 그렇게 하지 않고 독자적으로 유학길을 뚫었고 독자적으로 공부하여 미국 박사학위를 땄던 것이다.

이렇게 '논설 기사 쓰기'로 첫 필자가 된 이래, 송창근은 중앙 YMCA의 『청년』지에 자주 기고하는 필자가 되었다. 그는 논설, 번역문, 시, 번역 시, 기행문 등 여러 장르에 걸친 기사들을 자주 기고했다.

6. '만우(晚雨)' 또는 '시온성(詩蘊城)'

여기서 송창근의 호에 관한 이야기를 살펴본다. 송창근은 23세 이전에 이미 자신의 호를 지어서 사용하기 시작했다.

'만우(晚雨)'.

풀이하자면, '늦은 비'라고 표기되는 아주 운치 있는 호였다. 그는 1921년 5월에 발표한 자신의 생애 첫 논설의 필자명을 '송만우(宋晚雨)'라고 표기할 만큼, 그는 자신의 호에 대해서 큰 자긍심도 지니고 있었다. 그런데 그는 어찌하여 하필 '만우'라는 호를 지었을까?

송창근의 일본 청산학원 시절의 친우인 조승제 목사의 회고에 의하면, 송창근에게서 직접 들은 이야기인데, 그가 말하기를 "자기 호의 뜻은 야고보서 5장 7절에 있는 '늦은 비'의 뜻으로 '만우'라고 했다."는 것이다.35)

---

35) 조승제, 『牧會餘話』, 향린사, 1965, 199쪽.

그러므로 형제들아 주의 강림하시기까지 길이 참으라 보라 농부가 땅에서 나는 귀한 열매를 바라고 길이 참아 이른 비와 늦은 비를 기다리나니 (야고보서 5장 7절)

'만우'라는 아호는 글자에 담긴 뜻이 매우 아름답고 심원하다. 발음하기에 음운적으로도 깊고 부드럽다. "농부가 땅에서 나는 귀한 열매를 바라고 길이 참아 이른 비와 늦은 비를 기다리나니"라는 성경 구절 중에서, '늦은 비'라는 상념이 그의 마음속에 뛰어 들어와서 크게 자리 잡은 것이다. '이른 비'와 '늦은 비' 중에서 특히 '늦은 비'가 더 그의 마음에 들었던 것에는 그가 지닌 문학적 감각도 작용했으리라.

그의 일생을 보면, '만우'라는 그의 호가 어떤 깊은 상징성을 지니고 있음을 느끼게 된다. 그는 농부들이 귀한 열매를 맺게 해줄 것이라고 믿고 길이 참아 기다리는 '늦은 비'의 역할을 자신의 전 생애를 바쳐서 이루어 내었던 사람이 아닌가.

송창근은 자신의 호를 스스로 짓기도 했지만, 다른 사람에게 지어주기도 잘했다. 조승제 목사는 자신의 호인 '춘우(春雨)'는 송창근의 권유에 의한 것이라고 술회했다. 김재준의 회고에 의하면, 송창근은 동경에 유학하고 있을 때 김재준에게 '장공(長空)'이라는 호를 지어 주었다고 다음과 같이 술회했다.

만우도 동경 유학의 길을 걸었다. 동경서 채필근, 강봉우 등과 함께 고학하면서 동양대학 문화학과에 다닌 것으로 기억된다.

나는 그때 서울에 있었다. 학자금이 없어서 정식 학생으로 등록은 못했어도 도서관 덕분에 책은 많이 읽었고 꿈도 드높았었다.

만우와의 편지 왕래는 잦았다. 나는 내 창작이랄까 수상이랄까 어쨌든 내키는 대로 적은 글들을 소포로 만우에게 보내기도 했었고 만우로부터 장공(長空)이란 호를 그때 받았다.[36)

송창근이 지은 '장공'이란 호는 아시시의 걸식승 성 프란시스의 시 '태양의 노래'에서 따서 지은 것이라고 한다. 송창근은 1926년 8월 29일에 '태양의 노래'를 번역하여 『청년』 잡지 1926년 9월호에 게재했다. 시의 말미에는 "1926년 8월 29일 새벽에 종현(鐘峴) 성당의 미사 종소리를 들으면서 '태양의 노래'를 초역하여 내 평생 높게 여기는 믿음의 형제에게 보내나이다."라는 말이 첨가되어 있다. 그런데 그 시 안에 들어 있는, .

> 내 주께 찬송을 드릴지라
> 우리 형제 바람과
> 태양과 구름과 만리의 장공(長空)
> 그리고 사계절을 지으시고
> 주는 이 모든 것에게 영원한 생명을 베풀어 주십니다

라는 구절 가운데서 '장공'을 따서 김재준의 호로 선사한 것이다.

가깝게 지내던 선배인 채필근 목사의 호는 '편운(片雲)'으로서, '열왕기 상 18장 44절'에서 딴 것이라고 한다. "일곱 번째 이르러서는 저가 고하되 바다에서 사람의 손 만한 작은 구름이 일어나나이다 가로되 올

---

36) 김재준, 『만우 회상기』, 한신대 출판부, 1985, 24쪽.

라가 아합에게 고하기를 비에 막히지 아니 하도록 마차를 갖추고 내려 가소서 하라 하니라"하는 44절에 이어지는 다음 구절인 45절에는 "조금 후에 구름과 바람이 일어나서 하늘이 캄캄하여지며 큰 비가 내리는 지라"라는 구절이 따라 나온다. 시작은 '사람의 손 만한 작은 구름인' 편운으로 작게 일어나서 이내 하늘을 뒤덮어 '하늘이 캄캄하여지며 큰 비가 내리는' 과정이 채필근의 마음에 들었던 듯하다.

'만우'라는 아호의 아름다움은 이미 유명한 것이다. 정대위 목사가 기독교계 선배들의 아호를 논한 글 속에 송창근의 아호 '만우'와 관련된 이야기가 다음과 같이 들어 있다.

아무리 보아도 송창근 박사의 아호 만우(晩雨)는 하나의 풍경화를 연상케 하는 아름다운 것이라 생각된다. 그런데 그 동안 나는 왜 이러한 그의 아호를 늦은 단비로 혹은 한밤중에 몰래 오는 가느다란 초가을 비 정도로밖에 상상할 수 없었을까? 그것은 아마도 자애롭고 부드러우며 또한 자상하고 따스하여 거의 여성적이랄 수 있는 요소를 두루 갖춘 그의 품격을 나는 지금까지도 여실하게 기억하고 있기 때문이리라. 아뭏든 만우란 아호는 그의 동경 학우들에게 뿐 아니라 1926년 이후 그의 샌프란시스코, 프린스톤, 웨스톤 등의 신학교 동창들에게도 매우 애호를 받았다. 그의 프린스톤 시대의 동창인 최윤관(崔允寬) 목사는 송 박사의 아호 만우가 너무도 아름다와 자기는 춘우(春雨)라 하였노라고 말씀하시던 것을 나는 아직도 기억한다.[37]

37) 정대위, 『노닥다리 초록 두루마기』, 종로서적, 1987, 77~78쪽.

송창근은 '만우'라는 호를 가진 외에 '시온성(詩蘊城)'이라는 별호도 지어서 자주 사용했다. 그러나 '시온성'의 용도는 따로 있었다. 그것은 그가 문학 작품을 발표할 때만 썼다. '시온성'의 함의는 다층적이다. 하나는 예루살렘의 시온성을 사모하는 마음을 담은 것이고, 다음으로는 그 한자가 뜻하는 바, '시 시(詩)' '쌓을 온(蘊)' '성 성(城)'―. 문자 그대로 '시를 쌓아 놓은 성'이란 뜻으로 자신이 지닌 문학에 대한 열정과 집념을 담은 별호였던 것이다.

송창근이 20대 때부터 활발하게 시작한 각종 장르의 집필활동에 따라 '만우'와 '시온성'은 여러 언론 매체의 지면에 등장하여 오늘날까지 남아 있다.

또한 뒷날의 이야기이긴 한데, 그는 미국 유학 중에 '프란시스'라는 이름을 쓰기도 했었다. 그것은 물론 아시시의 성 프란시스에서 딴 이름이었다.

7. 일본 동양대학 문화학과에 유학

　김재준과의 만남에서 보았듯, '인재 발굴하여 키우기'는 송창근이
지닌 특성 중 하나였다. 그런데 송창근이 그 못지않게 마음을 쏟아 노
력한 것이 '자신을 키우기'였다. 남대문교회 전도사 노릇을 하던 송창
근은 아직 이십대 초반의 젊은 나이에 서울에서 손꼽히는 큰 교회의
전도사가 된 것으로 만족하지 않았다. 그는 일본 유학을 계획했다.

　그가 처음 일본으로 간 때는 1922년 4월이다.[38] 이때 그가 일본 유
학을 계획한 일을 두고 김재준은 이렇게 설명했다.

　　그런데 그 당시의 한국교회는 선교사들의 보육(保育) 아래 있었
　다. 간단한 정통주의 신조를 주입시키고 자유비판을 금지하고 교
　직자의 지식 정도를 제한하고 사상을 통제하는 등 '정신적 식민정

---

38) '수양동우회 사건 재판 기록'과 동양대학 학적부 서류에도 그렇게 기재되어
　　있다.

책'이랄가 '우민정책'이랄가 ―하여튼 극단의 보수주의, 고정주의로 일관했던 것이다. 한국에서의 신학교육은 선교사들이 전적으로 장악한 평양신학교 하나 밖에 없었는데 그게 그 꼴이었으니 의기와 꿈으로 피어오르는 젊은 지성인들의 기미(氣味)에 맞을 리가 없었다. 그래서 만우(晩雨)는 일본으로 뛰었다.39)

이때 도일 여비는 안동교회의 전도부인 이신실(李信實) 여사가 대었다고 한다.

일본으로 건너간 송창근은 의외에도 '신학'을 전공으로 선택하지 않았다. 그는 동경에 있는 '동양대학 문화학과'에 입학했다. 아마도 '문화학'을 먼저 전공한 뒤에 그 바탕 위에서 다시 '신학'을 전공하려고 마음먹었던 모양이다.

동양대학은 정상원료(井上圓了, 1858~1919)가 1887년에 창설한 '사립 철학관(私立 哲學館)'에서 시작되었다. 정상원료는 동경제대 문학부 철학과를 졸업한 뒤 철학을 중점적으로 가르치는 교육기관 설립에 뜻을 두어 '사립 철학관'을 창설했는데, 1903년에는 교명을 '사립 철학관대학'으로 개칭했다가 1906년에 다시 '동양대학'으로 개칭했다.40)

동양대학에 문화학과가 생긴 것은 1921년이었다. 문화학과는 전문학부 소속이고 3년제로서, 일본의 대학과정으로서는 새로운 시도였다. 문화학과의 교육과정은 철학과 문학을 중심으로 삼고 창작시간도 있으

---

39) 김재준, 『만우 송창근』, 선경도서출판사, 1978, 29쪽.

40) 學校法人 東洋大學, 『井上圓了 教育理念』, 東洋大學, 45~86쪽.

며, 최신의 새로운 학문인 사서학과 신문학 과정도 설치되어 있었다.
교과목은 다음과 같았다.

제1학년 : 실천도덕, 심리학, 논리학, 철학개론, 유학개론, 불교
개론, 서양고대철학사, 서양중세철학사, 철학연습, 문학개론, 일본
문화사, 창작, 법학통론, 사회학, 영어 및 영문학(또는 독어 급 독
문학 및 불어 중에서 선택).

제2학년 : 실천도덕, 교육학, 미학, 서양중세철학사, 서양근세철
학사, 윤리학, 철학연습, 일본문학사, 문예사조, 구주문화사, 창작,
민법 및 형법 원리, 근세사회문제, 사서학, 영어 및 영문학(또는
독어 급 독문학 및 불어 중에서 선택), 과학개론.

제3학년 : 실천도덕, 현대철학사조, 종교철학, 역사철학, 서양근
세철학사, 서양최근철학사, 철학연습, 예술론, 문예사조, 창작, 경
제학, 국가학, 신문학, 영어 및 영문학(또는 독어 급 독문학 및 불
어 중에서 선택).[41]

1921년에 동양대학에서 문화학과와 사회사업학과를 신설할 때, 동
경 제국호텔에서 각계 유명인사들과 언론계 관계자들을 불러놓고 대대
적인 피로회(披露會)를 가졌다.

문화학과에는 학생들이 많이 몰려들었는데, 특히 조선 학생의 비율
이 다른 학과에 비해서 크게 높았다고 한다. 학과 개설 초에 문화학과

---

41) 東洋大學創立100年史編纂委員會, 『圖錄 東洋大學 100年』, 1987, 學校法
人 東洋大學, 日本 東京, 46쪽.

교수 중에 유종열(柳宗悅)42) 교수가 있었는데, 그는 일본인이면서도 조선 문화에 대한 이해와 애정이 깊다고 평판이 높은 사람이어서 조선 학생들이 많이 찾아간 듯하다는 분석이 있다. 그러나 당시 유종열 한 사람이 있다고 해서 조선 학생들이 문화학과를 많이 찾았다기보다는, 인문주의적 교과과정이 조선 학생들의 마음을 크게 끌어당긴 것이라고 보는 것이 타당할 것 같다.

동양대학 문화학과 제1회 입학생 중에는 소파 방정환 선생도 있었다. 문화학과는 과 설치 7년 만인 1927년에 학내 소요 사태에 연관되어 폐과되었는데, 짧은 존속기간에도 불구하고 여러 유명 문인들을 배출해낸 것으로 유명하다. 그래서 "동양대학 문화학과는 개인주의적 문화가 꽃피웠던 대정 시대의 시대정신에 어울리는 과목의 설치였는데, 군국주의적 시대였던 소화 시대가 되자 그 시대정신에 맞지 않았던 것

---

42) 유종열((柳宗悅, 1889~1961) : 일본의 민예 연구가, 미술 평론가. 동경 출생. 동경제대 철학과를 졸업. 종교철학 연구자로서 유럽 유학을 마친 뒤에 저술에 종사함. 동양대학. 명치대학, 동지사대학 등 여러 대학에서 강의함. 동양미술국제연구회 상무이사 역임. 일제 강점기에 조선총독부 건축을 위해서 광화문 철거가 논의되었을 때 적극 반대하는 등 조선의 민속과 예술에 대한 깊은 애정과 관심을 나타내었다. 저서로 『조선과 그 예술』, 『종교와 그 진리』, 『신에 대하여』, 『茶와 美』 등이 있다.

김재준 목사는 "송창근이 동양대학 문화학과 입학할 당시 유종열 교수가 문화학과 주임교수였다."면서 그래서 송창근이 문화학과에 간 것으로 추정했는데, 사실은 그렇지 않았다. 문화학과 주임교수는 득능문(得能文)이었고, 유종열은 종교철학을 담당한 교수였다(『東洋大學百年史』 791~792쪽).

이 폐과 처분의 근본 원인이었다."는 분석도 나오고 있다.

현재 동양대학에는 송창근의 학적부가 남아 보관되어 있다. 졸업을 하지 않았기 때문에 간략한 인적사항만 남아 있는데, 기록된 것은 다음과 같다.

* 氏名　　　　　：宋昌根
* 本籍 及 戸主　：朝鮮 咸鏡北道 慶興郡 雄基面 雄尙洞
　　　　　　　　 宋始澤 長男
* 生年月日　　　：明治31年 10月 5日生
* 入學 年月　　　：大正 11年 4月 6日
* 住所　　　　　：小石川區 戸崎町 33／8
* 入學 前ノ 學歷：間島 局子街 光成中學校
　　　　　　　　 大正 元年 4月 第1學年 入學
　　　　　　　　 大正 4年 3月　日 卒業
* 保證人　　　　：佐藤寅太郎
　　　　　　　　 慶應 元年 12月 5日生

이로써 송창근의 동양대학 입학일은 '대정 11년(1922) 4월 6일'이었음을 알 수 있다. 송창근은 '입학 전의 학력'으로 피어선 성경학원 졸업 사실은 무시하고 '간도 국자가 광성중학교'를 썼는데, 입학은 대정 원년(1912) 4월에 하고 졸업은 대정 4년(1915) 3월에 한 것으로 기록했다.

여기서 눈길을 끄는 것이 보증인인 좌등인태랑. 그는 경응 원년(1865) 출생이니 당시 57세였는데, 무슨 연줄로 송창근의 보증인이 되었는지 알 수 없다. 아마도 학칙상 일본인 보증인을 반드시 세우도록 되어 있었던 듯하다. 당대의 동양대학의 서류들을 확인해 본 결과, 조선인 학생들의 경우, 보증인으로서 한결같이 '좌등인태랑'의 이름이 기재되어 있었다.

동양대학이 있는 곳의 지명이 '백산(白山)'이다. 서울에서 발간되는 『기독신보』 1923년 3월 14일자에는 송창근이 쓴 글 「나는 나를 위ᄒ야 살자(나는 나를 위하여 살자)」가 실렸는데, 기사 말미에 '1월 31일 동경(東京) 백산(白山)에셔'라고 표기되어 있어, 그가 동양대학 재학 중에 쓴 글임을 알리고 있다.

답사하러 찾아가 보니, '철학관'이란 이름으로 시작한 학교 설립의 역사를 보여주듯 공자 석가 소크라테스 등의 소상이 대학 건물에 부착되어 있었다.

8. 1922년 여름방학의 모국 방문 순회 전도 강연

 일본 동경의 동양대학 문화학과에 입학한 뒤, 송창근은 즉시 동경에
있는 조선 YMCA의 일본 지부 곧 '재일본동경조선 YMCA'의 회원이
되어 활발하게 활동하기 시작했다. 서울에서의 Y활동이 그대로 연장된
것이다.

 '재일본동경조선 YMCA'의 공식 명칭은 '재일본동경조선기독교청년
회'로서 서울에 있는 한국 YMCA의 지부로서 동경에 설립되었다.
1905년에 노일전쟁이 종전된 이후 급격하게 일본에 유학하는 한국 유
학생이 늘어나서 동경에 있는 유학생의 수가 400여 명에 달하자, 서울
에 있는 황성기독교청년회에서는 1906년 8월에 부총무 김정식(金貞
植)을 동경으로 파송하여 동경조선기독교청년회를 조직하도록 조치했
다.

 동경에 간 김정식은 대한제국 일본 주재 공사관에 머물면서 준비한
끝에 1906년 11월 5일에 신전구 미토대정(神田區 薇土代町)에 있는
일본인의 '동경 YMCA'의 2층방 하나를 빌어서 '동경조선기독교청년

회'를 발족시켰다. 초기 동경조선 YMCA의 중심 프로그램은 성서연구반의 운영이었다고 한다.43)

1914년 9월에 재일본동경조선 YMCA는 신전구(神田區) 서소천정(西小川町) 2정목(丁目) 5번지에 130평의 부지를 마련하여 건평 74평의 2층 양옥 건물을 신축했다. 동경 YMCA는 자체 건물을 확보한 것을 계기로 동경 유학생들 활동의 구심점이 되어 더욱 빠르게 발전해 나갔다. 그 일에 대하여 『재일본한국기독청년회사』는 다음과 같이 전한다.

> 2층은 13~14명의 학생을 수용할 수 있는 침실로 되어 있었고, 아래층은 사무실, 응접실, 식당 등으로 배정되어 있었다. 그러나 여기에서 모든 프로그램들이 진행되었다. 큰 집회 때에는 아래층 전체가 강당의 역할을 했다.
>
> 비록 작다고는 하지만 내 집을 마련하게 된 동경조선기독교청년회의 사기는 하늘을 찌르는 듯 높아갔다. YMCA의 모든 프로그램이 더 한층 활기를 띠었다. 동경교회의 예배와 전도 집회는 물론이고, 학우회의 각종 집회가 모두 여기에서 이루어졌다. 일본에 유학하는 한국인 학생들은 기독교 신자이건 아니건 간에 모두가 이 집을 내 집으로 알고 드나들었다. 그리하여 2·8독립선언이 모의된 곳도 바로 이 집이었던 것이다.44)

---

43) 유동식, 『재일본한국기독교청년회사(1906-1990)』, 1990, 재일본한국기독교청년회, 51쪽. 송창근은 1926년 3월에 일본 유학을 마칠 때까지 이 '성서연구반'을 지도했다.

1922년 4월에 일본에 간 송창근이 내 집처럼 드나들었던 곳이 바로 이 신전구의 2층 양옥 YMCA 건물이었다. 송창근은 서울에서 이미 활발하게 YMCA 활동을 했던 터라, 동경에 도착한 이래 동경조선 YMCA에서도 극히 중요한 인물로 떠올랐다.

송창근은 그해 여름에 매우 중요한 임무를 맡았다. 7월부터 시작되는 여름방학을 이용하여 동경 유학생들이 조직한 '모국 방문 순회 전도 강연대 4명' 중 한 사람으로 발탁된 것이다. 1922년 봄에 일본에 건너가서 4월부터 6월까지 불과 석 달 동안 대학을 다닌 뒤, 모국 방문 강연대원으로서 다시 모국 땅을 밟게 된 것이다.

당시 동경에 있던 수백 명에 달하는 많은 기독교인 유학생들 중에서 갓 일본에 온 그가 '모국 방문 순회 전도 강연대 4인' 중 한 사람으로 선정될 수 있었던 이유는 무엇이었을까?

아마도 서울에서 발행되던 조선의 중앙 YMCA의 잡지 『청춘』의 필자로 활발하게 활약해온 그의 경력 및 대중 연설에 능하고 시국을 바라보는 균형 잡힌 예리한 안목이 있고 포용력이 큰 성품 등이 동경 유학생 사회에 크게 어필한 까닭으로 보인다. 낭중지추(囊中之錐), 곧 주머니에 든 송곳처럼 지닌 바 품성과 능력이 뛰어난 인재답게 그는 언제 어느 장소에 놓이든지 간에 이내 두각을 크게 나타내는 사람이었음을 이때 매우 인상적으로 드러낸 것이다.

'모국 방문 순회 전도 강연'은 1922년 7월 5일 부산에 도착하여 9월 6일까지 2개월 동안 전국 40여 개 도시를 순회하는 대규모 강연이었다. 강사는 백남훈, 채필근, 송창근, 송의정이었다.45) 백남훈은 현직 동

---

44) 유동식, 『재일본한국기독교청년회사(1906-1990)』, 124~125쪽.

경조선 YMCA의 총무 간사였고, 문자 그대로의 유학생은 채필근, 송창근, 송의정의 3사람이었다.

백남훈(호: 解慍. 1885~1967) 씨는 일찍 일본에 유학하여 조도전대학 정경과(政經科)를 졸업한 뒤 YMCA의 일을 맡아 당시 총무간사로서 일하고 있는 전문직 간사였고, 채필근은 당시 동경제대에 다니고 있었다.46) 그런데 송창근은 지난 4월에 일본에 유학 와서 동양대학 문화학과에 다니기 시작한 사람으로서 일본 유학 불과 3개월 만인 이때 '재일본 유학생 순회 전도 강연대'의 연사로 선택된 것이다.

이때 강연대가 겉으로 내세운 명목은 '모국 방문 순회 전도 강연'이었지만, 숨은 목적은 따로 있었다. 1919년 이래 동경조선 YMCA에서는 좁은 회관을 새로 크게 증축하는 것이 관계자들이 매우 고심해온 현안이었는데, 그 사전 준비 작업이었다. 그에 대하여 당시 동경조선 YMCA 총무였던 백남훈은 다음과 같이 술회한다.

> 청년회관의 비좁은 것은 위에 말한 바와 같거니와, 고국을 떠나 이국 만리 동경에 있는 학생을 대상으로 하는 만큼, 기숙사 시설이 필요하나, 겨우 10여 명을 수용하는 데 불과할 뿐, 강당이 없으므로 집회, 그 밖에 불편이 막심해서, 회관의 신축이 필요함은 두말 할 여지가 없었다.
>
> 그러나 이에 선행되어야 할 것은 무엇보다도 재정(財政)이었는데, 본국에 있는 연합회도 그럴만한 여유가 없을뿐더러 당지인 동

---

45) 『동아일보』 1922년 7월 8일자 기사, 동 9월 6일자 기사.

46) 일행 중 송의정씨에 대한 정보는 아직까지 찾을 수 없다.

경은 학생 사회이니, 기부를 얻는 것이 지극히 어려울 뿐만 아니라 그 학부형인 본국의 일반 사회는 동경에 있는 청년회의 필요성조차 알지 못하는 형편이었다. ……본국에 가서 기부를 얻도록 노력해 보자는 의미에서 1921년 3월 하순에 개최된 이사회(理事會)에서는 회관을 신축하기로 가결하는 동시에, 본국에 가서 기부금을 얻기로 작정했다.

본국에서 기부금을 모집하려면 일정한 규정이 있어서 이 규정에 의해야 하는 것인데, 기부금 모집의 범위가 1도(道)에 한할 때는 당해 도지사의 허가로 족하나, 2도(道) 이상이 될 때에는 조선총독의 허가를 요하게 되는 것이다.

그해 7월, 서울로 돌아가서 적지(赤池) 경무국장을 방문하고, 사연을 말한 다음 허기를 요청하는 동시에 허가원을 제출하고 재등(齋藤) 총독과 수야(水野) 정무총감을 방문하는 한편, 경무국에 있는 백상우길(白上佑吉) 씨를 만나 이에 협력해 줄 것을 의뢰하고 동경으로 귀일했더니, 약 3개월 후, 불허가(不許可)의 통지가 우송되어 왔다.

다음 해 4월에는, 기부금 모집 허가원을 다시 제출하는 동시에 본국 사회에 재일본(在日本) 동경(東京) 조선기독청년회의 필요성을 선전하기 위해서, 순회 전도강연대를 조직, 여름방학 때 본국 각지를 순회하기로 했는데 그 대원은 채필근(蔡弼近) · 송창근(宋昌根) · 송의정(宋義禎) 및 나의 4인이었다. 7월 10일경, 동경(東京)을 출발, 부산(釜山)에서 제1회 강연을 마치고, 큰 비로 말미암아 마산, 진주를 못간 것은 유감이었다.

전주, 청주, 대구를 거쳐 경성에 도착, 이틀을 지내고 함흥까지 갔다가 되돌아서 해주에 도착했다. ……이어 사리원으로 가서 ……무사히 강연하고 안악을 거쳐 나의 고향인 장연에 도착했다. ……그날 밤 폭우 중, 발을 벗고 내를 건너 <태상재> 예배당에 들어가니 별로 크지는 못한 집이나 입추의 여지 없이 대성황이었다. 강연을 마치고 이튿날 금복리 나루터를 건너고, 진남포를 거쳐 평양에 도착해서 2일간 수차의 강연이 있었고, 선천을 경유, 구 의주에서 최종 강연이 있은 후, 순회 전도강연대는 해체했다.[47]

이때의 순회 강연대의 활동에 대해서 『동아일보』가 계속 보도했다. 동경 유학생들의 모국 순회 전도 강연이라는 대규모 행사가 처음으로 있었던 까닭이다. 그 기사들은 1922년 7월 하순부터 8월 중순까지로 이어지고 있다.

유학생 전도단 내개(留學生 傳道團 來開)

재동경 기독교 청년회 조선 내지 순회 전도 강연대 일행 4인은 거 21일 오전 차로 개성에 도착하야 동 오후 8시 반부터 고려여자관 누상(樓上)에서 충교 예배당 목사 정춘수 씨의 사회 하에 개강(開講)되얏는대 백남훈(白南薰) 씨의 동 전도단에 대한 취지 설명과 송창근(宋昌根) 씨의 기독(基督)의 도(道)란 제(題) 급(及) 채필근(蔡弼近) 씨의 대자연(大自然)의 진리(眞理) 등 열변으로 만장 인사의게 영적에 대한 감상을 여(與)하고 동 11시 경 폐회하얏더

---

47) 백남훈, 『나의 一生』, 1973, 신현실사, 135~137쪽.

라.

(개성)48)

순회전도강연 성황(巡廻傳道講演 盛況)

재동경 조선기독청년회 주최의 순회전도대 일행 4인은 황해도 방면으로부터 7월 28일 오후 1시 기선으로 진남포에 도착 동시 당지 유지 제씨의 출영으로 곳 동양관에 만찬(晚餐)의 향응(饗應)이 잇섯고 당야(當夜) 전도 강연회를 당지 비석리 장로교회 교회당 내에 개최하얏는데 정각 전부터 청중이 운집하야 만원이 되얏다. 정진수 목사의 사회 하에 백남훈 군이 금번 순회 이유를 설명 후 『우리는 무엇 위하야 살가?』라는 문제로 송창근 군은 『이적(異蹟)을 구(求)하는 자와 지혜(知慧)를 심(尋)하는 자』라는 문제로 채필근 군은 『세계 개조와 기독교의 공헌』이란 문제로써 각기 장광설을 휘(揮)하야 천여(千餘) 청중에게 만흔 감동을 야기(惹起)하얏다더라.

(진남포)49)

유학생 강연대 내의(留學生 講演隊 來義)

동경에 잇는 우리 유학생 기독교 청년회 종교부 전 조선 순회

---

48) 『동아일보』 1922. 7. 25.

49) 『동아일보』 1922. 8. 2.

전도대는 거 4일 다수 인사 환영리에 내의하야 오후 8시 당지 사회당에서 개강케 되얏는대 정각 전 운집한 청중은 무려 천 명을 산(算)하는 대성황을 정(呈)하얏스며 사회자 유여대 목사의 간단한 환영사가 필하자 주의(住義) 동경 유학생 장병환 군의『바이올링』급(及) 신의주 기독청년회 음악부장 최도국 군의 풍금 합주가 유하얏다. 연하야 연사 백남훈 군은『우리는 무엇을 위하야 살가』송창근 군은 『사회생활과 종교생활』 채필근 군은 『물질아(物質我)와 정신아(精神我)』란 제(題)로 각각 열변을 토하얏는대 무비(無非) 청중의 대갈채를 박(博)하고 간간이 청아한 창가는 더욱 일반의게 흥미를 야기하야 대성황리 동 11시 반에 무사 폐회하얏다더라.

(의주)50)

청년회 전도대 강연(靑年會 傳道隊 講演)

재동경 기독교 청년회 종교부 주최의 전 조선 순회 전도단 일행은 본월 5일 오후 7시 당지 유지 제씨의 환영리에 백마역에 도착하야 동 8시 반부터 백마 예배당 내에서 전도 강연회를 이준화 목사의 사회로 개(開)하얏는대 채필근 씨는 진정한 종교의 본질이라는 제(題)로 송창근 씨는 억(憶)! 무정(無情)이라는 제(題)로 장시간의 열변을 토하야 5백여 명의 청중에게 다대한 감각을 여(與)하고 동 11시에 폐회하얏는대 일행 중 백남훈 씨는 의외 병기(病氣)

---

50) 『동아일보』 1922. 8. 10.

로 인하야 예정과 여(如)히 강연치 못하얏슴으로 당지 인사는 유
감을 마지 아니하더라.

청년전도대 착발(靑年傳道隊 着發)

재동경 기독청년 순회전도대 일행이 거 2일 하오에 선천을 것
처 신의주로 향하얏다 함은 기(旣)히 보도한 바이어니와 동 일행
이 양대(兩隊)로 분(分)하야 1대는 신의주로 1대는 철산 차련관으
로 향하야 8월 3일 상오 10시에 차련관 야소교당에서 한도욱 씨
의 사회로 이우택 조희수 양군의 바이올링 합주가 유한 후 연사
송창근 씨는 『십자의 도』 송의정 씨는 『천국백성』이란 제(題)
로 각각 열변을 휘(揮)하야 일반 청중의 감상을 이르켯고 연(連)하
야 이우택 조희수 양군의 연숙(鍊熟)한 횡적(橫笛) 급 바이올링 병
주(並奏)와 기타 주악(奏樂)이 유한 후에 정기정 목사의 축도로 산
회되고 동 일행은 신의주로 발하얏다더라.

(선천)52)

각지에서 열렸던 강연회가 모두 『동아일보』 지면에 보도된 것은
아니었다. 관련 기사를 쓸 지방 주재기자가 있는 곳에서만 기사가 나갔
을 것이다. 그렇지만, 이처럼 보도된 것들만을 미루어 보아도 강연회의

---

51) 『동아일보』 1922. 8. 10.

52) 『동아일보』 1922. 8. 12.

열기를 잘 알 수 있다. 의주와 진남포 같은 도시에서는 '1천여 명'의 청중이 모였고, 의주군에 있는 백마라는 크지 않은 지역에서도 '5백여 명'이 모이는 대성황을 이루었다.

송창근은 강연회 내내 간 곳마다 서로 다른 주제를 가지고 강연했다. 보도된 제목을 보면 '기독(基督)의 도(道)'(개성), '이적(異蹟)을 구(求)하는 자와 지혜(知慧)를 심(尋)하는 자'(진남포), '억(憶)! 무정(無情)'(백마), '십자의 도'(선천) 등이었다. (아마도 선천에서 행한 강연 제목은 '십자가의 도'이었을 터였을 것인데 '가'자가 빠진 듯하다.) 제목들을 일별해 보아도, 그가 각지의 사정과 청중에 맞추어서 적합한 메시지를 전하려고 애쓴 충정을 여실하게 느낄 수 있다.

김재준이 쓴 『만우 회상기』의 회고담에도 이때의 순회 강연이 간략하게 언급되어 있다. 다만 1922년 여름방학의 일과 1923년 여름방학의 일을 뒤죽박죽으로 마구 혼동해서 뒤섞어서 써놓았다.

동경에서는 채필근이 동경제대에, 강봉우가 동경고등사범에, 그리고 만우가 동양대학에 다녔으니 미상불 빛나는 별들(綺羅星)이라 하겠다.

1923년 하기방학 때에 채필근, 강봉우, 송창근, 그리고 서춘 등이 귀국했다. 금의환향이랄까, 서울의 학생들은 흥분했다. 시민회관에서 대환영 강연회가 열렸다.

만우도 경향 각지를 순강했다. 과로해서 옆구리가 켕긴다고 제 손으로 가슴을 붙잡고 다녔다. 의사는 건성 늑막염이라고 진단했다. 쉬라는 것이었다. 그러나 만우는 갈 데를 다 가고 말할 대로 다 말했다.

9월 초하루가 개학인데 모두들 분주해서 하루 이틀 늦어졌다. 동경에 대지진이 나서 동경이 잿더미가 되었다는 소식이 왔다. 그것을 계기로 민란이 일어날까봐 동경 교포들을 속죄양(Scape goat)으로 만들어 조선인 3,4천 명을 학살했다는 소식도 들려왔다. 방학 기일에 맞춰 동경에 갔더라면 모두 어떤 봉변을 당했을지 모르는데 "모든 일이 합동하여 유익하게 됐다"고 우리도 기뻐했다. 동경 한인 Y총무 백남운씨도 채·송 등과 함께 서울에 와 있었다.53)

순회 전도 여행이 마무리된 뒤에 송창근은 다시 동경으로 갔다. 그처럼 대원들이 애를 쓴 결과 표면적으로 거둔 성과는 컸다. 그러나 조선총독부의 훼방으로 이때의 순회 전도 강연은 이면의 숨은 실제적 목적을 달할 수 없었다. 백남훈 씨의 자서전을 보면, 조선총독부에 신청해 두었던 '회관 건축을 위한 기부금 모집 허가원'에 대한 불허 통지가 그들이 동경으로 돌아간 뒤인 1922년 9월 20일 경에 사무실에 도달했다는 것이다.

재일본 동경 유학생 순회 전도 여행의 근본 목적은 '회관 건축을 위한 기부금 모집'이었고, 그 사전 작업으로서 조선 전국 각지를 돌면서 '동경 Y'를 선전하고 그 중요성을 알리는 강연회를 진행했다. 그런데 끝내 조선총독부의 기부금 모집 불허 통지로 모든 계획이 수포로 돌아간 것이다.

백남훈 씨는 그로 인한 정신적 심리적 타격이 너무 커서 완전히 의욕상실에 빠졌다. 그래서 그로부터 몇 달 뒤인 1923년 1월에는 재일본 동경 YMCA의 총무간사 직을 아주 사임하고 물러났고, 끝내 15년 간

---

53) 김재준, 『만우 회상기』, 한신대학 출판부, 1985, 28쪽.

에 걸쳤던 일본생활을 모두 청산하고 영구 귀국했다고 한다.

김재준의 글에 나오는 바 "9월 초하루가 개학인데 모두들 분주해서 하루 이틀 늦어졌다. 동경에 대지진이 나서 동경이 잿더미가 되었다는 소식이 왔다."는 것은 전국 순회 강연 여행이 있었던 1922년의 다음 해인 1923년 여름방학 때의 일이었는데, 김재준이 혼동하여 그렇게 기록해 놓은 것이다.

9. 잡지 『신생명』의 기자로 활동

　　1922년 여름방학의 전국 순회 대강연 여행을 마친 뒤, 송창근은 동경으로 귀환하여 동양대학 문화학과에 계속 다녔다.

　　1923년 1월에 특기할 만한 일이 있었다. 동경 YMCA에서 새해에 일할 이사진을 선거하는 선거총회가 열렸는데, 거기서 송창근이 6인의 이사 중 한 사람으로 뽑혔다. 동경에 유학한 지 불과 9개월 만에 동경 Y조직의 핵심인물로 자리 잡은 것이다.

　　송창근은 1923년 봄 학기에 동양대학 문화학과 2학년이 되었다. 그리고 그 해 여름방학에 다시 조선으로 나왔다. 방학이 끝나고 다시 동경으로 돌아가야 할 때가 되었다. 그런데 9월 1일이 되도록 송창근은 서울에서 분주하게 지내느라고 미처 동경으로 가지 못했다. 그런데 이때 일본 관동 땅 일대에서 대지진이 일어났다.

　　1923년 9월 1일 오전 11시 58분.

　　동경 일대의 땅들이 돌연 세차게 뒤흔들리면서 마구 땅이 갈라지고 꺼져 내렸다. 건물들이 무너지고 여러 도시들이 불바다가 되었다. 해안에서는 비바람이 세차게 불면서 선박들을 바닷속으로 밀어 넣었다. 하루아침에 수십만 명의 사상자가 생겼다. 뒷날 일본 진재시방제조사회에서 밝힌 피해 상황에 따르면, 사망자 99,331명, 부상자 103,733명, 행방불명 43,476명, 불타버린 가옥 수 447,128호, 손해액 약 200억 원(圓)이었다고 한다.

불행은 그것만이 아니었다. 폭동이 일어날 것을 두려워한 일본 관변 측에서 유언비어를 날조하여 마구 퍼뜨렸다. "조선인들이 습격하여 살인과 강도와 능욕과 방화와 약탈을 마구 저지르고 있다.", "조선인들이 우물에 독약을 탔다."는 등등의 각종 유언비어가 날조되어서 빠른 속도로 퍼지면서 민중의 적대감정과 불만을 일본 정부가 아닌 조선인들에게로 향하게 했다.

공포와 격분으로 제정신을 잃은 일본인들은 도처에서 조선인들을 마구 죽이고 조선인들의 집을 마구 불태웠다. 이때 동경에 있던 조선기독교청년회[YMCA] 회관 건물도 완전히 불에 타서 사라져버렸다. 사진으로 보면, 동경 YMCA 회관 인근의 다른 건물들은 모두 무사했다. 그런 걸로 보아 동경에 있는 조선 Y회관은 지진으로 인한 자연발생적인 불에 의하여 소실된 것이 아니라, '조선인들의 것'이라 해서 일본인들의 방화로 타버린 것 같다.

관동대진재의 소문은 금시 조선으로 건너왔다. 소문은 참혹했다. 특히 일본 조야가 조직적으로 조선인들을 희생양으로 만들어서 수천 명의 무고한 인명을 마구 살육한 전말을 들은 송창근은 울분과 통탄을 참을 수 없었다. 그는 일본으로 건너가는 것을 포기했다.

그는 1923년 9월에 일본으로 가는 대신 서울에 남았다. 그리고 조선중앙기독교청년회(YMCA)에서 시작한 문서사업체인 '창문사(彰文社)'

의 일에 뛰어들었다. 그러한 시기에 해야 할 가장 시급한 일이 '문서 활동'으로 조선인의 의식을 깨우치는 것이라고 생각했던 듯하다. 그는 창문사에서 발행하는 월간 잡지 『신생명(新生命)』의 기자가 되어서 활동하면서 다수의 글을 집필하여 지면에 게재했다.

'창문사'는 조선 YMCA에서 1923년 1월 30일에 창설하여 운영하기 시작한 출판사인데, 역사적으로 보아 그 당시 조선 Y가 펼쳤던 매우 중요한 7개 사업 중에 하나로 꼽힌다. 한국 Y의 총무를 오래 역임한 전택부가 쓴 『한국 기독교청년회 운동사』에서 '창문사' 창설 및 경영에 관련된 부분을 찾아보면 다음과 같다.

기독교 문서 운동은 1890년 선교사들이 대한기독교서회(C.L.S.)를 한국성교서회(韓國聖敎書會, The Korean Tract Society)란 이름으로 창설했지만, 한국인 자체의 힘으로 개척한 것은 YMCA 계통의 인사들이 처음으로 시작한 창문사에서 볼 수 있다.

1921년 8월 31일, 윤치호·이상재·유성준·이승훈·김석태(金錫泰)·박승봉(朴勝奉) 등 YMCA 지도자들이 중심이 되어 가칭 주식회사 광문사(廣文社)를 설립 기성회를 조직하였고, 그 뒤 1923년 1월 30일 창립 총회를 열고 명칭을 조선기독교창문사(朝鮮基督敎彰文社)로 바꾸어서 창설하게 되었다. 그때 주주 1,257명 중에서 이상재·박승봉·유성준·윤치호 등 15인의 취체역과, 최병헌·김양수(金良洙)·정노식 등 5인의 감사역을 선출했으며, 사장에는 이상재가 당선되었다.

이로써 창문사는 선교사들이 창설한 기독교서회에 맞서서 한국인 자체의 출판기관으로 출발하였다. 그리하여 창문사는 먼저 《신생명(新生命)》이란 기관지를 발행하는 한편 YMCA 아래층에다 서점을 두고 서적 보급에도 위세를 보였다. 출판한 서적 중에는 《신생명》 외에 게일 목사의 신구약성서, 장로교 총회편 조선예수교장로회사기, 백낙준 박사의 《한국개신교사(The History of Protestant Mission in Korea)》 등 다수가 있다. 후기에 가서 재정난을 당했을 때 박승봉의 노력으로 이를 극복은 했으나 그래도 역시 여러 가지 방해 공작을 받아 지속되지 못했다. 그러나 이 창문사는 한국인 자체의 문서 운동이었다는 점에는 의의가 크다.54)

창설 당시 창문사의 사장은 이상재 선생이었고, 거기서 발행하는 잡지 『신생명』의 주간은 늘봄 전영택이었다. 이상재 선생은 송창근이 함경도에서 올라온 초기부터 늘 가깝게 챙겨주셨던 어른이고, 전영택은 기독교계의 큰 선배이자 문인이었다.

송창근은 1923년 9월부터 '창문사'의 『신생명』 잡지사에 취직하여 기자로 일했다. 그는 『신생명』 잡지를 편집하고 글을 쓰는 일에 전력을 쏟아 몰두했다. 입사한 뒤 처음으로 발행된 호인 '10월호'에, 그는 세 가지 이름으로 쓴 세 건의 글을 실었다.

「사회문제(社會問題)에 대한 예수의 기여(寄與)」 : 송창근(宋昌根)
「위대한 문예(文藝)의 탄생(誕生)을 바라노라'」 : 만우생(晩雨生)
「별─나라의 장미(薔薇)꽃」 : 시온성(詩蘊城)

---

54) 전택부, 『한국 기독교청년회 운동사』, 범우사, 1994, 292~293쪽.

이상의 글 중에서 「사회문제에 대한 예수의 기여」는 세상 사람들에게서 큰 주목을 받은 글이다. 이 글에서 송창근은 '민중으로서의 예수'의 모습에 주목하고 있다. 송창근은 그러한 주제로 글을 쓰는 것에 대하여 "사회문제는 세계문제이며 이 사회문제의 해결은 초미(焦眉)의 문제"라는 전제 아래, "세계인은 이 문제 해결에 대한 명확한 태도를 절절히 요구하는 것이 사실이다. 이러한 때를 당하여 우리 기독교도는 여하한 태도를 가질까."라고 반문하면서, 자신의 논리를 풀어나간다.

그는 "이러이 교수는 예수의 복음을 두 부분으로 나누어 하나는 신학이라 하고 하나는 사회학이라 하였다. 신학이란 것은 신의 성질 및 신과 인간과의 관계에 대한 관한 학문이요, 사회학이란 것은 인간과 인간과의 관계에 관한 학문이다. 그런데 그리스도교는 허구한 세월을 두고 대부분의 세력을 신학 연구와 교회의식 실행에 경도하였을 뿐이고, 인간과 인간과의 관계 연구와 그 사회제도가 어떠한가에 대해서는 너무도 경시하였던 것이 사실이라고 하였다."고 하면서, 다음과 같이 강력하게 선언한다.

우리들이 일개 근대인(近代人)으로서 하등의 예단(豫斷)이 없이 성경을 펴놓고 읽을 때에 우리 눈앞에 나타나는 것은 유태적 또한 중세적인 교회적 형이상학적 그리스도가 아니라, 민중 사이에서 민중을 위하여 생활하신 위대한 인격자 예수이다. ……예수는 평민이다. 요셉과 같은 노동자이다. 진실로 톰―슨 씨 말과 같이 예수는 만물을 지배하실 권능을 가지셨으나 실제 가지신 것은 아무 것도 없었다. 예수는 남의 집 마구밖에 나실 곳이 없었다. 예수는 황야밖에는 기도할 만한 처소가 없었다. 적의 십자가 외에 죽으실

만한 자리가 없었다. 친구의 예비하였던 무덤밖에는 장사할 땅이 없었다. 여우도 굴이 있고 공중에 나는 새도 깃들일 곳이 있으되 오직 인자(人子)는 머리 둘 곳이 없다(마태 8장 20절). 이것이 저의 고(苦)의 경험이다. 여기서 우리가 알 것은 나사렛 예수는 그 생장한 것이나, 교육 받은 것을 보아도 일개 푸로레타리아, 일개 평민, 일개 노동자, 일개 무산자(無産者)이다.

송창근은 1923년 10월에 이미 '민중신학'에 대한 개념을 이처럼 명확하게 정립하고 있었고, 또 더 나아가 그것을 뛰어넘는 예수의 가르침의 본질을 선명하게 제시했다.

실상 말하면 예수의 눈앞에는 허다한 사회문제가 제공되었던 것이 사실이다. 그러나 저는 직접으로 사회문제에 대한 해결을 피하시고 사회문제로 제공된 모든 문제를 문제화하여 종교문제로 낙착을 지었다. 한번은 유산을 다투는 형제가 와서 선생이여 우리 형제에게 유산을 분급하여 달라 하는 자에게 대답하시기를 누가 나를 세워 너희 재판관, 또한 물건 나누는 사람을 삼았느냐 하고 즉시 자기가 재판관 되는 것을 거절하셨다. 거기 모인 사람에게 향하여 너희는 계심(戒心)하여 탐심(貪心)을 삼가라 사람의 생명은 소유를 많이 가지고 적게 가지는 데 상관이 없다는 교훈을 하였으니, 그것만으로도 사회문제에 대한 예수의 태도가 어떠하였던 것을 웅변으로 설명하지 않는가?

그는 오늘날에도 우리가 곰곰이 되새겨 보아야 할 문제를 그때 이미 강력하게 제시한 것이다. 송창근이 같은 지면에 실은 「위대한 문예(文藝)의 탄생(誕生)을 바라노라」는 그가 지닌 '문예관'을 설파한 것이다. 그는 다음과 같이 주장한다.

문예의 여하를 보아서 그 민족의 성격을 적확하게 알아낼 수가 있다 한다. 그 민족이 가진 성격이 좋은가 나쁜가를 알려면 먼저 그 소유한 문예를 보아서 알 수가 있다는 말이다. 그 민족이 가진 이상이 높은가 또는 낮은가를 알려 하더라도 먼저 그 민족이 가진 문예를 보아서 알 수가 있다는 말이다. 그 민족이 가진 문예를 보아서 그 민족의 장래가 잘될 것인가 혹은 못될 것인가를 판연하게 알 수 있다는 말이다. 이러한 까닭에 위대한 문예를 가진 민족은 위대한 장래를 가진 민족인 것을 알 수 있고, 가장 저급한 문예를 가진 민족은 가장 불쌍한 장래를 가진 민족이라 한다.

송창근은 이처럼 애끓는 안타까운 마음으로 자신이 지닌 사상과 소신을 대거 지면에 쏟아 놓았다. 기독교 정신과 민족의 한 사람 한 사람으로서의 굳은 자각—, 그것만이 우리 민족을 살릴 것이라는 소신을 확고하게 피력한 것이다.

그는 그 해 12월 초에는 회사 업무로 서울을 떠나서 함남·함북·북간도를 아우르는 한 달 간에 걸친 장기출장 여행을 치러내었다. 아마도 각지의 독자들을 만나서 그들의 생각을 들어보고 구독자들을 확장하는 임무를 띠었던 듯하다. 가는 곳마다 각지에서 아주 대대적인 환영을 해주었다고 한다.

그러나 그 여행은 송창근에게 매우 인상 깊고도 큰 고통을 느끼게 만든 몹시 마음 아팠던 여행이었다. 그리고 그 고통은 그의 사상과 생각을 한층 원숙하게 만든 큰 계기가 되었다.

그는 그 출장 여행에 관련된 글 세 건을 써서 1924년 1월호 『신생명』 지면에 실었다. 하나는 친지 채필근에게 보내는 편지글 형식으로 쓰인 기사로서 「눈 속에 파무친 북간도(北間島)에 다녀와서 : 갑자(甲子)의 새해를 넘겨다보면서」이고, 다른 하나는 기자로서 쓴 '편집후기' 형식의 글이다. 그리고 나머지 하나는 「자기건축과 기독교」라는 제목의 논설문이다.

먼저 '편집후기'를 보면, 당시 북간도 지방의 참경을 목격한 송창근의 심정이 매우 선열하게 드러나 있다.(요즘 맞춤법에 따라 고침)

세전(歲前)에 저는 본사(本社)에 용무를 띠고 떠나서 함남 함북, 강 건너 북간도까지 다녀온 지 인제 며칠 못되었습니다. 이번 길에 가는 곳마다 여러분 노인 젊은이 남녀를 물론하고 너무도 많은 사랑을 주시며 특히 각 교회 목사 장로 청년회 직원 여러분들이 다대한 응접을 하여 주심과 그 중에도 각지 남녀 선교사 여러분의 열렬한 환영을 받을 때, 한편으로 반가운 심정은 비할 데 없고 다른 한편으로는 황송한 마음도 없지 않았습니다. 따라서 어떻게 하면 새해부터는 힘에 힘을 다하여 이렇게까지 생각해 주시는 여러분의 마음에 자그마한 만족이나마 드릴 수 있을까 하는 생각을 하고 새로 몇 가지 결심한 것도 있습니다.

북간도(北間島)에 다녀오는 때에 죽을 때까지 잊지 못할 감상(感想)을 가지고 왔습니다. 본국에 있는 사람으로서는 능히 짐작하지도 못할 참경에 있는 우리 동포들이 살아가는 형편입니다. 그

가운데도 유리(遊離)하는 동포를 위하여 종교 방면으로 교육 방면으로 혹은 사회 방면으로 일을 하는 여러분들의 고생살이 그것입니다.

=昌根=

송창근은 소년 시절에 처음으로 가출하여 혼자 머물면서 소학교 시절과 중학교 시절을 보냈던 '북간도'에 대해서 늘 각별한 애정과 마음 깊이 쌓인 정념이 있었다. 그래서 편지글 형식의 기사에서 "하도 여러 해를 두고 오고 싶어 하던 간도"에 왔다, 고 술회했다. 그는 1923년의 세모를 그처럼 마음에 사무쳤던 땅, 북간도 용정촌의 한 객주에서 보내면서 자신과 우리 사회가 보낸 '지난 1년'을 회고했다. 1923년 9월에 있었던 일본 관동대진재의 원통하고 절통한 피해가 불과 석 달 전의 일이니만치, 그가 느낀 심적 고통 및 미래에 대한 불안과 모색은 매우 절실했을 것이다.

눈 속에 파묻힌 북간도(北間島)에 다녀와서 ―갑자(甲子)의 새 해를 넘겨다 보면서

―이 글을 필근(弼近)55) 형님께 드립니다―

형님― 나는 한달이나 전에 사(社)의 일로 서울을 떠나서 지금은

---

55) '필근 형님'은 '채필근'을 말한다. 평양신학교를 졸업한 목사인데, 그 무렵 동경제대에 유학 중이었다. 1922년 여름방학 때 있었던 '재동경 기독청년회 순회 대강연회'에서 같은 강사로 함께 활약했었다.

산야가 모두 다 눈 속에 파묻히고 바람이 드센 북간도에 왔습니다.

하도 여러 해를 두고 오고 싶어 하던 간도에 왔습니다. 여기 와서 1923년의 최고의 때를 다시 오지 못할 길에 보내고, 갑자(甲子)의 새해를 영접할 때도 인제 몇 날이 남아 있지 않습니다. 이 땅에 와서 가는 해를 보내고 오려는 해를 맞으려기에, 더욱이나 다상(多想)하고 다감(多感)합니다.

나 하나에게 대한 일이나 전체로 보아서 우리 민중(民衆)으로서 지내 보낸 1년의 일을 회고(回顧)하건대 가슴이 답답할 뿐입니다. 그리고 다시 나는 내 한 몸에 당한 일만을 생각하면 다만 회오(悔悟)의 낙루(落淚)가 있을 뿐입니다. 인제 가만히 앉아서 간 해의 묵은 일기(日記)를 뒤져 보면 저는 제가 해놓은 일이라도 너무도 잘못한데 가서는 스스로 얼굴이 붉어집니다. 제가 당한 일이건만 너무도 억울하고 슬픈 일을 다시 생각하기에는 자꾸 눈물이 흐르려고만 합니다.

내 몸에 당한 일을 생각하여 이러하고 우리 전체로서의 당한 지나간 1년의 일을 생각하여 더욱 그러합니다.

형님— 지나간 해의 일들을 회억(回憶)하고 인제 다시 오려는 갑자의 새해를 영접할 생각을 하면 한심스럽기만 합니다.

오는 새해도 지나간 1년처럼 지나게 되면, 먼저 나는 나 한 몸을 위해서와 우리 전 민중을 위해서 어떻게 할까 하는 심정이 강도(强度)로 떠오릅니다. 어떻게 하여야 합니까? 어떻게 해야 좋겠습니까? 내지에 있다가 지금은 해외에 나와서 저간에 해내 해외에서 되어간 일들을 한 가지로 회고할 때에는 그저 있으려도 차마 그저 있지 못하겠습니다.

형님— 이에 나는 한 가지 각심(覺心)을 가집니다.

우리는 의미 있게 오는 새해 갑자를 영접하여서 반드시 해야 할 일이 있다고 생각합니다. 심하게 말하면 해내 해외에서 종래로 하여 오던 온갖 일을 좀 멈추어 두고서라도 이 한 가지 일은 하여야 하겠다고 절절히 생각합니다. 즉 오래 되지 않은 세상에서 하여야 할 다른 모든 일보다도 먼저 할 일은 『자기건축예술』이라고 합니다. 나는 이 일처럼 중대한 일이 없다고 합니다. 나는 이 일을 등한(等閑)에 부치고 지나간 세월 동안에 무엇을 한다 무엇을 한다 한 것처럼 잘못된 것이 없음을 알뜰히 깨달았습니다.

그래서 일생에 한번도 좀처럼 만나기 어려운 갑자해부터는 자기건축사업에 전심력(全心力)을 다하겠다는 각심(覺心)을 하고 다시 합니다.

나는 가장 적극적으로, 가장 진취적으로, 일층 굉대(宏大)하게, 일층 심원(深遠)한, 자기건축예술에 손을 옮겨야 하겠습니다. 이것이야말로 지면(紙面)에 그리는 예술, 돌에다가 아로새기는 예술, 그것으로는 감히 바꿀 수 없는 생명의 예술인 것을 절실하게도 깨달았습니다.

형님— 우리가 이 일을 딴 곳에 두고 무엇을 한다면, 하는 그 일 끝에는 일마다 상외(想外)의 실패를 당할 것을 알아야 하겠습니다. 이 일을 생각하지 못하고 오늘날에 사회를 위하느니, 민족을 위하느니, 무슨 주의(主義)를 위하니 하여, 하는 그 사람은 그 사회나 그 민족에게 실익을 주기는 고사하고 도리어 엄청난 해독을 주고 또한 그 주의에 대하여 반역자가 되고 말리라고 생각합니다.

보세요. 지나간 세월에 우리 가운데는 사회를 위하는 사람이 없었거나 나라를 위하는 사람이 없었습니까. 없는 것이 아니라 있어도 많이 있었습니다. 저마다 사회객(社會客)이요 저마다 애국지사였습니다. 그러나 자기건축예술에 눈을 뜬 사람으로서 사회를 위하고 나라를 위하는 사람은 적었습니다. 우리 사회에서 되어간 일이 하나라도 가관(可觀:볼 만함)할 것이 없고 종적 찾을 데가 없음은 다른 데 원인이 있지 않고 자기를 잊어버린 사회객이 많았고 애국지사가 많았던 것이 중요한 원인이 된다고 끊어 말합니다.

형님— 옛날에 되어진 일을 금일에 우리로서 사적(私的)으로 살피고 혹은 공적(公的)으로 살펴보고, 이 모양대로 별(別)한 변통이 없이 그대로 나아가면 장차 우리가 직면할 세상은 또한 어떠할 것인가를 상억(想憶)하여 보면 몸에 소름이 끼칩니다.

우리는 어떻게 하여야 하겠습니까. 위에서도 자주 말씀 드린 것입니다만은 우리 앞에 습래(襲來)하는 무서운 지옥화(地獄火)를 피하려면 우리는 먼저 자기건축에 착수하는 것 외에 다른 방법이 없다고 합니다. 본국에 있어서도 이렇겠지만 이번에 간도(間島)와서 교육계를 돌아보고 경제계를 돌아보고 종교계를 돌아보고 재래의 민족운동의 시말(始末)을 들어보고 통절히 느껴지는 것이 이것입니다. 우리는 다른 모든 것보다 먼저 자기건축의 손을 옮겨야 하겠다는 것뿐입니다.

아무 데를 가 보아야 신통스러운 일이라고는 볼래야 볼 수가 없으니 웬 셈입니까? 말하자면 우리는 남다른 처지에서 구차스러운 살림을 하는 사람이라 여러 가지 불비한 것이 많은 까닭이라 하겠습니다. 그러나 그것만이 결코 충분한 이유가 못됩니다. 제일 큰 이유는 일 한다는 인사(人士)들이 자기가 자기를 자성(自省)하기 전에 먼저 사회사업이니, 교육사업이니, 종교사업이니, 예술운동이니, 하는 건방진 행위에 전혀 있다고 생각합니다.

형님— 나는 이렇게 생각합니다.

진실한 의미에서 가정을 위하고 사회를 위하고 교회를 위하고 민족을 위하고 좀 더 크게는 세계인을 위하려고 하는 사람은 먼저 자기건축 역사(役事)에 착수하는 그 사람이라고 합니다.

공연히 금일의 사람들은 얼른 생각하기에 내게 지식만 있으면 그 가진 지식만 가지고 사회에 나가서 무엇을 할 수 있는 줄로 생각하며, 혹인(惑人)은 자기가 남이 가지지 못한 금력(金力)을 가졌으니까 그것만으로 가지고 사회에 나가면 훌륭한 사업가가 될 줄로 생각하고 하등(何等)의 조심성 없이 함부로 나서는 사람들이 근일에 와서 무던히 많습니다. 그 중에도 어이없는 일은 남처럼 그래도 지식이나 있거나 또한 금전이나 있거나 해가지고 출마(出馬)를 한다면 덜이나 창피하겠는데 아무 것도 없이 다만 전(前) 무어니 무어니 하는 썩어서 냄새 드럭드럭 나는 비인 이름자만 뒤집어쓰고 세상에 나와서 무엇을 한다고 이 일에 덤비적거리고 저 일에 덤비적거려서 매명(賣名)을 일삼는 염치없고 지각없는 명사(名士)들이 또한 적지 않습니다. 나는 결단코 지식이나, 금력이나, 명예, 지위, 그런 것들만으로서는 가정을 돕고 사회를 돕고 국가를 이롭게 못하는 것을 알았습니다.

반드시 사람다운 사람이 아니고서는 능치 못할 일임을 일층 더 깨달았습니다.

형님— 나는 이런 것 저런 것을 두루 생각하여 힘써 절규하는 바가 자기건축사업이라 합니다. 그런데 우리가 이 사업에 노력하다가 『이만하면』이라는 생각을 해서는 아니 되겠다고 합니다. 더욱 더욱 노력하여야 하겠다고 합니다. 할수록 더 하여야 하겠다고 합니다. 이리하여 우리는 철저한 생의 요구를 가져야 하겠으며, 자기표현, 내적 생활의 충실, 거짓이 없는 생활, 심각한 생활, 절실한 생활, 철저한 생활, 진면목의 생활, 희망과 동경의 생활을 해야 하겠습니다. 간단히 말하면 영원(永遠) 불후(不朽)할 자기를 건축하는 것이 첫째 할 일이라 합니다.

갑자 새해로부터 우리가 노력하고 힘쓸 것이 있다 하면 오로지 이 한 가지뿐이라고 합니다. 이것이 인간으로서는 누구나 없이 다 하여야 할 것이라고 합니다. 내가 알기까지는 인생 생활의 근본 절대의 요구라고 합니다. 이것밖에 인생이 사는 날 아래 있어서 최고의 목적이 없다고 합니다. 만일에 이밖에 더 큰 것이 있다 하면 그것은 자기건축 반면(反面)에 자기 파멸의 악수단(惡手段)이라고까지 하고 싶습니다.

형님— 우리는 정신을 차려야 하겠습니다.

우리가 하도 장구한 세월을 어름어름주의 아래에서 지내온 잘못이 절실히도 느껴집니다. 어쩐 일인지 지내온 일을 회억하면 개인으로나 사회로나 너무도 일다운 일을 하지 못하고 지내온 것은 누구나 없이 다 시인하는 것입니다.

우리는 너무도 절조 없는 생활을 하였습니다. 아무러한 주의도 없는 아무러한 이상도 없는 아무러한 포부도 없는 그야말로 조삼모사(朝三暮四)의 생활을 하였습니다. 표표랑랑(漂漂浪浪)의 생활을 하였고 외계(外界) 자격(刺激)의 생활을 하였습니다. 육적 충동의 생활을 하였고, 부평초 같은 생활을 하였습니다. 동요(動搖)의 생활을 하였고, 찰나찰나주의(刹那刹那主義)의 생활을 하였습니다. 이렇게 형편없이 지내온 길을 돌아다보고 나아가야 할 앞길을 바라보면 다만 망하는 것 하나밖에 우리 앞에 이를 것이 없어 보입니다.

형님— 오는 새해 갑자년부터는 서로 싸우고 서로 시기하는 서로 물어먹는 못된 버르쟁이를 버려야 하겠으며 부패와 타락, 명리(名利)만을 구하는 그 버릇을 고치고 진리에 귀의하여야 하겠습니다. 근거 없는 성공을 목적하고 이리 뛰고 저리 뛰던 허망한 생각을 버려야 하겠습니다. 찰나찰나의 향락만을 동경하던 욕심을 버리고 극기와 희생의 생활을 하여야 하겠습니다. 범(凡) 외면(外面)의 생활을 떠나서, 내진적 생활(內眞的 生活)에 돌아가야 하겠습니다. 자기중심생활을 떠나서, 범 인류애 중심생활에 돌아가야 하겠습니다. 전에는 길을 잃은 양과 같이 외롭고 불쌍하더니 지금에는 영혼의 감독에게로 돌아온 생활을 하여야 하겠습니다.

이리하여야 우리와 우리 민족은 정의와, 인애와, 평화와, 겸손과, 순결과, 정조가 흐르는 새하늘과 새땅에 옮겨가게 될 것이라 합니다.

형님— 말을 끊으려 합니다.

수선스러운 객주집 한 모퉁이에서 해(年)는 저물어가는 때에 생각나는 대로 몇 자를 적어서 편지를 대신하여 올리는 것입니다.

　　　　—1923년도 거의 저물어가는데 용정촌에서 창근—

눈을 들어 동쪽으로 일본을 보자면 3개월 전에 일어난 관동대진재로 인한 억울하고 원통스러운 민족적 고난과 희생이 눈앞에 있고, 시선을 돌려서 북쪽으로 북간도를 보자면 비참한 참경을 벗어나지 못한 북간도 동포들의 "죽어도 잊지 못할" 고통을 눈앞에 두고 있던 때였다.

그러한 상황에 있던 당년 25세의 청년 송창근의 영혼과 마음을 붙든 것은 무엇인가? 그것은 "오는 새해도 지나간 1년처럼 지나게 되면, 먼저 나는 나 한 몸을 위해서와 우리 전 민중을 위해서 어떻게 할까?"하는 강한 두려움이었다.

그는 그 두려움에 정면으로 맞섰다. 그리고 온몸과 마음으로 고뇌했다. 그리하여 그에 대한 응답으로 드디어 그의 마음과 영혼에 크게 떠오른 것이 있었다. 그것은 '자기건축(自己建築)'이라는 상념이었고 명제였다.

"자기 자신을 건축하라!"

그렇게 번역될 그 명제는 '새로운 자기 자신을 세우는 것, 새로운 삶을 사는 것'을 강력하게 요구하는 것이었다. 영혼을 파먹는 불안과 절망 속에서, 그는 그러한 불안과 절망을 이길 수 있는 길을 그런 방식으로 모색해 낸 것이다.

그래서 송창근은 진심을 모두 기울여서 "우리는 철저한 생의 요구를 가져야 하겠으며, 자기 표현, 내적 생활의 충실, 거짓이 없는 생활, 심각한 생활, 절실한 생활, 철저한 생활, 진면목의 생활, 희망과 동경의 생활을 해야 하겠습니다. 간단히 말하면 영원(永遠) 불후(不朽)할 자기를 건축하는 것이 첫째 할 일이라 합니다."라고 토로했다.

송창근은 자신이 생각해낸 '자기건축'이라는 명제에 대해서 매우 강력한 확신을 갖고 있었다. 그는 자신의 사상을 다시 정리하고 체계를 세워서 『신생명』1924년 1월호에 <자기건축(自己建築)과 기독교>라는 제목의 논설로 게재했다. 거기에 송창근이 생각했던 '자기건축'이란 명제의 구체적인 형태가 담겨 있다.

그 논설에서 송창근은 "개인이 각각 자기의 가치를 자각하고, 향상과 발전을 힘쓰며 충실을 도모해서 최후에 위대한 자기를 건축하려는 것"이 '자기건축'이라고 규정했다. 그리고 그 구체적인 행위로서는 "성실한 마음으로 형제를 대하고, 형제의 가치와 권위를 일 점이라도 손상하지 않으면서, 자기의 가치와 권위를 강대하게 하는 것을 말하는 것"이라고 지적하고, "자기의 행복과 존엄을 힘쓸 것뿐이 아니라 형제에게도 그와 같이 하는 것을 말한다."면서 다음과 같이 선언했다.

> 진실된 의미에서 형제를 사랑하고 불쌍히 여기는 이타적(利他的) 행위는, 자기의 방면으로 보면 곧 나를 사랑하고 나를 귀히 여기는 나를 위하는 이아(利我)의 한 방법이라 한다. 그렇기 때문에 진정한 자기건축은 오로지 이타적 행위에서만 찾을 수 있는 것이다. 남에게서 받기만 하는 생활을 말하는 것이 아니라 할 수 있는 데까지 남을 위하여 내가 아는 것이나 내가 가진 것을 아끼지 않고 나눠주는 생활이 곧 자기건축자의 취할 대도(大道)라 한다. 형제를 사랑하고, 긍휼히 여기는 이타의 행위가 자기건축의 고향이라 한다.

송창근은 그러면서 '자기건축'과 '기독교'의 관계에 대해서는 다음과 같이 지적했다.

> 그런데 자기건축의 대사(大事)는 오로지 기독교에서 구하지 않으면 얻을 길이 없다는 것을 나는 말하련다. 그것은 자기의 가치

있는 것을 그리스도가 인간에게 비로소 알게 한 때문이다. 『만일 세계를 얻을지라도 그 생명을 잃으면 무슨 이익이 있느냐. 인생이 무엇을 주고 그 생명을 바꿀 수 있겠느냐』한 것은 즉 자기가 얼마나 귀하다는 것을 도파(道破)한 말씀이다.

그리스도는 인간에게 극기(克己)를 말하고, 희생을 말하고, 박애(博愛)를 말하였다. 그러나 극기를 위하는 극기, 희생을 위하는 희생, 박애를 위한 박애는 그리스도가 말하지 않았다. 그것은 그리스도 교훈의 본지(本旨)가 아닌 까닭이다. 그리스도가 극기를 가르친 것이 귀한 것은 그 극기로 인하여 귀하고 아름다운 자기(自己)가 생기는 까닭이며, 희생과 박애가 귀한 것도 역시 그것으로 인하여 자기의 이상이 실현되고, 위대한 자기가 건축되는 때문이다. 『생명을 완전케 하고자 하는 자는 잃어버릴 것이오, 나를 위하여 그 생명을 잃는 자는 생명을 얻으리라』한 말씀이 즉 이상의 말한 바 진리를 강력하게 증명한다. 자기건축을 도외(度外)로 하는 극기, 희생, 박애는 아무 의의(意義)가 없는 것이다. 그것이야말로 송양(宋襄)의 인(仁)[56]이다. 그리스도가 주장한 극기와 희생, 박애의 근저(根底)에는 위대한 자기건축의 생명이 있는 것이다. 그러니까 우리가 자기의 충실을 도모하여 가치가 있고 확실성이 있는 자기

---

56) 송양(宋襄)의 인(仁) : 송나라 양공은 춘추 오패의 한 사람이지만, 제 환공의 뒤를 이어 중국의 맹주가 되어 초나라로 더불어 패를 다툴 때 마음이 너무 어질어서 악착스러운 일을 하지 않으려다가 도리어 패하여 죽었다. 그리하여 '송양의 인'이라 하면 쓸데없이 너무 어질기만 하여 권도가 없음을 비유하는 말이다.

건축을 하려면 그리스도교에 돌아와야 하겠다는 말이다.

송창근이 이러한 구도의 '자기건축'이란 명제를 추론해냈을 때, 그것은 책상 앞에 앉아서 궁리한 머리 속에서 나온 이상이 아니었다. 하마터면 자신도 희생양이 될 수 있었을지도 모르는 일본의 '관동대진재'로 인한 조선 동포의 원통스러운 희생을 겪은 지 불과 3개월로서 아직도 그로 인한 전율과 고통이 손에 잡힐 듯이 생생하고, 더구나 방금 북간도를 여행하면서 본 "죽을 때까지 잊지 못할" 동포들의 참경에서 느낀 절망과 고통이 선혈이 흐르듯 생생한 때, 그러한 때에 그의 온 마음과 정신을 바쳐서 생각하고 찾아낸 것이었다.

그것을 그는 '자기건축'이라는 이름으로 명명하여 정리해내었고, 그것을 잡지『신생명』의 지면을 통해서 세상에 널리 전파하려고 애썼다.

송창근의 나머지 생애를 돌아볼 때, 그는 이때 정립해낸 '자기건축'이란 명제를 평생에 걸쳐서 직접 실현하는 삶을 살았음을 알 수 있다. 그는 늘 남에게 베풀었고, 다른 사람에게 도움이 되려고 했으며, 그러는 중에서 "자신의 가치와 권위를 강대하게 만들어" 갔던 것이다.

1924년 정초에 송창근은 그러한 논리를 지닌 '자기건축'이라는 사상을 생각해낸 뒤, 그 논리에 비추어서 새삼스럽게 자신의 삶을 냉철하게 돌아보고 날카롭게 반성했던 모양이다. 그 결과, 가장 먼저 궤도 수정에 들어간 것이 일본에 유학하면서 공부했던 '전공 문제'였다.

그는 1922년 봄에 처음 일본에 유학할 때 동양대학 문화학과에 들어갔다. 그가 북간도에서 이동휘 선생과 헤어질 때 이미 그의 가르침을 받들어 신학을 전공하고 목사가 되려고 확고하게 결심했던 사람이라는 것을 생각하면, 그는 필시 '문화학'을 먼저 전공한 뒤에 그 바탕 위에서 새롭게 '신학'을 공부하려고 생각했던 것으로 보인다.

그러나 그는 이제 '자기건축'이라는 측면에서 그런 계획까지 다시 점검해 보고 공부에 대한 계획을 바꾸기로 했다. 1924년 봄 학기부터 다시 일본 유학을 계속하되, 이제부터는 직접 '신학'을 전공하기로 결정한 것이다. 그리하여 동양대학 문화학과 시절은 1년 반 동안 재학한 것으로써 그만 마감되었다.

송창근은 일본으로 다시 가기 전, 1924년 3월까지 『신생명』의 기자로서 매우 바쁘게 일했다.

송창근이 1923년에 『신생명』 기자 생활을 하던 시기에 성취해낸 일들 중에서 특히 중요한 것은, 『바울과 그의 신앙』이란 책을 '역편(譯編)'하여 창문사에서 1923년 12월 1일에 출간한 일이다. 이 책은 바울에 관하여 집중적으로 다룬 책이다.

'역편'이라 했으니, 외국어로 된 여러 원문들을 모으고 분류하고 정리하여 번역함으로써 하나의 책으로 체제를 갖추어서 만들어낸 것이다. 책에는 어느 외국어에서 번역한 것인지를 밝히지 않았는데, 일본어 원서들을 번역하여 만든 것으로 보인다. 뒤에 언급하겠지만, 그가 영어책은 1924년의 여름방학에 생애 처음으로 번역했기 때문이다(『오애버듸힐』).

『바울과 그의 신앙』이란 책은 송창근의 생애에서 매우 중요한 의미를 갖는다. 그가 생애 최초로 쓴 책이기 때문이다. 『바울과 그의 신앙』의 체제는 3편으로 나누어져 있고, 각 편 안에 들어 있는 소제목들은 각기 다음과 같다.

5. 바울의 천국관(天國觀)

6. 바울이 본 그리스도 부활의 의의

7. 바울은 그리스도를 누구라 하였는가

8. 사생(死生)을 함께 한 바울의 생활

9. 은총의 복음

10. 바울의 영생관(永生觀)

11. 바울의 최고 이상(理想) 되는 하나님의 아들

12. 하나님이 선택한 바울

이 책에는 1923년 가을에 송창근이 생각했던 '바울의 모든 것'이 담겨 있다. 그가 그때까지 알고 있던 바울, 그가 느끼고 있던 바울, 그가 찬양하고 있던 바울에 대하여 온 정성을 다 쏟아서 논술한 책이다. 1923년의 일본 관동대진재로 동포들이 당한 억울하고 원통한 희생을 바라보면서, 그가 생애 최초로 역술한 책이 바로 '바울과 그의 신앙'에 관한 것이었다는 것에 주목하게 된다.

이 책에 대하여 당시 창문사에서는 크게 기대하고 있었던 듯하다. 『신생명』 잡지에도 책 광고를 크게 내는 등 널리 선전하기에 힘썼다. 현재 장로회신학대학 도서관에 한 권이 소중하게 보관되어 있다.

당당한 논객이요, 부지런한 잡지기자요, 성실한 편역 저술가─.

1923년의 가을과 겨울을 그처럼 일인삼역의 일을 하면서 매우 바쁘게 보낸 뒤에, 송창근은 1924년 봄 학기가 시작될 무렵에 『신생명』 잡지의 기자 생활을 아주 끝내고 일본으로 건너갔다.

10. 청산학원에 안착하다

당시 일본 대학의 새 학기는 4월에 시작되었다. 생각이 바뀌면 삶도 따라 달라진다. 그는 이제부터는 에돌지 않고 곧장 '신학'을 전공하기 위해서 새로 들어갈 신학대학을 찾았다. 그는 관서학원 신학부에도 들러보고 자유감리교 신학부에도 가보는 등 여러 가지 모색을 한 뒤에, 1924년 봄 학기에 신호(神戸 : 고베) 신학교에 편입학하여 신학을 공부하기 시작했다.

신호는 병고현(兵庫縣)의 정치 경제 문화의 중심지이다. 대판만에 자리 잡은 일본 제3위의 무역항으로서 판신(阪神) 공업지대의 중심지이며 방적 조선 전기기기 차량 제철 제강 고무 제당 등의 공업이 발달한 지역이다. 역사적 사적지가 많으며, 유마(有馬) 온천이 널리 알려져 있다. 송창근은 여기에 있는 신호신학교에 전입한 것이다.

송창근은 신호 신학교에 다닐 때도 서울에 있는 『신생명』 잡지에 기고하는 일을 계속했다. 그래서 1924년 5월호 지면에 그가 쓴 「말썽 만흔(말썽 많은) 기적문제(奇蹟問題)와 조선교회(朝鮮教會)」라는 논설이 실렸는데, 목차에는 '송창근'이란 필자 이름 아래에 '신호(神戶)'라는 지명이 첨부되어 있고, 본문 논설 기사의 끝부분에는 '1924년 5월 7일 신호(神戶)에서'라고 기재되어 있다.

이때 송창근이 타고난 저널리스트적인 감각을 보여준 것이 기사에 붙인 단서이다. 제목 아래에 "이 글이 되도록은 세상에 나가서 말썽 많이 끼치기를 바란다. 필자"라고 부기해 놓은 것이다. '현재 세상 논란의 중심이 되어 있는 문제를 다룬 글이니만치, 그 글 역시 논란의 중심이 되어 문제 해결에 큰 기능을 할 것'을 바란 것이다. 당대 기독교회가 처해 있던 현안에 대해서 민감하게 반응하고, 문제가 되는 현상을 바로잡고자 하는 뜨거운 열망과 성의가 그대로 드러난다.

「말썽 많은 기적문제와 조선교회」라는 논설은 당시 조선교회를 휩쓸고 있었던 '기적'의 문제를 직접 다룬 글이었다. "최근 4,5년 전부터 조선에서는 김익두 목사를 수장(首將)으로 하고 기적사(奇蹟師)가 각지에서 많이 일어나는 중에, 다른 한편으로는 잡지 『신생활』 같은 데서는 전심력(全心力)을 다하여 기적에 대한 논란을 해온" 상황에서, 송창근이 정면으로 '기적문제'를 검증하면서 논란의 중심에 뛰어든 것이다.

그는 신약성경에 나오는 46건의 기적들을 유형별로 상세하게 분류하여 정리한 뒤에 자신의 견해를 토로했다. "신문명의 세례를 받았다고 하는 사람들은 의례히 교회 내에서도 기적 같은 것은 부인하여야 신세대 인물이나 되는 것 같이 사유하는 사람들이 적지 않다. 근세에 소위 고등 비평자들은 기적이라면 조소(嘲笑)를 한다."고 지적한 뒤에, 그는 "세계 종교 중에 기적이 없는 종교는 없다. 어떤 종교든지 반드시 기적이 있는 것이다. ……그렇기 때문에 기적을 부인하는 사람이라면 벌써 종교를 논할 자격이 없는 사람이다."라고 갈파한다. 동시에 그는

"예수의 기적과 예수의 종교의 본질을 혼합하는 것이 걱정"이라고 날카롭게 지적했다. "종교의 본질과 기적을 혼합하는 가운데서 말 못할 미신을 작출(作出)하는 것이 걱정"이라는 것이다.

예수께서는 종교의 본질과 기적을 확실히 구별하셨다. 그리하고 예수께서는 기적을 자기종교의 중심을 삼지 않았다. 자기인격을 표시하는 데 한 가지 방편을 삼은 것뿐이다. 그렇기 때문에 기적 그것으로써 예수의 종교를 조직한 것이라고 생각하고 세상에서 공연히 날치고 다니는 사람은 대단한 오해를 하고 있는 것임을 알게 해 주지 않을 수 없는 것이다. ……모든 교의(敎義)의 형해(形骸)를 전부 제거해버리고 직접으로 하나님과 교통하는 것이 즉 예수의 종교이다. 나와 아버지가 하나가 되고(요한 10장 30절) 그리고 그 아버지의 한없는 사랑을 절실하게 깨닫는 그것이 예수의 종교이다.

그와 같은 예리한 지적과 함께, 송창근은 '조선교회'가 현재 세상에 대하여 지니고 있는 사명에 대하여 강력하게 힘주어 말했다.

조선은 무엇으로 조선이냐. 다시 말하면, 오늘 세계의 사람들이 조선을 염두에 둔다 하면 그 무엇 때문이냐. 조선에 자랑할 만한 문화가 있음이냐. 조선에 위대한 종교가·시인·사상가가 있음이냐. 조선에 위대한 금력가가 있음이냐. 가엾기도 하고나. 하나도 남에게 표창할 감이 없다. 오로지 조선을 세계에 소개함은 조선의 기독교회인 것은 누구든지 대항 못할 사실이다. ……세계에 표창

하는 것뿐이 아니라 지금은 거의 파멸되어가는(물질은 벌써 되었고 정신계로서) 우리 민족을 구제할 대임(大任)을 가진 것이 조선의 기독교인 것도 엄연한 대사실이다. 우리 전체의 살 길이 다른 데 있지 않고 그리스도의 도(道)에 있다는 말이다. 좀더 조선교회의 지위와 대임을 말하자면, 우리도 세계를 구제해야 할 큰 짐을 진 자이다. 나는 결코 어느 선교사나 조선 목사의 과장하는 말을 듣고 하는 이야기가 아니다.

그는 현재 조선인들이 구하는 것은 '기적'임을 지적하고 2천 년 전에 유태인들이 구했던 것 역시 바로 '기적'이었음을 통렬하게 일깨운다. 그는 "그네들이(유태인들이) 나중에는 그리스도를 죽여 버리고야 마음을 놓았다. 십자가의 도가 그네들에게 미끄러지는 것이 되고 말았다." 고 갈파한다. 그리고 조선인의 문제로 돌아와서 현실을 직시하고 선언했다.

어디서든지 부흥회를 한다면 의례히 기적사를 청대(請待)하는 것을 보아라. 그리고 그 자리에서 하다못해 부인의 자궁병 하나라도 효험이 있어야 참 부흥회로 성적을 인정한다. 부인네 10년이나 20년 된 자궁병이 기도로 쾌함을 받는 것이 하나님의 최고의 권능이라고 한다. 너무도 천박한 행위가 아니고 무엇이냐. 하나님의 능력이 그것만 될 것인가? 어떤 교회에서든지 금전이 소용될 때에는 반드시 기적 행하는 목사를 청하여 부흥회를 하니, 그 무슨 그릇된 일이냐. 더 말하지 않겠다. 어찌하여 제군은 이 민중을 끌고 암흑막(暗黑幕) 속으로 들어가려 하는가. 기적만으로 전문업을 하는 제군들아. 기적을 구하는 조선인에게 십자가의 도가 미끄러지는 것이 될 줄 생각하지 못하는가?

　……우리는 중대한 짐을 진 자니 이 사명을 준행하지 않을 때에는 우리에게 화(禍)가 이를 것을 알아야 하겠다. 경제적으로 파산을 당한 우리가 정신적으로까지 마저 파산을 당하는 날에는 우리의 말로가 어찌될 것인가. 조선 민족의 살길을 담착(擔着)하고 인방(隣方) 나라들의 나갈 길을 담착한 우리 30만의 기독교도들아. 어서 그릇된 경향을 탈퇴하고 바른 길을 찾아 나서기를 바란다. 진실된 의미에서 신앙가가 생기고 위대한 종교가와 학자가 연출(輦出)하기를 바란다.

　송창근은 이처럼 매우 명쾌하고 설득력 있는 논리로 '기적'의 문제를 설명하고 조선교회가 나아갈 바를 제시했다. 눈에 보이는 현실 그 위를 보아내는 높은 안목과 확고한 주견이 없다면 절대로 가능하지 않은 일이었다.

　1924년 여름, 신호신학교에서의 봄 학기가 끝나고 여름방학이 되었을 때, 송창근은 조선으로 나왔다. 여름방학 동안 그는 서울에 머물면서 몹시 바쁘게 일했다. 그는 이번에는 영어소설을 번역하여 '창문사'에 원고를 넘겼다.

　원저는 칼톤 우일의 『오쌔디힐』(『언덕을 넘어서』). 역경을 헤치고 나아가는 모성의 아름다움을 그린 소설이었다. 현재 유일하게 이화여대 중앙도서관에 한 권이 소장되어 있다.

　그동안 영시를 번역하여 여러 잡지에 싣기도 했으나, 영어책 번역으로서는 첫 작업이었다. 번역을 마친 소감은 매우 뿌듯했던 모양이다.

본문 외에 '역자(譯者)의 살외옵는 한 말슴(말씀)'과 '오얘듸힐의 역술(譯述)을 긋내고(끝내고)' 등의 글을 써서 첨부했다. 그 책은 세 달 뒤인 '대정 13년(1924) 11월 20일'에 창문사에서 출간되었다.

여기서 송창근이 쓴 '오얘듸힐의 역술을 끝내고'라는 문장을 전재한다(현대 맞춤법으로 고침). 평생 처음으로 영어책을 번역하여 책으로 내는 번역가로서의 보람과 기쁨이 행간에 가득한 글이다.

세상에 몇 백만으로 셀 수 없는 사람들의 어머님의 거짓이 없는 마음의 표현— 방향(芳香)이 떠도는 모성의 인간애를 그대로 옮겨놓은 이 명편(名篇)을 우리말로 옮기기를 다 마쳐놓고 보니, 두 가지 마음이 가슴에서 섞여 흐릅니다.

어쩌면 이 명편이 서거픈 내 손을 거쳐서 세상으로 나가게 되는가 하는 생각을 할 때는 스스로 경탄하지 않을 수 없습니다. 역자로서는 젊은이의 날을 보내면서 이에서 더한 영광이 언제 또 있겠습니까. 필자는 스스로 마음에 만족을 느낍니다.

그리하고 다른 한 가지 생각은, 필자가 동경에 있으면서 활동사진으로 두 번이나 보고 원문 읽기를 거의 열 번이나 하였길래 적지 않은 자신을 가지고 역술을 시작하여 놓고 보니, 정작 시작하기 전에 생각하던 것과는 딴판입니다. 지금에 와서야 나는 말의 부족과 문자의 간난(艱難)을 실절(實切)히도 느끼었습니다. 이렇게까지 부족한 말과 문자를 가지고 역술을 마치었으니, 어찌 원저(原著)에 대하여 상처를 아니 내었노라고 대담히 말할 수 있겠습니까? 한갓 보옥(寶玉)을 무딘 줄칼로 썬 무지스러운 죄를 원작자와 천하 독자 여러분 앞에 깊이깊이 자백하는 것뿐입니다.

역자는 비탄과 원망과 참회의 눈물을 동무하여 이 역술을 마치어 지금은 해내 해외에 널려 있는 우리 형매(兄妹) 여러분 앞에 맘 곱게 바칩니다.

1924년 8월 20일[57]

폐허(廢墟)[58] 일각(一角)에 입(立)하여 매암의 노래를 들으면서

역자(譯者) 창근(昌根) 식(識)

『오얘듸힐』의 번역을 끝낸 8월 20일은 여름방학이 끝나는 때였다. 번역 원고를 창문사에 넘기고 일본으로 건너간 송창근은 신호신학교를 그만두고 옮겨갈 새로운 신학교를 찾기 시작했다. 지난 한 학기 동안 배운 결과, 신호신학교의 교수방식에 만족할 수 없었던 것이다. 왠지 껍질을 미처 벗지 못한 것과 같이 답답한 무언가를 느꼈다.

---

57) 당시 공식적으로 쓰인 대정 연호를 쓰지 않고, 굳이 서기 연호로 날짜를 표기했음을 본다.

58) "송창근은 문예지 『폐허』의 동인이었다."는 증언이 있는데(정대위 박사), 아마도 이것이 그 증거의 하나인 듯하다. 『폐허』는 김억, 남궁 벽, 오상순, 황석우, 변영로, 염상섭, 이익상, 민태원 등이 동인으로 참여하여 1920년 7월에 창간되어 1921년 1월에 통권 2호로 종간되었다. 『폐허』 라는 제호는 독일의 시인 실러의 "옛 것은 멸하고 시대는 변한다. 새 생명은 이 폐허에서 피어난다."라는 시구에서 따온 것으로서 '부활·갱생'을 의미한다. 1924년에 염상섭이 『폐허 이후』라는 이름으로 복간하여 창간호를 펴내고 폐간되었다.

두루 살피고 찾은 결과, 동경에 있는 '청산학원'으로 결론이 났다. 송창근은 1924년 가을 학기에 청산학원 신학부 전문부(3년제)의 2학년으로 편입했다. 청산학원의 신학부에는 본과와 전문부가 있었는데, 본과는 4년제이고 전문부는 3년제였다. 이때 그가 전문부 2학년으로 편입한 것은, 동양대학 문화학과와 신호신학교에서 공부한 학력을 인정받았기 때문이다.

청산학원은 1874년에 감리교 선교사인 소퍼(Julius Soper) 박사가 세운 영어교육 중심의 경교학사(耕敎學舍)로 시작되었다. 다음 해인 1875년에 미회(美會)신학교가 설립되었는데, 3년 뒤인 1882년에 두 학교가 합쳐서 동경영학교(東京英學校)가 되고, 그 다음 해에 교명이 동경영화학교(東京英和學校)로 바뀌었다. 1894년에는 교명이 다시 학교가 있는 곳의 지명을 따라서 '청산학원'으로 바뀌었는데, 교과과정은 신학부(神學部)와 보통부(普通部)로 나뉘어 있었다. 신학부에서는 신학을 가르치고 보통부에서는 주로 영어와 인문학을 가르쳤다. 청산학원의 신학은 특히 자유로운 학풍으로 매우 유명했다.

청산학원에 편입함으로써 동경에 다시 돌아온 송창근은 본격적으로 신학을 공부함과 동시에 동경 YMCA 활동에 크게 힘을 쏟았다. 이때 동경 YMCA는 관동대진재로 불타버린 회관 인근에 작은 이층집을 세내어서 이층의 다다미 6조 반의 좁은 가사무소(假事務所)에서 활동하고 있었다.

그렇듯 열악한 환경에서도 송창근은 성서연구반 활동을 열심히 해서 유학생들에게 성서를 가르쳤다. 그는 동양대학 문화학과 재학시절이던 1923년 1월에 동경 Y조직의 '이사'로 선임된 바 있었는데, 동경 Y에서는 그를 계속 이사로 선임했다. 그 이래 1926년 3월에 청산학원을 졸업하고 미국 유학을 떠날 때까지 그는 동경 YMCA 이사로서 활발하게 활약했다.

1923년 1월에 사임한 백남훈 총무의 뒤를 이어 동경 Y의 총무로 활약한 최승만(崔承萬, 1897~1984, 호 極熊) 씨는 일찍이 1916년에 일본에 유학하여 동경 관립 외국어학교 노서아과를 거쳐서 동양대학 인도윤리철학과를 1923년 3월에 졸업하고 동경 Y의 전임 총무로 선임된 사람이다. 송창근은 그와 뜻이 맞아서 함께 열심히 일했다. 그래서 최승만의 자서전에 청산학원에 재학하고 있던 송창근이 YMCA 활동을 했던 사실에 대해 언급한 것이 이렇게 남아 있다.

가끔 외국분들의 설교를 듣게도 되는데 본국 선교사 '빌링스' 목사가 우리말로 설교를 한 일이 있었다. 어떻게 우리말로 재미있게 잘했는지 학생들이 모두 재미있게 듣던 일이 생각난다. 감리교 미국인 감독 '웰취' 씨가 "청년은 큰 욕망을 가져야 한다."는 설교를 할 때 그때 청산학원 신학부 학생이었던 유형기(柳瀅基) 형이 통역을 하였는데 퍽 감명이 깊었다. 청산학원(靑山學院) 신학생 송창근(宋昌根), 박원혁(朴元赫), 조승제(趙昇濟), 안성호(安聖鎬), 김재준(金在俊), 김동명(金東鳴) 씨 등과 명치학원(明治學院) 신학부 김상돈(金相敦), 윤인구(尹仁駒) 씨 등도 교회와 YMCA의 일을 많이 도왔다.59)

위와 같은 기록 외에 『재일본한국기독교청년회사(在日本韓國基督敎

---

59) 최승만, 『나의 回顧錄』, 인하대학교 출판부, 1985, 103쪽.

靑年會史)1906—1990』에는 청산학원 시절에 송창근이 동경 Y에서 활약하던 모습이 좀더 상세하게 들어 있다. 특히 동경 Y의 기관지인 『사명(使命)』지 발간과 관련된 이야기가 자세하게 소개되어 있다.

작은 사무실에서도 운영할 수 있을 뿐만 아니라 가장 효과적인 정신운동의 매체가 되는 것은 문서활동이다. 원래 백남훈 총무 때부터 기관지 발행의 전통을 가진 청년회였으며, 더욱이나 최승만 총무는 그 편집에 종사해 오던 사람이었다. 그리하여 그는 재정적으로 어려운 여건 속에서도 청년회 기관지 『사명(使命)』을 발행하기로 하고 이 사업에 주력하게 된 것이다.

1926년 『사명』 발행을 중심으로 정신운동의 기수가 되었던 이는 총무 최승만과 함께 청산학원 신학부에 재학중이었던 송창근(宋昌根)과 김동명(金東鳴)이었다. 이미 졸업반에 있던 송창근은 그간 YMCA 이사로 봉사해 왔을 뿐만 아니라 성서연구반을 지도해 오고 있었다.

시인 김동명은 격월간지 『사명』의 편집주임의 책임을 맡고 1년간을 뛰었다. 그리하여 이 세 사람은 당시의 혼란한 정신세계에 하나의 정신적 이정표를 세우는 데 주력하였다. 그것은 바로 YMCA의 목적을 재천명하는 일이기도 했다.

그들이 내세운 표어는 "네 할 일에 성의를 다하라."는 평범한 생활자세에 관한 것이었다. 그러나 그 배후에는 "조선민족으로서 할 일"이라는 것과 신 앞에 선 "크리스찬으로서의 성실성"을 지닌 생활이라는 것이 깔려 있었다. ……초월과 내재, 종교와 현실, 그리스도와 조선의 일치 속에서 신앙의 본질을 보려는 것은 최승만,

송창근, 김동명이 지닌 공통된 사상이요 주장이었다.

위에서 살핀 세 사람의 공통된 사상은 그리스도 신앙에 입각한 민족애 또는 신앙과 조국애의 일치에 있었다. 이것이 바로 당시 조선 YMCA의 지도이념이었다. 모든 프로그램은 이러한 이념 밑에 운행되었다. 해마다 연초에는 3일간에 걸친 수양회로써 업무를 시작하고 간단없는 기도회와 종교좌담회를 가졌던 것은 회원들로 하여금 그리스도 신앙 위에 서게 하려는 것이었다.

한편, 민족에 대한 사명을 일깨우기 위해 새삼스레 융희황제의 봉도식을 대대적으로 개최하였으며, 해마다 9월 1일이 되면 진재 때에 억울하게 희생된 동포들의 넋을 달래기 위해 추도식을 열었다.

『사명』지는 제호 그대로 회원들로 하여금 크리스찬으로서의 민족적 사명을 일깨우는 데 큰 역할을 담당해 왔다.60)

동경 YMCA 조직을 통해서 활동하고 있던 송창근의 활약상이 명쾌하게 소개된 글이다. '정신운동의 기수 3인, 최승만·송창근·김동명'이 지녔던 진실된 신앙과 헌신의 모습이 매우 실감 있게 정리되어 있다.

위에 인용한 『재일본한국기독교청년회사』에는 『사명』지 창간호에 실린 송창근의 글 「우리 민족의 실생활과 예수의 종교」의 상당한 분량이 인용되어 있다. 그 글은 동경 Y의 총무이자 뜻이 맞는 동지였던

---

60) 柳東植, 『재일본한국기독교청년회사』, 재일본한국기독교청년회, 1990, 196~201쪽.

극웅 최승만에게 보내는 편지글 형식으로 쓰인 것인데, 그 일부를 전재하면 다음과 같다.

극웅 형―

……누구든지 종교라면 실생활을 무시하고 현실세계 이외에 다른 세계를 동경하고 그 세계에 대한 감격을 고조(高調)하는 것으로 제1의를 삼는 것 같습니다. 그러나 예수의 종교만은 예수의 실생활 위에 기초공사를 하고 그 터 위에 굳게 서 있음을 말하지 않을 수 없습니다. ……예수의 종교는 예수의 초자연의 생활을 자연생활화한 것이라고 말하고 싶습니다. 하나님의 아들 예수가 평범생활로 옮겨와서 그 생활을 신화(神化)한 것이 예수의 종교라는 말씀입니다. ……이러한 까닭으로 해서 나는 예수의 종교를 신앙하는 우리와 우리 민족의 실생활에 관한 정지를 적으렵니다.

극웅 형―

정치나 도덕이나 예술이나 무엇을 보든지 그 민족의 실생활과 교섭이 없는 그것을 진실된 가치 있는 것으로 믿을 수는 없습니다. ……우리 조선민족이 가지고 있는 허다한 종교 가운데 ……우리가 신앙하는 예수교가 말할 수 없이 비참한 우리 민족의 실생활과 얼마나 깊은 관계를 짓고 있는지를 알고 싶습니다.

영미인(英美人)들의 실생활 의식을 기초로 하고 그 위에 건축하여 놓은 예수교를 그대로 운반하여 온 예수의 종교가 조선에 와서 얼마나 우리 민족의 생활화를 했습니까? ……배부른 사람네가 부르는 노래 곡조와 배고파 굶어 죽는 사람네가 부르는 노래 곡조가 같을 수 있으며, 내리누르는 무지(無智)한 사람들의 바라는 것과 눌림을 당하는 불쌍한 사람네가 바라는 것이 같을 수가 있겠습니까?

극웅 형—

형님, 오늘 조선의 크리스찬의 다수가 ……할 수 있는 대로 지금의 실생활을 피하고 영적 안일을 탐하는 정신계의 데카탄이즘이 발생하는 일을 어떻게 해야 합니까. 우리 민족의 장래를 위하여는 이에서 더 비탄할 일이 없는 것같이 생각됩니다.

형님, ……어떤 민족을 막론하고 자기네의 생활의식과는 하등의 관계도 없는 종교를 소유한 민족과 같이 불쌍한 것은 없다고 말씀드리며, 그리고 우리는 무엇을 하든지 먼저 조선사람이라는 심각한 의식에서부터 출발을 하여야 하겠다는 말로써 끝을 맺습니다.[61]

긴 글은 아니어도 그 함축하고 있는 바가 매우 크고 울림의 여운이 긴 글이다. 예수를 믿되, '우리가 신앙하는 예수교와 말할 수 없이 비참한 우리 민족의 실생활과의 상관관계'에 대하여 깊이 성찰하면서 앞으로 나아갈 바를 찾는 송창근의 진지하고도 정열적인 탐구 자세가 강렬한 인상을 주고 있다.

그 당시 송창근이 지녔던 의문과 문제의식은 오늘날에도 여전히 유효하다.

"영미인(英美人)들의 실생활 의식을 기초로 하고 그 위에 건축

---

61) 柳東植, 『재일본한국기독교청년회사』, 재일본한국기독교청년회, 1990, 198~199쪽.

하여 놓은 예수교를 그대로 운반하여 온 예수의 종교가 조선에 와서 얼마나 우리 민족의 생활화를 했는가?"

"배부른 사람네가 부르는 노래 곡조와 배고파 굶어 죽는 사람네가 부르는 노래 곡조가 같을 수 있으며, 내리누르는 무지(無智)한 사람들의 바라는 것과 눌림을 당하는 불쌍한 사람네가 바라는 것이 같을 수가 있겠는가?"

눈길을 끄는 것은, 그가 동시에 당시의 조선 기독교인들 사이에서 크게 세력을 얻고 있는 '데카탄이즘' 곧 "할 수 있는 대로 지금의 실생활을 피하고 영적 안일을 탐하는 정신계의 '허무주의'"에 대해서도 크게 주목하고 있다는 점이다. 일제에 나라를 빼앗기고 정치·사회·경제 등 모든 면에서 억눌려 있는 현실과 고통으로부터 도피하기 위해 조선의 기독교인들이 쉽게 빠져들었던 일종의 '종교적 허무주의' 현상과 그 폐단을, 송창근은 날카롭게 직시하고 있었다. 그는 그런 정신적 허무주의는 "우리 민족의 장래를 위해서 이에서 더 비탄할 일이 없는 것"이라고 강력하게 규탄했다. 그의 종교적 입지와 판단이 매우 건실하고 옹골찬 현실감각에 뿌리를 두고 있음을 보여준다.

송창근은 "어떤 민족을 막론하고 자기네의 생활의식과는 하등의 관계도 없는 종교를 소유한 민족과 같이 불쌍한 것은 없다고 말씀드리며, 그리고 우리는 무엇을 하든지 먼저 조선사람이라는 심각한 의식에서부터 출발을 하여야 하겠다."고 강력하게 다짐하면서 글을 맺었다. '조선사람'이라는 자의식이 그의 생각 깊은 곳에 얼마나 단단하게 뿌리를 내리고 있는지를 잘 드러내어 보여준 글이다.

송창근은 1925년 여름방학에도 조선에 나와서 강연을 했다. 이때는 함경남북도 각지를 다니면서 강연한 결과, 원산(연제 : 재내와 초월적 그리스도) · 웅기(연제 : 생사선에 입하여) · 덕원(연제 : 실생활의 배경)에서 열렸던 강연회에 관해서 『동아일보』 사회면에 보도되었다. 각지의 청중이 4백 명 내지 5,6백 명에 달하는 대성황을 이루었다는 보도였다.

송창근은 1926년 3월에 청산학원 신학부의 3년제 과정을 졸업했다. 1924년 9월에 편입하여 만 1년 반을 다니고 졸업한 것이다. 그는 이때 이미 미국 유학을 추진하고 있었다.

현재 일본 유수의 명문대학으로 꼽히는 청산학원 대학에 송창근에 대한 자료를 찾아보려고 갔으나 매우 유감스럽게도 자료가 전혀 남아 있지 않았다. 태평양전쟁 말기에 동경에 미군의 공습이 치열했을 때 청산학원 대학도 폭탄에 맞아 불타는 바람에 그때까지의 학교문서들이 모두 불에 타서 없어졌다고 한다.

그런데 이 시점에서 지적해야 할 것이 있다. 1978년에 출간된 『만우 송창근』이란 책에 있는 오류이다. 그 책은 다음과 같이 4부로 나누어져 있다.

제1부 송창근 박사 전기 : 주태익 씨 집필.

제2부 송창근 박사의 논설

제3부 송창근 박사의 일화 : 조선출 목사와 김선목 씨 집필.

제4부 추모의 글

그런데 제1부 '송창근 박사의 전기' 부분에도 다소 오류가 있지만, 특히 제3부 '송창근 박사의 일화' 편에는 그냥 넘기기 어려운 매우 불쾌한 오류들이 있다. 그 중에서도 김선목 씨의 글로 추정되는 글 2편이 가장 문제이다.

김선목 씨는 한국신학대학 졸업생인데, 졸업 후에 목회를 하지 않고 출판업에 종사하여 선경도서출판사를 운영했다. 그런데 1978년에 그 출판사에서 『만우 송창근』이란 책을 내게 된 것을 계기로, 조선출 목사와 함께 그가 제3부 '송창근 박사의 일화' 편의 일부를 직접 집필했다.

그런데 김선목 사장이 쓴 글 중에서 두 개의 글('외상 입학'과 '청산학원 교수회의 마지막 안건')이 '송창근의 청산학원 시절'과 관련되어 심각한 오해를 불러일으킬 만큼 커다란 오류를 지니고 있다. 그래서 여기서 문제가 된 글을 검증해 보겠다.

1. '외상 입학' 문제

   원문

   ■ 외상입학62)

   만우 선생은 일찍이 함북하고도 웅기 가까운 산골태생이라 구학문은 배웠으나 신학문은 서울에 상경하여서야 배웠다고 한다.

   일찍이 김관식 목사님의 순례전도 때 기독교를 소개받고, 믿기로 작정하고 뜻을 세워 상경하여 비로서 Y.M.C.A.에서 경영하는 영창학교(청년)에서 신학문 중학과정을 마치고 피어선 성경학교를 거쳐 도일하여 동경에 갔더라고 한다.

   어찌어찌 물어서 명치학원을 찾았으나 그날은 마치 휴일인지라 학교문은 굳게 닫혔고 교정은 조용할 수 밖에 없었던지라 입구도 못 찾고 부를 사람도 없고 보니 운동장을 돌아다니면서 소리소리

---

62) 만우 송창근선생 기념사업회, 『만우 송창근』, 305~306쪽.

지르기 시작하였다.

일어가 서툰 솜씨이고 보니 겨우 따로 외운 "고멩구다시이, 고멩구다시이"(흔히 일본 상점이나 일본인 집에 가서 주인 찾는 소리)하고 고성을 지르고 돌아다니다 보니, 이층 창문이 열리더니 사람의 머리가 나타나서, 운동장을 지나면서 소리소리 지르던 만우 선생님을 발견하고서, "나니까?(뭐야?)" 하기에 서툰 솜씨로 준비한 책장을 펴고 설명을 시작하였다고 한다.

물론 손짓 발짓 그 뿐 아니라, 지금 부로큰 영어라고 하듯이 당시 한국인들이 하는 일어가 직역이기도 하지만 하여튼 일인들이 알아듣기 대단히 어려웠던지라 일본에 온 동기, 자기는 장로 교인이기에 명치학원을 찾아와서 공부를 열심히 하여 훌륭한 목사가 되어 복음을 전하겠다는 등 정성을 다한 일대 웅변을 듣고 있던 일인이(중년신사, 후일에 알고보니 숙직하던 어느 사무직원이었더라고) "소레나라, 기미 오까네 못데이루가"(그러면 자네, 돈 가지고 있느냐)하는 것이었다.

의당 입학하려면 돈도 있어야 하겠지만, 그 말을 알아들은 만우 선생님은 빈손으로 왔으니 외상 입학시켜 주면 고학하면서 벌어서 입학금을 갚겠노라 할 수밖에, 듣고 있던 일인은 "소레나라 하다라 이데 오까네 모우게데고이"(그렇다면 돈 벌어 가지고 입학하라)하면서 창문을 닫으려 하자, 신앙일체주의인 만우 선생은 화도 나고 성미도 급하다 보니 "기미 오까네 이지방까"(돈이면 제일이야?), 창문을 내려버리는 일인을 향하여 "고라 바가야로"(욕하는 말)를 남기고 명치학원을 포기하고 당시 감리교회가 운영하는 청산학원을 후일 찾아 입학하여 졸업하게 되었다고 한다.

검증 : 위와 같은 글을 읽고 의아한 점이 몇 가지 있다.

첫째, 그는 출판사 사장이었기에 『만우 송창근』이란 책에 관련해서 출판사에 들어온 원고를 모두 보았을 것이다. 그런데 다른 분들이 쓴 원고들에 나오는 바, 송창근이 북간도 명동중학교와 소영자중학교 등에서 신학문을 수학했다는 기록들을 보고도 굳이 "함북하고도 웅기 가까운 산골태생이라 구학문은 배웠으나 신학문은 서울에 상경하여서야 배웠다."고 쓴 것이다. 그리고 아무런 근거도 없이 "상경하여 비로서 Y.M.C.A.에서 경영하는 영창학교(청년)에서 신학문 중학과정을 마치고"라고 써놓았다.

둘째, 일찍이 기독교를 받아들인 개화된 집안이어서, 송창근은 소년시절에 가출하기 전에 이미 예수를 믿고 있는 기독교인이었다. 그런데도 불구하고, "김관식 목사님의 순례전도 때 기독교를 소개받고 믿기로 작정하고 뜻을 세워 상경하여"라고 하여 상경한 뒤에 처음으로 기독교에 입교한 것으로 만들어 놓았다.

셋째, 송창근은 처음 일본에 유학 갔을 때는 처음부터 '신학'을 전공할 생각이 없어서 '동양대학 문화학과'에 입학했다. 그런데도 김선목 사장의 글에는, 일본에 간 송창근이 대뜸 명치학원을 찾아가서 정성을 다한 일대 웅변으로 "자기는 장로 교인이기에 명치학원을 찾아와서 공부를 열심히 하여 훌륭한 목사가 되어 복음을 전하겠다." 운운 했다는 것은 도무지 당시의 실제 상황과 맞지 않는다.

넷째, "일어에 서툰 솜씨"라고 하면서도 일본인과 송창근이 줄곧 일본어로 대화를 주고 받은 것으로 묘사한 것도 우스운 일인데다가, 명치학원에서 본 일본인이 "중년신사"로서 "후일에 알고 보니 숙직하던 어느 사무직원이었더라."는 것은, 그것이 나중에 꾸며낸 이야기임을 여실하게 증명한다. 이층에서 머리만 내놓은 채 서로 불쾌한 말을 주고받았던 명치학원의 일본인을 무슨 연고로 "후일에 알고 볼 일"이 있어서 그 신원을 정확하게 알게 되었을 것인가.

2. '청산학원 교수회의 마지막 안건' 문제

원문

■ 청산학원 교수회의 마지막 안건63)

청산학원 학기말 교수회의 마지막 의제는 반드시 조선학생 송창근 건이었다고 한다. 낙제를 시키려고 해도 어지간해야지 일어조차 제대로 못하는가 하면, 해득은 물론이고 책조차 제대로 없고 노트나 리포트도 내면 교수들이 알아볼 수 없다는 것이다.

그럴 수밖에 없는 것이 한자에다 한글, 그리고 가다가나(일본어)가 뒤범벅이라 하는 수없이 한 3년 다니다 보면 조선에 가서 살고 전도사가 되지 않겠느냐는 결론, 출석의 동정을 겸하여 결국은 학기말 시험을 넘기곤 하였고 드디어 동정 졸업을 하시었다.

후일 조선신학교 교수시절, 학생 문제가 생기면 "가만히 둬, 한 3년 신학교 문턱 드나드노라면 사람이 돼." 하시던 말씀.

"신학교는 반드시 학점으로만 졸업하는 것만도 아니야. 은혜로도 졸업하는 길도 있으니" 하시던 말의 연고가 아마 여기에 있지 않았던가 필자는 생각된다.

검증 : 이 글은 송창근을 너무나도 괴이하게 희화화해 놓은 글이다.

---

63) 만우 송창근선생 기념사업회, 『만우 송창근』, 306~307쪽.

송창근은 머리가 뛰어나게 총명하고 특히 문학적 재능도 대단했던 사람이었다. 그래서 잡지사 기자로도 활발하게 활동했고, 이미 일본 유학을 하기 전에도 신문 잡지에 많은 글을 발표하고, 전국 각지를 돌면서 강연도 많이 했던 사람이다. 그뿐더러 청산학원에 편입학하기 이전에 『신생명』 잡지의 기자로 있을 때에 관련 자료들을 일본어 책들에서 번역하고 편집, 곧 '역편(譯編)'하여 만든 『바울과 그의 신앙』이란 책을 창문사에서 1923년 12월 1일자로 출간하기까지 한 분이다.

또한 1922년 봄부터 1926년 봄까지 무려 5년이라는 세월을 (관동 대진재가 있었던 1923년의 가을 학기만 제외하고) 일본에 유학한 데다가, 저마다 난다 긴다 하는 수많은 유학생들이 운집한 동경 Y에서 특별히 '이사'로 선출되어 맹활약을 할 만큼 유능한 분이었다.

그런데 그런 분이 어떻게 "낙제를 시키려고 해도 어지간해야지, 일어조차 제대로 못하는가 하면, 해득은 물론이고 책조차 제대로 없고 노트나 리포트도 내면 교수들이 알아볼 수가 없다는 것 ……한자에다 한글, 그리고 가다가나(일본어)가 뒤범벅이라 ……출석의 동정을 겸하여 학기말 시험을 넘기곤 하였고 드디어 동정 졸업을 하시었다."고 하는 말도 안 되는 처지에 떨어질 수가 있는가. 송창근처럼 머리가 좋은 사람이 아니라 매우 아둔한 백치라 해도 5년 동안이나 일본 유학을 한 사람이라면 "학기말 시험을 치르면서 한자에다 한글과 가다가나가 뒤범벅인 답안지를 내도록"까지 그처럼 어리석고 황당하게 행동하지는 않을 것이다.

결국 위의 두 글은 김선묵 사장이 자신이 지닌 유치한 문학청년 기질로 괴이하게 이야기를 만들어내어 비틀고 과장해서 써놓은 것임을 알 수 있다. 그럼에도 불구하고, 그 글 때문에 "송창근 목사가 공부는 못했나 보다."라는 인식이 적지 않게 퍼져 있으니 실로 어처구니없는 일이다.

동경 YMCA 기관지 『사명』 창간호(1926. 3.)에는 1926년 봄에 졸업하는 조선 유학생들에 관한 기사들이 실려 있다. 졸업 기념 강연회가 열리고 졸업 축하회도 열린 것을 보도하고 있다. 각 대학에서 졸업하는 유학생들의 명단도 게재되었다. 그 기사들에서 특히 주목하게 되는 것이 졸업 기념 강연회이다. 졸업 기념 강연회의 연사는 세 명, 그 중 첫머리에 있는 사람이 송창근인데, 강연 제목은 '바울의 종교관'이었다.

송창근과 바울.

송창근의 생애를 두고 보면, 그가 평생에 걸쳐서 '바울'에 대하여 특별한 애착과 지속적인 관심을 갖고 있음을 알 수 있다. 두드러지게 드러난 사례들을 살펴보면, 다음과 같다.

① 1923년 가을에 관동대진재로 일본에 가지 않고 서울에서 『신생명』 잡지의 기자를 하던 때, '바울'에 관한 일본어 서적들을 번역하고 편집하여 창문사에서 12월 1일에 『바울과 그의 신앙』이란 책을 발간했다.

② 1926년 2월에 있었던 청산학원 졸업 기념 강연의 제목이 '바울의 종교관'이다.

③ 1931년에 미국 덴버의 아일리프 신학교에서 박사학위를 받을 때 학위논문 제목이 『유대사상에 근거해서 본 바울의 믿음으로 인한 구원사상』이었다.

④ 해방 뒤에 서울 동자동에 생애 최초로 직접 세운 교회의 이름이 '성 바울 전도교회'(나중에 노회에서 특이한 교회 명칭은 새 종파로 오해받을 우려가 있다고 이의를 제기하여 '성남교회'로 개칭함)였다.

11. 아! 샌프란시스코

1926년 3월 하순에 청산학원 신학부를 졸업한 송창근은 우선 조선으로 건너왔다. 그리고 미국 유학 준비를 서둘렀다.

유학 대상 학교는 프린스톤 신학교. 부지런히 수속하여 입학 허가서와 장학금을 확보하고 여권을 내고 여비를 만들어서 9월 학기가 시작되는 것에 맞추어서 떠나야 했다. 이때 그는 선교사들의 연줄이나 후원에 전혀 의지하지 않았다. 일본 유학을 독자적으로 해낸 것처럼 미국유학 역시 독자적으로 해내려고 한 것이다.

그가 미국에 갈 여비를 구할 때, 이용도[64] 목사가 집을 팔아서 여비

---

64) 이용도 목사(1901~1933) : 감리교 부흥사. 독립운동가. 황해도 금천 출신. 1915년 개성 한영서원 입학, 독립운동에 가담하여 4차례 수감되었다. 1928년 협성신학교(감리교 신학대학 전신)를 졸업했다. 1930년 덕적도와 평양의 부흥회를 시작으로 전국을 순회하며 부흥회를 인도했다. 신비주의 성향의 전도로 이단 시비에 휘말렸고, 1933년 3월에 휴직처분을 받고 감리

를 대었다고 하는 이야기는 유명한 일화이다. 그뿐 아니라, 이용도 목사는 송창근이 입고 있는 양복이 너무 허술한 것을 보고 자신의 양복을 내주어 고쳐서 입고 떠나게 했다.

그처럼 미국 유학 준비에 몹시 바쁜 와중에도 송창근은 대중을 상대로 강연하는 일에 시간을 내었다. 『동아일보』의 보도 기사에 의하면, 송창근은 미국으로 떠나기 전 달인 1926년 7월 4일에도 서울에서 강연을 했다. "시내 리문안 중앙 예배당에서 오후 8시 반에 일요 강화를 한다."는 내용의 기사인데, 연사는 송창근, 강연의 제목은 '생활의 3요소'였다.

당시 미국에 가려면, 일본 동경 인근의 항구인 횡빈(橫濱:요코하마) 항구에서 배를 타고 태평양을 건너야 했다. 드디어 미국행 출발 준비가 모두 끝나서 그가 다시 일본으로 건너간 때는 1926년 8월 말이었다.

이때 태평양을 건너던 일을 회상한 송창근의 회고담이 다음 해인 1927년 2월에 발행된 잡지 『청춘』 제7권 제1호에 실렸다. 제목은 '태평양 바다 위'이고 소제목은 '−180° 자오선(子午線)을 넘으면서−'였으며, '편지글' 형식으로 쓰였다.

R형−
본국을 떠난 지는 벌써 두 달이 거의 됩니다. 떠난다 떠난다 하면서도 얼른 떠나지 않는 걸음을 8월 30일에사 서울에서 동경으로 옮겼습니다. 초가을 선선한 바람이 거리에 왕래합니다.
9월 20일에 횡빈에서 배를 타고 지금은 태평양 바다에 떠 있습

교단을 떠났다.

니다. 동무 없는 걸음이니 퍽 적적합니다. 바다가 예상 밖에 잔잔해서 다른 사람들은 퍽들 좋아합니다.

횡빈을 떠날 때에 동경에서 내려온 동무들이 선실에 들어와 보고서는 말은 안 해도 퍽들 걱정하는 것 같았습니다. 나는 "아무 걱정도 마시라."고 위로했습니다. "조선사람에게 삼등도 과분하오. 아무 데를 가더라도 고난과 구차한 것으로는 제일이라는 조선사람 의식만 잊지 않으면 삼등은 고사하고 사등이 있다면 그걸 타고 갈 거요!" 했습니다.

떠난 저로서는 그러다가 바다에 물결이 사나와서 배가 곤두박 질하면 어쩌나 하고 은근히 걱정도 했습니다. 그러나 바다는 참말 잔잔합니다. 나는 바다와 나는 아무 인연도 없는 줄 알았었는데 이번 길에서는 바다에 대한 애착심이 많이 생겼습니다.

그렇기에 서글픈 노래나마 날마다 일기책에 적으면서 옵니다. 이제 몇 편 보여 드립니다.

바 다

오늘도 선실에서
갑판 위로 나오니
때는 점심 훨씬 지난
오후 세 시입니다.

하도 잔잔한 대양을 바라보노라면
바라보는 젊은 나그네 마음은

어머니 곁에서 앓는 어린애 같습니다.
바다여! 하고
나는 부릅니다.
"바다여 그대는
어머니 같으다"고.

R형—

제가 타고 오는 배는 일선 "춘양환(春洋丸)이란 배입니다. 본국을 떠날 때 서양배를 탈까 일본배를 탈까 하고 다시다시 생각해 봤습니다.

저켠에 가서 내릴 때에는 서양배가 좋고, 가는 길에는 일본배(삼등)가 좋다고들 했습니다. 부디 일본배를 타라고 권하길래 결국 일선에 올랐습니다. 편한 점은 있는 것 같습니다만 그리 좋은 줄은 모르겠습니다. 선객이 모두 사백 명 이상인데 백인은 몇 사람 안 됩니다. 그네들은 모두 일등이지 이등객도 아닌 것 같습니다. 삼등은 어디 붙은 지도 모르는 것 같았습니다.

삼등 친구들은 모두 일인입니다. 그 중에 다수가 노동계급의 사람들이니 말동무도 안 됩니다. 말없이 가는 걸음이니 더욱 외롭습니다.

본국 떠날 때에는 몇 겹으로 갇혀 있는 벗들이 가엾다 생각되었는데 지금에는 동무 없이 수만 리 먼 나라로 가는 내 한 몸이 더 가엾은 것 같습니다.

여기서 제일 그리운 것이 조선사람입니다. 벌써부터 조선사람이 그렇게 그리우니 허구한 앞날을 어떻게 참아낼까 염려됩니다.

"조선사람 하나도 없는 데 가서 살고 싶다."하고 동무 끼리 얘기한 것을 후회합니다. 얼마나 철없는 생각이었는지 모르겠습니다. 아무리 못 살고 아무리 밉게 굴어도 잘 살고 잘 낫다는 남의 나라 사람보다 내 동족이 내게는 더 귀하고 중하다는 생각이 나서 나는 무조건 조선사람을 사랑해야 하겠다는 생각을 다집니다. 본국 떠나기 전에 좀더 따끔하게 정답게 친구들과 사귀지 않은 것을 후회합니다. '죽기까지'란 말은 아직 못하겠습니다만, "거의 죽기"까지는 사랑할 것 같기도 합니다.

떠오르는 시 한 귀절 적어봅니다.

혼자 가는 길

태양이 바다에 임종한 지 오래고
별빛이 흔들리는 바다에 흐를 때
나라를 떠나 한달째 오는 나그네
집길이 그립길래

참다못해 몰래 우노니―
동무 있어 오는 사람들이야
무너진 도성을 두고 오는
나그네 마음 알 줄 있으랴.

R형―
거의 열흘 동안 오구 나니 여태껏 성적 없이 오던 배가 길게 고

동을 뽑습니다. 웬일인가 하여 모두 놀라 옷을 줏어 입고 갑판에 나갔습니다.

"지금 180도 자오선을 넘는다."는 것이었습니다. 말하자면 지금까지는 동양길을 왔었는데 이제부터는 서양길에 넘어선다는 첫 인사였습니다. 그리고 게시판에는 어제도 29일이고 오늘도 29일이니 오늘은 제2 29일이라고 써 붙여 있었습니다. 퍽 이상한 생각이 납니다. "오늘이 30일이어야 회계가 맞는데"하고 모두 수군거렸습니다. 동양에서 30일에 전보를 치면 서양에서 29일에 그 전보를 받습니다. 놀란다는 것도 무리는 아닐 것입니다.

하늘과 바다 밖에는 아무것도 없는 데서 무엇을 보고 지경(地境)을 찾겠습니까? 그런데 사람들은 여기에 금을 그어 그 길 따라 배를 달리니 사람도 어지간합니다.

하느님 앞에서는 천년이 하루 같고 하루가 천년 같다는데 세상에는 29일이 두 번 거푸 있으니 이것도 인간과 하느님 사이의 갈등(葛藤)이고 하느님에 대한 인간의 항의라 하겠습니다. 이러한 항의와 갈등이 세상에 수없는 비극을 빚어냅니다. 시 한 수 적었습니다.

바다의 태양

깨끗한 햇빛이
넓다란 바다 위에 나붓기니
빛깔 하얀 서름이외다.

새파란 물결 위에
노래 곡조 맞추니
이는 무수한 빛깔이
물결 따라 부르는
그윽한 탄식입니다.
때로 하얀 물결이
공중에 날뛰며 헤매니
이는 백일의 비극이요
환락의 갈등입니다.

R형―

이제는 동양을 벗어나서 서양 지경 안에 들어왔습니다. 이 앞길
에 되는 일과 미국 가서 되는 일을 훗날에 적어 드리기로 하고 지
금은 고요한 태평양을 순조로이 건넌다는 소식만 알려드립니다.

경애하는 형의 건강을 빌면서 이 붓을 놓습니다.

1926년 9월 제2 29일에 양상(洋上)에서.

일본 기선 춘양환을 타고 '자오선'을 넘으면서 느낀 소감이 여실하게
적혀 있다.

송창근이 태평양을 건너 캘리포니아 주의 샌프란시스코에 도착한 날
은 1926년 10월 11일이었다. 드디어 미국 땅에 발을 들여놓은 것이다.
당시 그는 윤치호가 쓴 『무선생영어자통(無先生英語自通)』이라는 영
어회화 자습서를 챙겨 갖고 미국에 갔다고 한다.

당시 그가 미국에 도착한 때의 상황과 전말을 소상하게 밝혀주는 귀

한 자료가 있다. 1928년에 『기독신문』 지면에 4회에 걸쳐서 연재되었던 그가 쓴 "『푸린스톤』 만필(漫筆)"이라는 제목의 기사이다. 부제는 '=구름물 만리(萬里)에 계신 벗들에게 보내는 편지='이고, 제1회 연재기사의 소제목은 '「푸린스톤」 오던 암암(暗暗)한 이야기'이다. 필자의 이름 표기는 '재북미(在北美) 송창근'이다.65)

하도 오래간만에 붓을 잡사오니 무슨 말씀부터 먼저 올려야 하오리까. 그 중에도 내 몸이 하늘 한 끝에 나도는 외로운 나그네 신세라는 것을 먼저 생각하온즉 그저 마음이 아득아득할 따름입니다.

본국을 떠나던 때는 재작년 8월 중순 가을바람이 우리 서울 거리에 나돌고 하늘의 별빛이 고요히 땅 위에 내리는 그 어느 날 밤이었습니다. 실상 떠나기 힘드는 걸음을 떠나 동경 와서 얼마 있다가 9월에 횡빈(橫濱)을 떠나 태평양을 건넜습니다. 『산프랜시스코』에 이르던 때는 10월 열하루날 비오던 새벽이었습니다.

『산프랜시스코』에 들어서자마자 배에서 우리 회관(會館)에 전화를 걸었더니 그 날이 마침 주일날이었음으로 아무도 없는 까닭에 누구 하나 나를 만나러 오는 사람이 없었습니다. 정향(定向)이 없이 내려 하루 종일을 두고 우리나라 사람 찾던 그때 이야기는 쓸 길이 없습니다.

그래서 그 날은 어떤 호텔에서 자고 그 다음 날에 우리나라 분

---

65) 이 자료는 고신대학교에 계시는 이상규 교수께서 제공해 주셨음. 다만 기사 부분만 발췌 복사한 자료라서 기사가 실린 월일을 알 수 없음이 유감이다.

들을 만났습니다. 처음 뵈온 이가 상항(桑港)에 오래 계신 황사선 (黃思宣) 목사였습니다. 그때 우리는 처음 만나서 울었습니다. 여기서 우리나라 어른을 뵈오니 하늘에서 내려온 이 만난 것보다 더 반갑습디다요.[66]

송창근은 과거에 영어소설 책을 번역해서 출간한 경력이 있었고, 영시도 여러 작품을 번역하여 잡지에 싣기도 했었다. 하지만, 그것은 책을 보고 영어사전에 의지해서 번역하는 수준이었고, 낯선 미국 땅에서 낯선 미국인들을 상대로 제대로 된 회화를 한다는 것은 엄두를 낼 수 없는 처지였다. 그래서 홀로 미국 땅에 도착하자마자 '우리나라 사람'을 찾았는데, 주일날이라서 '우리 회관'에 아무도 없어 연락이 전혀 닿지 않은 것이다.

이때 그가 받은 스트레스가 무척 엄청난 것이었던가 보았다. 그가 말한 '우리 회관'이라 하면 아마도 '한인 회관'이거나 'YMCA 회관'이었으리라. 그는 미국에 도착한 날 "비 오던 새벽에" 배에서 "정향이 없이 내려 하루 종일을 두고 우리나라 사람을 찾"다가 못하고 어떤 호텔에서 잤다고 한다. 그런데, 그때로부터 2년이나 지난 때에 그 일에 관해 글을 쓰면서도 한 마디로 "그때 이야기는 쓸 길이 없습니다."라는 것이다. 본성이 섬세하면서도 격정적인 데가 있는 사람이라서 그 특별했던 일요일의 일들 하나하나가 온 존재를 뒤흔들 만큼 격동적으로 마음에 사무쳤던 모양이다.

---

66) 송창근, '「푸린스톤」 오던 암암한 이야기', "『푸린스톤』 만필", 『기독신문』, 1928.

상륙 이튿날인 월요일에야 비로소 연락이 닿아서 송창근은 샌프란시스코에 오래 거주하고 있는 황사선 목사를 만났다는 것인데, 그 다음 이야기가 읽는 이의 마음을 친다. 그가 황 목사를 만나서 먼저 한 일이 운 것이었다는 것이다. "그때 우리는 처음 만나서 울었습니다. 여기서 우리나라 어른을 뵈오니 하늘에서 내려온 이 만난 것보다 더 반갑습디다요."라는 것이다. 아마도 송창근이 우니까 황 목사도 같이 운 것이겠는데, 젊은 송창근이 얼마나 절실하게 울었으면 샌프란시스코에서 산 지 이미 오래된 분이라는 연로한 황 목사가 같이 따라서 울었을까 싶다. 전날 비 오는 새벽녘에 배에서 내려 "하루 종일을 두고 우리나라 사람을 찾으면서" 느꼈던 외로움과 슬픔과 불안이 해소되면서 그게 모두 '눈물'이 되어 마구 흘러내렸으리라.

흥미로운 것은 이 일화가 송창근의 성품과 기질을 매우 잘 드러내고 있다는 점이다. 요즘도 어느 정도 그렇지만, 더구나 1926년쯤이면 '남자가 우는 것'에 대해 별로 좋지 않게 생각하던 때였다. 남자라면 잘 울지도 않았고, 설혹 울었다고 해도 남에게 알려지는 것을 꺼렸다. 그러나 송창근은 달랐다. 그는 자신의 앞에 닥쳐오는 현상들에 온 몸과 온 마음을 열어 반응하는 사람이라서, 울고 싶으면 울었고, 그 운 것을 밖으로 드러내기를 전혀 꺼리지 않았다. 한 마디로 자신의 행동방식과 기질에 대해서 전혀 콤플렉스가 없는 사람만이 취할 수 있는 태도로 살아간 것이다.

샌프란시스코는 미국 서부 캘리포니아 주의 해안에 있는 첫 기착지로서, 그가 프린스톤으로 가기 위해서 스쳐 지나가야 했던 미국의 대도시들 중 하나였다. 송창근은 미국 유학 수속을 할 때 이미 프린스톤의 입학 허가서와 장학금을 받아서 그걸 갖고 미국 유학 수속을 한 터였

기 때문이다. 프린스톤은 미국 동부의 뉴저지 주에 있는 학교 도시였
다. 그래서 거기로 가려면 샌프란시스코에서 급행열차를 타고 대륙을
횡단해야 했다.

그런데 송창근은 샌프란시스코에 도착해서 그 곳에서 만난 한인 교
역자들을 비롯한 여러 사람들과 이야기를 나눠 본 뒤에 진로를 수정했
다.

우선 제일 먼저 꺼려지는 것이 '영어 실력'이었다. 프린스톤은 일류
대학이라서 영어가 되지 않으면 따라갈 수가 없다는 점이 마음에 크게
걸렸던 것이다. 그래서 프린스톤으로 곧장 가지 않고 샌프란시스코 교
외지대인 샌 앤셀모에 있는 샌프란시스코 신학교로 가서 우선 1년 동
안 공부한다는 것으로 계획을 바꾸었다.

그 일이 위에서 언급한 "『푸린스톤』 만필"에는 다음과 같이 쓰여
있다.

> 그 후에는 내 길이 아무리 생각해도 『푸린스톤』으로 곧 오기
> 어려워서 그 가까운 곳 『샌 앤셀모』 신학교에 임시로 1년간만
> 입학하게 되었습니다. 『샌 앤셀모』의 1년 생활은 금을 주고도
> 바꾸기 어려운 생활이었습니다.
>
> 그 신학교의 내용이라던지 정신을 보거나 위치와 건물로 보던
> 지 거의 중세기 수도원을 보는 것 같았습니다. 실상 1년 동안 중
> 의 생활을 했습니다.[67]

---

67) 송창근, '「푸린스톤」 오던 암암한 이야기', "『푸린스톤』 만필", 『기독신
　　문』, 1928.

송창근이 말한 '『샌 앤셀모』신학교'의 정식 명칭은 'San Francisco Theological Seminary'로서 장로교 신학교였다.

이 신학교는 1871년에 장로교 재연합 프로젝트의 하나로서 교회협의체에 의하여 샌프란시스코에 세워졌다. 윌리엄 앤더슨 스코트, 조지 버로우스, 윌리엄 알렉산더 등 세 명의 교수가 초창기에 학교 설립을 주도했다. 창설 초기에는 샌프란시스코 거리의 중심부에 학교가 있었다. 그런데 학교가 발전함에 따라 학생들을 모두 수용하기에 너무 좁아서 창설된 지 21년 만인 1892년에 샌프란시스코의 중심부를 떠나서 교외인 마린 카운티에 있는 샌 안셀모(San Anselmo)로 이전했다.[68]

샌프란시스코 신학교는 교외에 있는 샌 앤셀모의 높은 언덕 일대에 널찍이 자리 잡고 있었다. 최근에 직접 찾아가 보니 요즘도 한적한 수도원 같은 정취가 역력했다. 낮 12시가 되자 종이 뎅 뎅 뎅 한참이나 울렸다. 캠퍼스의 인적 없는 고요한 숲길에서 듣는 종소리는 잠시 속세를 잊게 했다. 지금도 그러하니 송창근이 다녔던 1926년에는 말 그대로 '중세기 수도원 같은 곳'이었을 듯하다.

송창근은 샌 안셀모에서 보낸 샌프란시스코 신학교의 1년 생활을 두고 "금을 주고도 바꾸기 어려운 생활"이라고 말한 바 있지만, 일단 샌프란시스코라는 도시 자체가 그에게 특별한 의미가 있고 정서에 잘 맞는 곳이었다. 그가 늘 사모하고 흠모하는 아시시의 성자 성 프란시스

---

68) ROBERT B.COOTE and JOHN S. HADSELL, 『San Francisco Theological Seminary —The Shaping of a Western School of the Church, 1871~1998—』, First Presbyterian Church San Anselmo, California, 54~77pp.

(프란체스코)를 기려서 그 이름을 딴 도시였기 때문이다. 그는 미국에서 사는 동안 성 프란시스의 이름에서 따서 '프란시스 송'이라는 이름을 쓰기도 했을 정도로 성 프란시스를 좋아하고 흠모했다. 그리고 귀국한 뒤 30년대 후반에는 성 프란시스의 삶의 방식이었던 '거룩한 가난' 곧 '성빈(聖貧)'을 본받는 삶을 살면서 '성빈학사(聖貧學舍)'를 운영했을 정도였다.

샌프란시스코는 미국 서부의 대표적인 미항이다. 잔잔한 바다와 나무와 꽃과 언덕들이 어울려서 한 폭의 그림 같은 항구를 만들었다. 본래는 오랜 세월 동안 원주민들이 고기나 잡던 해안이었는데, 1769년에 돈 가스퍼(Don Gasper de Portola)가 이끄는 스페인 탐험대가 해안에 상륙하면서 새로운 역사가 시작되었다. 1776년에 스페인에서 온 아시시의 프란체스코 선교회가 도착하여 선교회 건물들을 건립했고, 1847년에 공식적으로 도시 이름이 '샌프란시스코'가 되었다.69)

송창근은 샌프란시스코에 머문 채로 서둘러서 프린스톤 신학교에 편지를 보내어 "샌프란시스코 신학교에서 1년 동안 공부할 수 있도록 양해해 줄 것"을 프린스톤 신학교 당국에 교섭했던 것으로 보인다. 그 결과, 프린스톤 신학교 측의 허락을 얻어서 샌프란시스코 신학교에 우선 1년간 재학하는 것으로 처리되었다.

현재 프린스톤 신학교에 보관되어 있는 '송창근 파일'에는 샌프란시스코 신학교의 와렌 H. 런던 교수가 1926년 11월 6일자로 프린스톤 신학교로 보냈던 다음과 같은 답장이 간직되어 있다.

---

69) Bill Yenne, 『San Francisco Then and Now』, Thunder Bay Press, 2001, 5쪽.

샌 프란시스코 신학교

샌 앤셀모, 캘리포니아

11. 6. 1926.

폴 마린 목사님

프린스톤 신학교

프린스톤 뉴 저지

친애하는 마틴 선생님.

저는 한국 유학생 송 군에 관계된 당신의 편지 및 해리 A. 로데스 목사님이 먼저 번에 보내준 편지에 대해 감사하고자 합니다. 그 편지 및 당신 자신의 위임에 의해서 우리는 송 군이 여기 있도록 허락했습니다. 우리는 또한 이민국 당국자들과 대화를 갖고 송 군이 프린스톤에서 샌프란시스코 신학교로 전학하는 데 대한 동의를 받았고, 이후로는 그의 출석을 관리할 책임이 우리에게 있음을 받아들였습니다.

송 군은 영어에 매우 서툽니다. 그 점이 그가 공부하는 것을 보다 어렵게 하고 있습니다. 그럼에도 불구하고, 우리는 그에게 매우 만족하고 있습니다. 그는 쾌활한 성품을 가졌고, 공부하는 데 매우 성실하게 헌신하고 있습니다.

경구

와렌 H. 런던

송창근이 샌프란시스코에 처음 도착한 날이 1926년 10월 11일이었는데, 위에 전재한 1926년 11월 6일자 와렌 교수의 편지 내용을 보면, 그간 프린스톤 신학교에서 송창근에 관련된 문제로 편지가 두 번이나 샌프란시스코 신학교에 왔음을 알 수 있다.

송창근의 편지가 샌프란시스코 신학교를 거쳐서 프린스톤 신학교로 가고, 거기 교수들이 그와 관련된 편지 두 장을 샌프란시스코 신학교로 보내고, 그에 대한 샌프란시스코 신학교 측의 답장이 다시 프린스톤으로 가고……. 그것이 모두 25일에 걸쳐서 이루어진 것임을 보면 모두들 매우 바쁘게 서둘렀음을 알 수 있다.

송창근이 샌프란시스코 신학교에 재학하고 있을 때의 일이 김재준이 쓴 『만우 회상기』에는 다음과 같이 기록되어 있다.

청산학원을 졸업하고 만우는 미국으로 건너가 샌프란시스코 신학교에 입학했다. 그 신학교는 경치 좋은 산 위에 자리 잡은 수도원 같은 신학교였다. 보수적이라는 것 때문에 한국 선교사들은 자꾸 그리로 소개하는 것이었다.[70]

만우는 영어공부를 한 일이 없었다. 그런데도 어찌어찌하여 엉터리영어(Broken English)로 의사는 통했다. 강의를 알아들을 리 없었고 필기는 물론 못했다. 그러나 인간관계는 원숙했다. 학생들은 교수 대하듯 존경했다. 거기서도 Broken English가 그의 애교였다.

하기방학이 되었다. 기숙사는 인정사정없는 추방이다.

---

70) 김재준은 여기서 당시 송창근이 샌프란시스코 신학교에 입학했던 이유를 '선교사 소개'인 것으로 오해하고 있음을 드러내고 있다.

방학 동안 그는 상치밭에서 상치 솎구는 일을 했다. 끝없는 평야와 밭고랑이 하늘가에 닿아 끝없는 선을 이루었다. 무더기로 난 상치를 적당하게 솎구는 것이었다. 앉아서 정강걸음으로 이 일을 한다. 손이 숙련공같이 재빨라야 한다. 주로 멕시코 노동자들이 이 일에 취직되는데 그들은 체격이 장신인데다가 손은 숙련공의 손이었다. 뒤에는 말 탄 감독이 긴 가죽채찍으로 낙후자를 후려갈겼다. 만우는 가련한 농노였다.

밤에는 숙소에서 잠자는데 숙소래야 밭 가운데 궤짝으로 만든 판자집 단칸자리다. 멕시코 인부들은 조금 떨어져 있는 합숙소에 수용되어 있었다. 밤이면 기타치고 노래하고 춤추고 하는 그들에게는 피곤이 없었다. 자정이 지날 즈음하여 그들은 만우의 판자집을 습격하여 Sodomite를 강요하는 것이었다. 만우는 밤에도 통잠으로 누웠다가 그들이 오는 기색이면 무작정 도망하여 둘러친 철조망을 넘어 달아났다.

하루는 뛰다보니 어떤 과수원에 들어가게 되었는데 과수원 주인이 일본인이었다. 만우는 사연을 말했다. 주인은 과수원에서 종이봉지 씌우는 쉬운 일을 하라고 하더란다. 그것도 일이라기보다 심심풀이로 쉬며 놀며 하라고 했단다.

과수원 주인은 용돈도 넉넉히 주고 가을 학기에 동쪽 가는 여비도 주어서 프린스톤까지 왔다는 것이었다.

만우는 상치밭에서 고생하던 사연과 그때 찍은 사진을 긴 편지와 함께 내게 보내온 일이 있었다. 그 사진은 먼 후일에 어느 잡지에 난 일도 있다.71)

송창근은 자기 앞에 놓여지는 삶에 마음을 활짝 열고 전심전력으로

부딪쳐가는 사람이었다. 그래서 그에게는 기쁨도 슬픔도 고통도 늘 생생하게 살아 있었다. 그런 사람에게 낯선 외국 땅에다 뿌리를 내리는 것은 마음 가득한 외로움과 슬픔을 참는 일과 동의어였다.

기독교인이라면, "그가 자신의 삶을 어떻게 느끼고 받아들이면서 살아갔는가?" 하는 것을 총체적으로 알게 하는 코드가 있다. 그것은 곧 "그가 어떤 찬송가를 가장 좋아하는가?"이다. 가장 좋아하는 찬송가로서 그가 살아간 평생의 삶의 빛깔이 구분되는 것이다. 그런데 송창근이 가장 좋아한 찬송가는 429장이었다.

내 갈 길 멀고 밤은 깊은데(429장)

1. 내 갈 길 멀고 밤은 깊은데 빛 되신 주
   저 본향 집을 향해 가는 길 비추소서
   내 가는 길 다 알지 못하나
   한 걸음씩 늘 인도하소서

2. 이전에 방탕하게 지낼 때 교만하여
   맘대로 고집하던 이 죄인 사하소서
   내 지은 죄 다 기억 마시고
   주 뜻대로 늘 주장하소서

3. 이전에 나를 인도하신 주 장래에도

---

71) 김재준, 『만우 회상기』, 31~33쪽.

내 앞에 험산준령 당할 때 도우소서
밤 지나고 저 밝은 아침에
기쁨으로 내 주를 만나리   아멘.

열두 살 어린 나이때부터 객지에 나가서 떠돌면서 살았던 송창근이
느꼈던 외로움과 슬픔이 얼마나 절절한 것이었는가. 또한 말도 통하지
않는 외국 땅에서 언어를 익히고 자리를 잡아가면서 송창근이 느꼈던
소외감과 고달픔이 얼마나 절절했던 것인가. 그리고 그런 고통 속에서
그가 주 예수를 얼마나 간절하게 붙잡고 살았던가⋯⋯.
    위의 찬송가는 그런 것들을 한꺼번에 느끼게 한다. 널리 잘 알려진
그의 밝고 활달하고 툭 트인 성품의 뒤 안에 웅크리고 있는 슬프고 외
로운 영혼의 존재를 눈 시리도록 선명하게 알려주는 찬송가라 하겠다.

12. 프린스톤 신학교 전입

1927년 9월, 송창근은 11개월 간의 캘리포니아 주의 샌프란시스코 생활을 마감했다. 그가 "금을 주고도 바꿀 수 없는 생활"을 한 그 곳을 떠나서 뉴저지 주의 프린스톤으로 간 것은 '1927년 9월 하순'이었다.

그는 샌프란시스코를 떠나 미주 대륙을 횡단하여 프린스톤으로 향했다. 그때의 일을 그가 예의 "『푸린스톤』 만필" 연재 기사 제1회 '「푸린스톤」 오던 암암(暗暗)한 이야기'에서 회고해 놓은 것을 살펴본다.

그렇게 좋은 데(주:샌 앤셀모의 샌프란시스코 신학교)를 차마 떠나기 싫은 것을 본래 이리로 오려고 수속을 하고 오던 터인 고로 이민국 관계, 동시에 신학교와의(푸린스톤) 신용관계상, 작년 가을 9월 그믐께 사시청청원(四時靑靑園)의 『칼니포니아』를 떠나 이리로 왔습니다. 이리로 올 때 원정만리(遠程萬里)에 혼자 오면서 생각되던 것이 상금(尙今)까지 잊혀지지 않기로 한 말씀 적으렵니다.

두 주일을 두고 태평양을 건널 때에 내 느낌은 『내가 지금은 하나님 집 동산에 선 것 같다』고 노래 불렀습니다. 작년에 미주 대륙을 횡단할 때에는 『내가 지금은 하나님의 얼굴을 직면했다』는 느낌을 가지고 왔습니다.

태평양 바다에 석양이 임종을 하는데 『샌프란시쓰코 · 패리 빌딩』에서 배를 타고 동무 없는 길을 떠나 혼자 『오악클랜드』를 건너서던 때 하도 서어하는 생각이나 밤낮 나흘째 만에 『치카코』에 내려서 우리나라 형매(兄妹)들을 만나 주일 오후에 『쨌손』 공원에서 뱃놀이하던 생각이나 또다시 『뉴욕』 성(城)에 와서 우리나라 형제들을 만나 뵈옵고 몇날 지내면서 보던 일 가운데도 그 소위 황금국(黃金國)이란 이 나라 큰 도성에서도 잘 데 없고 먹을 것 없는 사람들은 거리로 돌아다니면서 쓰레기통을 뒤져 그 속에서 찾아내는 빵떡조각으로 그날그날의 양식을 삼는 그 가엾은 정지를 보노라면 결코 남의 일 같은 생각이 나지 않으면서 마음속에 별스러운 생각이 다 떠오릅디다.

그 반면에 돈 많고 지위 있는 사람들의 살아가는 현상을 보고서는 『그저 문명은 죄악이외다』라는 혼자 판단을 내렸습니다. 9월 26일 오후에 『뉴욕』 성을 떠나 『푸린스톤』을 향하여 왔습니다.

1927년 9월에 "차마 떠나기 싫은" 샌프란시스코를 떠나서 프린스톤으로 가는 것이었지만, 송창근의 발걸음에는 그런 대로 여유가 있었다. 이미 1년 간의 미국 생활을 경험한 상태였기 때문이다. 그는 샌프란시스코를 떠나서 도중에 시카코와 뉴욕에 들러 며칠씩 묵으면서 친지들과 만남을 즐긴 뒤에 프린스톤으로 향했다.

　프린스톤 신학교의 정식 명칭은 'Prinston Theological Seminary'로서 1812년에 창설된 장로교 신학교였다. 처음 신학교가 개교되었을 때 교수는 아처발드 알렉산더 한 사람이었고, 학생 수는 12명이 채 되지 않았다고 한다.

　그러나 곧 "프린스톤 신학교의 창설은 미국의 신학교 교육의 역사를 새로 쓰게 만든 것과 같은 의미와 비중을 지닌 일이 되었다."고 이야기 되듯 빠르게 발전하면서, 칼빈과 존 녹스에서 비롯된 개혁교회에 그 신학적 전통의 뿌리를 두고 있는 장로교 신학교로서 명성을 크게 떨치게 되었다. 그리하여 개교 이래 1백여 년이 지나 송창근이 입학한 1927년에는 캠퍼스 곳곳에 백 년 이상 된 거대한 나무들이 우뚝우뚝 서 있고, 알렉산더 홀을 비롯한 거대한 건물들이 즐비한 대단한 캠퍼스가 되어 있었다.

　송창근이 『기독신문』에 연재한 기사 "『푸린스톤』 만필"의 제2회 연재분은 '『푸린스톤』은 어떠한 곳인가'하는 소제목 아래 프린스톤에 대해 소개한 글인데, 다음과 같다.

　　『푸린스톤』은 그 어떠한 곳이기에 나는 닥쳐오는 천 가지 만 가지의 고생과 싸우면서 이리로 왔겠습니까. 『뉴욕』 땅에서 떠나 몇 번 차를 바꾸어 타고 거의 『푸린스톤』으로 다다를 만해서 곁에 앉자 있는 백인 학생더러 나는 『푸린스톤』으로 가는 초행객인데 그대는 어디로 향하는 손입니까 하고 인사말을 한 뒤에 여기서 『푸린스톤』이 얼마나 먼 거리에 있느냐고 물었더니 그 사람이 더운 때라 열려진 차창 밖을 가리키면서 저기가 『푸린스톤』

대학이라고 할 그때에 바라보니까 하늘에 닿는 높은 건물들이 우뚝우뚝한 것이 보입디다. 반갑기도 하고 두루 처음 오는 길에 마음속이 불안하기도 하면서 두 눈에 눈물이 그렁그렁해집니다.

저기가 『푸린스톤』! 그리고 내가 떠나온 나라는 어디메인고, 인제 저기로 가서 이후에 내 생활은 어떻게나 될 것인가, 하는 갖은 생각 속에 싸여서 정거장에 내리니 바로 대학 정문 앞이었습니다.

인제 나는 다른 이야기를 하기 전에 『푸린스톤』은 무엇으로 유명한가 어찌하여 『푸린스톤』은 좋은 곳이라고 하는가를 말씀하겠습니다. 이것은 내 자신이 보고 생각한 것이옵고 결코 일반적으로 남들이 하는 이야기를 본떠다 하는 말이 아닙니다.

『푸린스톤』은 역사적으로 유명한 곳이외다. 본 대학의 역사와 합중국의 역사가 거의 동갑입니다. 그리고 지금 본 대학 사무실로 사용하는 『내수홀』 그 집은 이 나라 처음 국회를 『와싱톤』 영감이 소집하고 정사를 이야기하던 집입니다. 아직도 그때 그대로 책상이고 걸상이고 다 놓여 있습니다. 그 집이 있기로 남들이 『푸린스톤』을 좋다는 것같이 생각이 됩니다.

그리고 영국 병정과 싸운 최후의 전승지가 여기입니다. 그때 싸움에 이름난 장수 『멀셔』 장군이 싸워 죽던 곳이 바로 우리 기숙사 뒤로 나가 있습니다. 그리고 영병(英兵)과 미국 병정이 싸워서 전사한 주검들을 한 무덤에 파묻은 큰 무덤이 여기 있습니다.

이런 것들을 보는 때는 결코 심상스러운 생각이 나지를 않습니다. 이 나라 국민이 이렇게까지 정신과 물질로 축복을 받고 사는 그 까닭이 어디 있는 것을 비로소 『푸린스톤』에 와서야 깨달았습니다.

적은 사람의 피와 땀이 허구한 세월을 두고 수 없는 인중(人衆)을 살린다는 것을 절실히 느꼈습니다. 생각컨대 죽어가는 우리 우리의 사람들을 다시 살리고 천년만년이 가도록 그 족속들에게 축복을 베풀기 위하여는 그 누구라 피와 땀을 주려는고.[72]

송창근이 이 글을 쓰던 때는 1928년이다. 일제에 나라를 빼앗긴 지 이미 18년이 지난 때였다. 미국에 와서 프린스톤을 바라보는 시각에 그런 망국의 백성으로서의 깊은 소회와 상념이 담겨 있다.

기사의 소제목이 '『푸린스톤』은 어떠한 곳인가'인데, 막상 그가 이야기하는 것은 '프린스톤과 관련된 미국의 독립과 독립전쟁의 역사'이다. 그는 프린스톤을 이야기한다면서도, 대학으로서의 프린스톤의 내력과 장점을 말하지 않았다. 그보다 먼저 그의 의식에 크게 닿아 있는 것이 '프린스톤이 지닌 미국 독립전쟁의 격전지이자 전승지로서의 현장 이미지'였기 때문이다.

그는 미국의 독립전쟁을 상기하면서 그것이 "이 나라 국민이 이렇게까지 정신과 물질로 축복을 받고 사는 까닭"이라고 느끼고, "적은 사람의 피와 땀이 허구한 세월을 두고 수없는 인중을 살린다는 것을 절실히 느꼈다."고 토로했다. 그리고 동시에 탄식했다. "죽어가는 우리 우리의 사람들을 다시 살리고 천년만년이 가도록 그 족속들에게 축복을 베풀기 위하여는 그 누구라 피와 땀을 주려는고."라고.

일제에 나라를 빼앗긴 지 18년이 된 그 시점에서, 그는 조선총독부의 검열에 걸리지 않도록 최대한 주의하면서 '미국 독립전쟁'을 화두삼

---

72) 송창근, '『푸린스톤』 만필', 『기독신문』, 1928.

아 '한국 독립'에 관한 간절한 상념을 토로한 것이다.

송창근이 쓴 '『푸린스톤』 만필'의 제3회와 제4회의 연재 기사 소제목은 '『푸린스톤』과 우리의 인연'이다. 그 내용은 다음과 같다.

우리나라 학생이 이 땅에 발을 부치기는 어느 때부터인지 모르겠습니다. 미상(未詳)하나 이승만(李承晩) 박사가 처음으로 본 대학에서 철학박사의 학위를 받고 그 뒤에 박쑐니안 씨가 본 신학대학을 졸업하고 신학부에서 M·TH학위와 대학부에서 영문학으로 MA학위를 얻고 그는 지금 여기서 멀지 않은 곳에서 4,5백 명의 교우를 소유한 백인 교회의 목사로 시무하는 중이랍니다.

그리고 백낙준 박사가 본 신학부를 졸업하고 대학에서 MA학위를 받고 옐 대학에서 철학박사의 학위를 얻고 지난 해에 나라로 돌아갔다고 합니다. 저는 그를 불행히 못 만나 뵈었습니다.

그 후에 평양신학교 교수로 계신 남궁(南宮) 목사가 본 신학에서 M·TH학위를 받고 돌아가셨고 김관식(金觀植) (함흥영생고등여학교장) 목사가 본 신학에서 M·TH학위와 대학에서 MA학위를 받고 나라로 가셨습니다. 이제 이미 귀국하신 이 가운데 정인과(鄭仁果) 목사 이성휘 목사 등이 다 여기서 1년식 졸업생급을 치른 이들입니다.

지금 신의주 제일교회에서 부목사 시무를 하는 박형룡(朴亨龍) 씨 말씀을 하렵니다. 그는 본 신학교에서 남들은 4년에 하는 공부를 3년에 다 마치고 한 때에 TH·B와 M·TH학위를 받고 어떻게나 공부를 놀랍게 하였던지 그 많은 사람 가운데서 특별장학금을 받아 1년을 더 연구하고 귀국하였습니다. 진실로 이는 우리 조선

사람의 자랑입니다. 박형룡 씨와 같은 이를 가진 것은 대단한 부행(富幸)이오며 그리고 우리 조선기독교회의 오늘과 내두(來頭)를 염려하는 사람으로서는 누구나 한결 같이 아껴야 할 분으로 여깁니다.

이제는 당금(當今) 여기 있는 우리네 이야기를 하렵니다. 여기에 윤하영(尹河英)73) 목사 이규용(李奎鎔) 씨 최윤관(崔允寬)74) 씨 한경직(韓景職75)) 씨 필자 모두 다섯 사람이 있습니다.

우리 가운데 먼저 윤하영 목사를 소개하렵니다. 물론 서편지방에 계신 교역자 되시는 여러분과 및 교우들에게는 소개할 필요가 없겠지요만은 그래도 그가 미국 오신 후의 일을 말할 필요는 분명히 있는 것 같이 생각하오며 동시에 경성이나 동북지방에 계신 벗들을 위하여 몇 말씀 적으렵니다.

윤 목사는 얼마나 늙으셨는지 분명히 모릅니다. 그러나 40은 훨씬 넘었는 것이 평양 광성학교에서 공부한다는 그의 아들 봉진(鳳眞)이가 20줄에 들었다는 것과 그의 따님은 선천에서 중학 공부한다는 양이 지금은 50줄을 쳐다보는 양 싶습니다.

한데 이리로 오던 때 다소 어학의 준비가 있었지만은 여간한 고난을 당한 것이 아니었다고 말씀합디다. 그러면서도 이래 3년 동

---

73) 윤하영 : 귀국한 뒤 당시 동양 최대 교회로 알려졌던 신의주 제1교회 담임 목사 역임.

74) 최윤관 : 뒷날 조선신학교 교수 역임.

75) 한경직 : 신의주 제2교회 담임목사, 월남한 뒤에는 영락교회 담임목사.

안을 밤에 자지도 않고 낮에 쉴 틈이 없이 그야말로 피가 쏟아지도록 노력을 한 결과 지금에는 영어에는 물론 끄릭과 히부루 등 본 신학교에서 요구하는 과목을 전부 마치고 가장 우수한 성적으로 급제를 하였답니다.

지금은 끄릭과 히부루 두 가지가 성경을 읽기에는 하등의 염려가 없을 것을 우리가 말하게 되오매 이것이 거의 기적이 아니겠습니까. 그가 히부루를 공부하던 이야기를 듣건대 남들은 1년을 줄곧 학교에서 교수를 받고서도 낙제를 하고 몇 해씩 더 공부하는 사람이 있는데 처음 오던 해에는 영어와 끄릭 때문에 히부루를 공부 못하였다가 그 다음 해 여름방학에 남의 집에 가서 매일 열 시 이상 노동을 하면서 혼자 공부를 해가지고 그 가을에 와서 시험을 쳐서 1년급 히부루에 급제를 했다고 하니 놀라운 일이거든요.

그가 이렇게 노력한 것은 전연히 조선교회 자체를 사랑하는 때문이라고 필자는 주저하지 않고 명언합니다. 그가 이 가을에는 나라로 돌아갈 심산입니다. 그야말로 젊은 날 동안에 좋은 선물을 장만하여 가지고 조선의 교회를 찾아듭니다. 그를 맞이하는 윤씨가는 물론 그를 사랑하여 3,4년 동안에 쉬지 않고 기도로 생각하던 친구들과 그를 맞이하는 교회의 형제와 자매들에게 한없는 축복이 있으리라고 또 다시 빕니다. 그리고 또다시 일절을 떠내려가는 물 위에 던지고 오로지 주의 피와 땀으로 사서 세운 조선교회를 위해서만 살 길을 더듬는 그로 말미암아 주여 영원한 영광을 받으옵시라고 빕니다.

인제는 작년에 온 이규용 형을 소개하렵니다. 그는 원산(元山) 형님입니다. 4년 전에 하와이 신학교에 와서 공부하다가 저와 한 가지로 작년 가을 9월에 이리로 왔습니다. 그는 연치가 어지간한 모양입니다. 세상을 한하고 방랑하는 셈든 아들을 두니 만침 그의 연세가 높습니다. 그의 말씀이 있습니다. 그저 우리가 감옥에 들어가 징역 사는 셈으로 이미 온 길이니 공부 좀 해봅시다. 모든 근심 괴롭고 답답한 일을 다 제쳐놓고 공부하자오 하고 권하는 형님입니다. 키가 크고 얼굴이 길어서 풍채가 매우 좋게 보이길래 우리는 그를 면장(面長)이라고 부릅니다. 그의 성격을 한 말로 말하려면 진실 무망한 형님이라고 하기에 부족하지 않습니다.

인제는 미국에 화(化)해진 최윤관 형님을 소개합니다. 본래 평안북도 산골 생원으로 출신하기 시작해서 평양 숭실전문학교를 마치고 미국 와서는 『휴론』대학을 다시 졸업하고 본 신학교에 와서 공부한지 하 오래서 인제 달 반이면 졸업을 합니다. 신체가 우리 중에는 제일 든든하고 많이 자시고 많이 자고 많이 공부하기로 유명한 형님이온대 인제는 미국 온 지도 6년 세월이니 금년 가을에는 돌아갔으면 좋으련만은 욕심이 사나와서 금년 가을에 다시 『뉴욕』대학으로 가서 철학박사 공부를 한다고 야단입니다. 또 그는 아직 총각입니다. 달래 총각이라는 말씀을 하는 게 아니라 총각이니만치 본국에 걱정거리가 없는 까닭으로 세월을 늦추잡는다는 말씀입니다.76)

이상이 제3회 연재 기사의 내용이다. 유머러스한 필치로 당시 프린스톤에 재학하고 있는 5명의 한국 학생들 중에서 3명(윤하영, 이규용,

---

76) 송창근, '『푸린스톤』 만필', 『기독신문』, 1928.

최윤관)을 소개하고 있다. 제4회 기사에서, 그는 나머지 2명 곧 자신과 한경직을 소개한다. 내용은 다음과 같다.

　　인제 필자 자신의 이야기를 한 마디 사뢰겠습니다. 이 글이 편지인 것 만치 쓸데없는 이야기 잔소리가 많이 섞이는 것 같습니다. 저도 인제 미국 땅에 발을 부친지는 만 2개년이 오는 10월입니다. 한데 아직까지 영어난리(英語難離)에 죽어 삽니다. 우리 다섯 가운데는 제가 제일 영어를 못합지요. 나머지 분네는 다들 한 가락씩 듭니다. 해도 잘해요. 최윤관 씨 한경직 씨 같은 이는 백인들도 칭찬이 자자하게 잘합니다. 그 중에도 최 형은 사담(私談)이 능하고 한 형은 강도(講道) 말씀이 능하다고 합니다.

　　그런데 저는 꿔 온 보리자루 셈입니다. 그러길래 제 스스로가 「나는 떡 먹는 부처님이라」고 말합니다. 말은 잘못해도 하루 세 끼 먹는 데야 남 못지 않습니다. 말 없이 양(洋)떡에 뻐터기름을 발라 먹기만 하니 그 소위 떡 먹는 부처님이란 말씀입니다. 그리고 나는 미국이 별나라는 별나라이라요 하고 어떤 친구에게 말했더니 웨요? 하고 반문하길래 아니 벙어리 웅변법 연구하는 데야 미국밖에 어디 또 있겠소 한즉 또다시 그 무슨 뜻이냐고 묻기에 그때에 나는 내 자신이 증명한다고 대답했습니다. 처음 오던 해에 수인사말도 못하는 사람을 강도학(講道學) 시간이면 교사가 강단에 올려 세우고 한 15분씩 죽을 지경을 구니 참 기가 막힙디다.

　　인제는 마지막으로 한경직 형을 소개하렵니다. 한 형은 정주 오산(五山)과 평양 숭실전문학교를 마친 뒤에 『엠포리아』와서 다시 대학을 마치고 『푸린스톤』에 온 지 햇수로 3년입니다. 부인에게서 종종 편지가 오는데 이야기를 듣노라면 「언제나 오시겠는지 그때를 꼭 말씀해달라」는 부탁이 있은 지 벌써 오래다고 합니다. 아직도 3년을 더 있어야 귀국할 심산인 것 같으니 구름물 만리를 사이에 두고 가고 싶어하는 마음 기다리는 정이 어떠하오리까. 내 남이 피차에 없습니다.

그런데 우리 한 형은 일언(一言)의 보배덩어리올시다. 미국 온 지 몇 해 안 되는데 영어는 물론, 이 학교는 끄릭 공부가 특별히 어려워서 작년에 백인 학생도 왔다가 감당을 못하고 다른 학교로 간 사람이 드문드문 있는데 온 학교에서 첫째를 했다고 합니다.

그리고 금년에 히부루를 시작해서 얼마 하다가 그 중의 잘하는 사람 얼마를 뽑아 특별반을 조직하는데 한 형이 응시한 결과에 제일 우수한 성적으로 급제를 해놓고 보니 학생 선생 모두가 칭찬에 우리 조선(사람) 모두가 어깨가 웃슥웃슥햇댓습니다. 그 날은 백인 학생들 중에 어떤 사람은 조선 만세! 만세! 하고 외치면서 길에 다니는 사람이 다 있었고 우리와 백인 학생 몇 사람은 과자와 아이스크림을 사다 놓고 감사와 치하(致賀)의 기도회까지 다 했습니다. 훌륭하지 않습니까.

형은 끝까지 신학을 연구할 목적이라고 합니다. 그리고는 절실히 조선사람은 어디를 가든지 조선으로 살아야 한다는 것을 주장합니다. 그러길래 그는 본국 있을 때나 미국 와서나 그 한 모양입니다. 우리 조선교회의 앞을 위하여 끔즉이도 즐거운 일입니다. 그런데 한 형은 늘 몸이 약해서 고생 중에 있습니다. 친애하는 벗네는 전에 못 뵈웠더라도 그를 위하여 특별히 생각을 하시고 때를 얻으시는 대로 기도로 도와 줍시사고 신실한 부탁을 전해 드립니

다. 진실로 우리는 한 마음으로 아끼고 사랑하여야 할 친구의 하나입니다.77)

위의 글 전면에 송창근이 지녔던 한경직에 대한 깊은 애정이 역력하게 드러난다. 그가 유머와 애정을 가득 담아서 한경직이 '히부루' 시험에서 제일 우수한 성적으로 급제한 이야기를 하면서 "……우리와 백인 학생 몇 사람은 과자와 아이스크림을 사다 놓고 감사와 치하의 기도회까지 다 했습니다. 훌륭하지 않습니까."라고 써놓은 부분에서는 절로 웃음이 솟는다.

이렇게 1927년 가을에 프린스톤에서 만나 친구가 된 그들은 서로의 사람됨을 깊이 알아보았고 서로 존경하고 좋아했으며 나머지 평생을 두고 매우 깊고 돈독한 우정을 유지했다. 당시 송창근이 얼마나 한경직의 마음에 들었는가, 하는 것을 보여주는 일화가 있다. 한경직은 프린스톤 신학교를 졸업한 해에 폐결핵 판정을 받고 요양원에 가서 1년 반 동안 요양하고 있을 때, 자신의 방에 자신의 가족사진과 함께 송창근의 사진을 놓아두었다고 한다.

송창근은 1927년 가을 학기와 1928년 봄 학기를 프린스톤에서 마쳤다. 프린스톤에서 만 1년 동안 공부한 것이다. 그리고 1928년 여름 방학 동안에는 한경직과 함께 뉴욕에 가서 일자리를 구해서 아르바이트로 돈을 벌었다.

1928년 가을 학기가 되자, 송창근은 펜실베이니아 주의 피츠버그에 있는 웨스턴 신학교로 전학해 갔다. 프린스톤에서는 2백불 장학금을

---

77) 송창근, "『푸린스톤』 만필", 『기독신문』, 1928.

받았는데, 웨스턴에서는 3백불 장학금을 받기로 하는 등 조건이 더 나았다. 그러나 그처럼 유리한 외형적인 조건과 함께 프린스턴에서 하는 공부가 힘들었던 점도 작용하지 않았을까 싶다. 프린스턴 신학교에서의 공부에 잘 적응하고 만족했다면 애당초 웨스턴 신학교에 전입학하기 위한 조건을 알아보고 교섭할 일도 없었을 테니까 말이다.

그런데 송창근은 프린스턴에 있을 때, 자신의 공부만 한 게 아니었다. 김재준이 미국에 유학할 수 있도록 프린스턴 신학교 당국에 교섭하여 허락을 받는 데 성공했다. 김재준은 1928년 3월에 청산학원을 졸업할 예정이었다. 그래서 그를 위해서 미리 프린스턴 신학교의 '입학 허가서'와 '장학금 허락서'를 받아서 동경에 있는 김재준에게 보냈다. 김재준의 회고록인 『범용기』에는, 그때의 일이 다음과 같이 기록되어 있다.

송창근 형은 미국 가 있었다. 그는 나더러 졸업하거든 곧장 미국 오라고 했다. 그때 그는 프린스턴에 있으면서 내게 입학 허가증과 일 년 200불 스칼라쉽(scholarship) 허락서를 보내왔다. 이것으로 여권 수속을 진행시키라는 것이다.[78]

78) 김재준, 『범용기』, 풀빛, 1983, 79쪽.

그런데 같은 책 77쪽에는, 김재준이 청산학원을 졸업한 직후의 일이 다음과 같이 쓰여 있다.

"졸업하고 그 당시 학장 대리였던 아이글하트 박사 댁에서 송별회가 있었다. 졸업 후 포부를 피력할 때 나는 '어쩌면 금년 내로 태평양을 건널지 모르겠다'고 했다. 계획된 것도 진행된 것도 아닌 엉터리 예언이었지만 그

그뿐만이 아니었다. 송창근은 1928년 여름방학에 일을 해서 1928년 가을 학기에 맞추어 미국에 입국하는 김재준이 샌프란시스코에서 대륙을 횡단하여 프린스턴으로 가는 차비도 벌어놓았다. 미국 입국 당시 김재준은 일본에서 기선을 타고 태평양을 건너 샌프란시스코에 도착했을 때 수중에 있는 돈은 단지 '50불'뿐이라서 대륙을 횡단하여 프린스턴까지 갈 차비도 없었다. 그래서 샌프란시스코에 있는 한국인들이 모아서 꾸어준 돈 100불로 대륙횡단 급행열차표를 사서 프린스턴으로 갔는데, 그 돈을 송창근이 송금해서 갚았다는 것이다.79) 당시 그 돈을 버느라고 송창근이 여름방학에 아르바이트를 했던 이야기가 한경직의 회고록에 다음과 같이 나온다.

> 미주 유학 시절에 경제적인 타격을 이겨내자면 고학을 해야 했다. 프린스턴 대학에서 장학금으로 1년에 1백50달러를 받았지만, 다소간의 도서구입이나 하며, 기본 학비에 충당할 뿐 식생활 해결은 난감한 상태였다. 그 당시 학생들은 클럽에서 웨이터 노릇을

게 그대로 됐다는 게 내게는 기적같은 선물이었다."

당시 김재준의 미국 유학은 모두 송창근이 미리 마련해 놓은 길을 그냥 따라간 것이었다. 그런데도 불구하고, 후일 그가 뒤늦게 회고록을 쓸 때 무엇 때문이었는지 그런 점이 잠깐 마음에 안 들었던 듯하다. 그래서 "계획된 것도 진행된 것도 아닌 엉터리 예언이었지만 그게 그대로 됐다는 게 내게는 기적 같은 선물이었다."는 식의 사실과 전혀 다른 췌사가 절로 붓끝에서 흘러나왔던 모양이다.

79) 김재준, 『범용기』, 풀빛, 1983, 84쪽.

하며 식생활을 메워나갔다. 기나긴 여름방학 동안에는 아무 일에나 매달려 학자금 마련에 심혈을 기울여야 할 처지였다. 프린스턴 대학 시절 송창근 목사와 나는 여름방학을 요리사로 지낼 때가 있었다. 처음에는 서툰 쿡 노릇을 하기에 웃지 못할 넌센스의 연출도 적지 않았으나, 갖은 어려움을 무릅쓰고 난관을 돌파해 나가지 않으면 안되었다.

프린스턴 시절이었다. 한번은 하계방학을 맞이하여 송창근 목사와 뉴욕 노동자 소개소에 갔다. 우리는 그다지 어렵지 않게 요리사 일 자리를 구했다. 각기 일 자리는 잡았지만 서양음식에 자신이 없어 문제였다. 송 목사보다는 내가 다소 쿡으로 요리솜씨에 경험이 있어 그래도 다행스런 편이었다. 그런데 쿡으로서 경험이 백지였던 송목사에게 나보다도 훨씬 까다로운 집이 걸린 점이었다.

직업소개소의 안내로 내가 간 집은 산 위에 있는 어느 부자 집 별장이었다. 주말에야 집 주인이 올 뿐 남자 두 사람이 빈 집을 지키고 있었다. 집 주인은 취미삼아 경마용 말을 기르고 있었는데 한 사람은 말을 타는 사람이고, 다른 한 사람은 말을 기르는 사람이었다. 남자만 두 사람 있는 집에서 음식을 만들어 대기란 그다지 어려운 일이 아니었다. 당시 돈 2달러 50센트이면 '보스턴 요리독본'을 살 수 있었는데 나는 이 책을 유일한 무기로 삼아 웬만한 음식은 척척 해낼 수가 있었다. 나는 물론 요리 전문가가 아니므로 그 책에 쓰인 그대로 만들기에 골몰했다. 식용품 자료며 온도 조절 그리고 시간에 따라서 해보면 그대로 요리가 만들어지게 마련이었다. 설혹 음식의 진미를 내지 못한다 하더라도 주말을 빼놓고는 두 사나이만 받들면 되었으므로 때로는 재미도 있었다. 음식 타박을 할 남자들이 아니었고 보면, 주말이나 주일에 부자 주인이 오면 좀 곤란을 느껴도 그럭저럭 지낼 만도 했다.

그 무렵 송창근 목사로부터 편지 한 통을 받았다. 그가 간 집은 여간 까다롭지가 않은 모양이었다. 그것도 아주 얄궂은 여주인에게 걸렸기 때문이었다.

하루는 주인 여자가 특별요리를 계란으로 해놓을 것을 부탁했다. 노른자위와 흰자위를 갈아내어 흰자위만을 케이크 만들 때 그 위에 덮어야 하는 일이었다. 평생 해본 적이 없는 그로서는 여간 고역이 아니었다. 아무리 해보아도 흰자위와 노른자위가 분리되기는커녕 뒤섞여 진땀을 빼게 했다. 여자는 그 방법을 알려주기는 고사하고 요리를 할 줄 아는가, 모르는가 그의 곁에서 지켜보면서 무섭게 흘겨보기만 하니, 어떻게 하면 좋겠느냐는 하소연의 편지 사연이었다. 과연 송 목사는 주인을 잘못 만나 죽을 지경인 모양이었다.[80]

송창근은 그렇게 번 돈을 김재준의 차비로 사용한 것이다. 송창근은 자신을 위해서나 타인을 위해서 무언가를 주선하고 마련하는 데 매우 유능하고 노련했다. 그래서 누군가를 설득하는 데 매우 뛰어난 수완을 보였다. 그가 프린스톤 신학교에서 김재준을 위해서 입학 허가서와 장학금 허락서를 받아낼 때 무슨 말로 프린스톤 당국자들을 설득했는지

---

80) 한경직, 「'쿡'으로 생활하며 보낸 여름방학」, 『한국기독공보』, 2000. 7. 29.

는 알 수 없다. 그처럼 공부 잘하는 한경직도 '150불'의 장학금을 받는 데 불과한데, 얼굴도 본 적 없고 게다가 현재 일본에 있는 김재준에게 '200불' 장학금을 주도록 프린스톤 신학교 당국자들을 설득해낸 것은 확실히 '특별한 수완'에 속했다.

그런데 그가 사용하는 특별한 수완의 정체를 알아볼 수 있는 자료를 대하게 되었다. 훗날 그가 조선신학교 교장으로 있을 때, 스코트 박사에게 강의를 맡길 때 사용한 논리였다. 그는 상대방에게 "'십년지계를 위하여는 나무를 기르고, 백년지계를 위하여는 사람을 기르라'는 말이 있다."는 말로 설득했고, 그 논리에 승복한 스코트 박사가 송창근의 요청에 그대로 따르고 있었다. 그런 사례를 보면, 그는 상대방으로 하여금 큰 눈으로 사물의 현상을 직시하게 하고 또 그에 따른 결과를 예리하게 지적하면서 설득하는 식의 정도(正道)를 걸음으로써 자신의 뜻을 관철시켜 간 것이다.

프린스톤 신학교는 고전적 변증학으로 유명한 학교였다. 교수진에서 특히 위필드, 그리인, 메첸 등과 같은 기독교 변증학자들이 크게 활약한 학교로서, 그들의 학문은 일명 '프린스톤 변증학'이라고 불렸다. 한경직은 프린스톤에서 잊혀지지 않는 스승 두 사람을 꼽으면서 "한 분은 '메첸 박사'로서 그분으로부터 희랍어와 신약 해석학을 배웠다. 그당시 50세를 넘어선 '메첸 박사'는 말 그대로 학문과 결혼한 사람이었다. 그는 독신으로 살며 그저 연구생활에만 몰두했고, 우리들을 철저히 가르쳤다. 모범학자인 그분으로부터 나는 성경을 공부하는 법을 배울수 있었다. 학문적인 경지에서 나는 너무도 큰 부채를 졌다고 생각한다. 그의 신학적 입장은 내가 보기에는 너무도 극단의 보수적 요소를 벗어나지 못한 느낌도 없지 않았으나, 한 성실한 학자로서, 스승으로서 존경해 마지않았다. 그리고 '메첸 박사'로부터 언제나 우수한 성적을 받게 되어 그 기쁨 또한 작은 것이 아니었다. 또 한 분의 명교수는 교회사를 강의하는 '레처 박사'였다. 그의 강의를 통하여 나는 비로소 교회 역사에 본격적인 관심을 가질 수 있었고, 기초 지식을 터득할 수 있었으며, 그의 감화로 교회사에 관한 많은 책을 읽게 되는 새로운 계기가 마련되었다. 신학의 사조적 변천과 모든 기독교 운동이며 자선단체, 그리고 성자들에 관한 새로운 인식을 가질 수 있었다."81)라고 회고했다.

그러한 프린스톤 신학교에서 1년 동안 배운 뒤, 송창근은 그 곳을 떠났다.

---

81) 한경직, 「한경직 자서전」, 『한국기독공보』, 2000. 8. 12.

13. 피츠버그 웨스턴 신학교에서 석사

송창근이 뉴저지 주의 프린스톤 신학교에서 펜실베이니아 주 피츠버그에 있는 웨스턴 신학교로 전학해 간 것은 1928년 9월 초였다. 1928년 가을 학기부터 피츠버그에서의 삶이 시작되었다.

피츠버그 시는 역사가 오랜 도시였다. 시의 이름은 식민지 시대에 영국 수상이었던 윌리엄 피트의 이름을 따서 지어졌다고 한다. 윌리엄 피트의 고급 부관인 존 포베스 준장이 미국으로 건너와서 프랑스 소유였던 듀케즈네를 점령한 뒤, 상관인 윌리엄 피트에 대한 존경의 표시로 그의 이름을 따서 지역 이름을 피츠버그라고 지었다.

피츠버그는 본래 공업도시였다. 강철왕 카네기의 도시이다. 카네기가 강철회사를 세우기 이전부터 워낙 각종 공장들이 많은 공업도시였기에 도시의 공기가 늘 매연으로 탁하고 검었다고 한다. 거기다가 카네기의 강철회사까지 들어서자 매연은 더욱 심했으나, 도시 자체는 강철경기에 따른 호황으로 더욱 활발하게 돌아갔다.

웨스턴 신학교의 정식 명칭은 'Western Theological Seminary'로

서, 1787년에 조셉 스미스 교수에 의해서 처음 문을 연 장로교 신학교였다.82) 그로부터 세월이 흘러 1929년 가을에는 "기숙사도 좋고, 교수들 신학사상도 학문과 경건을 겸했고, 특히 구약 부분이 강하다."는 평을 듣는 신학교가 되었다.

송창근은 웨스턴 신학교로 옮겨간 지 1년 만인 1929년 가을 학기에 김재준도 웨스턴 신학교로 오도록 주선했다. 그를 위한 3백 불 장학금을 확보해 놓고 부른 것이다. 김재준으로서는 1928년 가을 학기에 미국에 도착하여 프린스톤 신학교에서 공부하기 시작하여 1년이 된 때였다. 이때의 일이 김재준의 글에 다음과 같이 기록되어 있다.

> 만우는 나를 다음 학기부터 웨스턴에 데려갈 계획이었다. 장학금도 3백 불이니 프린스톤보다 백 불 더 주는 셈이고 기숙사도 좋고 교수들 신학사상도 학문과 경건을 겸했고, 특히 구약 부분이 강하다는 것이었다. 나는 만우가 권하는 대로 가을 학기에 피츠버그로 옮겼다. 기숙사도 만우와 한 방이었다.83)

그렇게 되어 김재준은 1929년 가을 학기부터는 피츠버그의 웨스턴 신학교에서 송창근과 함께 생활하기 시작했다.

그런데 호사다마라고 새 학기가 시작될 무렵에 사단이 하나 일어났

---

82) 웨스턴 신학교는 1959년에 피츠버그 지니어 신학교(1794년 설립)와 합병하면서, 교명을 '피츠버그 신학교(Pittsburgh Theological Seminary)'로 바꾸었다. 그래서 현재는 '피츠버그 신학교'로 불린다.

83) 김재준, 『만우 회상기』, 34쪽.

다. 김재준이 돈을 잃어버린 것이다.

김재준은 프린스톤에서 피츠버그로 가기 직전이었던 1929년 여름방학에 미국에 와서 처음으로 아르바이트를 해서 돈을 벌었다. 뉴욕 롱아일랜드 피서지에 있는 주택식 고급식당에서 키친 보이로 일해서 삼백불을 번 것이다. 그는 그 돈을 갖고 피츠버그로 온 것인데, 그것을 몽땅 잃었다. 김재준의 회고록에서 그 부분을 살펴 보면 다음과 같다.

가을 새 학기에 나는 프린스톤을 떠나 피츠버그의 웨스턴 신학교에 갔다. 아예 낮추 붙어 이학년에 등록했다. 학비, 기숙사비 모두 면제고 장학금은 프린스톤보다 백 불 더한 삼백 불이었다. 식비만 있으면 되었다. 내가 번 돈 삼백 불이 일용할 양식을 보장할 거라 믿어 맘 든든했다.

기숙사 룸메이트는 만우, "Everything O.K."라고 느꼈다. 돈을 하나님으로 믿는 맘모니즘이 발전하는 경로도 이런 것이 아니었을까?

새 양복 사 입고 그 돈 삼백 불을 양복 바지(줄 달린 시계 넣는) 작은 호주머니에 쑤셔 넣고 다운타운(downtown)을 거닐다가 와 보니 돈이 없다. 어디서 떨어뜨린 모양이었다. 나는 내 침실에 몸을 던지다시피 쓰러졌다. 가슴을 쥐어 뜯으며 몸부림쳤다. 실물(失物)이 그렇게까지 가슴 아픈 줄은 미처 몰랐다. 만우가 들어와 "어디 아프냐?"기에 이야기 했더니 입맛이 쓴지 "에잇!"하고 나갔다.

마침 기숙사 식당에서 웨이터 하기로 됐던 미국 학생 하나가 사정으로 못 오게 된 때라, 그 자리에 내가 들어갔다. 그래서 식비는 면제, 돈과 일과를 엇바꾼 셈이었다. 식당일이래야 식사시간 10분

전에 들어가 식탁 정리(tableset) 하고 식사는 같이 먹고 식사 후에 접시 등을 디쉬와쉬(dishwash)부에 갖다 놓으면 그만이었다. 그 동안이 약 5분 정도이다. 이건 졸업 때까지의 항구 직업이었다.[84]

그런데 이 이야기가 『만우 송창근』에 실린 '제3부 송창근 박사의 일화' 편에는 다음과 같은 형태로 기록되어 있다.

송창근 박사가 미국 유학시절 아르바이트하던 이야기가 있다. 송 청년은 남달리 용기와 인정이 많았다고 한다. 긴 여름 방학이 끝날 무렵 개학 준비에 분주하던 어느 날, 송 청년을 찾아온 K씨가 있었다. K씨는 물론 한국인이요, 동향인, 그 보다도 서울에, 일본에, 미국까지 유학하도록 권유하고 또 믿고 찾아온 둘도 없는 친구였다. 반가운 이 친구가 풀이 죽어서 찾아왔기에 불안감에 싸인 송 청년은 자세한 경위를 물어 보았는데, 방학 동안에 번 돈(등록금 등등)을 분실하였다는 것이다. 소매치기를 당하였는지, 그냥 흘려버렸는지 알 수 없다는 것이다. 이렇게 되자 송 청년은 격분하여 "야! 분간 못해!"하고, 고함을 치더니, 보기 좋게 따귀를 때리더라는 것이다. 그리고는 K씨를 붙잡고 엉엉 울었다는 것이다. 내일이 개학날인데 기가 막혔을 것이다. 한참만에 "도리 없지." 하면서 자기가 준비한 학비를 내주면서 "취직이라도 내가 쉽지." 하더라는 것이다.

---

84) 김재준, 『범용기』, 91쪽.

K씨는 학교에 등록하고, 송 청년은 직업을 찾아 거리에 나섰다.[85]

김재준이 1929년 9월에 피츠버그에서 '돈 삼백 불 잃어버린 일'에 관한 이상의 두 가지 버전의 이야기를 모두 소개한 것은 까닭이 있어서이다. 이 사건의 파장이 이외로 매우 컸던 것으로 보이기 때문이다.

위의 두 이야기에서, 김재준이 돈을 잃은 것에 대한 송창근의 반응은 각기 차이가 있다.

김재준의 회고록 『범용기』에는 「만우가 들어와 "어디 아프냐?" 기에 이야기했더니 입맛이 쓴지 "에잇!"하고 나갔다.」고 되어 있다. 그런 반면, 『만우 송창근』에는 「송 청년은 격분하여 "야! 분간 못해!"하고, 고함을 치더니, 보기 좋게 따귀를 때리더라는 것이다. 그리고는 K씨를 붙잡고 엉엉 울었다는 것이다. 내일이 개학날인데 기가 막혔을 것이다. 한참만에 "도리 없지." 하면서 자기가 준비한 학비를 내주면서 "취직이라도 내가 쉽지." 하더라는 것이다.」 라고 기록되어 있다.

정확한 실상이 어떤 것인지는 알 수 없다. 김재준의 『범용기』의 기록이 맞다면 당시 송창근이 한 일은 「입맛이 쓴지 "에잇!"하고 나갔다.」는 것이 전부였고, 『만우 송창근』의 기록이 맞다면 「따귀를 때린 뒤 붙잡고 엉엉 울었고, 자신이 준비한 학비를 내주었다.」는 것이 된다.

어쨌든 문제의 '삼백 불 분실 사건'에 주목하게 되는 이유는, 그 사건 때문에 송창근과 김재준 사이의 우정에 큰 금이 간 것으로 보이기 때

---

85) 만우 송창근선생기념사업회, 『만우 송창근』, 313~314쪽.

문이다. 그 사건 이후 송창근은 김재준을 배려하고 챙겨주고 이끌어주던 일을 일체 중단한 듯하다.

송창근은 다음 해인 1930년 5월에 웨스턴 신학교를 졸업하면서 신학석사 학위를 받은 뒤, 콜로라도 주 덴버의 아일리프 신학교로 옮겨가서 박사과정을 밟기 시작했다. 그는 1931년 6월에 박사학위를 받고 졸업했고, 귀국하는 길에 L.A.에서 몇 달 머물렀다가 조선으로 갔다.

그러면서도 송창근은 김재준이 계속해서 박사학위 과정을 밟을 수 있도록 주선해 주지 않았다. 그래서 김재준은 웨스턴 신학교에서 1932년 5월에 석사학위를 받은 뒤에 그대로 귀국길에 올랐다. 이때의 일을 김재준은 『범용기』에서 이렇게 술회하고 있다.

나도 졸업이라고 했다. 예정대로 수사(修士)와 석사(碩士)를 겸해 받았다. 학업 성적은 나쁜 편이 아닌 것 같았다.

우리 반에는 예일 대학을 톱(top)으로 졸업한 뮬러 군을 위시하여 파크 칼리지(Park College)를 우등으로 졸업한 학생, 그 밖에 삼사 명의 특출한 학생들이 있었다. 졸업식 때 교장이 본교 백여 년 역사에, 드문 스칼라쉽(scholarship)이 한 반에 모였다고 칭찬했다. 그 중에 나도 끼었는지 모른다고 자부해 봤다. 아닌 게 아니라 성적표는 각 과목 모두 A였고(B+ 가 하나 있었을 뿐) 히브리어 특별상도 타고 했으니 그리 주제넘는 자찬이랄 수도 없을 것 같았다.

만우 형은 아일리프에서 신학박사 학위를 받았다. 그리고 귀국을 서두르고 있었다. 한경직도 요양원에서 나와 이미 귀국 도상에 있었다. 나도 이제 더 웨스턴에 있기도 안됐기에 귀국이라도 하잖

을 수 없다고 느꼈다.86)

송창근은 본래 설득력과 일 처리 수완이 매우 뛰어난 사람이었다. 그
래서 김재준이 일본 청산학원을 졸업하기도 전에 이미 미국의 일류 대
학인 프린스톤 신학교의 입학 허가서와 장학금 허락서를 받아서 보내
주었던 사람이다. 그런데 김재준 스스로가 자랑했듯이 웨스턴 신학교
에서 그렇듯 뛰어난 성적을 거둔 실적이 있는 이상, 먼 동양의 일본 땅
에서 공부하고 있는 때보다는 더욱 수월하게 어디서든 박사학위 과정
을 밟도록 주선해 줄 수 있었을 것이다. 그러나 그는 그렇게 하지 않았
다.

그리고 귀국할 때도 그러했다. 1931년 여름에 송창근은 귀국 도상에
로스앤젤레스에 가서 거기서 몇 달 동안 지내고 귀국했다. 귀국 비용이
넉넉했다는 이야기다. 그러나 불과 6개월 뒤에 김재준이 귀국할 때 여
비가 없어서 쩔쩔 매었어도 송창근은 챙겨주지 않았다. 김재준은 여비
마련을 위해 미국인 교회에 가서 예배시간에 한국과 한국 교회 사정을
이야기하고 교인들의 헌금으로 백 불을 기부 받아서 샌프란시스코에서
태평양 건널 기선 요금은 겨우 마련했지만 대륙횡단 기차표를 살 돈이
없었다. 그래서 웨스턴 신학교 졸업반 학생들이 서부로 여행하느라 50
불짜리 폐차를 사서 대륙횡단여행을 하는 데 끼어서 아침마다 가스불
을 피워서 아침식사 준비하는 일을 맡아 하면서 샌프란시스코까지 가
서 곧장 일본행 기선에 올랐다는 것이다.87)

---

86) 김재준, 『범용기』, 풀빛, 1983, 95쪽.

87) 김재준, 『범용기』, 풀빛, 1983, 97~98쪽.

그런 반면에, 같은 시기에 송창근이 한경직에게 대한 태도는 김재준에게 대한 것과 전혀 달랐다. 매우 무리하게까지 힘을 기울여서 극진하게 보살펴 주었다.

한경직은 1929년 5월에 신학석사를 받으면서 프린스톤 신학교를 졸업했다. 당시 프린스톤 신학교에는 박사과정이 없었기 때문에 예일대학에 가서 교회사를 전공하면서 박사과정을 밟으려고 계획하고 여름방학 동안 아르바이트를 하고 있었다. 그런데 계속 감기 기운이 심하면서 약을 먹어도 감기가 도무지 떨어지지를 않았다. 그래서 그는 병원에 가서 검진 받은 결과 '폐결핵 3기'라는 판정을 받았다.

도리 없이 더 이상의 학문을 포기하고 요양원에 들어가야 했다. 그래서 의사가 추천하는 대로 뉴멕시코 주의 앨버커키 요양원에 편지를 보내 무료 입원을 허락 받은 뒤, 1929년 여름부터 1930년 연말까지 입원 치료하여 폐결핵 자체는 겨우 완치가 되었다.

그런데 퇴원할 때 의사가 하는 말이 "그대로 귀국했다가는 재발할 염려가 있다. 미국에서 1년 더 지내면서 요양을 한 뒤에 귀국하는 것이 좋겠다."고 했다. 그러나 이젠 병자가 아닌 그가 찾아가서 쉬면서 무료로 요양할 곳이 없었다.

그런데 그 말을 들은 송창근이 자기가 있는 덴버에 와서 요양할 수 있도록 주선해 주었다. 그래서 한경직은 1931년 1월부터 6월까지 덴버의 송창근에게 가 있으면서 더 요양을 한 뒤 조선으로 귀국했다.

당시는 미국 사회 전체가 경제대공황으로 참혹한 경제적 고통을 겪으면서 크게 신음하고 있던 때였다. 중증의 폐결핵에서 겨우 벗어난 상태로서 병약하여 아무 일도 하지 못하는 사람을 데려다가 먹여 살린다는 것은 너무도 어려운 때였는데도 불구하고, 송창근은 그런 무리함을 몸소 겪으면서 한경직을 거두어 준 것이다.

송창근이 1931년 6월에 박사학위를 받으면서 아일리프 신학교를 졸업했기 때문에 더 이상 덴버에 있을 수 없게 될 때까지 그들은 같이 지내다가, 송창근의 졸업과 동시에 둘 다 짐을 싸서 귀국길에 오른 것이다. 다만 한경직은 곧장 귀국했고, 송창근은 로스앤젤레스에 가서 몇 달을 보낸 뒤에 1931년 연말에 귀국했다. 그래서 한경직, 송창근, 김재준이 6개월 간격으로 차례차례 귀국했던 것이다.

후일담이지만, 그들이 모두 귀국한 뒤에도 처음에는 송창근은 김재준에게 아무런 배려를 해주지 않았다. 전과 같으면 의당 가르칠 학교나 목회할 교회를 주선해 주는 등의 배려가 반드시 있었을 터인데, 먼저 귀국한 송창근은 김재준이 귀국한 지 몇 달이 지나도록 전혀 그런 일을 해주지 않았다. 그뿐더러 고향에 돌아와 있는 김재준에게 연락을 한 일도 없었다.

송창근이 김재준을 대하는 태도에 그처럼 큰 변화를 가져오게 된 원인을 생각해 보면, 다음과 같은 추정이 가능하다.

「피츠버그에서 일어난 '삼백 불 분실사건' 때, 그것을 알게 된 송창근은 자기 일처럼 애가 타서 순간적으로 격분하여 따귀를 한 대 갈긴 뒤에 김재준을 붙잡고 울었다. 그런데 김재준은 송창근이 따귀 때린 것을 용서하지 못했다. 그런 행위 속에 담긴 진심을 알기는 하지만, 따귀를 맞은 것에 대해서 견디기 어려운 모욕감을 느낀 것이다. 그러나 그런 태도는 송창근의 입장에서 보면 '감격이 없는 생활'에 속하는 태도였다. 그래서 아주 정나미가 떨어져서 더 이상 김재준을 챙겨줄 마음이 없어진 것이다.」

만일 송창근이 따귀 때린 것이 사실이라면, 그런데도 김재준이 그 행위에 대해서 별로 큰 모욕감을 느끼지 않았다면, 김재준은 그런 사실을 편하게 회고록에 기록했을 것이다. 그러나 김재준의 기록에는 그런 언급이 일체 없다. 그럼에도 불구하고, 당시 '그들 사이에 실제로 따귀를 때리고 맞은 일이 있었을 것이다'라는 식의 추정을 가능하게 만드는 방증이 있다. 김재준은 자신의 회고록의 다른 부분에서 다른 사례들을 들면서 '송창근의 폭력성'에 대해서 상당히 강조하고 있다는 점이다.

그리고 송창근의 제자들 중 여러 사람이 '피츠버그에서 있었던 김재준의 삼백 불 분실사건과 그때 송창근이 돈을 내어준 일'에 대하여 알고 있다는 것도 또다른 방증이 된다.

어쨌든 그런 일이 실제로 있었다면, 그래서 그 일이 그렇듯 두 분의 우정을 상하는 일이 되었다면, 그 근본 원인은 두 사람의 성격이 너무도 달랐던 것에 있었을 것이다. 두 분을 모두 잘 아는 정대위 박사는 두 분에 대해서 다음과 같이 술회한 일이 있다.

만우는 지극히 외향적이고 밝고 뜨겁고 활달한 분이었다. 그가 있는 곳에는 언제나 웃음꽃이 피어 있었다. 재기환발(才氣煥發). 자기의 마음을 그것이 버선목이라고 활까닥 뒤집어 보일 수가 있겠느냐는 식으로 외마디 유모어를 속담에 섞어 하루 종일 뱉어내는 만우의 주위에는 너털웃음을 참지 못하는 많은 친구들이 따랐다.

그러나 장공은 매우 다른 타입. '장공은 만우의 정반대'라는 모순개념(矛盾槪念)은 타당하지 않을지 몰라도 이 두 분 우리 선배들은 의복의 안팎처럼 그렇게 서로 달랐다. 장공의 주위엔 엄숙하고 고즈넉한 분위기가 늘 감돌았다. 그는 웃어도 조용하고 움직여도 늘 선비답게 조심스러웠다. 그의 설교나 강의도 모처럼 정중한 청중이나 훈련 받은 학생들이 아니고서는 알아듣기 힘든—말하자면 심산유곡(深山幽谷)을 흐르는 시냇물과 같이 한결같이 조용하였다.88)

김재준의 성격으로 보아서 만약 피츠버그에서 송창근에게서 따귀 맞은 것이 사실이라면, 그 후유증은 꽤 컸고 매우 오래 갔을 터였다. 김재준의 성품으로는 '한 번 아니라고 본 것은 아닌 것'이기 때문이다.

그의 그런 성품은 심지어 부자지간에서조차 그러했다. 그가 미국 유학을 끝내고 귀국하여 집에 돌아가서 지내고 있을 때 가족과의 관계를 묘사한 이야기에서 그것을 충분히 알 수 있다. 그는 "떠돌이 사 년 만에 무작정 집에 들렀다. 들른 것이지 온 곳이 아니다. '제2포로'랄까? 마음은 삭막 그대로다. 부모 형제 자매 부부라지만 혈육으로 난 존재일 뿐, 영과 혼으로는 온전히 이방인이다. 나는 그들을 평가할 수 있어도 그들은 내 세계를 모른다."고 탄식했다. 그런데 그 뒤로 이어진 글이 다음과 같았다.

아버님은 한번 이런 제안을 하셨다.

"이제부터는 '교'(敎─宗敎)에 대해서는 서로 말하지 않기로 하자. 부자유친(父子有親) 만으로도 '친'할 수는 있을 게 아니냐?"

말하자면 자연인 관계만으로 평화를 유지하자는 말씀인 것 같았다. 요샛말로 평화공존(平和共存)이다. 그러나 나로서는 거듭나

---

88) 정대위, 『노닥다리 초록 두루마기』, 종로서적, 1987, 75쪽.

기(重生) 이전 상태로 돌아간 평화를 약속할 수는 없었다.[89]

종교가 다르다 하여 아버지와의 관계를 얼마나 냉랭하게 유지했으면, 그래서 아버지가 얼마나 불편하셨으면, 아들에게 "부자유친만으로도 '친'할 수 있을 게 아니냐?"고 제안했을 것인가. 한두 해 겪어본 것이 아니라서 송창근도 김재준의 그런 성품을 어느 정도는 알아차리고 있었을 것이다. 그러면서도 저도 모르게 김재준의 '따귀'를 때린 게 송창근의 삶의 방식이라면, 그런 송창근의 행위 안에 담긴 뜨거운 사랑과 염려를 잘 알면서도 결코 쉽게 용서할 수 없었던 것이 김재준의 삶의 방식이었던 것이다.

송창근이 웨스턴 신학교에 재학 중일 때 있었던 일 중에서는, 1930년 6월 14일에 발행된 잡지 『우라키』[90]에 특집 관계기사를 쓴 것을 중요하게 꼽을 수 있다.

『우라키』는 미국에 유학한 조선 유학생들이 만든 단체인 '북미 유학생 총회'의 회지인 부정기 잡지로서, 매우 특별한 잡지였다. '우라키' 편집진은 미국 각 대학에서 공부하고 있는 유학생들에게서 원고를 받아서 편집하여 조선의 서울로 보내어 서울에서 인쇄하고 출판하여 조선에서 일반 판매를 했다[잡지값 50전, 우송료 2전]. 그리고 그 일부를 미국으로 되가져다가 미국 유학생 사회와 동포 사회에서 판매했다.

---

89) 김재준, 『범용기』, 풀빛, 1983, 101쪽.

90) 『우라키』라는 제호는 '로키' 산맥을 뜻한다. 'R' 발음에 '우'가 먼저 발음되는 것을 그대로 표기하여 '우라키'가 되었다.

잡지에는 '미국 소식'과 '미국에서 공부하는 일'과 '아르바이트'하는 이야기, '미국 유학을 하려면 어떻게 해야 하는가'와 '각 분야의 연구 논문들'과 '미국 각지 대학에 관한 소개'와 '시'와 '수필'과 '소설' 등 다양하고 재미있고 생생하게 미국 소식을 알려주는 기사들이 많이 실려 있었다. 기발한 착상과 체제로 제작된 매우 기발한 잡지였는데, 지금은 그 시대의 미국 유학생들 생활과 활동을 생생하게 알려주는 매우 귀중한 사료가 되고 있다.

1930년은 북미 유학생 총회가 조직된 지 10주년이 되는 해여서 『우라키』 잡지는 기념특집호를 만들었다. 미국 동포사회의 최고 유명 인사인 이승만과 서재필 등의 글을 받아 싣는 등 마음먹고 초호화판 특집호를 꾸몄다.

일반 기사 중에서도 특별히 '특집'으로 기획되어 실린 것이 있다. 「미국문명개관」이라는 제목 아래 미국 사회의 각계를 7개 분야에 걸쳐서 살피고 다룬 글을 실었는데, '미국의 철학계', '미국의 정치계', '미국의 종교계', '미국의 실업계', '미국의 사회계', '미국의 교육계', '미국의 음악계'로 나누었다.

그런데 그 특집에서 '미국의 종교계' 부분을 집필할 필자로서 송창근이 선정되어서 기사를 썼다. 당시 미국 전역의 신학대학에 많은 학생들이 유학하고 있었고, 재학하는 신학대학의 명성으로 치자면 피츠버그의 웨스턴 신학교를 능가하는 데가 많았다. 그럼에도 불구하고, '웨스턴 신학교 송창근'이 필자로 선정된 것은 순전히 송창근 자신이 지니고 있었던 개인적인 명성 때문이었다. 그 시대의 미국 종교계의 사정을 알아볼 겸, 송창근의 글을 전재한다(요즘 맞춤법으로 정리함).

미국의 종교계

웨스턴 신학교 宋昌根

인사(人事)말 두어 마디

우라키 편집하는 어른의 부탁이 날더러 미국 교회의 요즘 돌아가는 형편을 잡지에다가 쓰라고 하니 미국 와서 지나기는 벌써 수년이로되 영어도 잘 못하는 주제, 미국 와서 두루 바쁜 생활을 하노라고 본국 있는 친구들에게 편지 한 장 탐탁스럽게 닦지 못하였던 터에 이번에 이름을 얻어서 본국에 있어서 조선 기독교의 장래를 걱정하는 친구들에게 사사로운 편지 대신 이 글을 쓰겠소. 그리 아오.

근대파(近代派)·보수파(保守派)

구주(歐洲)에서는 벌써 40년 50년 전 묵은 일로 그다지 대수롭게 여기지 않는 그 소위 근대파와 보수파와의 알력이 미국에서는 요즘 와서 대단한 모양이오. 무슨 일에나 사람끼리 무얼 하려면 승강이가 없을 수 없으나 아무 데를 가 보아도 교회 안에 알력이 다른 데보다 더한 것 같으니, 어째 그런지 똑똑히 말하기 어려운 일이오.

한데 근대주의라 보수주의라 하고 싸우는 일같이 더 괴이한 일이 없음직하오. 가만히 보면 근대주의를 말하는 사람들은 예수를 믿더라도 생활중심을 하고 믿자는 말 같아. 실제생활을 떠나서는 종교가 없다는 것이겠다. 좀더 순순한 말로 하면 생활을 아무쪼록 종교화하자는 뜻이겠지. 그리고 보수파에 붙은 사람들은 소위 기독교 신학에 절대적인 가치를 선정해놓고 전통사상을 고집하자는 것이겠다.

나 보기에는 둘이 다 옳은 것 같소. 종교가 생활을 무시할 수 없는 것도 사실이요. 또 제 아무리 과학이 발달한 세상이라기로서니 종교에서 놀라운 전통을 떼어놓고 보면 그다지 볼 만한 것이 없음직해. 본래 예수교란 옛적부터 근대주의를 선전하는 종교임으로 우리가 예수교는 항상 새 종교요 창작(創作)의 종교요 생명의 종교라고 하지 않으오. 그러나 또 한편으로 착실히 살펴보면, 예수교의 선전이란 것이 새 것이 없이 늘 같은 옛날 이야기, 그 이야기야. 오늘이라도 가장 단순한 예수의 교훈이라는 것을 양(量)으로 회계(會計)를 하면 몇 푼어치 아니 되는 옛말이지만, 그 내용을 말하면 무한대(無限大)의 가치를 소유한 종교임으로 누구든지 솜솜히 여기지 못하는 바이라.

한데 미국에서 요즘 돌아가는 형편을 유심히 보면, 피차에 싸움이 극도에 이르러서 서로 괴와맴 같이 여겨서 원수를 짓는 현상이오. 누구는 말하기를 신학자가 많이 나고 성경학자가 많이 나와서 자기의 정견을 주장하는 동안에는 없지 못할 현상이라 하나, 필자로서 이래 10년 동안을 두고 그 방면에 뜻을 두고 사는 터에 내 맘 같아서는 참 학자요 참으로 진리를 사랑하는 사람 같으면 피차에 싸울 만한 자료를 발견하기보다 그 가운데서 위대한 조화의 가치를 찾아 오로지 그 진리에 충성하는 것으로써 의무를 삼는 착한 사도(使徒)가 될 것 같은데 그렇지 못한 것을 보면 대개 내 보기에는 근대파·보수파라는 간판을 걸어놓고 지위, 명예, 세력부식(勢力扶植)의 투쟁이야.

신학사상의 일반

미국에서 가장 세력 있는 교파를 꼽으라면 첫째로 침례교파요, 둘째로 장로교파요, 셋째로 감리교파, 기타에 루터교파, 조합교회파, 성공회파, 여러 가지인데, 모든 교파를 주워 모으면 백여 파가 거의 될 듯하오. 이 모든 것이 큰 파로부터 작은 데까지, 먼저는 유무식(有無識) 빈부 문벌 직업별 등 갖은 계급의식에다가 터를 세운 것이 정녕한 사실이라 하겠는데, 앞잡이로 내세우는 것은 모두 다 각자의 다른 신학사상이오.

이렇게 갈래갈래 같지 않은 신학사상에도 두드러진 두 가지 빛깔이 보이니, 하나는 정통사상 다른 하나는 진보사상인 것 같으오. 그러면 그 세력범위가 얼마만치 되는가를 알려면 신학교를 살피는 것이 그 중 바른 방법 같아.

첫째 장로파에서만 보더라도 어느 해 총회에서 싸움이 없는 때가 없는 듯하오. 그 중에도 미국뿐 아니라 세계적으로 주목거리 되던 푸린스톤 신학교 분립(分立)까지의 경로(經路)는 순연히 신학사상전(神學思想戰)으로 보아서 종내 신파가 승(勝)하고 극단의 보수파는 떨어져 나가서 다른 신학교를 해. 그리고 오맬닌 신학교는 벌써 10년 전부터 정통신학을 부정하는 큰 신학교요. 치카고에 있는 매코멕 신학교가 거의 중립상태이오. 웨스턴 신학교는 신파사상(新派思想)의 신학교요.

감리교회로 보더라도 위선 보스톤대학 신과(神科)가 근대파의 학교요, 뚜루 신학교가 역시 신파(新派)에 속했고, 치카고 개럿 신학교가 중립이오.

침례교파로는 위선 치카고에 있는 치카고대학 신학교가 거의 극단의 신파의 학교요, 뉴요리해(海)에 있는 로체스터 신학교가 또한 신파에 붙은 학교요. 남방에 있는 남침례교 신학교가 세계적으로 큰 학교로 아주 단단한 보수파의 학교요.

그 외에 어떤 교파에든지 붙지 않고 독립한 신학교로는 뉴욕에 있는 유니온 신학교와 핫포트에 있는 핫포트 신학교가 다 유명한 신학교로서 신파의 신학교요. 그 외에도 크고 작은 신학교가 많지만 말할 필요가 없는 줄 알아서 말하지 않소.

여기서 내가 보는 바로서는 이러하오. 일시 세상의 일종 기이한 것으로 젊은 사람들의 인심을 사던 극단의 진보파는 몰락하고 또 극단의 전통사상을 고집하던 보수파도 점점 첩첩산중으로 몰리고, 지금에 와서는 중립파가 어떤 교파를 물론하고 가장 큰 세력을 잡은 듯하오. 그러고 보니, 양 극단은 몰락하고 중간세력이 승승(勝勝)해.

합동문제의 유언비어

누구든지 다소 식자급(識者級)에 있는 사람을 쓰는 것을 짐작하는 바이지만, 근래에 와서 미국의 중앙집권주의(中央集權主義)라니 정말 놀라지 않을 수 없어. 참 대단하거든. 그에 따라 자연히 교회도 단결을 목적하고 합동을 논하는 사람이 많소. 여기서도 식견이 좁고 덜된 인물들이 쩔고 까부는 일이 없지 않으나, 결국은 오래지 않아서 미국 안에서는 전에 없던 큰 뭉치가 생기어날 듯한데, 우리네 따위로서는 언제쯤 해서 꼭 실현될 것인지는 말 못하겠으나 될 것은 사실이오.

위선 가까이 캐나다 교회가 합동한 후에 오래지 않은 시일에 그

거둔 추수(秋收)가 참 놀랍단 말이오. 작년 여름에 캐나다에 가본 즉 아직도 일부에 남은 소위 보수당들 중 몇 사람이 항의를 가지고 가입하지 않는 모양이나 인제 와서 그 사람들은 이야기꺼리도 못 되고, 아직도 소견 좁은 사람들이 돌아다니면서 합동교회의 흉을 하겠다. 우리나라에 있는 선교사 가운데도 그런 사람이 있는 모양, 게다가 선교사가 하는 이야기를 귓결에 듣고 캐나다 합동교회가 덜된 양으로 논하는 조선 형제가 더러 있는 모양이니 가소만만(可笑萬萬).

최근에 스코틀랜드 교회의 연합을 본 세계인은 더 다시는 교회의 연합의 가부를 논할 바가 못 되고 오로지 각 나라에서 금후에 합동을 하려면 어떠한 방법을 취해서 하겠는가를 조사하고 연구하는 것이 한갓 일이 되겠다고 나는 생각하오.

그런데 근래에 가만히 듣노라면, 조선 안에서도 교회 합동문제가 교계의 가장 큰 주목거리가 되어 있는 모양인데, 어떤 사람이 『감리교회(監理敎會)는 인의(人意)를 주장하고 장로교회(長老敎會)는 신의(神意)를 따르는데 어찌 장감(長監)이 합하리오』 했다니, 저런 인생은 하늘이 어서 아십시샤.

외국선교사업

내가 미국 오기 전에 선교사에게 대하여 그다지 착한 생각을 가지지 못하였던 것을 먼저 말해 두오. 그렇다고 미워한다거나 배척할 맘까지는 없었소. 어쨌든 미국 같은 나라는 황금국(黃金國)이니 돈 자랑 권력 자랑 두루 해서 선교사업을 하는 줄로 알았더랬소. 영국도 그렇고 캐나다도 그렇다고 생각했소. 그리고 적어도 장장(長長)한 문화를 가진 민족으로서 선교사를 맞는다는 것은 분명히 민족적으로 큰 부끄럼으로 알았구려.

그러다가 4,5년 전부터 미국에 와서 본즉, 선교사 위해서 돈 내는 사람은 거의 가난한 교인들이요 결코 돈 많은 부자들이 아닌 것을 알았고, 외국 선교사업은 결코 자선적 태도로 하는 게 아니라 예수를 믿는 신자로서 반드시 해야 할 의무로 알고 하는 것을 알았소.

하기야 그 중에도 덜된 것들이 있어서 제법 선교지(宣敎地)를 일종 자기네 식민지(植民地)같이 여기는 것들이 없지 않지. 선교사로 가려고 맘먹는 사람들도 전과 달라서 지금은 무슨 직업적으로 알고 가거나 혹은 일시 허영에 띄워서 가는 사람도 있지.

그러나 참으로 자기 일생을 희생에 공(供)하여 하나님 앞에 충성할 목적으로 가는 사람이 더 많소. 더군다나 거년(去年) 예루살렘 종교대회 지난 뒤에 미국 안에서 두목(頭目) 되는 자들이 두루 다니면서 유세(流說)하는 양을 보고 들은즉, 그네들의 생각이 대단히 방정(方正)하여 나무람할 것이 없어.

우리나라로 보더라도 많은 선교사가 가서 있으니 우리에게 크게 유익되는 바를 다 논할 바가 없지. 조선이 지금은 고인이 된 언더우드91) 목사와 아펜셀러92) 목사와 같은 선교사를 가졌던 것은

---

91) 언더우드 : 장로교 선교사로 내한하여 연희전문을 설립하는 등 많은 업적을 남김.

92) 아펜셀러 : 감리교 선교사로 내한하여 배재학당을 설립하는 등 많은 업적을 남김.

우리의 큰 자랑거리오. 그런 큰 사람들이야 소소한 사람들 백을 주어도 비싸게 흥정할 사람들이지. 종종 가다가 허시모93) 같은 것이 나타나거나, 연전 평양 모자(某者)가 조선 농촌에서 가을에 남녀노소가 김장을 하는데 어떤 노인이 돌아서서 소변 보는 것을 사진 박아다가 푸린스톤 신학교 대강당에서 환등(幻燈)을 했겠다. 그런 안된 것들을 볼 때마다 기운 차고 피 있는 청년들이 선교사 배척을 운운하지만, 그런 사람이 혹시 있다기로 그보다 더 좋은 사람이 많은 것을 다시 생각하고 아예 함부로 일시 홧김에 아무 소리나 막 하지 마오.

우리는 먼저 선교의 근본정신부터 이해를 하고 선교사는 우리의 가장 좋은 친구로 알고 사랑해야 하오. 세상에 불쌍한 사람 가운데 한 가지 사람은 제가 나서 자란 향토를 떠나 멀리 남의 나라 하늘 아래를 다니는 사람이라오. 그리고 우리는 먼저 자각을 해야 할 것을 잊어서는 안 돼.

미국 교회의 금후

---

93) 허시모(許時:模) : 안식교의 의료 선교사로 1925년에 조선에 와서 평안남도 평원군 순안면의 순안병원 원장으로 일했다. 1925년 여름에 자기 집 과수원에 들어가서 사과를 따먹은 12세 조선 어린이의 얼굴 좌우에 염산으로 '됴덕(도적)'이라는 글을 써서 한 시간이나 볕에 말린 뒤에 풀어줌으로써 그 글자가 영원토록 아이의 뺨에서 사라지지 않도록 만들었다. 1927년 7월에 사건이 표면화된 결과 재판을 받고 3개월 옥살이를 하고 원장 직에서 파면되어 본국으로 송환되었다.

이상에 대강 한 이야기로 당장 미국 교회의 근황을 약설(略說)했소. 하여튼 미국 와서 교계변(敎界邊)을 배울 것이 많으오. 어떤 서투른 사람들이 약간의 통계표를 만들어 가지고 공연히 미국과 미국 교회를 흉을 하려고 하겠다. 그것은 지각(知覺) 없는 일이오.

미국에서 어떤 계급, 어떤 처소를 물론하고 다분히 교회 세력이 뻗치지 않은 데가 없소구려. 어쨌거나 기독교를 떼어놓고는 미국인의 문명을 이해할 도리가 없소. 더욱이 근대에 주목할 바는 미국 각파의 교회가 사회사업 방면에 치력(致力)하는 것 같은 것은 우리로서는 짐작도 못한 것이오. 지금까지는 종교 그 자체와 실제 생활과의 거리가 매우 멀어서 하등의 관계가 없이 지나던 터에, 금후부터는 일절을 초탈해서 실제생활 위에다가 종교를 세우려는 것이 큰 노력같이 보이오.

모든 운동에 있어서 교육적이고 조직적이야. 평소 이 백성들이 쓸데없는 빈 이상에 만족을 느끼지 못하는 버릇이 있는데, 오늘날에 이르러서는 모든 운동이 실제적인데 또한 교육적이오, 결코 일시일시 떠오르는 기분운동은 안하려고 하는 것 같아.

내가 예언자가 아니니 끊어서 말하기는 난(難)하나, 미국의 기독교가 가까운 장래에 별다른 현상을 세계인의 눈에 보여줄듯줄듯.[94]

—終—

1930년 무렵의 미국 기독교계의 현황을 매우 알기 쉽고 요령 있게 소개한 글이다. 그리고 이때 이미 송창근은 당시로서는 보기 드물게 '편지글' 형식의 어문일치 문장을 자신의 것으로 완벽하게 소화하여 아

---

[94] 송창근, '미국의 종교계', 『우라키』 제4호, 1930. 6. 14.

주 자유롭고 능숙하게 구사하고 있음을 본다.

송창근은 1930년 5월에 웨스턴 신학교를 졸업하면서 신학 수사와 신학석사 학위를 받았다. 웨스턴 신학교에서 만 2년 동안 공부하고 졸업한 것이다. 웨스턴 신학교 교내 저널 1930년 7월호에는 그 해 5월에 석사학위를 받은 졸업생들과 교수들이 같이 찍은 사진이 실려 있다. 송창근은 맨 앞줄에 앉아 있다. 처음으로 공개되는 피츠버그 시절의 사진이다.

14. 덴버 아일리프 신학교에서 박사학위 받다

덴버는 콜로라도 주의 주도이자 미국 중서부의 중심도시이다. 로키 산맥의 영향으로 해발 1,609㎞의 고도에 자리 잡고 있어서 '일 마일 높이 도시(A Mile High City)' 라는 별칭을 지녔다. 1858년에 인근의 체리 크리크 부근에서 금광이 발견되면서 사람들이 몰려들어 도시가 이루어졌다.

송창근이 덴버에 간 것은 1930년 가을 학기였다. 그는 덴버에 있는 아일리프 신학교의 박사학위 과정에 입학했다. 아일리프 신학교는 1892년에 설립된 감리교 신학교로서, 정식 명칭은 'Iliff School of Theology'이다. 덴버 대학교(1864년 설립)와 자매학교 관계로서 여러 학위과정을 공동으로 운영하고 있으며 캠퍼스도 서로 붙어 있다.

송창근이 덴버에 가기 한 해 전인 1929년 10월에 미국에서 경제대공황이 발생했다. 주식들이 휴지조각이 되고 전국 각지에서 크고 작은 회사들의 파산과 도산이 줄을 이었다. 그가 덴버에 간 1930년 가을 학기면 이미 경제대공황의 충격적인 여파로 대학들도 경영이 몹시 어려워져서 장학금을 줄이고 학생 수도 줄어들던 때였다. 그런데도 불구하고 그는 아일리프 신학교로부터 박사학위 과정을 밟을 수 있는 장학금을 받아내었다.

송창근은 1930년 가을 학기와 1931년 봄 학기를 공부하면서 박사학위 논문을 써내어 통과되었다. 당시 미국 대학의 박사과정은 1년이었다. 그의 박사학위 논문은 8장으로 나누어져 있는데, 각기 다음과 같다.

제목 : 「유대사상에 근거해서 본 바울의 믿음으로 인한 구원사상」.

第1장 바울 서신에 나타난 관련용어들의 사용에 대하여
第2장 바울의 사회적 종교적 배경
第3장 바울의 입장에 대한 기초적 연구
第4장 바울의 믿음으로 인한 구원
第5장 믿음에 관한 구약의 가르침
第6장 믿음에 관한 바울의 가르침
第7장 새로운 삶을 가져오는 바울의 신학
第8장 그리스도와의 영적 연합으로서의 구원

여기서 그의 논문의 '서문'95) 부분을 읽어보도록 한다.

크리스천들은 구원론에 대해 오랫동안 물어 왔다. 기독교 학자, 교사, 성인들이 얻은 대답은 대개 각 시대를 살았던 순수한 신앙

---

95) 이철 목사의 번역임.

인들의 생애에 근거하여 쓰여졌다. 이 종교 지도자들의 대답들이 모든 이론들의 토대가 된다. 이들의 직접적인 호소는 불멸의 영향력을 갖고 있는데, 종종 이 영향력은 해석이나 설명이 가해짐으로 인해 강화되기보다는 오히려 약화된다. 왜냐 하면 구원 이론들은 각각 그것들이 출현한 시대의 사상, 실제 문제들, 정치적·사회적 견해, 도덕적·지적 기준들에 근거하고 있기 때문이다.

오늘 이 시대 역시 대부분의 다른 시대처럼 다르다. 오늘날 교회의 긴급한 욕구 중 하나는 예로부터 전승되어온 전통신학을 진지하게 재조명하는 일이다. 전통신학의 역사나 내용에 대한 지식을 갖고 있지 않은 보통사람들에게 있어 전통신학의 많은 부분들은 다소 이해하기 힘든 것이 되었다. 현대 철학, 현대 과학, 현대 성서비판학의 빛 아래서 그것은 다시 해석되고 다시 구성될 필요가 있다. 현대 교육을 받은 사람이 4세기나 13세기 사람들이 했던 방식으로 하나님, 예수님의 신성, 성령론, 구원론을 생각할 것이라고는 볼 수 없다.

본 논문에는 제목에서 나타난 것처럼 구원과 믿음에 대한 바울의 사상 중 의도적으로 생략된 부분이 있다. 이 논문의 주제는 바울의 구원과 믿음에 관한 사상을 유대적 개념과 연관시키는 것이다. 결코 바울 사상의 모든 면을 다루려고 하지 않는다. 그의 후기 서신에서 더 분명하게 나타난 것처럼 그는 희랍사상에서도 영향을 받은 사람이었다.

이 논의의 목적은 교회, 기독교, 세상은 계속 변화하는 살아 있는 유기체라는 개념과 부합하는 바울의 구원론에 대해 해석하려는 것이다. 나는 소위 전통 혹은 진보와 같은 어떤 특정한 입장을 옹호하려고 하지 않았다. 이 논문은 학술적인 논문이 아니라 나의 내적 신앙과 확신을 솔직히 고백하는 것이다. 나의 동료들, 친구들, 부모님이 이런 관점에서 본 논문을 고찰해주기를 바란다.

송창근

아일리프 신학교

1931년 5월 11일

이 서문의 문장 중에서 크게 주목할 것이 있다. "교회, 기독교, 세상은 계속 변화하는 살아 있는 유기체"라는 문구이다. 그것이야말로 송창근이 교회와 기독교와 세상을 바라보고 이해하는 기본적인 시각이었다. 그는 '계속 변화하는 살아 있는 유기체'로서의 교회와 기독교와 세상에 대해서 늘 환하게 빛나고 생동하는 '복음주의적 생명력'을 가지고 자신을 맞추고 반응하고 대응하는 데 평생을 바쳤다.

이 학위논문에 대하여 2003년에 처음으로 한국 신학계에서 학문적인 검증이 있었다. 한신대학교 신학과 김경재 교수가 제6회 만우 신학 강연회에서 「만우의 학위논문에 나타난 바울신학의 중심주제—만우의 경건신학에서 영의 현존과 새 생명의 실재론—」이라는 제목으로 송창근의 박사학위 논문을 본격적으로 분석한 강연을 한 것이다.

김경재 교수는 이 논문에 대하여 "1930년대 초기 해외로 유학한 제3세계 교회지도자들이 제출한 학위논문으로서는 질적으로 매우 수준 높은 우수한 논문이며, 당당한 이론과 학술체계를 갖추었다."고 지적했다. 그리고 "학술적인 논문이면서도 논문 집필자의 내적 신앙과 확신을 고백하는 논문, 곧 학문과 경건, 신앙과 지성, 아는 일과 믿는 일, 로 고스와 파토스, 신학자와 목회자, 교의학과 윤리학, 존재와 행위가 함께 통전되어 숨쉬는 '진정한 신학논문'을 썼다."고 평가했다.96)

김경재 교수는 동시에 송창근이 박사학위를 마치고 귀국한 뒤 1934년에 『신학지남』에 기고한 논문인 「조선인의 신앙을 논함으로 성서적 신앙에 이르고자 함」에 대해서도 고찰한 결과, 그 논문은 "1930년대 나타난 한국 신학자들에 의해 쓰여진 논문 중 최고 수준의 질 높은 논문"이라고 평가했다. 그는 더 나아가 "그 논문이 20세기의 세계적 신학자 폴 틸리히가 『신학의 역동성』(New York, Harper & Row, 1957)에서 말하고 있는 논지와 너무나도 놀랍게 닮은 것에 놀라게 된다."고 토로했다. 동시에 그는 "최고의 신학적 통찰과 영적 분별력을 가진 하나님의 종들은 시공을 넘어서 이렇게 서로 통하는 면이 있음을 발견하고 한국이 낳은 자랑스런 신학자 만우 선생에 대한 존경과 자긍심이 후학들에게 너무나 큰 것이다."고 고백했다.97)

여기서 한 가지 짚고 갈 이야기가 있다. 그간 한국 기독교 신학계에서는 '신학자로서의 송창근'에 대해서는 별 관심을 기울이지 않았다. "송창근은 신학교 경영자 또는 목회자로서는 우수할지 몰라도 학문적인 능력에서는 어딘가 떨어지는 분"이라고 생각했기 때문이다. 그런데 사람들로 하여금 은연중에 그러한 인상을 강하게 갖도록 만든 주요한 원인은 김재준 목사가 쓴 다음과 같은 글들에 있었다.

만우는 일본말을 배운 일도 없고 영어를 배운 것도 아니었다.

---

96) 김경재, 「만우의 학위논문에 나타난 바울신학의 중심주제」, 2003, 4~5쪽.

97) 김경재, 「만우의 학위논문에 나타난 바울신학의 중심주제」, 8~12쪽.

일본말을 못하면서도 일본 유학에서 좌절된 일이 없었고, 영어를 모르면서도 미국 유학에서 최고 학위까지 획득했다. 그리고 간 데 마다 존경을 받았다. 그는 입버릇처럼 말했다.

"'벽'이라도 '문'이라 믿고 밀어닥치면 '문'이 된다."

만우의 미국 유학에서 첫 신학교는 성 안셀모 산꼭대기에 자리 잡은 성 프랜시스 신학교였다. 영어는 듣지도 보지도 읽지도 못하니 크레디트가 나올 까닭이 없었다. 그러나 인격적으로는 교수들도 같은 교수인 양 존대했고 학생들은 선배로 경의를 표했다.[98]

청산학원을 졸업하고 만우는 미국으로 건너가 샌 프란시스코 신학교에 입학했다. ……만우는 영어공부를 한 일이 없었다. 그런데도 어찌어찌하여 엉터리영어(Broken English)로 의사는 통했다. 강의를 알아들을 리 없었고 필기는 물론 못했다. 그러나 인간관계는 원숙했다. 학생들은 교수 대하듯 존경했다. 거기서도 Broken English가 그의 애교였다.[99]

(웨스턴 신학교에서) 만우 형은 신학 부문에서 석사(master) 코스를 하고 있었다. 그래서 처음 일 년 동안은 같이 있었다. 그는 학문적으로 꼬치꼬치 파고드는 성격이 아닌 데다가 그럴 필요도 느끼지 않는 것이었다. 여전히 재치 있고 명랑하고 친구 잘 사귀고 엉터리 영어로도 곧잘 농담하고—그래서 사람들을 웃기곤 했

---

98) 김재준, 『범용기』, 풀빛, 1983, 207쪽.

99) 김재준, 『만우 회상기』, 한신대학 출판부, 1987, 31쪽.

232 『벽도 밀면 문이 된다』

다.100)

이상과 같은 김재준의 글에는 사실과 다른 것이 들어 있다.

이미 앞에서 살펴보았듯이, 송창근은 일본어 원전과 영어책을 번역하여 번역서를 만들어 책으로 출간하리만큼 일본어와 영어를 상당한 수준으로 익히고 있었던 사람이었다.

그는 일본 청산학원에 편입학하기 이전인 1923년에 이미 일본어 원문에서 번역하고 편집하여 『바울과 그의 신앙』이란 책을 써서 출간하여 크게 주목받은 일이 있었다.

그리고 그 다음 해인 1924년에는 『Over the hill』이라는 영어소설을 번역하여 책으로 출간한 일이 있는 사람이다. 그리고 해당 자료가 아주 사라져서 찾지 못하는 것뿐이지, 영어책의 번역물은 더 있었다. 필자도 어렸을 때, 『푸른 탄식』(송창근 번역)이라는 영어 번역으로 된 작은 책을 읽은 기억이 있다. 김재준 목사가 따로 기억하는 영어 번역책이 또 있다. 『집 없는 아이』라는 제목의 번역서였다.

> 만우는 청소년 주일학교 교육에 힘썼다. 보충교재도 써서 주일학교협회 이름으로 간행했고, 《언덕을 넘어서》Over the Hill, "집 없는 아이"도 번역, 출판했다.101)

그처럼 송창근의 영어책 번역 사실을 누구보다도 잘 알고 있는 김재

---

100) 김재준, 『범용기』, 풀빛, 1983, 92쪽.

101) 김재준, 『만우 회상기』, 한신대학 출판부, 26~27쪽.

준이 무엇 때문에 그때로부터 수십 년이 지난 훗날에 "만우는 일본말을 배운 일도 없고 영어를 배운 것도 아니었다. 일본말을 못하면서도 일본 유학에서 좌절된 일이 없었고, 영어를 모르면서도 미국 유학에서 최고 학위까지 획득했다. ……영어는 듣지도 보지도 읽지도 못하니……"라고 썼는지 도무지 이해할 수가 없는 일이다.

그리고 김재준의 말에는 큰 어폐가 있다. "(송창근이) 영어는 듣지도 보지도 읽지도 못하니 크레디트가 나올 까닭이 없었다."면서도, 그런 학생을 두고 "인격적으로는 교수들도 같은 교수인 양 존대했고 학생들은 선배로 경의를 표했다."고 했는데, 도대체 어떻게 그런 현상이 가능할 수가 있다는 것인가. 의사소통의 가장 기본인 '언어'가 전혀 안 통하는데 '동정과 연민'이라면 몰라도, 어떻게 '교수들의 존대'와 '학생들의 경의'가 있을 수 있었겠는가.

아무튼 위와 같은 김재준의 글들로 인하여 부당하게도 "송창근은 학문적으로는 볼 것이 없는 사람"이라는 부정적 이미지가 은연중에 한국 기독교 신학계에서 확고하게 자리 잡은 것이 사실이다.

그러나 송창근의 실체는 결코 그렇지가 않았다. 김인서가 1936년에 송창근을 평할 때 "총명(聰明)한 위에 다독(多讀)하고……"[102]라고 했던 말이야말로 송창근의 참된 모습을 정확하게 드러낸 말이었다. 앞으로 송창근을 평가할 때 이 점을 염두에 두어야 할 것이다.

한국 기독교계 역사상, 한국인으로서 미국에 유학하여 현지에서 신학박사 학위를 받고 귀국한 사람은 송창근이 처음이었다.

송창근 목사보다 먼저 미국 대학에서 '신학박사'의 학위를 취득한 사

---

102) 김인서, '송창근 박사 남천', 『신앙생활』, 1936년 4월호, 35쪽.

람으로서 남궁 혁 목사 한 사람이 있었지만, 그는 유학을 마치고 귀국한 뒤에 박사학위를 취득했다. 그는 프린스톤 신학교에서 신학석사를 취득하고 리치몬드의 유니온 신학교에 들어가서 박사과정을 마치고 1925년에 귀국했는데, 학위논문은 귀국한 뒤에 작성해서 우편으로 제출하여 1927년에 통과됨으로써 '신학박사'가 되었다.

그리고 송창근 목사 다음으로 미국 대학의 신학박사 학위를 받은 박형룡 목사의 경우에도 역시 그러했다. 박형룡 목사는 프린스톤 신학교에서 신학석사 학위를 받고 남침례교 신학교에서 박사과정을 마친 뒤에 1927년에 귀국했다. 그리고 나중에 논문을 써서 보낸 결과 1933년에 통과되어 '신학박사'가 되었던 것이다.

그런데 송창근은 미국 현지에서 아예 '신학박사' 학위를 취득하여 '신학박사'의 신분으로 귀국한 최초의 미국 유학생이었다. 그간 다른 분야의 미국 대학 출신 '박사'들은 더러 있었으나, '신학박사'로서는 송창근이 최초였다. 그렇기 때문에 그가 1932년에 귀국했을 당시에 세인에게 주는 인상은 매우 비상할 수밖에 없었다. 그래서 한국 교계에서는 오래도록 "송창근 목사는 한국인 최초의 미국 대학 신학박사이다."라고 잘못 알려졌었다.

송창근이 덴버에서 지낸 유학시절의 마지막 자취를 보여주는 자료가 있다. 한경직 목사의 회고담이다.

1931년 나의 건강은 거의 완쾌되었다. 퇴원할 무렵 의사는 "이번에 퇴원을 하지만, 완전 회복을 위해서 1년쯤 더 미국에 있으면서 휴양하고 귀국하든가 하시오"하면서 마지막 친절을 잊지 않았다. 그 무렵 송창근 목사는 콜로라도주 덴버에서 신학을 수학 중

이었다. 우리 가족사진과 함께 내 병실을 (장식한) 그의 사진을 생
각하며, 다정한 벗의 권유에 따라 나는 덴버로 향했다. 거기에서
송 목사와 함께 반년을 지내다가 귀국하기까지 그와의 우의는 더
욱 돈독해졌다. 그가 박사학위를 거기에서 받는 것을 나는 보았으
며, 경축해 주었다.103)

한경직은 폐결핵에서 겨우 나은 환자로서 마지막 회복기 요양을 하
게 해준 송창근의 은혜를 결코 잊지 않았다. 뒷날 송창근이 납북되고
난 뒤에 송창근의 막내딸 송시온이 미국에 가서 살았는데, 한경직은 일
이 있어 미국에 갔을 때 송시온이 살고 있는 와싱턴 쪽으로 가게 되면
아무리 바쁜 일정이 있더라도 매우 무리하게라도 시간을 내어 반드시
송시온을 찾아보았다. 주위 사람들이 "그토록 바쁘신 분이 어떻게 그
렇게 한번도 빼지 않고 송 박사님 따님을 찾아보십니까? 너무 바쁘실
때는 그냥 넘기십시오."라고 권하자, 한경직은 "아니오. 그럴 순 없소.
송 박사가 나와 입장이 바뀌었다면 내가 하는 것의 열 배는 했을 거
요."라고 대답하더라고 한다. 은혜를 은혜로 아는 사람들의 아름다운
향기가 느껴지는 일화이다.

송창근의 아일리프 신학교 졸업 예식은 1931년 6월 둘째 주 화요일
(9일)부터 셋째 주 수요일(17일)까지 여러 프로그램들이 이어지면서
치러졌다. 이때 박사학위를 받은 사람은 송창근을 포함하여 6명이었다.

송창근이 졸업하고 학교를 떠난 뒤, 아일리프 신학교의 교수들이 그
를 어떻게 기억하고 있었는지를 보여주는 자료가 있다. 북미 유학생들

---

103) 한경직, '나의 교우 반세기', 『한국기독공보』 2000. 9. 2.

의 잡지 『우라키』 제7호에 실린 기사이다.

북미 유학생 총회 총무인 허진업 씨는 1934년 9월부터 두 달 동안 북미 전역을 돌아다니면서 각 대학에 재학 중인 조선인 유학생들을 만나 인터뷰를 하는 프로젝트를 수행했다.

그에 관한 기사가 1936년 9월 8일에 발행된 『우라키』 제7호에 실려 있다. '편집후기'에 의하면 기사를 모두 완성해 놓고서도 경제대공황에 따른 경제난으로 출간을 자꾸 미룬 끝에 1936년 9월에야 잡지가 출간되었다고 한다.

그런데 허진업 씨가 쓴 기사 속에 1934년 10월에 그가 덴버에 찾아갔을 때의 일이 이렇게 쓰여 있다.

덴버에는 무엇보다도 여름 기후가 좋다 하여 매년 6,7,8월에 각처에서 유력자(遊歷者)가 온다 하나 기자의 경험으로는 기후보다도 묵서가인(墨西哥人:멕시코인)이 덴버의 특색인가 한다. 가상(街上)에 보이는 것이 묵서가인이오 귀에 들리는 것이 서반아말이다. 인구 비례로 여기 묵서가 사람 수효가 미국 어떤 도회에보다 많다고 한다.

덴버대학과 콜노래도대학을 기자가 심방하였지만 조선 학생은 한 사람도 보지 못하였다. 작춘(作春)까지도 우리 학생이 이 두 대학과 콜노래도 광산학교에 수삼 인이 있었으나 이 학기에는 덴버나 부근에 한 사람도 없다고 한다. 덴버대학 신학과장(神學科長)에게 들은 송창근 박사의 성격 자랑의 말로 낙담(落膽)을 이기고 다시 정거장에 나가서 기차에 올랐다.104)

허진업 씨가 "덴버대학 신학과장에게 들은 송창근 박사의 성격 자랑의 말로 낙담을 이기고"라고 쓴 것을 보아서, 그가 아일리프 신학교를 덴버대학에 소속된 신학과로 착각하고 있음을 알 수 있다. 아무튼 아일리프 신학교 학장이 삼 년 전인 1931년 6월에 떠난 송창근 박사에 대해서 그때까지도 그 성격을 칭찬하고 있었을 만큼 송창근은 교수들에게 비상하게 좋은 인상을 남겨놓았던 것이다.

---

104) 許眞業, '재미조선학생방문을 마치고 도라와서', 『우라키』 제7호, 1936. 9. 8.

15. 6년 만의 귀국

송창근은 1931년 6월 17일에 아일리프 신학교를 졸업한 뒤 한경직과 함께 덴버를 떠나서 귀국길에 올랐다. 그러나 한경직은 곧장 귀국한 반면, 그는 귀국 도중에 로스앤젤레스(L.A.)에 가서 거기서 몇 달간 머물렀다. 이때의 L.A.행은 그의 인생에서 특별한 의미를 지니는 사건이 되었다. 그가 거기서 흥사단에 입단했기 때문이다.

L.A.는 도산 안창호 선생이 독립운동단체인 흥사단을 조직한 곳이다. 그는 1913년 12월 20일에 창립위원회를 구성하고 단우 확보에 나섰다. 그가 흥사단에 건 기대와 쏟은 노력은 대단했다. 1919년 이래 상해에 가서 임시정부에서 활약하고 있을 때도 그는 흥사단의 상해 지부를 결성하고 조직의 활성화를 위하여 매우 노심초사했다. 흥사단은 안창호의 독립운동 방략의 기본이 되는 단체였기 때문이다. 그런 기대에 부응하여 흥사단원들은 안창호의 독립운동 활동을 극력 뒷받침했다.

그런 한국독립운동단체가 움직이고 있는 도시 로스앤젤레스에 가서 몇 달 동안 지내는 중에 송창근은 흥사단에 가입했다. 나름으로 소신과 신념을 갖고 가입한 것이라서 그는 흥사단 모임에서 강연도 했다.

나중에 수양동우회 사건으로 구속된 송창근에 대한 판결문에 의하면, "1931년 9월 하순 경에 로스앤젤레스에 있는 흥사단 본부에서 김병연(金炳淵)의 권유를 받고 입단했고, 1932년 1월 2일[105] 경 위의 본부에서 송종익 외 약 50명에 대하여 '유다야이즘'이라는 연제 아래 '기독교에는 실생활에 중점을 두는 유다야이즘과 신비를 주장하는 포올이즘이 있다. 나는 유다야이즘에 찬성한다. 이는 흥사단의 무실역행의 주장과 서로 합치하므로 우리 흥사단원도 또한 기독교도와 연락을 취하여 소기의 목적을 수행하기에 매진하여야 한다'는 취지를 역설했다."[106]고 기록되어 있다.

송창근은 연말이 다가오자 태평양을 건넜다. 그가 일본을 거쳐서 서울에 도착한 날은 1932년 1월 5일이었다. 이용도 목사의 일기에서 송창근의 서울 도착 날짜가 분명하게 밝혀진다.

그런데 송창근의 저력이랄까, 실력이랄까, 그런 것을 보여주는 것이 그가 귀국한 뒤에 부임하기로 약속되어 있던 '임지'였다. 그가 미국에 있을 때 이미 귀국하면 평양 산정현교회에 가서 시무하기로 확정되어 있었던 것이다.

산정현교회는 평양 굴지의 큰 교회였다. 규모로도 그렇거니와 산정현교회의 당회[107]를 구성한 장로들의 면면으로도 그러했다. 민족적 대인물들인 조만식 장로, 김동원 장로, 오윤선 장로 등이 자리 잡고 있었

---

105) 이 날짜는 오류이다. 1932년 1월 2일에는 그는 일본에서 서울로 가고 있었다.

106) 독립운동사 편찬위원회, 『독립운동사 자료』 12집, 1977, 1323쪽.

던 것이다.

당시 산정현교회를 담임하고 있는 목사는 강규찬 목사였다. 그는 1917년부터 산정현교회의 목사로 시무하기 시작하여 14년째 산정현교회에서 목회하고 있었다. 그런데 그가 사임하기도 전에 당회에서 그의 후임 목회자로 미국에 있는 송창근을 모시기로 결정해 놓은 것이다. 아마도 '새로운 목회'에 대한 갈망이 있어서 그랬을 것이다.

송창근이 귀국하기 전에 이미 산정현교회에서 시무하기로 확정되어 있었던 전말을 보여주는 증언이 송창근의 제자인 정대위 목사의 회고담 속에 들어 있다.

나는 학생만세사건 이후에 숭실 학생이 되었다. 그래서 나는 모란봉과 대동강의 평양에 왔다. 그런데 나는 여기서 여러 큰 어른들의 그늘 밑에서 도저히 쉽게는 누릴 수 없는 은총과 축복 아래서 한 소년이 되었다. 숭실학교의 교무주임은 아버님과 함께 독립운동의 결사대를 모으셨던 강봉우 선생, 내 보증인으로서 대부 노릇을 해주신 이는 숭실전문에서 가르치던 채필근 목사님이었다. 그것은 아마도 1931년 가을이었으리라. 강봉우 선생님 댁에서 아버님이 오셨다고 저녁식사를 차리신 일이 있었다. 그 자리에 채필근 목사님도 으례히 합석하셨고, 또 그 외의 몇 분도 계셨었다. 나도 그 말석에 쭈그러뜨리고 앉아 있었다. 그런데 그들의 담화 가운데 떠오르는 인물이 있었다. 그는 방금 미국에서 신학박사 학위

---

107) 당회 : 교회의 담임목사와 시무 장로들로 이루어진 모임. 교회 운영을 총괄하고 중요 사항을 의결함.

를 끝맺는 중에 있는 송창근이라는 분이셨다. 평양으로 오시게 하려는 중에 있다는 이야기이다. 평양으로 오시면 우선 산정현 교회에서 목회하시며 숭실학교에서는 성경을 가르치고, 또 평양신학교에서는 '신학지남'이라는 저널을 편집하도록 하여 많은 일을 맡기려는 것이 교계의 움직임이라는 이야기였다. 세상에 이렇게도 굉장한 인물이 있는가 하는 놀라움이 어린 마음을 그들먹이 채웠다.

드디어 송 박사께서 숭실학교의 강단에 서신 것은 그 이듬 해 1932년 가을이다.[108]

정대위 박사의 증언에서 주목되는 것은, 송창근이 귀국하기도 전에 이미 평양 교계의 인사들 사이에서 그가 평양에 와서 할 일이 모두 확정되어져 있었다는 점이다.

첫째, 산정현 교회에서의 목회.

둘째, 숭실학교 성경 교사.

셋째, 『신학지남』의 편집.

아마도 『신학지남』의 편집 건은 송창근이 1923년 가을부터 1924년 여름까지 잡지 『신생명』의 기자로서 편집에도 관여했던 경력 때문에 추가된 것이리라.

채필근 교수와 강봉우 선생은 이미 일본 동경 유학 시절에 송창근과 같이 유학했던 사이라서 서로 잘 알고 있는 터였다. 그럼에도 불구하고, 이때 그들 모두가 송창근에 대해서 대단한 경의를 가지고 이야기하고 있었음을 보여주는 상황 증거가 있다. 그들의 이야기를 같은 자리에

---

108) 정대위, 『노닥다리 초록 두루마기』, 종로서적, 1987, 14쪽.

서 듣고 있던 소년 정대위가 "세상에 이렇게도 굉장한 인물이 있는가 하는 놀라움이 어린 마음을 그들먹이 채웠다."라고 한 고백이다.

1932년 1월 초순, 드디어 서울에 도착한 송창근은 곧장 평양으로 가지 않았다. 서울에서 사람들을 만난 뒤에 함경도 고향에 가서 근친을 하고, 다시 서울에 가서 친지들을 만나는 등의 일로 여러 달을 보냈다. 그가 평양으로 내려간 때는 1932년 4월 상순이었다.

그는 고향에 있는 가족들을 모두 이끌고 평양에 부임했다. 함경북도 웅기에서 평양으로 가려면 기차를 타고 함경선과 경원선을 갈아타면서 서울로 가서 거기서 다시 경의선 기차로 갈아타고 평양역에 가서 내려야 했다.

그런데 이때 평양에 도착한 송창근의 가족들 모습이 두고두고 화제가 되어 사람들 입에 오르내렸다고 한다. 송 박사가 가족들과 평양역에 내려서 교회 사택으로 가는 동안 내내, 송 박사의 부인이 손으로 송 박사의 혁대를 꼭 움켜쥐고 송 박사 옆에 붙어서 걸어가더라는 것이다. 당시 워낙 많은 사람들이 환영을 나왔기에 인파가 아주 대단했는데, 그걸 본 소심한 부인이 혹시라도 인파 속에서 남편을 잃어버릴까봐 남편의 혁대를 꼭 붙잡고 걸었던 것이다. 그런데 송 박사는 그렇게 수많은 사람들이 지켜보는 가운데 부인에게 혁대를 잡힌 채로 흔연하게 같이 걸어가더라는 것이다.109)

여기서 부인과 관련된 흥미로운 일화를 하나 더 적고 가야겠다. 송창근이 미국에서 박사학위를 따 갖고 귀국하자 이내 여러 이야기들이 나

---

109) 이 이야기는 강원용 목사님에게서 들었다. 강 목사님은 그때 일에 대해서 사람들에게 들었던 것을 평생 매우 인상 깊게 기억하고 계셨다.

왔는데, 그 중 하나가 "송 박사가 곧 이혼할 것이다."라는 것이었다고 한다.

송창근의 부인 김재권 씨는 작은 체구에 외모나 성품이나 성격이 모두 매우 평범하고 교육도 받지 못한 시골 여인인데다가 6년이나 연상이었다. 그래서 주위에서는 모두들 "이제 머나먼 선진국 미국에 가서 박사까지 따온 분의 눈으로 보면 부인이 도저히 성에 차지 않아서 곧 이혼하게 되리라."고 생각했다는 것이다.

그런데 아마도 그가 평양으로 부임하는 길에 가족들을 모두 웅상에서 서울로 데리고 올라와서 잠시 묵고 있을 때였으리라. 하루는 송 박사가 모두들 보란 듯이 부인을 데리고 화신백화점에 가서 같이 팔짱을 끼고 엘리베이터를 타고 오르내리면서 부인에게 백화점 구경을 시켜주었다. 그 이후로 "송 박사가 곧 이혼할 것이다."라는 소문이 아예 영영 사라졌다고 한다.

당시 화신백화점이라 하면 서울 시내에서 가장 사치스럽고 최고로 번화한 장소였다. 그런데 우정 그런 곳을 택하여 부인과 팔짱을 끼고 구경 다니는 모습을 연출해 보임으로써 세간에 일고 있는 '송 박사의 이혼'에 대한 소문을 일거에 불식해 버린 것이다. 송창근이 지녔던 '처세'에 대한 뛰어난 감각을 여실하게 보여주는 일화이다.

16. 평양 산정현교회에 부임하다

송창근 목사가 산정현교회에 부임한 것은 1932년 4월 상순이었다.

사정현 교회는 일명 산정재교회라고도 불린다. 현(峴)은 고개를 말하는 것이라서, 고개 '재' 자를 넣어 부르기도 하는 것이다.110)

조선왕조 500년 동안 평양은 풍요와 환락의 대명사처럼 알려진 대도시였다. 평양에 주재하는 평안감사는 전국에서 재물과 여색을 가장 풍요롭게 누리는 벼슬아치였다. 그래서 "평안감사도 제 하기 싫으면 그만."이라는 속담까지 생겼다. 평양은 중국과의 교통로에서 가장 큰 거점이었고, 각종 물산의 집산지였으며, 따라서 기생문화로 일컬어지는 환락가도 매우 번창했다. 그래서 일명 '색향(色鄕)'으로도 불리었다. 그런 모습을 두고 초창기 기독교계에서는 "평양은 조선의 소돔과 고모라"라고 불렀다.

---

110) 김재준은 『범용기』에서 유독 '산정째 교회'라고 표기하고 있다. 아마도 그가 쓰는 방언의 발음인 듯하다.

그런 평양에 기독교 선교사들이 처음으로 들어간 것은 1887년이었다. 그 이후 선교사들의 발걸음이 자주 오가다가 1893년에 미국 북장로교 선교부에서 평양에 선교부를 개설하기로 결정했다.

1893년 6월에 선교사 마포삼열(Samuel A. Moffett) 목사와 한석진, 최치량 등 교인들이 평양 널다리골에 집을 사서 그 곳에서 예배를 드림으로써 평양의 첫 교회가 시작되었다. 이렇게 시작된 널다리골 교회는 세월의 흐름에 따라 장소를 옮기기도 하면서 판동교회, 평양 중앙교회, 장대현교회로 명칭이 바뀌었다.

장대현교회의 신도 수가 빠르게 늘어감에 따라 계속 교인들을 나누어 새로운 교회를 설립했다. 그래서 평양성 안에 여러 교회들이 분립되어 늘어나기 시작했다. 처음으로 1903년에 남문외교회가 분립되었고, 1905년에 사창골교회가 분립했으며, 1906년에 산정현교회가 분립했다.

산정현교회는 장대현교회로부터 세 번째로 분립하여 교회가 세워짐으로써 평양에서 네 번째 교회가 되었다. 그래서 처음에는 '평양성 제4교회'라고 불렀다. 그러다가 1907년 6월에 교회를 산정현에다 새로 건축하면서 '산정현교회'라고 이름 붙여졌다. 당시 1천여 원의 예산으로 건평 56평짜리 한옥을 세워 600석 규모의 교회를 지었다고 한다.

그렇듯 1906년에 새로 설립된 산정현교회의 담임목사 직은 번하이셀(Charles Francis Bernheisel, 1874-1958) 선교사가 맡았다.

번하이셀은 한국 이름으로는 '편하설(片夏薛)'이라고 표기한다. 그는 1874년 9월 11일에 미국 인디애나 컬버에서 출생했다. 1896년에 하노버 대학을 졸업(B.A.)하고 1년 후 맥코믹 신학교에 진학하여 1900년에 졸업했다. 그해 3월에 선교사로 임명 받고, 5월 9일에 뉴 알바니 노회에서 안수를 받고 8월에 한국으로 와서 평양으로 갔다.

그는 평양에서 선교사로서 목회하면서 1906년 1월에 장대현교회로부터 산정현교회가 분립될 때 그 책임을 맡았다. 그 후 편하설 선교사혼자서 산정현교회를 맡아 시무하면서 교회를 키워오다가 1913년 1월에 처음으로 한국인 한승곤(韓承坤)111) 목사를 동역 목사로서 청빙하게 되었다. 한승곤 목사는 산정현교회의 장로로서 평양신학교에서 공부하고 1912년에 졸업했는데, 산정현교회에서 1913년 1월에 목사로청빙한 것이다.112)

한승곤 목사는 산정현교회에서 시무하다가 1916년 3월에 사임하고미국으로 떠났다. 그 후임으로 안봉주(1870-1938) 목사가 3개월 간임시 목사로 시무한 뒤에, 1917년 6월에 제2대 목사로서 강규찬(姜奎燦, 1874-1945) 목사가 청빙되었다.

강규찬 목사는 16세까지 한문 공부를 하여 한시(漢詩)에 능통했고천문지리에도 조예가 깊어 주변 사람들로부터 과학자란 칭호를 받은분으로서, 예수를 영접하고 그리스도인이 되었다. 그는 1908년부터 미션스쿨인 선천 신성(信聖)중학교에서 한문을 가르쳤다. 그는 신성중학교 재임 시에 기독교 정신으로 학생들을 교육하여 백낙준, 박형룡, 정석해 등 훌륭한 교계 지도자들을 배출하였다.

---

111) 한승곤 씨는 평남 평양 출신으로 1907년 제4회로 숭실중학교를 졸업하고평양신학교에 입학하여 1912년에 제5회로 졸업했다. 그는 산정현교회에서 1908년에 장로로 장립 받았고, 1913년에 목사 안수를 받았다. 장로로일하면서 동시에 조사로서의 일도 겸하여 시무했다고 한다.

112) 박용규, 『평양 산정현교회』, 생명의말씀사, 2006, 74~90쪽.

강규찬은 신성중학교에 근무하던 중에 105인 사건으로 체포되어 이승훈, 양전백 등과 함께 투옥되어 2년 간 복역했다. 출옥 후에 다시 신성중학교에 복직했으나, 강한 민족의식으로 늘 일경의 감시를 받았다고 한다.

1914년에 강규찬은 목회에 뜻을 두고 신성중학교를 사임하고 평양신학교에 입학했다. 그리고 동시에 선천 북교회의 조사로 임명되어 목회자의 길을 걷기 시작했다. 그의 나이 40세 때의 일이다. 그는 1917년에 평양신학교를 졸업했다. 그리고 그 해에 산정현교회의 청빙을 받고 목사 안수를 받아 정식으로 시무하기 시작했다.

처음에는 산정현교회를 이끌어가고 있던 선교사 편하설 목사와 함께 목회하는 '동사 목사'의 자격이었다. 1917년 6월에 강규찬 목사가 부임했을 당시 산정현교회의 교세는 재적 교인 6백여 명으로서 매 주일 출석 교인이 4백여 명이었고, 당회원 6명에 제직들이 14명, 여권사가 1명, 권찰 구역 12구역에 남녀 권찰이 36명이었고, 1년 소요 경비는 1천여 원이었다고 한다.113)

교인들이 증가함에 따라서 교회가 비좁아졌다. 그리하여 1918년 4월에 총 공사비 4천여 원을 들여서 교회당 건물을 40평 증축하였다.

1919년 3·1운동으로 강규찬 목사와 교인 조만식 씨가 투옥되었다. 강규찬 목사는 경성 감옥에 수감되었고, 조만식 씨는 평양 감옥에 수감되었다. 조만식 씨는 1920년 3월 13일에 출옥했고, 강규찬 목사는 4월 10일에 출옥했다. 강규찬 목사가 감옥에 있는 만 14개월 동안 편하설 선교사가 혼자서 5명의 장로들의 도움을 받으면서 산정현교회를 이끌

113) 박용규, 『평양 산정현교회』, 생명의말씀사, 2006, 90~102쪽. 참조.

어갔다. 그 뒤 편하설 선교사는 산정현교회 목회에서 물러나고 강규찬 목사 혼자서 목회했다.

1931년은 강규찬 목사가 산정현교회에서 목회한 지 14년이 된 해였다. 당시 강규찬 목사의 나이는 57세였다. 그런데 이 해에 산정현교회 당회에서는 목사를 바꿀 계획을 세웠다. 미국에서 신학박사 학위를 받은 송창근을 제3대 목사로 모시기로 확정한 것이다. 그것은 송창근이 아직 미국에 있을 때의 일이었다. 당시 산정현교회의 당회원인 장로는 7인으로서 김동원, 조만식, 변홍삼, 박정익, 오윤선, 최정서, 김찬두 씨였다.

이때 함경도 출신인 송창근이 평안도 지방인 평양의 대교회를 맡게 된 배경을 두고 여러 가지 이야기가 나와 있다. 그때만 해도 각 지방 간의 교류가 적고 지방색을 무척 따졌었던 시절이었다. 그럼에도 불구하고 그런 일이 벌어지게 된 이유에 대해서 지금까지 대체적으로 거론되는 이야기는 "일본 유학 시절의 선배들인 채필근 목사와 강봉우 선생의 추천에 의한 것이리라."는 추정이다. 송창근에 대한 청빙 이야기가 나온 1931년 중반에, 채필근 목사는 숭실전문학교의 교수였고, 강봉우 선생은 숭실중학교의 교무주임이었다.

그러나 산정현교회와 같은 대교회에서 목사를 청빙하는 일에서, 단순히 "숭실전문 교수와 숭실중학교 교무주임의 추천이 있다."해서 당사자가 미국에서 귀국하기도 전에, 그리고 현재 담임목사가 계시는데도 불구하고, 그가 귀국하면 담임목사로 모시기로 당회에서 확정해놓고 귀국하기만을 기다렸다는 것은 매우 무리한 추정이다.

그보다는 "산정현교회 당회원인 장로들이 이미 송창근에 대하여 익히 잘 알고 있었기 때문이었다."고 보는 것이 보다 정확한 이야기일 것이다.

젊은 목회자 송창근은 이미 조선의 기독교계에서 매우 잘 알려진 유명한 존재였다. 우선 1922년 여름에 있었던 동경 유학생 모국 방문 순회 전도 강연회 때, 그의 강연 내지 연설 실력이 전국적으로 널리 알려졌다.

그것은 평양에서도 마찬가지였다. 당시 강연회가 평양에서도 이틀 동안에 걸쳐서 여러 차례 열렸었다. 평양 강연회 역시 대성황을 이루었었다고 하니, 평양 기독교계에서는 그때부터 이미 송창근에 대해 깊은 인상을 갖게 되었을 것이다.

김재준이 일찍이 토로했듯이 "그는 재치 있는 미남으로서 연설도 잘하고 좌담에도 능숙하고 교제솜씨도 세련된 품위 있는 청년"이었다. 그렇기 때문에 산정현교회 장로들로서는 불과 9년 전이었던 강연회 때의 기억을 생생하게 지니고 있었을 것으로 보아서 무리가 없다.

또한 송창근은 일본 유학을 가기 전이나 일본 유학 도중에, 그리고 미국에 가기 전에 이미 여러 기독교계 신문과 잡지들에 다수의 논설을 발표했었다. 그는 바울에 관한 책을 일본어에서 번역하고 편집하여 출간했고, 영어소설도 번역하여 출간했다. 그뿐더러 『기독신문』에 연재했던 "『푸린스톤』 만필"에서 보듯, 미국에 간 뒤에도 줄곧 국내의 신문 잡지 등에 글을 발표한 유명인사였다.

당시 교계에서 발행되는 신문 잡지는 그 수가 매우 적었다. 그렇기 때문에 그런 언론매체들에 글을 발표하는 사람은 곧 주목을 받게 되어 있었다. 후일 송창근 목사가 산정현교회를 사임하고 부산으로 내려갈 때 김인서 씨가 쓴 글 속에, "(송창근 목사가) 필(筆)로 변(辯)으로 이름을 날리기는 동경에서 돌아온 후 『신생명』지 집필시대였고"114)라는 대목이 있어서, 저간의 사정을 웅변한다. 그처럼 송창근은 이미 뛰어난 강연으로 주목받고, 기독교 언론매체를 통해서 이름이 널리 알려진 사람인데다가, 거기서 더 나아가 미국에서 신학박사 학위까지 받고 귀국하게 된 유명인사였던 것이다.

그래서 산정현교회 장로들이 그를 자신들의 교회 담임목사로 모시려는 욕심을 크게 낸 것이었다고 추정된다. 그래서 귀국하기도 전에 미국에 있는 송창근과 연락하여 "귀국하면 산정현교회의 담임목사로 모신다."라고 서로 확정해 놓고 기다린 것이다.

송창근 목사가 산정현교회에 부임한 것은 1932년 4월 상순이었는데, 조선 장로교회의 규정상 평양신학교를 나오지 않은 사람에게는 목사 자격을 주지 않아서 '조사(전도사)'의 자격으로 부임했다.

당시 조선 장로교회는 일본이나 미국에서 신학교를 졸업하고 귀국한 사람들로 하여금 반드시 평양신학교의 별과(別科 : 1년 과정)를 거친 뒤 '목사 시취 시험에 합격해야' 조선 장로교회의 목사가 될 수 있도록 제한했다. 아무리 일본이나 미국에서 신학교를 다니고 신학을 전공하여 학위를 받은 목사라 해도 그 사람은 '일본 목사'나 '미국 목사'에 불과했다. 그것은 선교사들의 권력이 강하게 작용했던 조선 장로교계 안에서 선교사들이 운영하고 있는 '평양신학교'가 차지하고 있던 위상을 절대적으로 만들기 위한 조치에 해당했다.

그리하여 송창근은 산정현교회에서 목회를 하면서 평양신학교에서 운영하는 특별교육과정인 '별과 1년 과정'에 등록하여 다니기 시작했다. 평양신학교에서 발행하는 잡지 『신학지남(神學指南)』115)에는 이

---

114) 김인서, 「송창근 박사 남천」, 『신앙생활』, 1936. 4월호.

때 산정현교회에서 송창근 박사를 청빙한 것에 대해서 다음과 같이 소개했다.

> 산정현교회에서는 금반 신학박사의 학위를 가지고 귀국하신 송창근씨를 조사(助事)로 청빙하였는데, 송 박사는 겸하여 숭중(崇中)에서도 교편을 잡는다더라.116)

그렇게 부임한 송창근과 산정현교회의 제2대 목사인 강규찬 목사의 관계는 꽤 뻑뻑했던 것으로 보인다. 송창근 박사가 새로 부임했는데도 강규찬 목사는 사임하지 않았다. 그래서 사택 문제도 제대로 풀리지 않았다. 산정현교회에서는 1921년에 목사의 사택을 신축했다. 본래 강규찬 목사가 부임한 1917년에 예배당 서쪽에 있는 가옥을 사서 목사 사택으로 삼았는데, 1921년에 와서 거금 3천여 원을 들여서 "목사 주택에 연결되어 있는 묘지를 매수 확장하고 삼천여 원의 총 경비로 주택을 다시 세웠다"117)는 것이다. 송창근 목사가 조사로 부임했을 때 그 교회 사택에는 강규찬 목사가 살고 있었다. 그래서 송창근과 그의 가족은 김동원 장로가 제공한 허름한 기와집에 들어가서 살아야 했다.

그렇게 평양에 부임한 당초의 모습이 송창근 목사가 이용도 목사에

---

115) 격월간지로서 매년 1, 3, 5, 7, 11월에 발행함.

116) 「평양교회 소식」, 『신학지남』 1932년 5월호.

117) 길선주, 「平壤 山亭峴敎會史記」, 길진경 편, 『영계 길선주 목사 유고선집』 제1집, 195쪽.

게 보낸 편지 속에 다음과 같이 묘사되어 있다.

……우리는 이곳까지 잘 왔소. 와서 여섯 식구가 한간 반 방을 얻어서 살아가는 중이외다. 집은 좀 좁은 감이 없지 않으나 이렇게 좁고 더러운 방에도 주님께서 함께 계신 줄 믿으니 마음이 기쁘고 즐겁기 한이 없습니다.

부임하는 벽두에 3일을 계속하여 장례식을 치르고 그 외에는 교우의 집을 찾아보는 중입니다.

1932년 4월 15일

평양에서 만우(晩雨)[118]

위의 편지로 송창근은 산정현교회에 부임하자마자 3일 연속으로 장례식을 치른 뒤 교우들의 집을 심방하고 있었음을 알 수 있다. 그것은 교회를 전임으로 시무하는 목회자가 하는 일이었다.

박용규 교수는 그가 쓴 책 『평양 산정현교회』에서 강규찬 목사가 1933년 봄까지 시무하고 사임하였다고 판단하고, 다음과 같이 기록했다.

기왕 후계자로 세우기로 한 마당에 강규찬은 1933년 봄에 산정현교회 담임에서 물러나고 송창근에게 그 자리를 인계했다. 그것은 일종의 시대적 요청이었다. 선교사 7인, 목사 53인, 장로 111인, 합 171인이 참석한 가운데 1933년 봄에 열린 평양노회 제24

---

118) 이용도, 『이용도 목사 서간집』, 장안문화, 2004, 293쪽.

회 정기노회에서 그 동안 산정현교회를 담임하던 강규찬 목사가
정식으로 사면하여 노회가 이를 수리했다.119)

  그러나 사실은 전혀 그렇지가 않았다. 송창근 박사는 1932년 4월에
'조사'의 자격으로 부임한 때로부터 즉시 산정현교회 목회자로서 단독
으로 시무했다. 그러한 당시의 산정현교회 상황을 확실하게 증언하는
자료로서 위에 인용한 송창근의 편지 외에도 김정준 목사와 조선출 목
사의 회고담이 있다.

  김정준 목사와 조선출 목사는 두 분 다 경남 출신들이다. 그들은 소
년 시절에 호주 선교회에서 운영하는 마산 호신(濠信)중학교에 다녔는
데, 1931년에 학교가 경영난으로 문을 닫게 되었다. 그러자 호주 선교
회 측은 성적이 우수했던 학생 10여 명을 장학생으로 삼아서 평양 숭
실중학교로 전학시켰는데, 그들 두 사람도 그 안에 들었다. 그들은
1931년에 숭실중학교 2학년으로 편입했다. 그들은 평양에 간 이래 교
회는 학교에서 가장 가까운 데다가 크기로는 평양에서 제일 큰 교회인
'서문밖교회'에 나갔다. 그런데 평양 숭실중학교 3학년이 된 1932년
에 송창근 목사가 미국에서 돌아와서 산정현교회에 부임한 다음부터,
그들은 산정현교회로 옮겨서 졸업할 때까지 다녔다는 것이다. 그때 일
을 김정준 목사는 다음과 같이 서술했다.

  내가 만우 선생을 만난 것은 조선출 목사와 함께 평양 숭실중학
  교 3학년때, 송 박사님이 미국서 박사가 되어 나오신 바로 그 해

---

119) 박용규, 『평양 산정현교회』, 2006, 203쪽.

였다. 평양엘 가서 1년 간은 학교서 가까운 서문밖교회에 나갔지만, 송박사님이 귀국하신 후 산정재교회를 시무하게 되자, 나는 교회를 그리로 옮겨서 매 주일 그의 설교를 듣는 것을 큰 즐거움으로 생각했다. 물론 나는 그의 설교를 언제나 노트했다. 그 노트를 내가 간직하고 있었더라면 하고 생각해 본다.

그 후 나는 이 산정재교회 주일학교 반사로부터 시작하여 성가대 대원 그리고 한때 성가대 지휘자로서 봉사하기도 했다. 더욱이 숭실학교에 다니던 동급생 조선출, 정대위와 또 광성고보생 홍순관, 숭인상업학교 생도 최봉윤 등 다섯 사람이 클럽을 조직하고 다 같이 목사가 되겠다고 마음 먹고 매일 아침 새벽기도회를 다섯 사람 끼리 모인 것도 이 산정재교회에서였고, 특히 수요일에는 송 목사님을 비롯하여 조만식 선생 등 그 교회 유력한 명사들, 시내 목사님들의 특별한 애기를 듣게 된 것도 이 산정재교회였다.

송 목사님은 장차 목사가 되려고 모인 우리 다섯 사람을 정말 애지중지 사랑하고 돌보셨다. 그의 집은 언제나 드나들 수 있었다. 우리는 마치 한 집안 식구처럼 드나들었다. 나는 한번도 그 사모님이 우리를 싫어하는 눈치를 본 일이 없었다. 나를 비롯한 우리 친구들은 이 송창근이란 인물에 미쳐 있었다고 할 것이다. 우리는 그때 신앙, 신학, 교리, 목회, 교회, 인격, 민족, 역사 등 이런 큼직한 어휘들을 제대로 이해도 못하면서도 송 목사님이 하시는 말씀은 무조건 그대로 받아 먹었다.[120]

---

120) 김정준, 「'聖貧'으로 가르쳐 주신 선생님」, 『만우 송창근』, 330~331쪽.

조선출 목사의 회고담은 이러하다.

　분명하지 않으나 우리가 학교에서 송창근 박사님에게서 성경을
배운 것은 3학년 때부터인 줄로 기억하고 있다. 그때만 해도 목사
들 중에 박사가 흔하지 않았으므로 송박사님은 젊은 학생들 사이
에 인기가 대단하였다. 그래서 우리는 그에게서 성경을 배우게 된
것을 퍽 영광으로 생각했다.

　그때 송박사님은 아마 거의 전국 미션 스쿨에 다니면서 특별집
회를 인도하신 것으로 알고 있다. 그래서 많은 뜻 있는 학생들을
발굴하신 줄 안다. 그 중 하나의 예로서 그 당시 동래 일신여학교
에서 한 여학생을 찾게 되었는데 그 분이 바로 공덕귀(孔德貴) 여
사(현재 윤보선 전대통령 영부인)였다.

　송박사님은 어느 때나 즐겨 사용하시던 단어가 있었다. 그것은
「가장 인격적」 이란 말이었다. 뿐만 아니라 그 분은 훌륭한 웅변
가였다. 그의 설교나 강연에서 깊은 그리고 어려운 이론을 기억할
수는 없었으나 언제나 감동적이었다. 그래서 우리 몇몇 학생들은
그에게 반해버렸다. 그 전까지 숭실학교에서 가까운 서문밖(西門
外)교회에 다니다가 송박사님이 평양서 산정현(山亭峴) 교회를 담
임하시게 되자 교적을 그리로 옮겼다. ……그때 송박사님은 우리
를 어떻게 보셨는지 모르지만은 우리는 그 분을 하늘같이 믿고 지
도를 받아 왔다. 말이 쉬워 그렇지 그때 한창 젊은 나이에 1년 동
안을 계속해서 새벽 기도회를 가졌다는 것은 여간한 정성이 아니
었다.121)

위와 같은 김정준과 조선출의 증언으로써, 송창근이 1932년의 조사 시절에 이미 산정현교회에서 강규찬 목사의 목회를 보조하는 것이 아니라 단독 목회를 하고 있었음을 알 수 있다. 특히 김정준의 증언에서 "송박사님이 귀국하신 후 산정재교회를 시무하게 되자, 나는 교회를 그리로 옮겨서 매 주일 그의 설교를 듣는 것을 큰 즐거움으로 생각했다. 물론 나는 그의 설교를 언제나 노트했다."고 한 것으로 보아, 송창근 박사가 1932년에 '매 주일'마다 설교를 했음을 알 수 있다. 1932년 9월에 송창근 박사는 평양노회 제23회 노회에서 '강도사(講道師)' 자격을 인허(認許) 받았다. 정식으로 목사 자격을 얻기 전 단계의 자격을 일단 받아둔 것이다.

송창근의 산정현교회 '전도사' 시절의 단독 목회를 말해주는 또 다른 증언으로서 최문환 목사의 회고담이 있다.

최문환 목사는 송창근 박사가 전도사로서 산정현교회를 시무하고 있을 때, 평양신학교 학생으로 재학했었다고 한다. 현직 전도사들이 1년에 한 학기 3개월 동안씩 신학교에 와서 교육을 받게 했던 특별과정에 속한 신학생이었다. 그는 그 3개월 동안의 신학교육을 받던 기간에 주일날이면 송창근 박사가 시무하고 있는 산정현교회에 다녔다. 그래서 당시 '전도사'로서 목회하고 있던 송창근 박사의 목회 모습을 잘 알고 있는데, 다음과 같이 증언을 남겼다.

제가 송 박사님을 알게 된 것은 송 박사님 고향인 경흥에서가 아니고 멀리 평안북도 평양에서였습니다. 지금으로부터 약 40년

---

121) 조선출, 「선생님, 죄송합니다」, 『만우 송창근』, 352~353쪽.

전이 되겠습니다만 그때 송 박사님은 미국에서 신학을 수학하시고 박사학위를 받으신 후 어떤 인연이었는지는 몰라도 평양으로 건너오셔서 산정현교회에서 전도사로 시무하시고 계셨습니다. 산정현 교회라고 하면 우리가 다 잘 알고 있는 유명한 애국자 조만식 장로님이 당회원으로 시무하시고 계셨던 교회였습니다.

물론 제도적인 이유였겠지만 신학박사이면서도 당장에 목사 안수는 못 받았고 또 자세히는 모르지만 나라의 끝 함북 출신으로서 기독교가 커다란 위세를 떨치고 있는 평양성에서 목회를 하셨다는 것은 매우 놀라운 일일 뿐 아니라 또 어려운 일이 없을 수 없었으리라 짐작이 갑니다.

그때 저는 만주 훈춘이라는 지방에서 시골교회 전도사(당시는 조사라고 명칭했음)로 시무하면서 1년에 한 학기씩(3개월) 수학하는 평양신학교에 재학하고 있을 때였습니다. ……신학교에 들어가자마자 다음 주일예배를 어느 교회로 갈 것인가 망설이던 끝에 우선 마음에 내키는 것이 산정현교회였습니다. 신학교에서 가장 가까운 곳에 서문밖교회라는 큰 교회가 있었습니다. 평양성에서는 몇째 아니 가는 큰 교회일 뿐만 아니라 당시 전국적으로 알려진 대부흥사이신 임종순 목사님이 목회하시는 교회였지만 어쩐지 산정현교회로 발길이 돌려졌던 것입니다. 그때 제가 산정현교회와 가진 처음 인연이 그해 신학교 수업을 끝마치기까지 줄곧 그 교회로만 나갔던 것입니다.

그때 제가 받은 산정현교회의 인상은 매우 깊었다고 생각합니다. 그렇기 때문에 줄곧 그 교회로만 나갔던 것입니다.

결론적으로 말씀드린다면 그때 그 교회를 목회하시던 송 박사님은 위대한 목회자이다 라고 느꼈습니다. 신분은 목사도 아닌 전도사로서 지방색을 초월한다고 하지만 나라의 끝지방 미미한 함북 출신으로서 우리나라 기독교의 본산이라 할 수 있는 대 평양성에서 몇째 아니 가는 대 산정현교회에서 권위당당하게 목회하신다는 사실에 저는 커다란 충격을 받았고 또 그대로 인정하고 말았던 것입니다.

그리고 그분의 목회이념 또는 그 목회방법이 저에게 깊은 감명을 주었다고 생각합니다. 한 가지 실례를 든다면 이런 것을 말씀드릴 수 있겠습니다.

주일 예배시간은 문자 그대로 엄수되었습니다. 일분일초도 어김이 없었습니다. 만일 조금이라도 늦게 들어온다면 그야말로 불호령이 나기 마련입니다. 이론이 너무도 정당하기 때문이지요. 예배는 하나님을 뵈려 하는 엄숙한 예절에 속하는 것인데 온다고 약속한 시간을 제 마음대로 변경하는 일이 가당한 일이겠느냐고 만일 어느 경찰서장을 면회할 시간을 약속해 놓고도 5분 15분 늦게 와서 이러쿵 저러쿵 되지 못한 변명이나 늘어 놓는다면 그것이 어찌 도리에 맞는 일이겠느냐고 만일 부득이한 사정이 생겨서 불가피 시간을 어길 경우가 생긴다면 차라리 그날 예배에는 불참하는 것이 옳을 것이라는 이론이었습니다. 너무나도 정당한 이론이었습니다.

그렇기 때문에 정각 예배가 시작된 뒤에는 누구 하나 얼씬하는 일이 있을 수 없었고 그러기에 예배의식은 그야말로 엄숙했습니다. 그리고 어린이 가진 엄마들은 언제나 뒷자리에 앉게 마련이었고 어쩌다가 울음소리가 날 경우면 어느 사이에 문을 박차고 나갔는지 두 번 울음소리를 들을 수 없도록 긴장해 가지고 있었습니다. 그만큼 예배에 정성을 다하도록 노력하는 일이 그 얼마나 성스러웠는지 그야말로 감격스러웠습니다.

저는 그때 한 학기 동안 10여 회 그 교회에 나가면서 그것도 멀리 뒷 자리에서 예배의식에 참석했을 뿐 단 한번 송 박사님 서재로 찾아가서 한 시간 대화를 나눈 일이 있었을 뿐, 그 짧은 기회가 저의 일생을 통해서 잊을 수 없는 깊은 인상을 주었다는 사실은 아무리 생각해도 그는 훌륭한 인격자요, 또 전형적인 목회자였다고 느끼지 아니할 수 없었던 것입니다.[122]

위와 같은 증언들로 미루어서, 1932년 4월 상순에 산정현교회에 부임한 이래 송창근 박사는 '조사'의 자격으로서 혼자서 교회를 이끌어가고 있었음을 명확하게 알 수 있다. 그리고 위에 나온 여러 증언들에서 '강규찬 목사'에 대한 언급이 전혀 없는 것으로 보아서, '송창근 조사'가 산정현교회에서 목회를 시작한 이래 강 목사는 예배에 참석하지 않았던 것으로 보인다.

최문환 목사의 증언으로 미루어 보아서, 송창근은 부임하자마자 '예배시간 엄수'를 통한 엄숙하고 경건한 예배 분위기를 조성하기에 노력했고, 이내 성공한 것을 보인다. 그가 예배 시간 엄수를 강조하기 위해서 든 비유가 '경찰서장 면회'라는 것이 흥미롭다. 당시는 엄혹하게 짜여진 경찰국가라 할 수 있는 시대여서, 일반인들이 일상에서 접할 수 있는 최고 권력자가 경찰서장이었다. 그래서 '경찰서장을 한번 만난다'

---

122) 최문환, 「한 시간의 대화」, 『만우 송창근』, 394~396쪽.

는 것은 매우 긴장되고 신경을 크게 써야 하는 일에 속했던 당대의 정황을 잘 보여준다.

송창근이 교인들로 하여금 그처럼 예배시간을 엄격하게 지키게 한 것은 '예배'에 대한 독특한 신학 때문이었다. 그는 "예배는 믿는 사람의 궁극적인 목적이요, 교회의 최고선"이며, "근본적인 예배는 지극한 동경과 경건과 신비와 열정과 엄숙과 성령의 움직임이 있는 예배가 되어야 할 것"[123]이라고 지적했다. 미국에서 신학박사를 받고 온 분이라서 자유롭고 느슨한 목회를 할 것으로 생각한 사람들의 의표를 크게 찌른 목회방식이었다. 송창근 박사의 그러한 목회 태도는 평양 기독교계에서 크게 화제가 되었던 듯하다. 김인서의 『신앙생활』에는 산정현교회의 경건한 예배에 관한 평이 다음과 같이 적혀 있다.

> 송창근 박사는 산정현교회 취목(就牧) 이래 예배당 정숙(整肅)을 여행(勵行)하여 처음에는 불편하다는 시비가 있더니 이제는 누구나 산정현 예배는 경건한 기분이 은혜가 된다고 말한다.[124]

숭실중학교 학생 정대위가 송창근이 귀국하기 이전인 1931년 가을에 교계 어른들로부터 들었던 이야기는 모두 정확했다. 송창근이 귀국해서 하게 될 것이라고 이야기 되었던 일들이 귀국한 그에게 그대로 주어졌다. 그는 산정현교회의 전도사로서 목회하는 한편, 숭실중학교의 성경 교사도 하고, 『신학지남』에 글을 썼다. 그리고 때로는 숭실

---

123) 송창근, 「오늘 조선교회의 사명」, 『신학지남』, 1933년 11월호.

124) 김인서, 「평양통신」, 『신앙생활』 1935년 2월호, 33쪽.

전문학교나 평양신학교에 초청되어 가서 강연이나 연설도 했다.

송창근 목사가 이렇게 산정현교회에서 목회를 하고 있을 때, 1932년 여름에 귀국하여 함북 고향집에 있던 김재준이 돌연 평양으로 왔다. 그는 이때 '덮어놓고' 평양으로 갔다고 한다.

김재준은 1928년 9월에 시작한 미국 유학을 1932년 5월에 웨스턴 신학교에서 석사학위를 받고 졸업함으로써 마무리하고 귀국했다. 그는 귀국한 뒤 고향집으로 갔다. 사 년만의 귀향이었다. 그러나 미국에서 공부하고 왔다고 하여 일자리가 생기지도 않았고 남달리 대우해 주는 것도 아니었다. 그래서 스스로 나서서 자신의 길을 개척해 보기로 했다. 그는 고향인 경흥군 일대의 교회들을 순방하는 등 애써 움직여 보았지만 사태는 여전했다. 기껏해야 "어디 시골 교회 전도사 자리로 밀어 보겠다."는 제의를 받는가 하면, 함북노회가 열리는 회령교회에 가서도 방청이나 하고 있어야 했다.

김재준은 자신을 잘 아는 곳인 고향에서의 대우가 그러한 것에 절박감을 느꼈다. 그래서 "한경직, 송창근 다 평양에 있었기에 덮어놓고 그리로 가 볼 작정"을 하고 고향집을 떠났다. 그때의 일이 『범용기』에 다음과 같이 기록되어 있다.

나는 집을 떠나 경흥군 일대의 교회들을 순방하기로 했다. 우선 사십 리를 걸어 경흥읍교회를 찾았다. 그런 시련을 겪으면서도 그 동안에 언덕 위 성황당을 뭉개버리고 거기에다 놀라운 새 예배당을 세웠다. 나는 며칠 있으며 밤 강연, 낮 심방, 청년들과의 친교 등으로 봉사했다. 거기서 수하(水下)로 내려가며 여러 교회들을 역방했다.

웅상교회는 만우 형의 본 교회여서 며칠 더 있었다. 그 교회 송원규 장로는 전부터의 친구다. 그는 내게 어디 시골 교회 전도사로 밀어 보겠다고 했다. 그러나 나는 시골 교회 전도사에는 자신이 없었다. 그 길로 회령읍에 가서 캐나다 선교사 버베지 목사 댁에서 저녁 대접도 받았다. 그런데 마침 회령교회에서 함북노회가 모이는 중이었다. 청년 전도사들은 나를 신학석사라고 치켜 올리며 따라다녔다. 문준희 전도사가 실업가 이용석 씨와 가까웠기에 이씨 저택에서 유했다.

청년들은 내가 노회 앞에서 귀국 인사라도 하게 해 본다고 노회 임원들에게 교섭했었으나 퇴짜 맞은 모양이었다. 선교사 소개도 없이 노회나 총회의 추천도 없이 제멋대로 나갔던 사람을 이제 와서 우리가 알게 뭐냐 하는 마음 뽄새는 내가 떠날 때에 동결된 그대로였다. 나는 노회 뒷좌석에서 얼마 동안 방청했다. 방청 금지까지는 아니었으니 천만 다행이라고 하겠다. 내 인상으로는 은혜도 화평도 증발된 사무 절차 뿐이었는데 예외 없이 평양신학교 출신 목사님들이니만큼 '정통신학' 일색이었다.

나는 집에 돌아오자 더 오래 집에 있을 수 없다는 절박감을 갖게 되었다. 그때 한경직, 송창근 다 평양에 있었기에 덮어놓고 그리로 가 볼 작정이었다. 나는 서울을 거쳐 평양에 갔다.[125]

송창근은 1930년 여름에 피츠버그에서 덴버로 옮겨가면서 서로 헤어진 이래로 김재준을 더 이상 챙겨주지 않았다. 귀국한 이래로도 일체

125) 김재준, 『범용기』, 풀빛, 103~104쪽.

챙겨주지 않았다. 그러나 귀국한 김재준이 혼자서 일어서 보려고 고향 땅에서 여러 가지로 애쓰고 노력했으나 모든 게 여의치 않아서 백기 투항하듯 '덮어놓고' 평양으로 찾아오자, 송창근은 흔연히 그를 받아주었다. 그래서 자신의 집 사랑방에 받아들여서 '한두 달'을 같이 지냈다. 그때 일을 술회한 김재준의 글을 보면 당시 매우 편안치 않았던 그의 마음이 그대로 드러난다.

그때 송창근 형은 산정째교회 강규찬 목사님 후임으로 예정되어 그 교회 전도사로 있으면서 성경 강사로 몇 시간 나가는 중이었다. 교회에서 제공한 그의 사택이란 무너져야 할 짜부라진 기와집이었다. 객실, 서재, 침실을 겸한 사랑채 단칸방은 불이 안 들어 장판에 물이 질퍽하고 곰팡내 나고 썩어 있었다. 식구들은 부엌에 달린 안방에 모여 지냈다.

나는 이 사랑방에서 한두 달 지냈다. 그 바로 옆에 산정째 장로 김동원(金東元) 씨 이층 벽돌 주택이 있었다. 이 허물어지다 남은 기와집도 그의 소유였다.

그때 한경직은 숭인상업학교에서 성경 교사 겸 교목 그리고 기림리 교회 임시 목사로 있다가 이천 명 출석 교인을 가진 신의주 제이 교회 담임 목사로 가게 되었다.

나는 무직자였다.126)

절박한 마음에 쫓겨서 '덮어놓고' 평양으로 '한경직, 송창근'을 찾아

---

126) 김재준, 『범용기』, 풀빛, 104쪽.

가기는 했으나, 그런 정황 자체가 '무직자 김재준'의 마음에 들 까닭이 전혀 없었다. 김재준으로서는 정말 달리 아무 데도 앞으로 헤치고 나아갈 길이 없어서 할 수 없이 평양 가는 길을 밟은 것이기 때문이다. 자존심도 많이 상하고 미래에 대한 불안도 매우 컸으리라. 종로에서 뺨 맞고 한강 가서 눈 흘긴다는 말이 있지만, 그런 상황 때문인지 그는 애꿎게 산정현교회에서 송창근에게 내어준 사택에 대한 불만이 대단했다.

"무너져야 할 짜부라진 기와집", "사랑채 단칸방은 불이 안 들어 장판에 물이 질퍽하고 곰팡내 나고 썩어 있었다.", "허물어지다 남은 기와집운운한 중에서도 압권은 "식구들은 부엌에 달린 안방에 모여 지냈다."는 구절이다. 세상에! 안방에 부엌이 달리는 것이지, '부엌에 달린 안방'이라는 게 있는가! 김재준으로서는 자신도 모르게 치밀어 오르는 불평스러웠던 마음이 교회 사택에 대해서 그런 표현까지 나오도록(비록 수십 년 뒤의 회상임에도 불구하고) 만든 것이다.

숭인상업학교의 성경 교사 겸 교목 그리고 기림리 교회 임시 목사 (실은 조사였음) 등의 임무를 맡고 있던 한경직이 '이천 명 출석 교인을 가진 신의주 제이 교회 담임 목사'[127)로 선임되어 떠나자, 숭인상업학교 성경 교사 및 교목 자리가 비었다.

그 자리에 김재준이 취직했다. 김재준의 술회에 따르면, "(숭인상업

127) 김재준의 표현은 그러하나, 한경직 관계 자료들을 보면, 1933년 초에 청빙 받아 갈 때 신의주 제2교회는 대부분 젊은이들로 이루어진 3백 명 정도의 교세를 가진 교회였다고 한다. 한경직이 가서 부흥시켜서 교세가 그처럼 늘어난 것이다.

학교의) 이사장은 산정째 오윤선(吳胤善) 장로고 이사에 산정째 조만식 장로, 김동원 장로 등이었고 교장은 조만식(曺晚植) 선생의 제자라는 김항복이었다. 이분들이 나를 교사 겸 교목으로 밀어주었다."[128)라는 것이다.

그가 거론한 분들은 모두 숭인상업학교를 경영하는 사람들이다. 그리고 학교를 경영하는 사람들은 역학관계상 '밀어주는' 사람이 아니라 '채용하는' 사람들이다. 그러니 당시 실제로 그를 '밀어준' 것은 결국 송창근일 수밖에 없고, 그분들은 그를 채용한 것이다. 그런데도 굳이 그렇게 말하고 싶은 마음자리의 언저리에 당시 김재준이 느꼈던 삶의 상처가 있는 것이다.

아무튼 드디어 직장을 잡은 김재준은 자신의 가족을 함경북도에서 불러 와서 두 칸짜리 집을 얻어서 살림을 차리면서 송창근 박사의 사랑방에서 나갔다.

제2대 목사였던 강규찬 목사가 공식적으로 산정현교회를 물러난 것은 1933년 봄이었다. 평양노회에 정식으로 산정현교회 목사직 사면을 청원하여 제24회 노회에서 수리된 것이다. 그때까지 송창근 박사는 아직도 '목사'가 아니었기에, 교회법의 규정상 '당회장'의 자격이 없었다. 그래서 당시 평양신학교 교수였던 박형룡 목사가 '임시 당회장'의 직책을 맡았다. '임시 당회장'이란 직책은 '당회'가 열릴 때에 회의 진행을 주관하는 정도의 역할에 불과할 뿐, 교회의 목회 실무 자체와는 아무런 관련이 없는 형식적 직책이었다. 이때의 일이 『신학지남』에 다음과 같이 기록되어 있다.

---

128) 김재준, 『범용기』, 105쪽.

강규찬 목사는 십여 년 시무하던 산정현교회를 금반 사임하고 본교 교수 박형룡 목사가 임시 당회장이 되고 송창근 박사가 전임 시무하게 되었는데, 교회에서는 노(老) 목사의 지난 공적을 생각하여 위사금(慰謝金) 천원을 진정(進呈)하다.[129]

'위사금'이란 '위로하며 감사드리는 돈'이라고 풀이할 수 있는 표현이다. 당시의 경제상황에서 '1천 원'은 대단한 거금이었다. 그런 거액을 '위사금'으로 드린 것에는, 송창근 박사의 부임으로 타의에 의해서 교회를 물러나게 된 강규찬 목사의 입장과 상처에 대한 보상의 성격이 있었다고 보아진다.

송창근이 조사(전도사)로서 산정현교회를 시무하고 있던 당시 상황을 강규찬 목사가 매우 불편하게 여겼을 것이라는 짐작은, 그의 사임 시기가 몰고 온 '임시 당회장' 선정 문제에서도 확인된다. 송창근 박사가 산정현교회에 자신의 후임 목회자로서 부임한 것을 강 목사가 즐겁게 찬성한 입장이었다면, 그래서 송창근 박사로 인하여 강규찬 목사의 입장이 매우 불편했던 것이 아니라면, 그는 송창근의 부임 즉시 사임했거나 아니면 송창근 박사가 목회하는 것을 거들어주면서 '목사' 자격을 딸 때까지 기다려 주었다가 사면했을 것이다.

그러나 강 목사는 그렇게 하지 않았다. 그는 송창근 박사의 목회에 일체 관여하지 않다가 그가 미처 '목사'가 되기 전인 1933년 봄에 사면했다. 그래서 산정현교회 당회에서는 외부 인사인 평양신학교의 박형룡 교수를 '임시 당회장'을 선임하는 동시에 사임한 강 목사에게 매우

---

129)「평양소식」, 『신학지남』 1933년 7월호. 76쪽.

거액의 '위사금'을 드린 것이다.

강규찬 목사가 정식으로 사임하고 물러감에 따라 송창근의 가족도 김동원 장로 소유의 "무너져야 할 짜부라진 기와집"으로부터 옮겨서 정식으로 교회 사택에 입주하게 되었다.

평양신학교의 1년 별과 과정을 이수한 송창근 박사는 드디어 1933년 10월에 평양노회에서 '목사 고시'를 통과해서 목사로 장립을 받았다. 이때 시험문제 중에 "요한복음 3장 16절을 외워 보라."는 것이 있어서 송 박사가 그대로 외웠다는 것이 두고두고 화제가 되었다.

송창근 박사가 1933년 10월에 목사로서 장립을 받음으로써 산정현 교회에서는 박형룡 목사의 임시 당회장 체제가 끝나고, 송창근 목사가 담임목사의 자격으로 교회를 이끌어 가기 시작했다. 그의 목회는 매우 성공적이었다. 설교에 능하고 사람을 끌어당기는 카리스마와 친화력이 대단하면서도 '경건'을 강조하는 성실한 목회였기에, 나날이 교인들이 빠르게 늘어났다.

17. 목회자, 저술가, 신학자, 성경교사로서의 삶

송창근 박사가 산정현교회 목사 시절에 살아간 방식은 실로 다양했다. 한 사람이 어떻게 그리도 많은 일을 할 수 있을까 싶게 매우 부지런하게 살았다.

그는 경건하게 주일을 지키며 매 주일 설교와 심방을 부지런히 하는 일반 목회자로서의 삶을 열심히 살았고, 신학자이자 저술가로도 부지런히 활동했다. 그는 여러 기독교계 언론매체에 글을 썼는데, 그 중에서 특히 『신학지남(神學指南)』 잡지의 고정 필자로 왕성하게 집필했다. 그리고 전국의 여러 교회에서 사경회130) 강사로 초빙 받아서 각지의 사경회들을 인도했고, 특히 전국의 각급 기독교 학교들에서 매우 인기 있는 강연자로 자주 초빙 받았다.

『신학지남』은 평양신학교에서 발간하는 잡지였다. 편집 책임자 겸 주필은 평양신학교 신약학 교수인 남궁 혁131) 박사로서, "리버럴한 편

---

130) 사경회 : 요즘의 부흥회와 흡사한 교회의 특별집회.

이었고 소탈하면서도 어른다운 '보스' 풍격의 분"(김재준의 평)이었다. 남궁 혁 박사는 채필근, 송창근, 한경직, 김재준의 네 사람을 동인(同人) 격의 기고인(contributor)로 삼아서 매 호 글을 발표하게 했다.[132] 그리하여 1930년대에 발표된 송창근의 글이 다수 『신학지남』의 지면에 실려 세상에 알려졌다.

---

131) 남궁 혁(1882~1950) : 한국인 최초의 신학박사이자 최초의 신학교 교수였다. 1882년에 서울에서 출생하였고, 세 살 때 외조부가 평양감사로 부임하자 평양에 따라가서 일곱 살 때까지 평양에서 성장했다. 1896년에 배재학당에 입학하여 신학문을 배웠다.

　　졸업 후에 인천세관과 목포세관 등에 재직했다. 1908년에 게일 선교사의 주례로 결혼했고, 목포 영흥중학교 교사, 광주 숭일중학교 교사를 역임한 뒤에 1917년에 평양신학교에 입학하여 1921년에 제15회로 졸업하여 목사가 되었다.

　　1922년에 미국으로 유학하여 프린스턴 신학교에서 공부하여 1924년에 신학석사 학위를 취득했다. 리치몬드의 유니온 신학교 박사과정을 이수하고 귀국한 뒤 평양신학교 교수가 되었다. 한국에서 학위논문을 작성하여 유니온 신학교에 보낸 결과 1927년에 통과되어 신학박사가 되었다.

　　교수직의 수행과 함께 성서번역사업에도 힘썼고, 평양신학교 교지인 『신학지남』의 주간으로 활약했다. 1938년 9월 20일에 평양신학교가 신사참배를 거부하고 사실상 폐교되자 중국 상해로 망명했고, 해방이 된 뒤에 귀국했다. 6·25전쟁 때 공산당에 납북되었다.

132) 김재준, 『범용기』, 108쪽. 그러나 네 사람 중에서 한경직은 별로 글을 발표하지 않았다.

송창근은 또한 숭실중학교의 성경교사로서 자라나는 학생들에게 성경을 가르치는 일에도 성심을 다했다. 평양 굴지의 큰 교회인 산정현교회를 시무하는 일만으로도 너무도 바쁠 텐데도, 그는 젊은이들에게 '성경 가르치기'를 쉬지 않았다. 그는 본래 성경을 공부하고 가르치는 일에 매우 중요한 의미를 부여했던 사람이었다. 그래서 과거의 일본 유학시절에도 동경 YMCA에서 유학생들을 상대로 성서연구반을 지도했었다.

정대위 목사의 회고담에 그가 숭실중학교에서 성경을 가르치는 모습이 나온다.

내 상상 속에 그려져 있던 만우 선생은 웬지 모르지만 장신거구(長身巨軀)의 멋장이 서양풍(西洋風)의 장년 신사였다. 그러나 그 이듬 해에 그가 숭실학교에 정말 부임하여 성경교사로 우리(정준, 선출 그리고 나)의 클라스 강단에 처음으로 등단했을 때는 내가 내 상상 속에 그려보든 만우 선생의 예견상(豫見像)과는 상당히 다른 분인 것을 발견하였다.

그는 내 예상보다 더 멋장이였는데 흰 모시 두루마기 차림의 순한국 의복을 맵시 있게 입은 호리호리한 미남형의 신사였다. 후일 그의 중학 동창이었던 신태수 박사가 어린 시절의 만우 선생을 회고하면서 「계집애 같은 미소년이었다」고 하시던 말씀에 수긍이 간다.

학생들의 「기립(起立)」과 「예(禮)」의 절차도 거의 무시한 채 등단하신 만우 선생은 흑판에다가 그의 특유한 초서 달필로 「송창근(宋昌根)」 세 글자를 써 놓으셨다. 그리고 돌아서시면서

「나 이런 사람이외다」하고 첫마디 말씀을 떼신 것이다. 그리고 그것이 성경 시간이었음에도 불구하고 그의 첫 강의는 「시론(詩論)」이었다. 그 당시 우리 학생들에게는 성경 시간은 매우 지루하고 갑갑한 시간이었는데 만우 선생은 우리들의 마음의 자세를 고치기 위해서 그의 「탈속(脫俗)」한 모습을 여실히 보여 주셨는데 그의 첫 강의도 이런 모양으로 아주 Extra-ordinary한 것이었다.

더우기 나를 놀래인 것은 그가 시론을 펴기 위해 가져오신 교재였다. 그것은 바로 그 달 호인 「동광(東光)」이란 흥사단 계의 월간 잡지였고, 그가 읽고 비판한(여지없이 가혹하게시리) 시는 그때에 문학소년으로 자처하던 내가 그 잡지 학생란에 투고해서 발표된 치졸하기 이를 데 없는 산문시였다. 그는 그 시를 한번 낭독하고 「이런 걸 다 시라고 해서 쓴 학생이 이 클라스에 있다」하고 온 클라스를 돌아 보셨는데 얼굴이 홍당무가 된 나는 몸둘 바를 몰랐다. 이것이 만우 선생과 나의 처음 대면이다. 클라스가 끝난 다음에야 그는 출석부를 불렀는데 내 이름에 와서 「너 오늘 저녁에 우리 집으로 오너라」고 하셨다. 그는 아마도 미리 나를 알고 계셨던 것이 분명하다.133)

성경교사로서, 그가 매우 새롭고 신선한 방식으로 학생들에게 다가간 모습이 확인된다. 그는 산정현교회를 시무하는 동안 각지에 있는 기독교 학교의 초청으로 거의 전국을 돌아다니다시피 했다. 그리고 간 곳

---

133) 정대위, 「神學校와 晚雨 先生」, 『만우 송창근』, 422~423쪽.

마다에서 그처럼 새롭고 신선한 방식으로 학생들에게 성경에 대한 가르침을 베풀었다. 그래서 그의 영향으로 전국의 각 학교에서 신학을 전공하여 목사가 되기로 결심한 학생들이 많이 나왔다.

당시 일신여학교에 재학 중에 송창근 목사를 처음으로 알게 되었던 공덕귀의 회고담은 다음과 같다.

1933년 봄, 나는 모교인 우리 일신(日新) 동산에서 처음으로 송창근 목사님을 뵙게 되게 되었다. 호주 선교회에서 설립하여 경영해온 동래 일신여학교는 관례에 따라 그 해에도 특별성서연구집회를 가졌는데 그 모임에 초청 강사로 오신 분이 만우 송창근 목사님이셨다. 그때 여학생들의 눈에 비친 송 목사님은 적당한 몸매에 세련된 검정 양복, 그리고 흰 타이를 하셨는데 그 모습은 카톨릭 신부를 연상케 했으며 경건한 인상을 우리들에게 못박아주었다. 재치 있는 말솜씨, 독특한 테마의 구사(驅使)—. 경남 동래라는 곳이 본래 불교를 숭상하는 곳이기에 대부분의 학생이 불교에 젖어 있고 기독교에 대한 깊은 이해를 갖고 있지 못했다. 밋숀 스쿨의 교육을 받고 있기는 하였으나 성경은 하나의 교과목으로 또 채플 시간은 의무적으로 참석해야 하는 극히 형식적인 사고들을 하고 있었다.

그러나 송 목사님의 성서해석은 우리들에게 새로운 인식을 갖게 하였고 기독교에 대한 새로운 흥미를 불어 넣어주셨다. 모든 학생들로 하여금 무어라 말할 수 없는 기쁨과 감격, 진지하고 놀라운 새 발견을 하고픈 갈망을 느끼도록 해주셨다. 그때 깊은 감명에 잠겨 들었던 말씀을 지금 나는 일일이 기억 못한다. 그러나 강단에 서서 말씀하시던 목사님의 영상(影像)은 지금도 뚜렷하게 남아 지워지지 않는다.

송 목사님께서는 내가 키도 크고 또 만학이란 것을 아셨던지 교장실로 부르셔서 "마리아는 이 선한 것을 택하였으니 빼앗지 못하리라"는 성구를 싸인해 주셔서 그때의 벅찬 기쁨은 형언할 수도 잊을 수도 없는 귀한 추억이 되었다. 그 다음 해인 1934년에도 초청되어 오셨던 것을 기억한다.[134]

당시 송창근 목사가 가르친 숭실학교의 성경과목시간이 숭실중학교 학생들에게 미친 영향 및 전국 각지의 미션 스쿨에서 그가 인도하는 학생 성경강좌가 각 학교 학생들에게 미친 영향은 대단했다. 다음 기록을 본다.

엄요섭 목사도 송박사가 평양 산정재교회 시무 때 함흥 영생중학교에 가서 사경회를 인도했는데 그때 받은 감화로 목사될 것을 결심했다 한다. 정계에서 주역으로 활약하다가 요즘은 법조계에 있는 황성수 목사도 숭실학교 재학중에 송박사의 감화로 목사가 될 결심을 했다 한다.

황성수 목사는 그때 성경교사로서의 송박사를 이렇게 회고한다.

"1931년 내가 3학년때에 송박사님을 처음 뵈었지요. 그때 송박사님 교수법은 다른 선생님들과 너무나 달랐어요. 정의의 예언자 아모스, 사랑의 예언자 호세아, 성(聖)의 예언자 이사야 등을 알기

---

134) 공덕귀, 「聖句 싸인으로 주신 교훈」, 『만우 송창근』, 437~438쪽.

쉬우면서도 현실적인 해석에다 문학적 표현으로 원고를 써서 필기를 시켜주었지요. 그리고 시편 강의에서도 신령하면서도 시적인 맛을 알게 해주어 학생들이 모두 좋아했습니다. 특히 전도서를 강의하면서 회의주의로 고민하다가 빛을 보는 테마로써 플라톤의 이상주의, 괴테의 파우스트, 섹스피어의 하므렡 등 작품이나 글을 인용해가면서 설명하시는 것이 인상 깊었어요. 그분의 열의는 젊은 세대들에게 비죤(vision)을 심어주는 것이었습니다. 꿈이 없는 민족은 망한다고 예배시간에 말씀하곤 하시던 것이 기억납니다. 성 프랜시스에 대해서도 강의를 해주시고 시문(詩文)들에 대하여도 강평을 하셨지요. 그때 배운 사람들 중에 처음에 시를 쓰다가 소설가가 된 황순원씨, 작고한 시인 김현승씨 등이 있습니다. 시편도 우리말로 새로 번역해서 문학적인 맛을 일깨워 주셨습니다. 저는 그때부터의 인연으로 뒤에 송박사님께서 성남교회를 목회하실 적에 한때 도와 드리는 뜻으로 바이블 클라스를 맡아 인도하기도 했습니다.[135]

송창근 목사는 자라나는 학생들을 상대로는 이처럼 신선하고 새로운 방식으로 성경을 가르쳤다. 그러나 기성 교회와 교단을 상대로는 질책과 경고의 울림을 사양하지 않았다. 그는 『신학지남』을 비롯한 여러 지면에 많은 글을 썼다. 특별히 『신학지남』에 지속적으로 대량의 글을 게재했다.

「요한 칼빈의 일생」, 「조선교인의 신앙을 논하야 성서적 신앙에

---

135) 만우 송창근 선생기념사업회, 『만우 송창근』, 44쪽.

급함」, 「새 생활의 전제」, 「그리스도의 애모」, 「신학자와 설교가」, 「기독교 윤리 문제」, 「오늘 조선교회의 사명」, 「진리를 말하는 사도: 디모데 전서 2장 7절」, 「유혹3: 예수의 유혹의 영원한 가치」, 「말슴에 대한 묵상」, 「조선 기독교의 위기」, 「목사의 사생활론」, 「예정신학에서 예정신앙에」, 「감격의 생활」 등이다.

그 중에서 특히 토마스 아 켐피스의 『Imitation of Christ』를 그가 새롭게 번역한 글인 「그리스도의 애모」는 장기간 연재되었다.

위의 글들은 오늘날 송창근의 사상과 정신을 알려주는 매우 중요한 자료가 되고 있다. 당시로서는 보기 드물게 그는 거의 어문일치에 가까운 평이한 문체로 이해하기 쉽고도 깊이 있게 참된 신학에 대해서 말하고, 제대로 된 신앙에 대해서 설파했다.

이때 송창근이 쓴 글들에 대하여 고찰하면서 이덕주 목사는 다음과 같이 지적했다.

송창근의 교계 비판은 성경과 기독교의 전통을 부인하는 자유주의 신학, 기독교를 사회운동, 농촌운동, 민족운동의 한 방편으로 인식하는 근대주의 신앙 흐름에 대한 비판으로 이어지며 나아가 도덕적 책임의식이 결여된 자기만족의 신비주의 신앙, 종교적 감정에만 의존하는 경건주의 신앙을 비판하는 것으로 발전한다. 그는 이 같은 한국교회 안의 형식주의, 세속주의, 개인주의, 감정주의 문제점을 해결할 수 있는 대안으로 '성서적 신앙'을 제안하였다. 그는 자신의 설교와 글이 비판을 위한 비판이 되지 않도록 주의하였다.

1933년 8월부터 토마스 아 켐피스의『Imitation of Christ』

를 "그리스도의 애모"라는 제목으로 번역하여 『신학지남』에 연재하기 시작한 것도 대안 제시의 성격이 컸다. 아시시의 프란체스코와 더불어 토마스 아 켐피스는 그의 신앙과 신학의 뿌리라 할 수 있을 만큼 그에게 중요한 의미를 지니고 있었다. 프란체스코의 '성빈(聖貧)'과 아 켐피스의 '성화(聖化)'를 신학과 목회의 두 기둥으로 삼았던 것이다. 이것이 바로 그가 그토록 자주 언급했던 "감격 있는 신앙", "체험과 실천이 조화를 이룬 신학"의 내용이다.136)

이 시기에 있었던 특별한 일로 '『아빙돈(Abingdon) 단권 성경주석』 사건'을 들 수 있다. 1935년에 감리교의 유형기 목사가 『아빙돈 단권 성경주석』을 출판했다. 이 책은 감리교가 조선 선교 50주년을 기념하기 위한 사업의 하나로써 기획하여 유형기 목사의 책임 편집 하에 번역하여 간행한 것이었다. 기독교계의 인사들 52명이 각기 책을 나누어 맡아서 번역해서 한 권의 책으로 묶어 출판한 것인데, 원저의 저술체계가 성서의 고등비평 방식을 수용한 다소 '리버럴'한 것이었다. 특히 구약 쪽의 '리버럴'한 해석이 문제가 되었다.

그래서 책이 출간되자, 그 해 9월 6일에 평양 서문밖교회에서 열린 장로교 총회에서 문제가 되었다. 황해노회장 김응순이 "경성 신생사 발행 단권 성경주석은 구독지 않도록 장로교회에 선포하고 장로회 각 기관으로 동서(同書) 선전 편의를 불허할 것"을 청원하여 가결되었고, 집필자들에게서 공개 사과를 받기로 결정했다.

번역자 혹은 집필자 52명 중에 장로회 소속 인사로는 채필근, 송창

---

136) 이덕주, 「송창근 목사의 설교 두 편」, 2006.

근, 한경직, 김재준의 네 명이 들어 있었다. 총회에서 문제가 되자 채필근은 재빨리 "잘못했고, 다시는 집필하지 않을 것이고, 재판이 발행될 때에는 자기 글을 빼도록 하겠다."라고 사과하여 빠져나갔다.

그러나 송창근, 한경직, 김재준은 "우리가 번역한 내용에는 아무런 문제가 될 것이 없다."하고 그냥 버티었다. 그들이 번역한 부분은 신약의 일부였기 때문에, 문제의 '성서의 고등비평학'과는 아무런 관련이 없어서 실제로 문제될 것이 전혀 없었던 것이다.

그러나 그들이 버티자 남궁 혁 박사에게 "그들을 『신학지남』의 필진에서 빼라."는 압력이 들어갔다. 그래서 난처해진 남궁 혁 박사가 세 사람에게 권유하여 '성명서'를 발표하도록 했다. 그래서 세 사람은 『신학지남』 1935년 11월호에 다음과 같은 '성명서'를 발표했다.

> 금번 문제된 신생사 발행 단권 성경주석에 대하야 본인 등은 총회의 권고를 따라 좌와 여히 성명함.
> (一) 본인 등이 집필한 부분은 장로회 신경에 위반됨이 무함.
> (二) 타인 등이 집필한 부분이나 전체 편집에 대하야는 본인 등은 상담 혹 관여한 사가 무함.
> (三) 본 주석의 내용에 대하야는 이미 제24총회에서 결정된 것인 바 본인 등은 집필자의 일원으로서 유감의 의를 표함.
>
> 1935년 10월 19일
> 송창근
> 김재준
> 한경직[137]

---

137) 『신학지남』, 1935년 11월호.

위와 같은 '성명서'를 내자 "내나마나한 성명이라는 둥, 어느 쪽이 '유감'이란 말인지 모르겠다는 둥 뒷말이 많았다."고 한다. 그러나 그것은 문자 그대로 '뒷말' 수준이었고, 사건은 그대로 마무리되었다.

송창근이 평양에서 쓴 글 중에서 제일 유명한 것이 『신학지남』에 쓴 「감격의 생활」138)이다.

그는 "감격이 없는 인생생활에는 창조적 생명이 없다."는 말을 전제로, "우리가 밤낮 새 것을 말하고 새 일을 꾸밀지라도 우리에게 새 것이 없고 창조적 운동이 없고 참된 변화가 없음은 우리에게서 감격이 떠나간 때문이외다. 감격이 없기 때문에 우리는 불의를 보고도 의분에 날뛸 줄 모르고 천대를 받아도 부끄러워할 줄 모르고 진선미에 부딪치어도 그 마음에 영적 약동이 없는 것이외다."라고 진단했다.

그는 "우리의 신앙의 근본 문제가 생명과 생명의 감격이라고 불러도 지나치는 말이 아닙니다. 옛날 구약시대 예언자들의 생활을 읽어 보던지 사도들의 생활을 더듬어 보던지 또는 교회 역사에 나타나는 위대한 성인들의 경건한 생활을 뒤져 보면 전생(全生)이 도시 감격이었던 것을 우리는 의심하지 않습니다. 많은 예를 들어 말할 겨를이 없거니와 칠백여 년 전 이태리 남쪽 앗시시의 성자 푸랜지에스코와 같은 어른의 위대한 생활기록을 읽을 때 누구가 눈물과 탄식과 감격이 없을 수 있으리까? 그의 기록을 읽노라면 전부가 마음과 마음의 감격이오 인격과 인격의 감격이오 영과 영의 감격뿐입니다. 슬픔도 기쁨도 성빈도 조롱과 천대 받음도 전혀 감격으로 일관한 것이 아니오니까. 이제 우리 조선 기독교 청년으로써 현실에 있어서는 자연에 감격할 줄 알고 인정에

---

138) 『신학지남』, 1935년 5월호.

감격할 줄 알고 예수의 인격과 예수의 십자가에 감격할 줄 안 연후에 농촌을 말하고 산업을 말하고 민족의 전도를 염려하여야 할 것이외다." 이라고 강조했다. 그리고 그는 "형제들아. 자매들아. 이해타산을 떠나서 피와 눈물이 얽힌 주님의 사랑의 감격에서 살기를 약속하사이다!" 라고 절규했다.

'감격'은 메마른 들판에 내리는 비와 같다. 생명을 움트게 하고 자라게 한다. 메마른 들판과 같은 나날의 삶을 '감격'으로 채우면서 살아갔던 송창근의 모습과 신념이 선명하고 아름답게 드러난 글이다.

18. 산정현교회를 떠나다

본래 큰 교회였는데다가, 송창근 목사의 지도 아래 산정현교회는 날로 더욱 부흥되어갔다. 교인 수가 많이 늘어서 교회 건물이 비좁아졌다.139) 교회 건물은 한식으로 건물 내부에 여기저기 기둥이 박혀 있는 모습이었다. 그리하여 1935년 여름부터 교회를 새로 짓는 문제가 대두되었다. 교회당 신축에는 전 교인이 모두 동의하여 공감대가 형성되었다.

교인이 늘어서 교회를 새로 늘려 지어야 한다는 일은 기쁜 일이다. 그러나 뜻하지 않게 교회당 신축자금 때문에 문제가 일어났다. 송창근 목사가 산정현교회에 부임한 이래 처음으로 목사와 장로들 사이에 큰 의견 대립이 일어났다. 교회 건축자금 문제로 인한 의견 충돌이었다.

교회에는 이미 비축된 재산이 많이 있었다. 교인들이 특별한 사용 목

---

139) 유감스럽게도 '송창근 목사가 시무할 때 산정현 교회의 교인 수가 얼마였는가'에 대한 통계가 아직까지 발견되지 않았다.

적을 밝히고 그걸 위하여 헌금한 재물들, 또는 죽으면서 기증한 재물들이 많이 모여 있었다. 장로들은 교회 신축을 그 자금으로 하자고 나섰다. 그러나 송창근 목사의 의견은 달랐다. 그 헌금은 헌금한 이들이 제시한 특별한 용도에 따라서 사용되도록 해야 하고, 교회 신축은 새롭게 교회 신축을 위한 헌금을 해서 지어야 한다는 것이었다.

세상적인 눈으로 본다면, 이때 장로들이 보인 행태를 충분히 이해할 수 있다. 교회당을 새로 짓는다면 아무래도 장로들에게 제일 먼저 "건축헌금을 내라."는 유형무형의 압박이 가해진다. 그리고 장로들은 당연히 일반 교인들보다 더욱 많은 헌금을 낼 것으로 기대된다. 당시 산정현교회 장로들은 교회에 이미 비축되어 있는 재물을 사용함으로써 그러한 건축헌금 압박에서 피할 길을 찾은 것이다. 그런데 송창근 목사가 거기 제동을 건 것이었다.

송 목사로서는 그간 자신이 세워놓은 권위와 지도력에 대한 자신감이 있었다. 장로들이 처음에는 반대한다 해도 자신이 강력하게 밀고 나가면 이내 수그러들 줄 알았다. 그러나 장로들의 입장은 완강했다. 게다가 장로들 중에서 그가 부임한 뒤에 새로 장로로 뽑은 '홍 장로'의 행태가 송 목사의 눈에도 마음에도 너무나 거슬렸다. 그가 다른 장로들보다 앞장서서 크게 설쳐대면서 정면에서 송 목사에게 반기를 들고 나선 것이었다.

'홍 장로'의 그런 행태는 송 목사로서는 너무도 뜻밖인 일이었다. 송 목사가 산정현교회에 부임한 뒤에 보니까, 홍 모 집사라는 교인은 매우 가난하고 배운 것도 전혀 없는 사람으로서 시장에서 채소장사를 하고 있었다. 그런데 예수 믿고 교회 일 하는 것에 아주 극진했고 열심이었다. 그래서 송 목사는 그를 장로로 만들고 싶었다. 산정현교회는 본래 전국적인 명성을 지닌 거물급 장로들이 진치고 있는 교회로 유명했는데, 그런 유명인사들만이 아니라 무명의 보잘것없는 사람도 예수를 열심히 믿는 믿음 하나만으로 그들과 같은 장로가 될 수 있다는 것을 세상에 보여주고, 그가 그 유명한 장로들과 함께 어깨를 나란히 하여 교회를 섬기면서 열심히 교회 일을 하는 것을 보고 싶었던 것이다. 그 또한 목사의 욕심이라 치면 욕심이로되 참으로 선한 욕심이었다.

송 목사가 홍 모 집사를 장로로 만들고자 하는 뜻을 밝히자 기존의 유명한 장로들이 모두들 반대했다고 한다. "아무래도 한 교회의 장로라 하면,", 배움도 어느 정도 있어야 하고 기타 사회적인 여건도 어느 정도는 갖추어져 있어야 하고……, 그런 식의 반대였다. 그러나 송 목사는 그런 반대에 동의하지 않았다. 그래서 송 목사가 평신도들에게 직접 영향력을 발휘해서 장로 투표에서 그가 뽑히도록 밀었다. 그 결과, 그 '믿음 좋은 홍 집사'는 '홍 장로'가 되었다.[140]

그런데 건축헌금 문제로 송 목사와 당회원인 장로들 사이에 갈등이

---

140) 이때 송창근이 무식하고 돈도 없는 홍 집사를 장로로 민 것에는 고향 교회에서 있었던 성공적인 사례가 큰 영향을 끼친 것으로 보인다. 조승제 목사의 글에 의하면, 송창근의 고향인 웅기 교회에는 "인품이 좋고 지조가 고상한 홍재우(洪在祐) 장로가 있었다. 그는 재산도 없고 학식과 지위도 별로 없는 분이긴 하지만 하나님께 충성하고 사생활에 정직하고 진실한 분으로 만인의 사표가 되었다. 그에게는 사생활에 일화가 많았다. 참으로 겸허한 어른이었다. 웅기지방을 중심하고 현재 한국교계에 명실 공히 좋은 지도자를 많이 내었는데, 그들의 대부분은 홍 장로의 직접간접적인 감화가 많았다."고 한다.(조승제, 『목회여화』, 89쪽.)

일자, 다른 사람 아닌 홍 장로가 제일 앞장 서서 매우 설치면서 반대하고 나섰다. 본래 무식한 사람이라 반대도 무식하게 했는데 다른 장로들은 방관했다. 아마도 송 목사가 자신들의 반대를 무시하고 그런 사람을 장로로 뽑았다가 그렇게 당하고 있는 것에 대한 고소한 마음도 있었을 것이다.

송 목사는 그런 사태를 당하면서 강한 위기의식을 느꼈다. 이것은 본질적으로 '교회 신축 문제'의 차원을 넘어서는 중차대한 사태라고 받아들인 것이다. 그는 이런 분위기가 바뀌지 않는 한 자신이 더 이상 산정현교회에서 목회할 수도 없고, 또 목회할 필요도 없다고 느꼈다.

아마도 당시 산정현 교회 장로들인 조만식과 김동원 등이 『조선일보』의 경영에 참여하여 조선일보사 사옥을 삼십만 원을 들여서 새로 건축하려고 한다는 소문이 나돌고 있었던 사실도 그의 그런 결심을 부추겼을 것이다. 그러한 저간의 사정을 보여주는 자료가 있다. 김인서가 자신의 잡지 『신앙생활』에 쓴 다음과 같은 촌평이다.

> 하나님은 부자의 돈으로 전도하지 아니하시고 가난한 사람의 푼돈으로 전도하십니다. 삼십만원 대신문 사옥을 건축하는 산정현 교회 장로들이 산정현 마루에 언제나 삼 만원짜리 예배당을 헌당(獻堂)하겠는가. 조선에 아름다운 것은 사옥(社屋)보다 교사(校舍)보다 상회(商會)보다 하나님을 찬송하는 예배당이어니.141)

1936년 4월에 송창근은 장로들이 자신의 의견에 끝내 따르지 않을

---

141) 김인서, 「平壤之片言」, 『신앙생활』, 1935년 8·9월호.

경우를 대비하여 마지막 통첩을 준비했다. 그리고 당회를 소집했다. 장로들은 여전했다. 그래서 그는 그 자리에서 담임목사 직 사임을 선언했다.

그리고는 곧장 평양을 떠날 준비를 했다. 갈 곳은 이미 생각해 두었다. 부산이었다. 거기는 호주 선교부 관할 구역이었다. 부산에서 호주 선교부 소속 매켄지[142] 선교사가 나병환자들을 돌보는 큰 병원을 세우고 그들을 돌보는 목회를 하고 있었다. 청년시절부터 늘 아시시의 성자 성 프란시스를 진심으로 기리고 사모하고 있었던 송창근은 본래 빈민을 대상으로 선교하는 일에 큰 관심을 갖고 있었다. 일이 이렇게 되자 그는 그대로 부산으로 가서 매켄지 선교사와 함께 나병원에서 일하기로 결정한 것이다.

송창근 목사가 사임 의사를 표시했을 때, 누구보다도 당회원들이 제일 크게 놀랐다. 교회 건물 신축 문제가 필수적으로 제기될 만치 교회가 크게 부흥한 상황이란 것은 당회원들로서도 매우 기쁜 일이었다. 다만 교회 신축자금 마련 문제에 대하여 서로 이견이 생겼을 뿐이라서 목사님 쪽에서 양보해서 모든 일이 편편해질 것을 바라고 버틴 것인데, 그것이 '담임목사 직 사임'이라는 천만 뜻밖의 일로 번진 것이다.

---

142) 매켄지(Mckenzie James Noble, 梅見施, ?~1956) : 호주 출신 선교사. 1910년 2월에 호주 장로교 선교사로 내한하여 부산 나병원 원장으로 28년간 재임하면서 나병환자 치료에 큰 성과를 거둠. 소외된 환자를 위한 교육시설과 교회를 설립했다. 1915~1938년에 부산 일신여학교의 설립자 대표로 학교 발전에 헌신했고, 1938년에 은퇴후 귀국하여 1940~1941 빅토리아성 장로교 총회장을 역임함.

당회원인 장로들은 즉각 사임을 만류했다. 은혜롭게 추진해야 할 교회 신축 문제에서 당회원인 장로들이 고집을 부려서 돌연 목사를 잃게 된 상황이란 것은, 그 자체로 매우 난감한데다가 더욱이 일반 교인들을 대할 면목이 전혀 없기 때문이다.

그러나 송창근 목사는 단호했다. 마지막 당회를 마친 뒤 즉각 이삿짐을 쌌다. 사태를 알게 된 교인들이 달려와서 사택을 가득 메우고 울며 불며 만류했다. 며칠 간이나 교인들은 이삿짐을 붙들고 떠나지 못하도록 버티었다. 그러나 송 목사는 완강했다. 그런 만류를 끝내 물리치고 표표히 부산으로 떠나버렸다.[143]

이때의 일이 김재준의 글에는 다음과 같은 두 가지 버전으로 기록되어 있다.

평양에서 안정할 것 같던 무렵에 '신사참배' 문제가 났다. 목사 이하 모든 기독교인들이 예외없이 신사에 참배해야 한다는 것이었다. 그러나 전국 교역자들의 보조가 맞지 않아서 일은 난처하게 되었다. 그래서 그는 산정재 교회를 사임하고 부산에 가서 호주 선교부 후원으로 빈민사업을 시작했다.

(김재준, 「잊을 수 없는 만우」, 『만우 송창근』, 1978.)

그렇잖아도 송창근 형은 산정째를 떠나려던 무렵이었다.
산정째 당회는 그에게 너무 중량급(重量級)이었다. 조만식, 김동

---

143) 최순복 장로의 증언. 그녀는 그 사태가 났을 때 산정현교회 교인이어서 그런 모습들을 모두 직접 보고 들었다.

원, 오윤선 등 모두가 민족의 장로요 민족적 원로였다. 송창근 목사는 비전에 불 타는 젊은 재사였지만 그의 지레에 움직이기에는 장로님들이 너무 무거웠다.

만우는 고민했다. 그는 내게 이런 꿈 이야기를 했다.

예배당 출입문 바로 옆에 억 년 묵은 포도 덩굴이 있었다. 팔뚝 같이 굵은 줄기가 엉키고 설켜 주변에 뻐쳤다. 늙었지만 마른 것은 아니었다. 살아서 잎도 덮여 있다. 그러나 열매는 없었고 꽃도 피지 않은 것이었다.

"나는 이 꿈이 뜻있는 상징이라고 느꼈다. 이것이 산정쩨 교회의 모습이다."하고 만우는 시무룩해지며 말을 이었다. "나는 그 포도나무를 베어 버릴 수도 없고 가꾸어 열매 맺게 할 수도 없다. 그래서 나는 떠나기로 했다……."

송창근 목사는 단연 사표를 냈다. 그리고 교인들의 울고 불고 하는 만류를 마다하고 며칠 안에 떠나버렸다. 그는 부산 빈민촌에서 호주 선교부 후원으로 사회사업을 시작할 작정이었다.

(김재준, 「만우 평양을 떠나고」, 『범용기』, 풀빛 1983.)

유감스럽게도 위와 같은 김재준의 기록들은 모두 당대의 사실을 제대로 반영하지 않고 있다.

첫 번째 기록은 송창근의 산정현교회 사임 이유를 '신사참배'와 연결시킨 것이다. 그러나 당시는 아직까지 교회에서의 신사참배 문제가 그렇게 심각한 때는 아니었고, 송창근의 산정현교회 사임과 신사참배 문제는 아무런 관련이 없었다. 김재준 자신도 '송창근의 산정현교회 사임과 신사참배 문제를 연결한 것'에 대해 문제점을 느꼈기 때문에, 그 다음에 쓴 글에서 같은 사안을 다룰 때는 '신사참배설'을 버리고 '포도나무 꿈설'을 이유로 든 것일 터였다.

아무튼 첫 번째 기록이 들어 있는 『만우 송창근』이란 책은 세상사 람들에게 별로 읽히지 않았다. 그래서 그 영향이 별로 크지 않았다. 그러나 두 번째 기록이 들어 있는 김재준 목사의 자서전 『범용기』는 세 상에서 널리 알려진 책으로서 매우 많은 사람들이 읽었다. 당연히 '송 창근 목사의 평양 산정현교회 사임문제'와 관련해서 김재준 목사가 쓴 두 번째 기록이 주로 세상에 널리 알려졌다.

그런데 위에 인용한 것과 같은 형태로 『범용기』에 실린 김재준의 회고담이 미친 영향은 심각했다. 그가 송창근의 사임 이유로서 거론한 것이 오로지 "산정현 교회 당회의 장로들이 송창근 목사에게 너무 중 량급이고, 그의 지레에 움직이기에는 장로님들이 너무 무거웠다."는 식 의 매우 일반론적인 것인데다가, 송창근 목사는 "그래서 고민하다가 '포도나무 꿈'을 꾼 뒤에 단연 사표를 내고 며칠 안에 부산으로 떠나버 렸다."는 것이기 때문이다.

그래서 오늘날 '송창근 목사의 산정현 교회 목회' 자체에 대하여 매 우 부정적인 평가가 자리 잡는 데 결정적인 역할을 했다. 그렇기 때문 에, 여기서 김재준 회고담의 사실 여부를 검증해 보기로 한다.

우선 글의 서두에 있는 "그렇잖아도 송창근 형은 산정째를 떠나려던 무렵이었다."라는 전제가 사실과 다르다.

산정현 교회에서 교회당 신축 문제가 제기되기 전까지는 목사와 이 른바 '너무 중량급'인 당회원들 사이에 아무런 문제가 없었다. 송창근 이 1932년에 부임한 이래 1935년에 이르기까지 사 년 동안에, 교회는 매우 부흥하고 크게 발전했다. 기존의 교회가 너무 좁아서 교회당을 신축해야 할 정도로 비약적인 발전을 이룬 것이다. 그리고 어느 교회든간에 그렇다. 교회가 그처럼 크게 발전하는 중에는 목사와 당회원들 간에 문제가 일어날 소지 자체가 아예 없는 법이다.

그런데 교회 신축문제가 제기된 것은 1935년 중반기였고, 신축자금 문제에서 견해 차이가 드러난 이래 송창근은 당회원들의 의견에 계속 완강하게 맞서서 '전 교인들의 건축헌금에 의한 신축자금 확보'를 강력히 주장했다. 그러나 당회원들은 그들대로 '비축되어 있는 헌금 사용'을 주장하면서 마주 버티는 중에 1935년이 저물었고, 1936년 봄에 이르기까지 목사와 당회원들과의 사이에 의견 대립이 지속된 것이다. 김 재준이 써놓았듯이 "그렇잖아도 송창근 형은 산정째를 떠나려던 무렵" 이었다면, 그가 교회 신축문제를 두고 당회원들과 그토록 팽팽하게 대치되는 대립을 그토록 오래 지속시키지 않았을 것이다.

그러나 거의 10개월 가까이 지속된 의견 대립의 와중에서 계속 버티고 있는 당회원들에 대한 실망감과 특히 그런 반대를 '홍 장로'가 앞장서서 주도하는 것에 대한 환멸감 등이 겹쳐서, 그는 결국 교회를 사임하고 떠날 결정을 하게 된 것이다. '포도나무 꿈'으로 보자면, 이미 그가 내심으로 사임을 결심했을 때 그런 꿈을 꾸게 되었을 것이다.

송창근 목사의 직제자 김정준 목사의 글에 송창근 목사의 사임과 관련한 '홍 장로'에 대한 이야기가 나온다.

그해 여름 송목사님은 돌연히 교회를 사면하고 부산으로 내려가시고 말았다. 「전기편」에서도 보는 바와 같이 "목회에 실패했다."는 전격적인 판단 때문이었다. 자기가 세운 한 무식한 장로가 자기를 배신할 줄이야 꿈에도 생각 못하셨다. 이 사람이 장로될 때 그 유명한 장로들이 반대를 했다. 송목사의 의도는 그 유명한 장로들이 사회적 명성과 위치 그대로를 교회에서 인정받는 것보다는, 사회에서 무명하고 학식이 좀 모자라는 사람도 교회서는 장로가 될 수 있고 또 되어야 한다는 인간평등론과 교회는 결코 사회의 연장이 아니라는 것을 보여주기 위한 프로테스탄트적인 만인사제론에 의한 신도론에 의거한 것이었다. 그러나 이러한 그의 사상을 받아 이해할 만한 사람이 장로가 되지 못한 것이 유감이었다.144)

위의 같은 김정준의 증언이야말로 당시 '송창근의 산정현교회 사임 이유'를 정확하게 밝히고 있다. 그러나 김재준의 글에만 의지해서 살펴본다면, 송창근의 '산정현 교회 목회'에 대한 인상은 실제의 진실과 완전히 달라질 수밖에 없다.

산정현 교회 안에 일체 아무런 문제도 없었는데, 송창근 목사가 단지 유명한 너무도 중량급인 당회원들이 버거워서 고민하다가 '포도나무 꿈'을 꾼 것을 계기로 단연 사표를 내고 교인들의 울고불고 하는 만류를 마다하고 그것도 "며칠 안에 떠나버렸다."는 것이기 때문이다.

거듭 말하지만, 1936년 4월에 송창근이 산정현 교회를 사임한 직접 원인은 명백하게 '교회 신축자금 문제를 둘러싼 목사와 장로들과의 긴 갈등'이었다. 그리고 당시 '산정현 교회'의 현안이 바로 '교회 신축 문제'였음은, 송창근의 후임으로 부임한 주기철 목사 역시 부임한 지 몇

---

144) 김정준, 「聖貧으로 가르쳐 주신 선생님」, 『만우 송창근』, 선경도서출판사, 1978, 332~333쪽.

달 만에 '건축헌금'을 시행하여 교회 신축에 들어갔던 일로써 선명하게 증명된다.

그간 '1936년 4월에 송창근 목사가 산정현교회를 사임한 이유'에 관해서 사실과 다른 설명을 써놓은 기록들이 상당수 있었다. 그 중에는 '어빙돈 단권 성경주석 문제'라고 쓴 분도 꽤 있다. 그러나 그것은 1935년에 발표된 '3인의 성명서'로서 완전히 깨끗하게 해결된 것이다. 1936년에 있었던 송창근의 사임과는 아무런 관련이 없었다. 그 외에는 김재준 목사가 쓴 글의 영향으로 '신사참배' 문제니, '중량급 장로들 때문이었다'느니, 하는 설들이 현재 중요하게 거론되고 있다.

송창근 목사가 산정현교회를 떠나 부산으로 가던 때의 일을 김인서는 그가 발행하는 잡지 『신앙생활』에서 「송창근 박사 남천(宋昌根 博士 南遷)」이라는 제목 아래 이렇게 기록했다.

19세의 송 영수(領袖)와 22세의 김 교사(敎師)가 국경(國境) 어느 밤에 인사한 것이 송 박사와 여(余)의 처음 교제였었다. 콩 심던 호미를 내어 던지고 상경(上京)한 경흥촌 영수를 평양에서 송 박사로 대하게 되었으니, 이른바 괄목상대(刮目相對)이다.

씨는 간도에서 중학을 공부하고 피어선(彼漁善)에서 성경을 공부하고 경성 남대문교회 조사 시무와 감옥생활을 마치고, 동경 청산학원에서 신학을 공부하고 미국에서 박사 되고 평양 숭중(崇中) 교사 산정현교회 목사에 누진(累進)한 지 4년만에 금번 오스트리아 선교사 대리로 부산에 남천하게 된다.

씨는 총명(聰明)한 위에 다독(多讀)하고 다정(多情)한 위에 결벽(潔癖)의 인(人)이다. 경건문학을 애호하여 푸랜씨스 연구로는 조선에서 제1인일 것이다. 필(筆)로 변(辯)으로 이름을 날리기는 동경에서 돌아온 후 『신생명』지 집필시대였고, 평양에 와서는 한 좋은 목사로 각처에 환영받는 부흥사(復興師)였다.

그 다애(多愛)한 일면(一面)은 목회자 되기에 좋으나 그 강직(强直)한 일면은 처세도(處世道)에 불리하여 보인다. 청년 박사인 씨의 신앙의 열도(熱度)— 날로 더하고 교회 봉사의 정성이 일관하니 씨에 대한 기대는 아직 장래에 더 많다.

서도(西道) 사람이라 할 만치 서도 지우(知友)가 많고 남도(南道) 사람이라 할 만치 남도 지우를 많이 가진 평양 송 목사는 남북절충(南北折衝)의 안전판(安全瓣)이 되었거니와 남천(南遷) 후에도 남북절충의 역할을 다할 줄 믿고 송별의 부탁이 없이 보내노이다.[145]

김인서가 송창근을 부산으로 떠나보내면서 느낀 아쉬움과 애정이 역력하게 배어 있는 글이다. 김인서가 보기에, 송창근의 다정다애(多情多愛)한 성품의 다른 편에 자리잡고 있는 '결벽'과 '강직'이라는 또다른 성품 때문에 살아가는 "처세도에 불리"함을 여실하게 말해준 것이 이때의 송창근의 '남천' 곧 '남쪽으로 옮겨감'이었던 것이다.

1936년 4월에 송창근 목사가 평양성을 떠난 일은 하나의 사건이 되었다. 그는 평양을 떠나기 전에 서장대(西將臺)[146]에 가서 자신이 시무하고 있을 때 사망한 교인들의 무덤을 돌아보며 이별을 고한 뒤에

---

145) 김인서, 「宋昌根 博士 南遷」, 『신앙생활』, 1936년 4월호.

146) 아마도 서장대에 교회 묘지 또는 공동 묘지가 있었던 듯하다.

평양을 떠났다. 이 일 역시 김인서의 붓에 의해서 다음과 같이 기록되어 있다.

> 산정현교회 송창근 목사 서장대(西將臺)에 자기 교인(敎人) 무덤을 일일이 심방(尋訪)하고 부산나병원(釜山癩病院)으로 남천(南遷)할 제, 평양역(平壤驛)에는 교인들의 우름 소리. 평양을 아니 떠나지 못하는 북방(北方) 박사(博士)의 사정은 모르거니와 우는 교인들을 버리고 가는 목사의 눈물도 대동강(大同江)에 떨어졌을 것이다. 목사여교인지작별(牧師與敎人之作別)이 당여시(當如是). 실목(失牧)한 산정현교회에는 아직 후임을 청하지 못하여 교인 출석이 현저히 줄어졌다.147)

김인서가 쓴 글의 행간에서 평양역에 송 목사를 배웅하러 나간 교인들의 울음소리가 들리는 듯하다. 그가 "목사와 교인의 작별은 마땅히 이와 같아야 한다(牧師與敎人之作別 當如是)."라고 했을 만큼, 송 목사와 산정현교회 교인들이 서로 작별을 몹시 슬퍼했음을 알 수 있다. 김재준의 글에서도 그 대목만은 "교인들의 울고 불고 하는 만류를 마다 하고"라고 쓰여 있어서, 당시 교인들이 송창근과의 작별을 몹시 슬퍼했음을 드러내고 있다.

강원용 목사도 당시의 일을 들어서 알고 있었다. 그의 회고에 의하면, 이때 송창근 목사가 평양을 떠날 때 모습에 관한 소문을 들었는데 엄청났다는 것이다.

---

147) 김인서, 「平壤之片言」, 『신앙생활』, 1936년 6월호.

"평양역이 생긴 이래 딱 두 번 어마어마한 인파가 몰렸었다고 한다. 한 번은 도산 안창호 선생이 상해에서 잡혀 와서 감옥에 있다가 나와서 평양에 왔을 때의 환영 인파였고, 다음으로는 송창근 목사가 부산으로 떠날 때 배웅하는 인파가 그 못지않게 대단하게 몰려나왔었다고 하더라."

그렇게 평양을 떠나서 부산으로 간 송창근 목사는 마음이 계속 몹시 아팠던가 보았다. 부산에 가서 처음으로 어느 교회에서 설교를 하는데 산정현교회 생각 때문에 자꾸 눈물이 나서 눈을 감은 채 설교를 했더니 "목사님이 졸면서 설교를 했다."고 소문이 났다는 후일담이 있다.

송창근 목사가 당회원들과 의견이 일치하지 않는다 해서 그처럼 표표하게 산정현교회를 떠난 행위 안에는, 당시 교계의 풍토에 대한 반감과 경계가 있었던 것으로 보인다.

그 시절에는 목사와 교인들 사이에 분쟁이 일어나면 서로 끝까지 버티면서 싸우는 경향이 강했다. 같은 평양 시내에 있는 대교회이자 산정현교회의 모교회이기도 한 장대현교회의 경우를 보아도 그러했다. 1930년대의 전반에 들어서서 담임목사인 길선주 목사와 교인들 사이에 분규가 일어나서 2년여 세월을 두고 격렬히 싸운 끝에 양쪽 모두 큰 상처를 입었다. 평양노회에서 나서서 노회 차원에서 문제 해결을 위해서 여러 가지 모양새로 개입하기도 했지만 제대로 해결되지 않았다. 끝내 결말은 길선주 목사가 1934년 5월에 장대현교회에서 자신을 따르는 교인들 2백2십여 명을 이끌고 나가서 다른 교회를 세운 것으로 마감되었다. 그리고 산정현교회 자체를 보아도 그러했다. 전임 목사인 강규찬 목사가 새 목회자가 부임한 뒤에도 계속 여러 달 동안을 버티고 있다가 마지못해 사임했을 때의 일 역시 편편하지 못한 점이 있었던 것이다.

송창근 목사는 그러한 교계의 모습과 현상에 질색했다. 그래서 오히려 보란 듯이 표표히 떠난 것이니, 그 또한 김인서가 지적한 바 '송창근의 결벽과 강직'에 해당하는 것이었다.

송창근 목사가 '부산 나병원'을 알고 그와 관련을 맺게 된 빌미가 된 사람은 조승제(趙昇濟) 목사였다. 조승제 목사는 경남 사천 출신으로서, 송창근과는 청산학원 신학부의 동창이다. 송창근이 청산학원에 유학했을 때, 기숙사에서 한 방을 썼던 사이라고 한다. 학년은 조승제 목사가 1년 빨라서 1925년 3월에 졸업했고, 송창근 목사는 1926년 3월에 졸업했다. 청산학원에서 그렇게 만난 이래 두 사람은 굳은 우정을 평생토록 변치 않고 유지했다. 그런데 조승제 목사의 회고록에 '부산 나병원'과 관련해서 다음과 같은 기록이 있는데, 거기에 송창근 목사와의 관련도 밝혀져 있다.

부산(釜山) 나병원(癩病院)에서[148]

1932년 4월 초순, 부산 시내 감만리에 자리 잡은 나병원 교회 이정심(李淨心) 목사의 부탁을 받고 사경회 인도로 갔을 때의 일이다.

그 나병원은 호주 선교회가 운영하는 곳으로서 그 당시 한국에

---

148) 조승제 목사의 회고록의 한 부분이다. '나환자'를 대하는 옛 어른의 그지없이 맑은 마음을 담고 있는 글이기에, 다소 길지만 전문을 거의 그대로 옮긴다.

서는 우수한 큰 나병원이었고 원장 Rev. W. J. Mckenzie(梅見施) 목사는 우리나라에서 구라사업(救癩事業)으로 일생을 바친 고매한 인격자였다.(중략)

나는 그 당시 동래읍 교회에서 목회하던 시절이었는데 젊음의 정열이 충일하던 때였으므로 일반 사회에서 격리를 당하고 별천지에 사는 불구의 나환 형제들에게 그리스도의 십자가 사랑을 몸과 몸을 마주 접촉하면서 전하게 되었다.

나병원은 강사가 서는 곳과 출입하는 문들이 환자와 상당히 거리를 두고 접근하지 못하도록 만들어져 있다. 처음에는 병원 규칙에 따라 출입할 때마다 소독도 하고 조심도 했으나 그리스도의 십자가 사랑이 불타오를 때는 「감염되려면 되어라」 하는 심정이 되었다. 그 나환 형제들과 혼연일체가 아니고서는 화(禍)를 받을 것 같이 여겨졌다.

그들 중에는 속세에서는 보기 드문 독실한 신앙의 소유자가 많이 있었다. 그들의 얼굴에서 코가 떨어지고 입이 비뚤어지고 손가락 발가락이 빠진 처참한 형태 중에서도 천사와 같이 고상하고 미아(美雅)한 모습을 접촉하고는 나 스스로 나를 반성하고 나의 건강한 몸을 저주하는 때도 많이 있었다.

때는 4월이라 창문을 열고 오전 집회 때는 바닷바람과 같이 그들의 나흔(癩痕)으로부터 풍겨오는 냄새는 실로 형용할 수 없는 썩은 냄새였으나 그리스도의 사랑으로 다 견뎌낼 수 있었다.

이 나병원 사경회를 기념으로 그 교회에 큰 풍금을 한 대를 기증할 마음을 가졌으나 쉽게 이루어지지는 못했다. 그러다가 그 다음 해 신의주 제일교회 윤하영(尹河英)149) 목사의 청을 받고 사경회를 인도하게 되었다.

그 당시 신의주 제일교회는 동양에서 제일가는 큰 교회였다. 집회를 인도하는 중 윤 목사의 양해를 얻고 전 교우에게 호소했더니 당석에서 헌금 100원 이상에 달했다. 그 교회에 유명한 사랑의 봉사자 백지엽(白志燁) 장로가 직접 일본 동경에 가서 풍금을 구하기로 했는데 얼마 후에 그 백 장로가 가장 큰 풍금 한 대를 신의주 제일교회 기념품으로 그 나병원 교회에 헌납했고 내게 가정용 풍금 한 대까지 주었다.

그 나병원 교회에 사경회 강사로 다녀온 일이 인연이 되어 나환자 교우들과는 남다른 우정이 맺어졌다. 그래서 그들이 외출하는 기회마다 자주 나를 찾아왔다. 이 소문이 차차 경남 일대에 퍼지자 나병원에 입원할 수 없는 나환 형제들이 한 때는 12,3인이나 나를 의지해 왔다. 그래서 동래천 큰 다리 밑에 그들의 집거(集居)를 정해 두고 얼마 동안은 그들의 생계의 일부를 담당하기도 하고 입원이 마련될 때는 원장이신 매켄시 선교사에게 연락하여 입원시킨 일도 여러 번 있었다.

그 후 그 당시 평양 산정현교회 담임목사였던 친우 송창근(宋昌根) 박사의 청을 받고 사경회를 인도했다.[150] 그때 나환 형제들의

---

149) 송창근이 프린스톤 신학교에 갔을 때 재학 중이었던 동창이다. 송창근이 『기독신보』에 연재했던 "푸린스톤 만필"에 나온다.

150) 조승제 목사의 평양 산정현 교회의 사경회 인도는 1934년 2월에 있었다. 그 집회에 대하여 김인서는 『신앙생활』 1934년 4월호에 실린 '평양 통신'에서 "동래 조승제 목사 2월 중 평양 산정현교회 집회를 인도한 바 근

참상을 호소했더니 그 교회 유지들에게 그 실정이 반영되어 두 사람이나 입원시킬 수 있는 비용(백원)을 담당하는 일이 있었다. 그런데 백도민(白道敏)이란 나환 형제에게 산정현교회 여자 면려청년회원들이 그의 입원비를 위시하여 그가 종신할 때까지 약 5년 동안 그의 의복과 매달 용돈 전부를 담당하게 되어 그의 별명은 '산정현교회의 문둥이'라고까지 했다.

그 나환 형제들과 친밀하게 지내는 중 또 한 가지 기억되는 일은 주일 오후마다 동래천 큰 다리 밑에 집거하는 그들을 찾아서 하나님께 예배드리던 일이다. 그때 동래 일신여학교 학생 중에서 나를 도와 같이 수고하던 학생 중에는 지금 서울에 있는 윤보선(尹潽善)151) 씨의 영부인 공덕귀(孔德貴) 여사를 위시하여 김두석(金斗石), 박말련(朴末蓮), 이선애(李善愛), 박복련(朴福蓮) 이러한 분들이 7,8인 있었다.

나는 그 시절에 아침 일찍이나 혹은 달 밝은 가을 밤이면 동래천 큰 둑을 따라 온천쪽에서 큰 다리 밑에 이르기까지 산보하는 일이 일과처럼 되어 있었다. 때로는 목회자로서의 고민, 자기 사생활에 대한 공허감에 사로잡혀서 일보(一步) 일보(一步) 그들의 초막 부근에 이르면 의례히 나환자들이 부르는 찬송 소리는 가을 밤하늘에 천사가 부는 호적(胡笛) 소리와도 같이 창공에 흐르고 있

래 희유(稀有)의 은혜 돕는 집회였다. 조 목사의 설교에 감동한 청자(聽者) 중에서 나환자를 위하여 연보하였더라. 조 목사와 같이 복음주의의 일꾼을 많이 가진 경남노회는 복되다."라고 기록했다.

151) 윤보선은 대한민국 제2대 대통령이었음.

었다. 때로는 그들이 반쪽 밖에 남지 않은 손바닥으로 장단을 치면서,

> 「내 평생 소원 이것뿐
> 주의 일 하다가
> 이 세상 이별하는 날
> 주께로 가리라」

하면서 부르는 찬송 소리는 참으로 청아했다.

그들과 밝은 달밤에 백사장 위에 무릎을 마주 꿇고 하나님께 기도드리던 그때의 일들은 마치 저 하늘나라에서 이루어진 옛 꿈과도 같이 생각난다. 그들은 목사가 찾아온 일을 감사하고, 나는 그들에게서 참 믿음을 찾은 일을 감사했다. 이 감사, 저 감사가 서로 화음이 되어 하나님께 찬송을 드리던 그때의 그 일이 지금에는 옛 추억이 되어 목회자로서의 과거 생활을 수놓아 주는 감격의 벅찬 감사의 일이 되었다.152)

산정현교회를 떠나기로 결심했을 때, 송창근의 마음에 떠오른 것은 조승제 목사를 통해서 알게 된 '부산 나병원'이었다. "그곳의 나환자들을 향해 가리라."하는 것이 그의 결심이었다. 미리 부산 나병원 원장 매켄지 선교사에게 그 곳으로 가겠다고 전하여 서로 양해가 된 듯하다. 그래서 주위 사람들에게도 그렇게 말한 결과, 김인서의 글에 "부산 나병원으로 남천할 때"라고 기록된 것이다.

산정현교회는 당대의 조선 교회들 중에서 지식적으로나 외형적으로

---

152) 조승제, 『牧會餘話』, 향린사, 1965, 102~106쪽.

나 명성으로나 가장 상류층에 속하는 교회였다. 그런 교회를 햇수로 무려 5년을 시무한 뒤에 그 곳을 떠나면서, 송창근은 가장 낮은 자리, '문둥이'들과 함께 하는 자리로 내려가려고 길을 나선 것이다. 그는 평양역에서 기차에 올라 부산을 향해 나아갔다.

　여기서 하나 검증하고 가야 할 사안이 있다. 박용규 교수가 쓴『평양산정현교회』라는 책 안에 묘사된 이때의 일에 관한 언급이다.

　박용규 교수는 이때 송창근이 산정현 교회를 떠나게 된 이유를 '실목(失牧)과 그로 인한 교세의 줄어듦'으로 설명하면서 심지어 "1천여 명의 교세가 불과 몇 년 만에 100여 명으로 줄어들었다."고 주장하고 있다. 그의 그런 주장들을 확인해 보면 다음과 같다.

　　"산정현교회는 송창근 이후 교세가 줄어들기 시작했다. 강규찬 목사가 산정현교회를 사임하고 송창근이 맡으면서 줄어들기 시작한 교세는 1936년 송창근이 사임하자 더욱 줄어들었다."[153]

　　"강규찬 목사가 사임한 후 불과 수년 만에 산정현교회는 그 옛날의 영광을 잃어간 것이다. 숫자가 교회 전체를 대변하는 것은 아니지만 1천여 명의 교세가 불과 몇 년 만에 100여 명으로 줄어들었다면 위기가 아닐 수 없다."[154]

　　"송창근이 재임하는 동안 전 교인들을 대상으로 건축 헌금을 실

---

153) 박용규,『평양 산정현교회』, 2006, 224쪽.

154) 박용규,『평양 산정현교회』, 2006, 225쪽.

시하는 것을 당회가 반대한 것은 당시 교세가 계속해서 줄어들어 100명을 약간 넘긴 상황에서 헌금을 해봐야 오히려 교인들에게 재정적 부담만을 안길 뿐이라는 생각 때문이었다."[155]

"1929년에 장년 800명, 주일학교 400명, 도합 1,200명의 교세가 송창근 목사가 목회하는 동안 줄어들다 주기철 목사가 부임하기 직전에는 교세가 100명으로까지 줄어들었다."[156]

위와 같은 글을 읽은 필자가 몹시 의아하게 생각하여 직접 문의한 결과, 박용규 교수는 자신이 펼친 그러한 주장의 근거 자료를 전혀 제시하지 못했다.

그러나 상식적으로 생각해도 박용규 교수가 내놓은 위와 같은 주장은 도저히 가능한 것이 아니다. 실제로 "1천여 명의 교세가 불과 몇 년 만에 100여 명으로 줄어들었다면", 그와 같은 상황의 교회에서 어떻게 "교회를 신축하자."는 이야기가 나올 수가 있다는 것인가. 900여 명이 앉았던 자리가 빈 탓에 교회 안이 온통 휑휑하게 되어 그 자리를 도로 메꿀 일을 생각하는 것만으로도 정신없었을 것이다.

그렇다. 교회 증축이나 신축이라는 문제는 교인들이 넘쳐나서 기존의 교회 건물로는 더 이상 모두 수용하기가 어려워졌을 때에만 나오는, 또는 나올 수 있는 이야기이다. 그런데 '교회 신축 이야기'는 강규찬 목사가 시무하고 있을 때는 전혀 나오지 않았었다. 바로 송창근 목사가

---

155) 박용규, 『평양 산정현교회』, 2006, 241쪽.

156) 박용규, 『평양 산정현교회』, 2006, 242쪽.

시무하고 있을 때 '교회 신축 이야기'가 나왔다. 그 같은 사실이 말하는 것은 무엇인가. 강규찬 목사가 시무하고 있을 때보다 송창근 목사가 시무하고 있을 때의 교세가 매우 크게 확장되었음을 방증함에 다름 아닌 것이다.

그럼에도 불구하고 박용규 교수의 견해와 같은 주장이 등장하는 이유는, 김재준 목사가 『범용기』에 써놓은 바, "산정째 당회는 그(송창근 목사)에게 너무 중량급(重量級)이라서 사임하고 물러갔다."는 식의 이야기에 큰 영향을 받은 탓이라고 추정된다.

1936년 7월에 주기철(朱基徹) 목사가 부임했을 당시 산정현 교회의 교세가 크게 위축되어 있었다고 하는데 그것이야말로 "송창근 목사를 눈물로 떠나보낸 뒤에 그런 결과를 가져온 당회원들의 처사에 반감을 크게 느낀 교인들이 대거 교회를 떠난 결과 산정현 교회의 교세가 크게 위축되어 있었다."는 사실을 명확하게 반영한다.

당회원들의 입장에서 보자면, 송창근 목사의 사임은 너무도 뜻밖이고 갑작스러웠다. 그래서 몹시 당황스러웠을 것이다. 그들이 송창근 목사에게 바랐던 것은 '건축헌금 문제에서의 양보'였지 '사임'이 아니었기 때문이다. 그렇기 때문에 송창근 목사가 단호하게 떠난 뒤에 그들은 후임 목사를 구하기 시작했으나 얼른 정해지지 않았다. 결국 송창근 목사가 떠난 뒤 석 달이 흐른 1936년 7월에야 마산 문창교회 담임목사이던 주기철 목사가 산정현 교회의 담임목사로 부임했다.157)

---

157) 송창근 목사의 외손자인 김삼열 장로의 증언에 의하면, "조만식 장로가 주기철 목사에게 청빙하러 갈 때 먼저 부산에 들러서 송창근 목사에게 같이 가주기를 요청했기에, 송 목사가 조 장로와 함께 마산에 가서 주기철 목사

주기철 목사가 산정현교회에 부임한 뒤 곧 교회 신축문제의 방향이 매듭지어졌다. 건축헌금 문제는, 이전에 기부되어 있던 교인들의 재물도 사용하고 교인들에게서 새로 건축헌금도 걷는 이중의 절충방식이 선택되었다. 송창근 목사 사임에서 받은 교훈 때문인가. 이번에는 당회에서도 '새로 건축헌금을 걷는 방식'을 받아들였다. 교인들이 크게 줄어들어서 이젠 '교회 신축'이 전혀 다급하지 않은 상황이 되었지만, 목사의 사임까지 불러온 현안이었다. 당회원들로서는 그 문제로 교회를 떠난 교인들을 되불러 들이기 위해서도 울며 겨자 먹기로 교회 신축문제를 계속 추진할 수밖에 없었다.

새 예배당은 1937년 9월 초에 완공되었다. 건축헌금 5만여 원을 들여서 지은 300평 규모의 서양식 2층 벽돌건물이었다. 9월 5일에 입당예배가 성대하게 올려졌다. 그러나 주기철 목사가 부임한 뒤 1년 2개월이란 세월이 쌓인 그때에 이르기까지, 산정현 교회의 교세는 '600명' 선으로까지밖에 회복되지 않았다.

에게 산정현교회 부임을 부탁했다."는 이야기가 집안에 전해 내려오고 있다고 한다.

19. 부산에 세운 성빈학사

부산은 송창근에게 새로운 선교사업을 시작할 새로운 땅이었다. 새로운 각오를 지니고 그는 부산으로 내려갔다.

1936년 4월 바닷바람이 싱그러운 부산에 도착한 송창근은 이내 평양에서 생각하고 계획했던 선교의 방향을 바꾸었다. 부산 나병원의 울타리 안에서 그 곳에 수용되어 있는 나환자들을 위해서 일하는 대신, 한 차원 더 앞으로 나아간 새로운 형태의 선교사업을 추진하기로 한 것이다.

그는 호주 선교부의 원조를 받아서 부산 남부민동에 빈민선교를 목적으로 하는 기독교 사회사업체인 '성빈학사(聖貧學舍)'를 세웠다. 성빈학사의 '성빈(聖貧)'은 물론 성 프란시스의 거룩한 가난, 곧 '성빈'을 흠모해서 따온 것이었다. 성 프란시스적인 삶을 살기 위한 구체적인 목표의 설정이고 제시였다. 그리하여 부산이라는 조선 제2의 대도시의 어두운 그늘에서 신음하는 도시 빈민들을 대상으로 하는 송창근의 선교사업이 새롭게 시작되었다.

송창근 목사가 '성빈학사'를 통해서 실시했던 사업들은 대강 다음과 같았다.

1. 호주 의료 선교사 협조 받아 여자 직공들을 상대로 한 보건사업.
2. 교회당을 빌려서 주간학교 체제로 무산층 아동들 교육.
3. 유치원과 학원 설립 운영.
4. 매 주일 오후 2시마다 성경 강좌.
5. 일본 유학생들의 도일 전 숙박 주선.
6. 『성빈(聖貧)』 잡지 발간.
7. 『성빈문고(聖貧文庫)』 및 기타 단행본 발간.

위와 같은 일들은 각기 앞으로 전개할 사업의 기초가 되는 의미를 지니고 있었다.

호주 의료 선교사의 의료진을 동원해서 여자 직공들의 건강을 살피는 일은 도시빈민선교의 기본에 속했고, 평일에는 비어 있는 교회를 빌려서 주간학교 체제로 무산층 아동들을 교육시키는 일도 그러했다. 가난한 가정의 아이들 대상으로 유치원과 학원도 운영했다.

성경 강좌는 보수동 교회를 빌려서 매 주일 오후 2시마다 열었는데, 부산 기독교계에서 대단한 인기를 끌었다고 한다. 각 교회 지도자나 남녀 청년들이 많이 참석했는데, 송 목사는 이 강좌에서 성서를 가르침과 동시에 성 프란시스의 사상과 생활을 전하고 신자들의 생활이 어떠해야 하는지를 강조했다고 한다.

일본 유학생들이 도일하기 전에 하루쯤 묵는 숙박을 주선한 일은 미래를 염두에 두고 한 일이었다. 일본 유학생들은 전국 각지에서 부산에 와서 일본으로 건너갈 배가 뜨기를 기다려야 했는데, 으레 부산에서 하룻밤을 묵게 되었고 대개 숙박업소에 투숙해야 했다. 그런 유학생들에게 성빈학사에서 하룻밤의 숙박을 제공한 것이다. 앞길이 창창한 일본 유학생들을 그런 식으로 접촉하여 간접적인 방식으로 기독교 신앙에 접하는 기회로 활용하려는 것이었다. 성빈학사 건물로는 미처 수용이 안 되어 각 교회 또는 여유 있는 이들의 방을 빌려서 유학생들을 수용했다고 한다.

또한 문서선교의 일환으로 『성빈(聖貧)』 잡지를 발간하여 배포하는 일에도 그는 힘을 크게 쏟았다. 그는 『성빈』 잡지에 계속 글을 썼다. 그리고 『성빈문고(聖貧文庫)』 시리즈 및 기타 단행본들을 발간하는 일 역시 중요하게 다룬 사업이었다.

이 시기에 그가 『성빈』 잡지에 쓴 글 하나를 소개한다. '슬픔'에 관해서 생각한 단상이다.

……슬퍼한다는 것은 극히 젊은 말로 하면 현재 자기에게 불만 (不滿)을 말하는 것이요 전체적으로 오늘 이상(以上)의 좀더 높고 귀한 생활을 요구한다는 향상(向上)의 도(道)를 의미하는 것입니다.

슬퍼할 줄 모르는 사람은 먼저 그 나라와 그 의를 찾아 영원한 생명에 나아가라는 주님의 가르치신 참뜻을 모르는 사람들이외다. 그래서 오늘에 슬퍼할 줄 아는 사람만이 천국을 찾게 되나니 슬픔은 인간으로 하여금 새 세상을 바라보게 하는 관문(關門)이요, 인생의 색채(色彩)요, 인생의 갖은 정서를 알리는 음악이외다. 참 슬퍼하는 심령에서만 거짓이 없는 인생의 전폭(全幅)을 볼 수 있는 것입니다.

그런 고로 참된 슬픔은 인생 생활의 새로운 정화(淨化)와 창조의 원동력이 되나니 슬픔은 가장 신비(神秘)한 것입니다. 이렇듯 신비한 슬픔은 오로지 남다른 포부와 큰 뜻을 가진 사람만이 가지는 것이니 큰 포부 높은 이상(理想)을 가지면 가진 사람마다 또한 더 큰 슬픔을 가슴에 품은 사람입니다. 오늘 우리끼리 모이는 데마다 이루 다할 수 없는 불상사가 생기는 까닭이 다 우리에게는 남다른 포부와 이상이 없노라는 고백이니 즉 우리는 슬퍼할 줄 모른다는 것이 가장 슬픈 현상이외다. 우리에게 슬퍼할 일이 있다 하면 이 백성이 슬퍼해야 할 일에 슬퍼할 줄 모르는 일이외다.158)

'슬픔'의 정체와 그 신비한 기능에 대하여 매우 진지하고 깊이 있게 묘파한 글이다. 삶을, 또는 살아가는 일을, 진심으로 슬퍼한 일이 있었던 사람만이 쓸 수 있는 글이라 하겠다. 읽는 이로 하여금 자신의 삶에 대하여 다시 돌아보게 하는 힘을 가진 글이다.

그 시기에 송 목사 댁에 가본 사람들은 송 목사 가족이 매우 가난하게 지냈다고 증언했다. 가진 것을 빈민을 돕는 데 모두 써서 그렇더라는 것이다. 빈민을 돕는 선교사업을 한다고 하니까, 송 목사 댁에는 거지들이 떼를 지어 자주 찾아왔다. 줄을 이어 찾아드는 그들의 성화에 시달리던 가족들이때로 그들과 실랑이를 벌이는 때가 있었다. 그러면 송 목사가 안에서 듣고 고함을 질렀다.

"아, 거지 대장이 예 있어. 대장 집에 왔다가 그냥 갈까. 몇푼 주어 보내오!"

---

158) 송창근, 「슬퍼할 줄 모르는 사람」, 『성빈』, 제1권 제3호, 1937. 6월
   호.

아마도 이때가 송창근의 전 생애를 통해서 몸은 몹시 힘들었어도 마음은 가장 편안했던 시기가 아니었나 싶다. 미국 로스앤젤레스에서 목회했던 손순일 목사가 이 시기에 본 송창근 목사의 모습은 다음과 같았다.

송박사님이 부산에서 성빈학사를 하실 적에 가끔 찾아가 뵈었지요. 그때 그 분은 여간 가난하게 지내지 않았습니다. 그러나 도움을 청하러 오는 사람이나 학생들을 그대로 보내는 일이 없었습니다. 꼭 응분의 도움을 주었고 그냥 손님이라도 후한 대접을 하여서 보냈습니다.

그리고 내가 때때로 부산거리를 거닐다가 뜻밖의 곳에서 송박사님을 뵙게 되는 것이었습니다. 뒷골목이나 빈민촌 뒷거리에서 가끔 허름한 옷에 지팡이를 짚고 거니시는 그 분을 뵈었습니다. 송박사님은 그렇게 다니시다가는 깡패, 부랑소년들이 우글거리는 그런 데서 누구하고나 대화를 하고 가장 가난한 노인네들과도 친구처럼 마주 앉아 오랜 시간을 보내시는 것을 자주 목도했습니다.

한 번은 이런 일도 있었지요. 여름 방학에 송박사님의 지시를 받아 농촌으로 가서 그곳 교회를 열심히 받들었습니다. 정말 견디고 참기 어려운 고난을 겪어가면서 도운 보람이 있어 떠나올 무렵에는 제법 교회도 부흥이 되었지요. 그래서 돌아온 길로 송박사님을 찾아 뵙고 자랑스러이 자세한 보고를 드렸습니다. 한데 송박사님은 별로 감탄도 않으시고 한마디의 칭찬도 없으신 겁니다. 그래서 내가 불안한 생각이 들어

"목사님, 아직도 저한테 뭔가 부족한 일이 잇습니까?"

하고 여쭤보았습니다.

송박사님은 눈을 크게 부릅뜨시며,

"임자, 눈치가 내가 칭찬해 주길 바라는 모양인데 칭찬할 일이 무언가? 아, 임자가 교회를 섬기는 일이야 너무도 당연한 일이지. 꼭 자기가 해야 할 일을 한 것뿐이야."

하셨습니다. 어쨌던 나는, 송박사님 생각이나 생활은 감히 흉내 낼 수도 없고 또 그 비슷하게 사는 이도 못 봤습니다. 그 분의 감화로 나도 목사가 되었지요.[159]

성빈학사의 구성원으로는 직제자인 김정준을 제외하고도 월급을 받는 직원이 세 사람이나 더 있었다니, 꽤 큰 규모였음을 알 수 있다. 뒷날 1970년대에 가서야 한국 사회에서 본격적으로 시도되고 실시된 도시빈민 선교사업을 송창근은 이미 1936년부터 그처럼 몸소 실행했던 것이다.

그런데 하나님의 섭리는 정말 알 수 없는 일이었다. 이 시기에 송창근 목사는 부산에서 가까운 곳인 거제도에 사는 부자인 진정율 장로와 잘 알고 지내게 되었다. 그런데 1946년에 조선신학교를 대학 과정의 신학교로 설립하는 허가를 받기 위하여 재단법인을 만들 때 전혀 재원이 없었는데, 송창근 목사가 진정율 장로에게 말하여 임야 50만 평을 무상 기부 받아서 재단법인을 만들어서 조선신학교를 대학 과정의 신학교로 설립 허가를 받는 데 성공했던 것이다.

---

159) 『만우 송창근』, 54~55쪽.

20. 수양동우회 사건

1937년 10월 28일.

송창근 목사는 돌연 부산에서 체포되었다. 그가 부산에 내려가서 도
시빈민선교사업을 시작한 지 2년째인 때였다. 그의 피체와 관련해서
당시 『조선일보』에는 다음과 같이 보도되었다.

> 神學博士 宋昌根氏
> 北釜山署서 嚴調中
> 【釜山】 지난 십일 오전 열시 경에 북부산경찰서 고등 형사대가 부
> 내 초장정(草場町)에 있는 성빈학사(聖貧學舍) 장 신학박사(神學
> 博士) 송창근(宋昌根) (四〇)씨를 검거하야다가 극비밀리에 취조중
> 으로 사건 내용은 엄밀에 부치고 있다.160)

---

160) 『조선일보』, 1937. 11. 12. 박사가 희귀하던 때라서, 기사에 '신학박사
송창근씨'로 표기되어 있다.

그러나 이 같은 기사는 송창근 목사가 경찰에 체포된 사실을 나중에 알게 된 기자가 그렇게 쓴 것일 뿐, 실제로 체포된 날짜는 '1937년 10월 28일'이었다. 성빈학사에서 송창근을 직접 모시고 일했던 제자 김정준의 증언에 의하면, 당시의 실제 상황은 이러했다.

그 해(1937년) 10월 28일 송목사님은 수양동우회 사건으로 서울서 내려온 고등계 형사에게 이끌려 서울로 압송되어 갔다. 부산역에서 "성빈학사를 자네에게 부탁하네.하셨지만, 나 외에 세 사람의 직원들의 월급과 「성빈」지를 찍어내는 비용 등 송목사님 떠난 후 내가 전혀 생각지 못한 학사 운영문제가 다급해졌다. 당시 호주 선교부 매켄지 목사를 비롯한 부산에 계신 여러 친구들, 그리고 「성빈」을 받아본 전국의 친구들이 "성빈학사"의 고충을 알고 다소 보조를 해주었지만 내가 끌고 갈 수 있는 한도는 그 이듬해 2월까지였다.[161)]

송창근 목사는 서울로 압송되어 종로경찰서 유치장에 갇혔다. 이 사건은 당시 중일전쟁이 확대되어 가고 있던 상황에서 일제가 시국을 확실하게 장악하기 위해서 터뜨린 사건이었다. 흥사단 계열의 민족주의자들을 일망타진하려는 의도에서, 흥사단의 국내용 호칭이었던 '수양동우회'의 회원들을 모두 체포한 것이다.

1937년 6월 6일에 서울에 있는 회원들에 대한 검거가 시작되었고,

---

161) 김정준, 「聖貧으로 가르쳐 주신 선생님」, 『만우 송창근』, 선경도서출판사, 1978, 334~335쪽.

수사과정에서 압수한 명부에 의해서 점차 전국으로 확산되면서 모두 150여 명이 체포되었다. 취조 과정에서 어찌나 고문이 심했던지, 최윤호와 이기윤 두 분이 옥중에서 사망했고, 김성업은 불구가 되었다.

수양동우회의 실질적인 지도자였던 도산 안창호 선생도 이때 함께 체포되어 투옥되었다. 감옥에서 고생하던 그가 건강 악화로 옥사하게 될 우려가 있자, 일제 당국은 1937년 12월 24일자로 '병 보석'이라 해서 감옥에서 꺼내다가 경성제대 대학병원에 입원시켰다. 안창호 선생은 그 날로부터 두 달 반 뒤인 다음 해 3월 10일에 대학병원에서 별세했다.162)

도산 안창호는 송창근이 가장 좋아했던 애국지사였다. 정치인이라면 으레 싫어하고 심한 기피증이 있던 송창근도 도산만은 매우 좋아했다고 한다. 그런데 이때 같은 사건으로 일경에 걸려들어서 생사가 갈린 것이다.

모진 취조과정이 끝난 뒤에 1백여 명이 석방되고 공판에 회부된 사람은 모두 42명이었다. 송창근 목사도 공판에 회부된 피고인 42인 중에 들었다.

그런데 이때 송창근이 체포되어 고난을 겪은 원인에 대해 오해가 더러 있다. "귀국 도중에 L.A.에 몇 달 머물고 있을 때 입단했을 뿐 국내에서는 전혀 활동하지 않았는데 체포되었다."고 인식하는 것이다. 김재준 목사의 회고담에 다음과 같이 쓰여 있기 때문이다.

만우는 귀국 도중에 L.A.서 몇 달 머물렀다. L.A.는 흥사단 본

---

162) 이태복,『도산 안창호 평전』, 동녘, 2006, 432~434쪽.

고장이다. 친구를 좋아하는 만우는 친구들을 따라 흥사단에 가입했다. 대부분 친구가 흥사단원이었기 때문이다. 귀국한 다음에는 흥사단 모임에 참석한 일이 없었다. 그러나 명단에 이름이 적혀 있으니 단원임에는 틀림없었다.163)

흥사단은 국내에서는 「수양동우회」라는 이름으로 조직된 민족주의 단체다. 도산 선생의 민족개조론에 근거한 애국단체라 하겠다. 국내에서는 이광수, 주요한, 장리욱, 한승인, 조병옥, 김윤경, 이윤재, 정인과, 백영렵 등이 중요 멤버였다. 그리고 국외에서는 도산 선생이 직접 지도하였다. 만우는 열심당이 아니었지만, 귀국 도중에 L.A.에서 명단에 이름을 올렸기 때문에 연루된 것이었다. 종로경찰서에 잡힌 것도 그 이유에서였다.164)

그러나 실제는 그렇지가 않았다. 송창근은 귀국하여 산정현교회 목사로 시무할 때 수양동우회에 가입하고 그 모임에 참석했다. 그런 사실이 재판 기록에 의하여 입증된다. 송창근 박사가 1931년 하반기에 귀국 도상에서 L.A.에 몇 달 묵고 있던 때 흥사단에 가입하고 '유다야이즘'이라는 제목으로 모임에서 연설까지 했음은 앞에서 언급한 바 있다.
그런데 같은 판결문의 기록에 따르면, 평양에서 '동우회'165)에 입회

---

163) 김재준, 『만우 회상기』, 한신대학 출판부, 34쪽.

164) 김재준, 『만우 회상기』, 한신대학 출판부, 36~37쪽.

165) 1922년에 이광수에 의하여 국내에서 조직된 '수양동우회'는 '수양'이라는

했고 모임에서 연설도 했음이 다음과 같이 기록되어 있다.

　(송창근은) 소화 7년(1932년) 6월 2일 평양부 순영리에 있는
평안고무판매소에서 개최된 동우회(同友會)의 월례회에 출석하여
동회가 궁극에 있어서 조선의 독립을 도모할 목적으로 조직된 결
사(結社)라는 것을 알고 있으면서 이에 가입하여, 피고인 김동원
의 범죄사실 제2의 (10)에 기재한 바와 같이 동우회원과 기독교도
와의 연락에 관한 문제를 협의하고, 그 밖에 소화 10년 3월, 부산
부로 갈 때까지 자주 동지와 회합하여 그 목적의 수행을 위하여
여러 가지로 활동하고166)

　소화 7년 7월 2일, 평양부 계리(鷄里) 상공협회 회관에서 피고
인 조명식 등과 회합하여, 송창근이 동우회와 기독교와는 상호 간
에 서로 합치되는 점이 많으므로 기독교도와 연락을 취하여 동우
회의 확대 강화를 도모하여야 한다는 취지를 역설하자, 일동은 이
에 찬성을 하고167)

단어 때문에 일종의 수양단체처럼 알려지는 부작용을 경계하여, 1929년에
단체 명칭을 '동우회'로 고쳤다(이태복, 『도산 안창호 평전』, 동녘, 2006,
338~342쪽).

166) '수양동우회 사건 판결문', 『독립운동사 자료집』 12집, 1323~1324쪽.

167) '수양동우회 사건 판결문' 『독립운동사 자료집』 12집, 1977, 1305쪽.

위의 인용문에 나오는 김동원은 산정현교회의 장로로서 소설가 김동
인의 형이었다. 해방 뒤에 월남해서 국회 부의장도 지냈다. 그는 부유
한 실업가로 동우회의 회합 장소인 '평안고무판매소'의 주인이기도 했
다. 송창근은 수양동우회의 활동에 이처럼 적극적이었다. 그렇기 때문
에 1940년 8월 21일에 있었던 경성복심법원의 제2심 재판에서 다음과
같이 실형이 선고된 18인 중 한 사람이 되었던 것이다.

징역 5년 : 이광수
징역 4년 : 김윤경, 김종덕, 박현환, 주요한
징역 3년 : 김동원, 김성업, 김병연, 조명식
징역 2년 6개월 : 조병옥
징역 2년 : 오봉빈, 백영엽, 송창근, 김봉성, 김찬종, 조종완, 이영,
　　　　　최능진

그러나 일제 당국의 정략적 판단과 조치에 의하여 1941년 7월 21일
에 있었던 최종심인 고등법원 형사부 재판에서 모두 무죄가 선고됨으
로써 사건이 끝났다. 사건의 처리는 '초심에서는 전원 무죄 선고, 검사
의 항고에 따른 복심에서는 일부 피고들에 대한 중형 선고, 다시 최종
심에서는 전원 무죄 선고'라는 과정을 거쳤다. 피고들은 초심인 경성지
방법원의 무죄 판결이 있었던 1938년 12월 8일이 지난 뒤에 보석으로
풀려 나왔다고 한다.

뒷날 김재준에게 당시 체포되어 종로경찰서에 수감되어 있을 때의
이야기를 할 때 송창근은 말하기를 "더럽고 질퍽하고 냄새나는 지하실
시멘트 바닥은 짐승도 못 살 곳이었고, 꼭대기 작은 들창에서는 눈보라

가 쳐들어 왔는데 그렇게 추울 수가 없었다."고 했다.

송창근이 출옥하여 부산에 있는 집으로 돌아갔을 때, 사람들이 알아보지 못하도록 피골이 상접하고 초췌하게 상한 모습이었다. 조선출도 "휴가때 귀국하는 길에 부산에 들려서 송박사님을 뵈오니 얼굴빛이 백지장 같고 피골이 상접하여 참으로 보기에 민망했다."고 썼다. 그런데도 그가 돌아왔을 때 집에서 기르던 개는 즉각 알아보고 기막히게 반가워하여 송창근을 크게 감동시켰다. 그래서 뒷날 "사람보다 강아지가 낫더라."는 이야기를 자주 했다.

21. '조선신학교' 설립 추진

송창근이 출옥하고 보니 그간 시국은 더욱 많이 악화되어 있었다. 그가 감옥에 있는 동안 '성빈학사'는 완전히 문을 닫고 뿔뿔이 흩어져 버려서 도저히 되돌릴 수가 없는 상태였다.

나빠진 것은 그것만이 아니었다. 조선총독부에 의한 집요하고 잔혹한 신사참배 강요에 조선 천지가 굴복했다. 마지막까지 홀로 버티던 조선 장로교조차 1938년 9월에 열린 제27차 총회에서 신사참배를 결정했다. "신사참배는 종교가 아니요 애국적 국가의식이다."라는 매우 구차한 논리를 내세운 고통스럽고 부끄러운 타협이었다. 그러나 선교사 윤산온 교장이 이끌고 있던 숭실전문학교는 과감하게 신사참배를 거부하고 폐교되었다.

그리고 무엇보다도 송창근에게 충격적으로 다가온 것은 1938년 여름방학을 끝으로 평양신학교가 사실상 문을 닫은 일이었다. 그 역시 신사참배 강요를 거부한 조치였다. 선교사들이 운영하던 평양신학교가 문을 닫았다는 것은 곧 외국 선교사들에 의한 신학교육의 시대가 끝난 것을 의미했다. 그것은 매우 중요한 의미를 갖는 비상상황이었다.

"이런 상황과 사태에 어떻게 대처할 것인가?"

송창근은 고민하고 고뇌했다.

유일한 장로교 신학교육기관이었던 평양신학교가 문을 닫은 사태를 그저 감수하고 바라보고 있다면, 조선의 기독교 신학교육은 아주 끝이 난 암흑상태에 떨어진다. 그런 암흑의 길을 막는 유일한 대안은 '조선인에 의해 운영되는 신학교를 새로 세우는 것'이었다. 그러나 그런 해결방식은 보다 더 참혹한 사태에 처함을 의미했다. 현 시국에서 신학교를 세운다는 것은 일제당국의 '신사참배' 요구를 받아들여야 가능했기 때문이다.

그것은 실로 진퇴유곡의 딜레마에 속하는 문제였다. 평양 산정현교회에서 목회하고 있을 때만 해도 신사참배문제는 두 번 다시 생각할 것도 없는 사안에 속했다. 산정현교회에서 열렸던 총회 석상에서 신사참배 문제로 인한 '3숭(숭전·숭실·숭의) 학교' 존폐문제를 토론할 때 종교교육부 총무이던 정인과 목사 등이 "신사에 참배해서라도 학교 문을 닫아서는 안 된다."고 주장하자 송창근 박사가 회의장에서 정 목사의 목덜미를 잡아끌어다가 회장 밖으로 밀어내쳤던 일이 있었을 정도였다.(전 숭의학교 교장 이신덕 여사의 증언)168)

그러나 평양신학교가 문을 닫은 지금, 상황이 달랐다. 기독교 목회자들을 길러내는 신학교육을 아예 포기하는 것은 기독교 자체를 포기하는 것이 될 수도 있다고 느껴졌다. 그렇다면 선택할 길은 두 가지 중 하나였다. 암흑을 받아들여 암흑 속에서 칩거할 것인가? 아니면 '신사

---

168) 만우 송창근선생기념사업회, 『만우 송창근』, 52쪽.

참배'를 하면서라도 '조선인에 의해 운영되는 새로운 신학교'를 세워서 새로운 가능성을 찾을 것인가? 그것은 조선 기독교계의 역사가 좌우되는 매우 중대한 고비에 해당했다.

참혹하고 처절한 고뇌 끝에 송창근은 기독교 신학교육이 단절된 암흑상태를 거부하고 '조선인의 손에 의해 운영되는 신학교'를 새롭게 세우기로 결심했다. 그는 비상한 기운을 내어 급하게 움직이기 시작했다. 서울에 올라가서 신학교 설립 준비작업에 들어갔다. 신학교 명칭은 '예수교 장로회 조선신학교'로 정했다.

무엇보다도 학교 설립에 먼저 필요한 것은 '돈'이었다. 믿음 좋고 부유했던 김대현169) 장로를 설득하여 설립자금 25만 원을 내기로 약속받았다. 신학교 설립사무를 맡을 사람들도 모았다. 채필근, 김우현, 윤인구, 이학봉, 인인식, 조희염, 함태영, 김길창, 차재명, 한경직, 김관식, 김응순 등이 호응했다.

신학교육 전반에 관한 구체적인 청사진도 만들었다. 교과과정을 마련하고 새로 세울 신학교 건물도 구체적으로 설계했다.

그렇게 바쁘게 뛰고 있는 송창근에게 조선총독부에서 강한 압력이 들어왔다. "동우회 사건으로 보석 중에 있는 자가 무슨 일을 하겠다는 거냐. 도로 잡아넣겠다."고 협박했다. 압력이 들어온 시기는 1939년 여

---

169) 김대현 : 본래 소규모 전당포를 경영하던 분이었는데, 신앙심이 돈독하여 십일조를 '김필헌(金必獻)'이라는 구좌명으로 저금했다 한다. '필헌'은 반드시 바친다는 뜻이다. 영등포 제방을 축조하기 전에 그쪽에다 부동산을 사 놓았던 것이 제방이 되면서 지가가 뛰어 놀라서 벼락부자가 되는 행운이 있었다고 한다.

름 이후로 고증된다. 1939년 여름에 정대위가 원산에서 결혼할 때 결혼식 주례를 하기 위해서 송창근이 원산에 갔었다. 그는 당시 '조선신학교 기성회'의 '총무'로서 실무를 맡아 처리하고 있었으며, 원산에서 정대위에게 조선신학교의 설립과 운영에 대한 원대한 포부를 자세하게 이야기했다고 하기 때문이다. 그러나 총독부가 본격적으로 압력을 행사하자 송창근은 도리 없이 신학교 사무에서 손을 떼고 물러날 수밖에 없었다.

당시 추진되었던 '조선신학교'의 규모와 실체를 알 수 있는 자료가 있다. '조선신학교 설립 개요'라는 제목의 서류이다.

조선신학교 설립 취지

조선신학교 설립 개요 : 1. 목적, 2. 명칭, 3. 위치, 4. 수업연한, 5. 정원, 6. 입학자격, 7. 각과 학과 과정, 8. 강좌 그 교수, 강사, 9. 시설, 10. 경상비 급 기금, 11. 장학금 또는 산업부 기금, 12. 재단법인 조선신학교 유지재단.

위와 같은 체제로 작성된 서류에는 앞으로 신축할 건물들의 정면도와 평면도도 첨부되어 있다. 인쇄하여 총독부에 납본한 날이 1939년 5월 27일이고, 거기서 통과되어 발행한 날은 1939년 6월 5일이었다.

여기서 '조선신학교 설립 취지'를 읽어 본다. "조선신학교를 왜 세워야 하는가?"하는 문제에 대한 분명한 의사와 의지가 확고하게 표명되어 있기 때문이다. '설립 취지서'는 다음과 같다.

우리 조선 반도에 들어온 기독신교(基督新敎)가 과거 50여 년 동안에 급속한 발달과 장족의 진보를 보게 된 것은 참말 세인의 경이할만한 바가 있었다. 이것은 물론 하느님의 무한하신 은총과 환경의 복잡한 변천이 가장 큰 원인이 되었거니와 또한 외국 선교 사들의 다대한 공헌과 우리 선배들의 부단의 노력의 결정(結晶)이라고 아니할 수가 없다. 우리 장로교회의 과거를 회고하건대 먼저 미북, 미남, 호주, 가나다 등 4교파의 선교사들을 생각하게 된다. 교파를 갈르며 개인을 들어 상세히 소개할 수는 없거니와 우선 맨 처음으로 도래한 미국 북장로교회 선교사 원두우 박사와 신학교를 평양에 창설한 마포삼열 박사와 같은 이는 조선교회에서 영원히 잊을 수 없는 큰 은인들이었다. 그들의 열렬한 신앙과 건전한 인격이며 원대한 계획과 정밀한 준비는 오늘날 반도 교회의 기초를 세운 것이다. 이제 우리는 그이들의 제반 사업과 위대한 공적에 대하야 거듭거듭 감사를 드리지 아니할 수가 없다. 그러나 외국에서 들어온 그들로서만은 독장난명(獨掌難鳴)이란 말과 같이 어찌할 수가 없었을 것이다.

하느님께서 반도 안에 위대한 창업적 교역자를 많이 일으키셨다. 이제 누구누구를 다 열거할 수는 없거니와 최초에 목사의 성직을 받은 7인의 선각자만은 과연 대표적 인물이 될 것이다. 그들은 명치34년(1901)에 창립한 평양신학교에서 제1회 졸업생으로 명치40년(1907)에 목사의 성별식(聖別式)을 지나 그때부터 조선 노회를 조직하였던 것이다. 외람되히 한 마디씩으로 그들의 성격을 붙이어 그 씨명을 소개하면 헌헌장부(軒軒丈夫)의 서경조씨, 악악간사(諤諤諫士)의 한석진씨, 온후장자(溫厚長子)의 송인서씨, 독학군자(篤學君子)의 양전백씨, 친절강직(親切剛直)한 방기창씨,

충후열렬(忠厚熱烈)한 길선주씨, 인자순량(仁慈順良)한 이기풍씨 등의 7인이다. 아! 그이들은 지금 세상에서는 다시 찾아보기 어려운 훌륭한 인격자들이었다.

　이 최초의 목사들은 그 대부분이 벌서 천국에로 이적(移籍)하였다. 오직 한석진, 이기풍 두 분이 지금까지 생존하였을 뿐이다. 그 중에 한 분인 이목사는 멀리 남해 연안에서 80 가까운 고령의 노구로 아직 교역을 계속한다. 한목사만은 현금 경성 교외에 거주한 관계상 필자가 신학교 설립 기성회 일을 처음 생각할 때에 먼저 그 고견(高見)에 고문(顧問)하고 싶어 그 문을 두드렸다. 그는 노안(老顔)에 미소를 띠우고 흔연히 영접하야 유감없이 진정을 토로하야 주었다. 예리한 비판과 심절(深切)한 권면을 섞어가지고 이런 말씀을 건네주었다. 「우리 손과 우리 머리로 신학교를 설립하야 보자는 말인가. 조선에 벌서 있어야 할 것인데 아직까지 이런 운동도 없었다는 것은 너머 늦었지. 선교사와 조선 교회야 언제든지 정의(情誼) 좋게야 헤여질 줄 알았는가. 그 사람네야 이러든지 저러든지 우리가 할 일이야 우리가 하여야지. 그러나 나야 이제 80 가까운 것이 출마한들 무엇을 하겠나. 또 아직까지 조선 사람이 무엇을 할 수 있는지 나는 모르겠네. 좌우간 연부역강(年富力強)한 자네들이나 하야 보게. 나야 물론 마음으로야 전폭적으로 찬성하지.」 이런 뜻의 말씀이었다.

　비록 간단한 말씀이나마 한숨과 눈물이 없이는 배청할 수가 없었고 분발과 결심이 없이는 퇴출할 수가 없었다. 참말 귀중한 훈시인 동시에 적절한 격려이었다고 생각한다. 더욱이 지금은 국가에서 동아(東亞)의 신질서를 수립하고저 막대한 희생을 애끼지 아니하고 최선의 노력을 요구하는 이때에 우리 교회에서도 자연히 신질서를 세우지 아니할 수가 없게 되었다. 초대에는 선교사가 주체이었고 반도(半島)의 신자(信者)가 객체이었으나 시대는 점차로 전개되어 양자의 관계는 호상 협조의 상태에 있어 왔다. 그러나 이제부터는 반도의 신자인 우리들이 교회 사역(使役)의 주체가 되지 아니하면 안될 것이다. 그러면 교역자를 양성하는 기관인 신학교는 무엇보다도 먼저 우리의 손으로 경영하지 아니할 수 없을 것이다. 여기는 몸과 마음을 받힐 이도 생기고 땅과 돈을 드릴 이도 생겨야 할 것이다. 유지독지(有志篤志)의 남녀 신도는 합흥호래(盍興乎來)리오. 모사(謀事)는 재인(在人)이어니와 성사(成事)는 재천(在天)이니 오—성삼위(聖三位)의 하느님이시여 이루어 주옵소서. 아멘.

소화14(주후 1939)년 3월 일

경성부 아현정 468번지 2호

장로회　　기성회장

신학교　설립　동위원장　채필근

이 서류에는 설립 사무를 실제로 담당한 총무인 송창근의 이름은 나오지 않는다. 수양동우회 사건으로 보석 중이라서 조심했던 것으로 보인다.

그런데 이 무렵 평양에서도 조선인들의 손으로 신학교를 새로 설립하고 채필근 목사에게 교장 직을 제의했다. 새로 설립된 평양신학교는 1938년에 문을 닫은 평양신학교의 유산을 그대로 지닌 학교였다. 모든 것을 새로 마련해야 하는 서울의 조선신학교와는 비교될 수가 없었다. 채필근 목사는 조선신학교 설립 추진진에다가는 일체 아무런 말도 없이 평양으로 가서 평양신학교 교장으로 취임했다.

한편 총독부의 강한 압력으로 조선신학교 설립 사무에서 손을 뗄 수밖에 없었던 서울의 송창근은 당시 북간도 용정의 은진중학교 성경교사로 있던 김재준에게 전보를 보내어 서울에 와서 '조선신학교'를 맡도록 부탁했다. 1936년 4월에 송창근이 부산으로 내려간 뒤에 평양에 남아 있던 김재준은 그 뒤 신사참배 문제에 협력하지 않는다 해서 숭인상업학교 교장으로부터 물러나 달라는 이야기를 듣고 사표를 내었다. 그리고 몇 달 뒤에 북간도 은진중학교의 성경교사 자리가 나서 거기취직하여 북간도에 가 있었던 것이다.

김재준은 송창근의 부탁에 따라 서울에 와서 '조선신학교'를 맡았다. 경기도에서는 막상 인가를 내줄 때 신학교가 아닌 1년짜리 강습소로서의 인가를 내주었다. 그래서 1년마다 새로 인가를 받아야 하는 '학원' 형태로 운영하는 '조선신학원'으로서 문을 열어야 했다. 김재준은 조선신학원의 문을 열어 1940년 4월 1일에 시험을 치러서 53명의 학생을 뽑아서 2일에 개강했다. 이사진과 교수진은 다음과 같았다.

제1대 원장 겸 이사장 : 김대현 장로.
이사 : 함태영, 김관식, 오진영, 조희염, 김길창, 김영주, 김영철, 한
　　　경직, 윤인구.
전임 교수 : 윤인구, 김재준, 궁내창(宮內彰).170)

---

170) 『한신대학 50년사』, 한신대학 출판부, 1990, 20~21쪽.

송창근은 뒤에서 학생이 조선신학교에 가도록 주선하는 등 보이지 않게 도왔다.

22. 경북 김천 황금정교회에서 행복한 목회

부산의 도시빈민선교사업은 이미 돌이킬 수 없는 상태로 막을 내렸고, 서울에서 조선신학교 일을 볼 수도 없게 된 송창근은 1940년 초에 경북의 김천으로 옮겨갔다. 김천 황금정 교회의 담임목사로 부임한 것이다.

김천은 경북의 한 중소도시이다. 옛날에 금이 나는 샘인 금지천(金之泉)이 있는 땅이라 해서 '김천(金泉)'이라는 지명이 유래되었다고 한다. 송창근 목사가 이때 느닷없이 김천으로 간 계기는 황금정 교회의 강익형 장로와의 인연 때문이라고 한다. 강 장로가 주도적으로 나서서 초빙했다.

강 장로는 본래 평남 덕천 사람인데 3·1운동으로 평양형무소에 투옥되었었고, 그 후 일경의 압박과 감시가 심해서 이남으로 피신하여 처가쪽과 인연이 있는 김천에 자리 잡았다. 그리고 상업에 투신하여 해산물 도매업을 해서 크게 돈을 모았다. 그래서 평안도에 사는 친족 집안들도 대거 따라 내려와서 김천에 자리 잡았는데, 온 가문이 교회 일에 무척 열심이었다고 한다.

김천에서 송창근은 생애 두 번째 목회를 시작했다. 삼십대 시절에 평양 산정현교회에서 생애 첫 목회를 할 때는 친구들이 그를 둘러쌌었는데, 사십대 시절에 김천 황금정교회에서 목회를 할 때에는 제자들이 그를 둘러쌌다.

제일 먼저 옆에 온 사람은 공덕귀[171]였다. 그녀는 일본 횡빈(横濱 : 요코하마) 여자신학교 4년제를 졸업하고 김천 황금정교회로 왔는데, 그 일을 자신의 회고록에 이렇게 적었다.

> 뜻밖에도 졸업식에는 일본유학을 반대했던 위들스(Widles) 선교사가 일본까지 건너와 축하를 해주었다. 그리고 졸업했으니 함께 일해 보자고 청했다. 그 외에도 여러 곳에서 요청을 받았다.
>
> 그러나 나는 그의 청을 거절하고 김천교회로 가기로 결정했다. 김천에 와 계시던 송창근 목사님이 교회 전도사 자리를 마련해놓고 기다리고 계셨다. 내가 졸업할 무렵에는 대동아전쟁이 일어나 인도의 선교사로 가겠다는 말도 꺼내기 어려운 때였다. 그러니 선

---

171) 공덕귀(1911~1997)는 대한제국 군인이었던 공도빈(孔道彬) 씨와 방말선(方末善, 일명 공마리아) 씨의 7남매 중 둘째딸로 경남 충무에서 태어났다. 어머니 공마리아가 처녀 때부터 독실한 신자였기에 모태신앙의 기독교인으로 성장한 그녀는 15세 때 아버지가 병사하여 가정이 어렵던 중 호주 선교사의 도움으로 부산 일신여학교로 유학하여 수석으로 졸업한 뒤 일본으로 유학하여 요코하마 공립신학교에서 신학을 공부했다. 송창근 목사가 경영한 신학교육사업에서 여성 교역자로서 가장 가깝게 동역했다.

교사 대신 전도자가 될 수밖에⋯⋯. 그때 우리는 신학을 하면 으레히 교회봉사를 하는 것으로 생각했다. 교회에 가서 한 영혼을 꾸준히 추격해서 구원을 성취시키는 일이 신학자의 의무라고 생각했기 때문이다.

6월엔가 졸업을 하고 곧 김천교회로 갈 준비를 했다. 송목사님께서 여름 하기학교도 있고 하니 김천으로 바로 오라고 하셨다. 일단 김천으로 짐을 부쳤다. 책 외에는 별로 산 것이 없었다. 전도사로 시골을 가는데 외출이 많을 테니 비옷을 하나 사고 가위를 하나 샀다. 이것이 일본에서 한 쇼핑의 전부였다. 선물을 살 여유는 전혀 없었다.

비옷 산 것을 알기라도 하듯 김천역에 내리니 비가 왔다. 교회목사, 장로들이 마중을 나왔다. 강익형 장로는 내가 너무 젊다고 염려하면서도 월급 10원을 20원으로 올려 책정했다고 송목사님께서 후일 귀뜸해 주었다. 당시 시골 전도부인의 월급은 10원이 고작이었다. 이래서 나는 김천 황금동교회 정식 전도사로 부임했다.172)

그 다음에 온 사람은 조선출이었다. 그는 동경에 유학 가서 청산학원에서 예과 3년, 신학부 본과 3년, 도합 6년을 공부하고 졸업한 뒤에 김천으로 왔다. 그 역시 송창근의 지도를 기다려서 그가 시키는 대로 순종한 것이다. 그가 써놓은 당시의 이야기는 이러하다.

172) 공덕귀, 『나, 그들과 함께 있었네』, 여성신문사, 1994, 58~60쪽.

내가 청산학원을 졸업했을 때 송박사님은 경북 김천읍 황금정 교회 담임목사로 시무하고 계셨다. 나는 편지로 나의 졸업 후의 일을 의논드렸더니, 졸업하는 대로 김천으로 오라는 명령이었다. 큰 기대를 갖고 와보니 김천읍을 중심으로 해서 그 주위 여러 면에 산재해 있는 7개의 농촌교회 순회전도사 일을 보라는 것이었다. 그래서 일곱 교회가 연합해서 중고(中古) 자전거를 한 대 마련해 주었다. 나는 아무 불평 없이 그 일을 맡았다. 지금 생각해 봐도 신통하게 느껴진다. 명색이 동경 유학생인데 한두 교회도 뭣할 텐데 세상에 일곱 교회를 맡게 되었으니 말이다. 설상가상으로 나는 자전거에 서툴렀다. 얼마나 넘어지고, 얼마나 물에 빠지고 했는지 말로써 다 형언할 수 없다. 어떻게 생각하면 참으로 애처롭기도 했다. 그래도 묵묵히 1년간 전도사 노릇을 했더니 그 다음 해에는 교회 세 개를 나눠서 다른 전도사에게 맡기고, 나는 네 교회만 맡게 되었다.[173]

그 다음에 온 제자는 정대위였다. 그는 숭실중학교를 나온 뒤 일본 경도에 가서 동지사대학에서 신학을 전공했다. 그 역시 졸업하자 스승인 송창근이 원하는 대로 김천 근처에 있는 예천읍 교회로 부임하여 목회를 시작했다. 정대위의 경우는 다음과 같았다.

내가 일본에서 신학을 졸업한 것이 1941년 봄이었는데 만주 신경(지금의 장춘)에 있는 한 교회와 원산에 있는 다른 한 교회로부

---

173) 조선출, 「선생님 죄송합니다」, 『만우 송창근』, 354쪽.

터의 초청을 모두 거절하고 만우 선생의 지시에 따라 한국의 '뒤떨어진' 지역인 경북 예천읍교회로 부임한 것은 이른바 일본인들이 태평양전쟁이라고 부른 그 싸움의 서전이 시작되기 직전인 1941년 봄이었다. 그때에 만우 선생은 김천에서 목회중에 계셨다. 그는 그의 계신 근처에 나를 부르신 것이다.174)

송창근은 김천에서 행복한 목회를 했다. 사랑하는 제자들이 솥발처럼 벌려 서서 주위를 채우고 있는 중에 그는 본격적인 목회를 해나갔다. 다만 부산에서 성빈학사를 할 때 와서 도왔던 김정준은 뒤늦게 일본 동경의 청산학원에 유학 가서 공부하고 있었기에 목회 초기에는 같이 합류하지 못했다.

송 목사는 본래 사람을 학식의 유무나 재산의 빈부나 사회적 지위의 고하에 따라 차별하지 않는 평등주의를 본능적으로 실천하는 사람이었다. 그래서 김천의 무식한 촌로인 교인들을 대할 때도 그의 평등한 자세와 따뜻한 유머가 늘 환하게 빛났다.

전에는 교인들이 담배 피우고 술 마시는 것을 죄악처럼 꺼렸다. 한번은 산하 지교회들을 송창근 목사와 조선출 목사가 함께 순회 시찰하던 중에 어느 교인 댁에 이르렀다. 그때 마침 집주인인 영수가 마당에서 무슨 일을 하면서 버릇대로 담배를 피워 물고 있었는데, 갑자기 교회 사람들이 들이닥치자 당황한 나머지 담뱃대를 등에다 꽂아 감추었다. 그러나 타고 있던 담뱃대통이라 저고리 안에서 뜨거웠을 것은 정한 이치였다. 조 목사는 그것을 보고도 모른 체하려 하는데 송 목사는 그렇

---

174) 정대위, 『노닥다리 초록 두루마기』, 종로서적, 1987, 48~49쪽.

지 않았다.

"아이구, 그러시다가 영수님 등에 살을 데이시겠습니다."

하고는 담뱃대를 빼 주었다. 얼굴이 홍당무가 된 영수가,

"목사님, 제가 속병이 좀 있어서 이걸 약으로 태웁니다."

했다. 송 목사는 그 말을 받아서,

"암, 개똥도 약에 쓸라니……."

하고는 태연했다. 그 뒤 예배시간에 송 목사는,

"여러분, 영수님이 속병 때문에 가끔 담배를 피시니 흉하게 여기지 마십시오."

하고 교인들에게 광고했다. 그 날 이후 그 영수는 담배를 일체 끊었다. 그것은 송 목사에게 속이 아프다는 거짓말을 한 것이 후회스럽고 부끄럽기 때문이었다고 한다.[175]

그런가 하면 예상 못했던 상대방의 뜻밖의 반응에 즐거운 낭패감을 느끼기도 했다.

김천교회 가까이 있는 어느 교회에 장로가 한 사람 있었는데, 그 사람은 성경에서 어려운 문제들을 묘하게 찾아내서 교회 목사나 사경회 설교자에게 내놓아 난처해하는 모양을 보면서 즐기는 악취미가 있었다. 그래서 목사들이 그 장로라면 머리를 저었고 따라서 그 이름이 널리 알려지기도 했다. 한번은 그 장로가 송 목사를 찾아왔다. 미국에까지 가서 신학박사가 되어 왔다는 송 목사를 한번 곯려 줄 생각에서였다. 그래서 내놓은 문제가,

"목사님. 성경에 보면 입에다 자갈을 물리라고 했는데 어떻게 사람

---

175) 만우 송창근선생기념사업회, 『만우 송창근』, 68~69쪽.

의 입에 자갈을 물릴 수 있습니까?"

하고 짓궂게 물었다. 송 목사는 언성을 높여서 꾸짖듯이 대답했다.

"그건 바로 당신같이 부질없는 질문이나 해서 남을 괴롭히기 좋아하는 그런 입에 자갈을 물리라는 말뜻이오."

하고 말하면서 그 장로가 뭐라고 대꾸하면 한번 톡톡히 혼구멍을 내주리라 마음먹고 기다렸다. 그런데 그 장로는 진심이었는지 어쨌는지 일어나서 송 목사 앞에 무릎 꿇어 절하고는 사과했다.

"목사님. 제가 잘못했습니다."

송 목사는 뒤에 자주 그 얘기를 하면서 말했다.

"결국 내가 이긴 줄 알았는데 진 셈이야. 그 사람이 그렇게 사과를 하니까 나도 잘못됐단 소릴 할밖에."

그는 지방색을 몹시 따지던 당시 풍습에 질색하여 아예 딴청을 피우기도 했다. 만주에서 큰 사업을 하고 있던 사업가 이기명 씨가 아내를 사별하고 새 장가를 들고자 송 목사에게 신부감을 소개해 달라고 청했다. 그런데 조건이 전라도 출신이 아닌 사람이라고 했다. 송 목사는 본래 지방색을 따지는 것을 질색하는 사람이었다. 그런데 당시 충북 영동 구세군 병원 간호사로 있던 송마리아를 중매하고 싶었는데 그녀는 전북 군산 출신이었다. 송 목사는 이기명 씨가 지리에 밝지 않음을 생각하고 송 간호사를 그에게 추천했다. "고향이 어딥니까?"하는 이기명 씨의 질문에 "그 처녀는 충남 장항 맞은편 군산 출신이야!"라고 대답했다. 이기명 씨는 병원에 가서 그 여자를 만나보고는 아주 마음에 들어 결혼해서 오래오래 잘 살았다.

송 목사의 그런 너름새랄까, 그의 성동격서(聲東擊西) 식의 사람 다루는 방식은 참으로 하나님이 주신 것으로서 타고난 것이었다. 그런 사례 중 하나로, 공덕귀 전도사가 황금정교회에 부임한 지 얼마 안 되었을 때의 일화가 있다. 공덕귀가 써놓은 회고담은 다음과 같다.

6월 7일 오전 11시 김천역에 내리니 송 목사님과 장로님들께서 마중 나와 주셨다. 사실 나는 세상도 모르고 동서분별을 모르는 햇병아리였다. 송 목사님 곁에서 젊은 꿈과 포부를 펴나갈 수 있다는 일이 그저 행복하고 반갑기만 했다. 처음 한 달 동안은 교회와 지역사회의 사정을 살피고 아는 일로 전도자로써 첫 걸음마를 시작했다.

이 견습 전도사에게 불어 닥친 웃지 못할 사건이 일어났다. 마침 여름방학 때라 서울, 일본에서 유학하던 교회 학생들이 대거 귀성하게 되자, 연희전문학교에서 공부하는 아들을 둔 모 장로님 댁에서 유학생들을 초대하는 자리에 나도 부름을 받았다. 식사가 시작되기 전에 젊은이들은 카드놀이 담소 등으로 열기띤 즐거운 시간을 보내고 있었는데 바로 그때 갑자기 옆방 문이 열리면서 그 댁 주인인 노(老) 장로님이 성난 얼굴로 나타나시면서 "전도사가 학생들과 어울려서 대낮에 담 밖으로 웃음이 나가도록 하는 데가 어디 있느냐."고 폭탄경고를 터뜨렸다. 모든 젊은이들과 함께 나는 너무도 의외의 일에 어리둥절했다.

물을 끼얹은 듯한 자리에 이윽고 점심상이 들어왔지만 나는 세상에 나서 처음 당하는 이변이라 너무 어이가 없어 음식이 목을 넘어가지 않을 것 같았다. 그러나 나는 전도자였다. 북바쳐오르는 모든 감정을 억누르고 천연하게 같이 점심을 먹고 숙사로 돌아왔다. 나는 교회 봉사에 맞지 않나 보다 하고 골똘히 생각하고 있었다. 사실 나는 나이보다 세상을 모르는 약삭 바르지 못한 사람이 었다.

……얼마나 시간이 흘렀을까. 목사님이 부르신다기에 목사관으로 갔더니 교회청년들로부터 낮에 일어났던 이야기를 들었는데 사실이냐고 물으시기에 그렇다고 대답했다. 그 날 밤 송 목사님은 긴급당회를 소집하고 "동서를 분별 못하는 전도사를 돌려보내겠다."고 선언하시자 장로님들은 너무 놀라시고, 특히 사건 발단의 장본인인 노 장로님께서 자기의 잘못을 백배사죄하여 일단 문제가 무사히 해결지어졌다. 그 후 그 노 장로님은 내가 김천을 떠날 때까지 그 일로 인해 나를 바로 못 보시고 늘 마음을 쓰시던 것을 아직도 기억한다.176)

사람 다루는 방법을 잘 안다고 해서 그 효과가 다 좋은 것은 아니다. 송창근 목사가 그런 식으로 사람을 다루는 방식이 그처럼 신묘할 만치 기분 좋고 선한 결실을 가져오는 것에는 이유가 있다. 그가 지니고 있는 인간에 대한 본능적인 평등의식과 상대방에 대한 순수한 존중심이 강력하게 뒷받침되어 있었기 때문이다. 마음 어느 한 구석에라도 "나는 미국 신학박사요. 당신들은 아무래도 무식한 이들! 나는 잘난 도회인이요, 당신들은 어쩔 수 없는 촌사람들!"하는 식의 우월감이 조금만치라도 들어 있었다면 절대로 만사가 그처럼 편편하게 돌아가지 않았을 것이다.

송 목사가 그렇게 목회해 나아가니까 황금정교회는 물론 김천 시찰

176) 만우 송창근선생기념사업회, 『만우 송창근』, 440~441쪽.

구역 전체가 매우 빠르게 발전했다. 과거 40년 동안 목사 한 분밖에 없었던 시찰구역인데, 송창근 목사가 김천에 간 지 3년 만에 여러 명의 목사와 여러 명의 남녀 전도사가 모여들어 함께 목회하는 큰 시찰구역으로 변했다.

송창근 목사는 매우 기발한 일도 생각해내는 분이었다. 제자들 중에서 조선출 목사와 당시 청산학원에 재학 중인 김정준 신학생을 김천으로 불러다가 1942년 3월 10일에 합동결혼식을 올려주기도 했다. 결혼식이란 말 대신에 <제단에 드리는 예식>이라 써 붙이고 주례는 자신이 맡아서 두 사람을 결혼시켰다. 당시 황금정교회 부목사로 와 있었던 정대위 목사 내외와 공덕귀 전도사와 미국에서 온 친구가 신랑 신부들의 들러리를 서고, 전쟁 중이라서 물자가 매우 귀했던 당시에 음식은 물론 모든 준비 일체를 교회에서 맡아서 해주었다. 신랑 신부들은 달랑 몸만 와서 성대한 결혼식을 뜻 깊게 올리고 가는, 당시로는 천하에 드문 호사를 누렸다고 한다.

부산에서 '성빈학사를 운영하면서 보냈던 2년'이란 삶도 따로 열매를 맺고 있어서, 많은 일본 유학생들이 방학에 고국에 돌아오면 중간에 김천에 내려서 송창근을 만나고 갔다. 그들은 마음을 쏟고 정을 나눌 대상으로 송창근을 찾은 것이다.

그는 열심히 목회를 하면서 한편으로는 각지에 있는 미션 스쿨에 가서 특별신앙강좌를 인도하는 일도 열심히 했다. 그런 일을 결코 귀찮아하지 않았다. 어린 학생들에게 신앙을 갖게 하고 성경을 알게 하는 일의 중요성을 남달리 마음 깊이 아로새기고 있었기 때문이다. 이 시기에 송창근이 미션 스쿨의 신앙수양회를 어떻게 가졌는가를 보여주는 증언이 있다. 뒷날 조선신학교에서 공부하여 제자가 된 이장식 교수의 경북

대구 계성중학교(5년제) 시절의 회고담이다.

계성학교에서는 1년에 한 번 신앙수양회가 있었는데, 이때는 외래 특별강사들을 모셨다. 그러므로 5년간 재학하면서 나는 5명의 특별강사의 설교를 들었다. 그들의 설교에서 인상적인 것들만이 내 기억에 남아 있다. 첫째는 송창근 박사님의 설교였다. 그는 서울의 장로회 조선신학교를 설립해 놓고 일본 경찰 당국의 미움을 산 일로 그 학교를 떠나서 김천 황금정교회에서 목회하고 계셨다. 하루는 그가 설교하면서 두루마기 소매를 걷어올리고 주먹을 불끈 쥐면서 "일어서라"고 큰소리로 외치는 바람에 학생들이 모두 깜짝 놀랐다. 그는 누가복음에 있는 탕자비유를 가지고 설교하면서 탕자가 멸망할 지경에야 일어서서 아버지 집으로 돌아오는 이야기를 하다가(눅 15:11-32) 그렇게 외쳤던 것이다. 그는 이때 우리에게 젊은 열혈(熱血) 청년의 각성을 촉구하신 것이었다. 이 시절 일본은 만주를 침략하면서 내선일체(內鮮一體) 정책과 황국신민화 운동을 한창 벌일 때였다.177)

이장식 교수에 의하면, 그 특별신앙강좌 이후 송창근 목사는 계성중학교 학생들 사이에서 "일어서라! 목사님"이란 별칭으로 불리면서 오래도록 화제가 되었다고 한다.

---

177) 이장식, 해암 이장식 자서전 『창파에 배 띄우고』, 한들출판사, 2001, 41 쪽.

23. 참혹한 어둠 속에서 버틴 시간

　피고인들이 보석인 상태로 진행되고 있던 수양동우회사건이 드디어 마지막 막을 내린 것은 1941년 7월 21일이었다. 그 날 고등법원 형사부의 최종심에 의하여 '피고인 전원 무죄'라는 판결이 내려졌다. 사건의 시작부터 조선총독부의 정치적 필요에 의한 고도의 정략에서 비롯되었고, 결말 역시 정략 차원에서 마무리된 것이다.

　제2심에서 '징역 2년'을 선고 받았던 송창근 목사는 이때 다소 착각을 일으켰던 것 같다. 최종심에서 피고인 전원 무죄의 판결이 내려진 것을 두고 일본제국의 국가적 차원에서 실행된 간교한 정략적 쇼였다고 생각하는 대신, 오히려 일본제국의 사법제도에 대한 일말의 신뢰가 생겼던 것 같다. 그런 신뢰의 형적은 그가 이 시점에서 신학교 경영운동에 적극적으로 뛰어드는 것으로 나타났다.

　송창근은 수양동우회사건이 마무리 되자 곧 조선인에 의한 신학교 건설 작업을 제대로 추진하려고 급하게 움직이기 시작했다. 전에는 '보석 중인 피고인 신분'이라 해서 활동을 제지당했지만 이제는 최종심의 무죄 판결로 인하여 그러한 핸디캡이 아주 사라진 것으로 생각한 것이다. 자신이 진지한 성품을 갖고 있는 사람은 남도 그런 것으로 생각하는 경향이 있는데, 이때의 송창근이 바로 그러했다.

그는 제약이 심하고 억눌린 신학교육을 펼쳤던 외국 선교사들이 가고 없는 이 땅에 새로운 비전과 기상의 신학교육을 펼칠 제대로 된 신학교를 세우고 싶어서 조바심을 냈다. 그런데 학교 인가가 문제였다.

1940년 봄에 김대현 장로의 기부금으로 시작한 조선신학교는 끝내 '학교'로서의 설립 허가를 받지 못하고 기껏 1년 주기로 해마다 새로 허가를 받아야 하는 강습소로서 허가를 받았다. 그래서 '학원'으로 존재할 수밖에 없어서 '조선신학원'이란 간판을 내걸고 승동교회 아래층을 빌려 문을 열고 있는 상태였다.

학교가 아닌 1년짜리 강습소 허가를 가지고서는 제대로 된 신학교 교육을 하기 어렵다. 그러나 총독부 당국은 기독교에 관계된 것에는 일체 냉혹하게 굴었다. 더 이상 기독교 신학교육을 위한 신학교 허가를 내주려고 하지 않았다.

그래서 송창근은 이미 '학교'로서의 인가를 받아가지고 있는 '신학교'로 눈을 돌렸다. 당시 서울에는 성결교178)에서 경영하는 경성신학

---

178) 성결교 : 감리교에 신학적 뿌리를 두고 있는 개신교의 한 교파. 한국에서는 장로교, 감리교와 더불어 3대 교파 중 하나임. 감리교 목사이자 선교사들인 C. E. 카우만과 E. A. 킬보른이 1901년에 일본 동경 신전구에 동양선교회 전도관을 세우고 선교를 시작했다. 이들은 전도관 1층에 성서학원을 세워서 신학 교육에도 힘썼는데, 한국인 유학생 김상준과 정빈 등이 이 성서학원에서 배우고 귀국하여 1907년에 염곡에 동양선교회 복음전도관

교가 있었다. 그런데 선교사들이 떠나고 선교비 지원이 끊어지자 학교 문을 닫을 위기에 처한 결과, 새로운 경영자를 찾고 있는 중이라는 소식이 들렸다. 그래서 만나서 의사를 타진해 본 결과 성결교회의 중진들도 송창근 목사를 신학교 운영자로 모시고 새롭게 출발하는 것에 크게 찬성했다. 그는 경성신학교를 맡아서 이상적인 신학교육기관으로서 크게 육성하고 운영할 계획을 세웠다. 젊은 사업가 몇 사람이 헌신적으로 자금을 대기로 약속하고 나섰다.

의욕에 부푼 송창근은 1941년 가을에 일단 '부목사'라는 칭호로 직제자인 정대위 목사를 김천 황금정교회에다 데려다 놓았다. 자신이 곧 서울에 가서 경성신학교 교장을 하게 될 것을 대비하여 자신의 빈 자리를 채울 목회자로 정대위 목사를 선택한 것이다.

그러나 조선총독부가 어떠한 곳인가. 송창근이 교장으로 취임할 허가를 끝내 내주지 않았다. 결국 송창근은 '자유인'이 된 1941년이 저물어갈 무렵에 일제 당국의 본색을 확실하고 선명하게 알아보았다. 일제가 물러가기 전에는, 일제가 사라지기 전에는, '송창근이 경영하는 신학교'는 불가능한 꿈이었다. 그는 할 수 없이 계획을 포기했다. 그것은 정말로 영혼까지 아프게 하는 괴롭고 쓰라린 상처였다. 경성신학교는 결국 문을 닫았고, 학교 건물은 일제 경찰이 자기들의 교육기관으로 사용했다.

을 세운 것이 한국 성결교의 시작이 되었다. 그들은 선교사들의 후원으로 1911년에 서울 아현동 고개 위에 성서학원을 세워서 목회자를 양성하기 시작하고 이어 경성신학교(현 서울신학대학의 전신)로 발전시켰다. 중생 · 성결 · 신유 · 재림의 은사와 오순절 성령 세례를 강조한다.

송창근은 아픈 마음을 안고 다시 김천 황금정교회의 목회에 전념할 수밖에 없었다. 그러나 이왕 온 것이고 또 그간 교세가 크게 확장되어 있었기에 역시 '부목사'는 필요했다. 정대위 목사는 부목사로 눌러앉아서 송창근 목사와 같이 황금정교회의 목회에 동역했다.

좌절된 '신학교'에 대한 꿈으로 인한 쓰라린 상처를 제외하면, 제자들로 둘러싸여서 해 나아가고 있는 김천에서의 목회는 행복했다. 정말로 열심히 하나님과 사람을 사랑하고 섬기는 복된 나날이었다. 송창근과 그의 제자들은 열심히 목회에 전념했다.

강익형 장로의 조카인 박윤수 박사는 당시 중학생으로 황금정교회에 다니고 있었는데, 그가 본 송창근 목사가 목회하던 모습은 이러했다.

　　송 목사님은 키가 크고 아주 사교적인 젠틀맨이었다. 그래서 사람들이 그 분에게 그냥 끌려들어갔다. 목사님이면서도 대접을 받으려 하지 않고 늘 베푸는 분이셨다. 교인들을 집안사람 대하듯 하셨다. 나도 예배 끝나고 인사드리면 "집에 들렸다 가라."고 말씀하시곤 했다. 사택에 가 보면 늘 사람들로 와짝와짝 들끓었다.

　　김천교회 다닐 때 보면, 제자들이 부목사로 많이 오셨고, 따르는 제자들이 많아서 자주 김천교회에 다녀갔다. 정말 많은 사람들이 따랐고, 한 집안 식구처럼 지냈다. 송 목사님이 김천 황금정 교회에 오신 것은 외삼촌인 강익형 장로님 때문에 오시게 된 것으로 들었다. 강 장로님은 해방 뒤에 국회 제헌의원도 하신 분이다. 해산물 도매업을 하셨는데, 창고가 매우 컸다. 늘 목사님 댁에 쌀가마니를 가져다 드리곤 했다.179)

황금정교회의 여전도사로서 가장 가까운 자리에서 모시고 일했던 공덕귀의 회고담 안에 김천에서 목회하던 때 송창근 목사의 인간적인 모습이 잘 드러나 있다. 그 일부를 전재한다.

그 분이 목회자로서 내 인상에 남아있는 것은 여러 가지지만 특별한 것 몇 가지만 더듬어 본다면,

첫째, 인간미를 지니고 계셨다. 사람들을 사랑할 줄 아는 분이었다. 생활이 어려운 사람을 보고 그대로 지나치지를 않으셨다. 어려운 교인 댁에 출산이 있으면 빼지 않고 비누 한 개 타올 한 장이라도 사들고 가셨다.

그때 금융조합(현 농협)에 다니던 교인이 폐를 앓아 오래 치료를 받고 있었다. 그분을 방문하실 때에는 으레히 약국에 들려 주사약을 꼭 사가지고 가셨다. 그 후 그 청년이 완쾌되자 일본자유신학에 보내셔서 목사로 키워, 요즘 소외당한 불우 청소년을 위해 오랜 세월을 두고 전도해온 김노산(金老山) 목사가 바로 그 분이다.

언젠가 목사님께서는 이런 말씀을 하셨다. 나는 눈, 코 바로 박힌 사람을 보면 남녀를 가리지 않고 마음에 점을 찍고, 그리고 인물로 키우는 취미를 가지고 있다고—. 그는 당시 숭실학교에 다니던 김정준, 조선출, 정대위 등등 남쪽, 북쪽 시골 학생들을 점을 찍고, 끝까지 뒤를 보살펴, 목사로 키우시고 박사로 학자로 대성케 하셨다. 그들이 재학시절 방학 때가 되면 다들 목사님께 와서 쉬

---

179) 박윤수 교수 대담, 2005, 1, 27.

다가 개학 때 학교로 돌아가던 일을 나는 기억하고 있다.

둘째, 송 목사님은 생(生)을 즐길 줄 아셨다. 커피맛을 아시고, 어떤 환경에서도 사는 멋을 창조해 내셨다. 심방을 갔다 오시다가 떡시루를 이고 가는 여인을 보시면 불러 집으로 데려가셔서 떡을 사주시고 함께 커피를 마시면서 간단한 점심을 즐기시던 일을 기억한다.

셋째, 그분은 교인들에게 생활하는 법을 가르치셨다. 부인들을 울리는 부엌 아궁이부터 고치라고 적극 권장하셨다. 아궁이 하나도 고치지 못하는 사람이 천당을 갈 줄 아느냐고 정색으로 호령하셨다. 옛날 이남 시골 부엌은 불을 땔 때마다 연기가 나와서 부녀자들을 울리고, 부엌 안은 온통 검정칠을 한 것 같았다. 김천 교인들은 거의 다 아궁이를 이북식으로 고쳐, 부엌을 연기 없이 울지 않고 밥을 지을 수 있도록 대혁신을 시키셨다.

그밖에 직업 없는 사람에게는 일자리를 알선해 주시고 짝이 없는 사람에게는 중매도 잘 서셨다. 그 중 한 쌍이 조선출 목사와 이영복 선생일 것이다.

송 목사님께서 김천오신 지 3년 만에 김천 시찰구역은 크게 변화되었다. 40년 동안 목사 한 분밖에 없던 시찰구역에 수 명의 목사와 여러분의 남녀 전도사를 파송하게 되었다.

우리 황금동교회는 특별헌금 즉 길흉사를 기념하는 감사헌금은 교회 경상비에 쓰지 않고 전액을 전도부에 넘겨 지방에 전도자를 파견하는데 쓰여졌다. 그때, 내가 듣기로는 목사님께서는 150원 월급을 받으셔서 70원을 교회에 바치셨다고 한다. 살림 꾸려나가시기에 고달프신 사모님께서 불평을 하시면 "여보 나는 하나를 주면 내 친구는 열을 주오. 절대로 딴소리하지 마오."하시던 것도 기억한다. 그때 나는 기적이란 이런 것이다, 라고 생각했다.

이런 분위기 속에서 우리 교회는 정말 은혜로왔다. 선한 목자, 옳은 지도자를 모신 장로님, 집사님, 모든 교우들, 어느 한 사람도 곁길을 걷거나 한눈을 파는 일이 없이 정의와 사랑과 진리의 대열은 믿음 위에서 일사불란하였었다.

그 분이 한경직 목사님과 김재준 목사님께 대한 우정은 곁에서 보기에도 정말 놀라웠다. 한 목사님을 우리 교회 특별집회에 모시게 되었는데, 한 목사님은 약하신 분이라고 김천서 신의주까지 사람을 보내어 맞아오게 하시고, 집회기간 중에는 송 목사님이 손수 이부자리까지 돌보시며, 잡숫는 음식에도 그렇게 정성을 쏟을 수가 없었다. 당회원을 위시해서 어느 누구도 손님 목사님과 식사를 한번 같이 한 일이 없고, 어느 가정에라도 초대받는 일을 엄단하셨다. 그의 건강에 대한 세심한 배려로 절대 안정하시게 하고, 말씀만 전하게 하신 그 지극한 정성, 오늘 누가 그렇게 흉내라도 낼 수 있을지!

김재준 목사님께서 한번씩 김천으로 오시면 "이 설교야말로 천량(千兩)짜리라."고 입에 침이 마르도록 칭찬하셨다. 그리고 우리까지 동원시켜 서울서 구하기 힘든(제2차 전쟁 말기라 물자 부족이 극심했음) 비누, 타올 등등 일상 필수품을 싸서 보내도록 마음을 쓰셨다[180].

---

180) 공덕귀, 「聖句 싸인으로 주신 교훈」, 『만우 송창근』, 441~444쪽.

그러나 송창근과 제자들의 이렇듯 행복한 목회는 오래가지 못했다. 일제가 이미 1937년에 일으킨 중일전쟁을 진행하고 있는 중에, 1941년 12월 8일에는 선전포고 없이 돌연 진주만을 공격하여 미국을 상대로 태평양전쟁까지 일으켰기 때문이었다.

전선이 매우 광범하게 확대되었고, 전쟁물자 결핍은 더욱 심화되었다. 따라서 일제 당국자들은 자신의 국민들은 물론 식민지 조선인들을 더욱 세차게 들볶아대었다. 그래서 하루가 다르게 시국이 점점 악화되고 있었던 것이다.

일제 당국자들은 전 국민을 전시체제로 엄혹하게 통제하는 한편, 전쟁물자 확보를 위하여 갖가지 정책으로 조선인들을 괴롭혔다. 그들은 마음대로 시국을 장악하는 일에 송창근을 끌어들이려고 했다. 그러나 뜻대로 되지 않자, 송창근은 직접 건드리지 못하고 그의 밑에 있는 제자들을 갖가지로 괴롭히기 시작했다. 제자들의 고통을 막기 위해서 송창근이 당국에 협력하고 나설 것을 염두에 둔 것이다. 그러나 송창근은 그들의 뜻대로 처신하지 않았다. 차라리 제자들을 자신의 슬하에서 모두 떠나보냈다.

제일 먼저 당한 사람은 여전도사 공덕귀였다. 일제 경찰은 느닷없이 공덕귀를 연행했다. 훤칠한 키에 매우 우아하고 청결한 아름다움을 갖춘 용모 때문에 "그리스 여신과 같다."는 평을 들었던 공덕귀에게 고춧가루 탄 물을 강제로 먹이는 고문을 감행했다. 그때 일이 공덕귀의 자서전 속에 다음과 같이 들어 있다.

얼마 후 조선출 목사님이 김천으로 오시고 우리 교회에서 멀지 않은 곳에 있는 지교회를 맡으셨다. 한번은 황금동을 내려왔는데 젊은 조선출 목사는 콧수염을 기르고 있었다. 하도 우스워서 콧수염은 어찌된 일이냐고 했더니 "시골 사람들이 너무 젊은 목사라고 업수히 여길까봐 수염을 길렀다."고 했다.

그 후 우리 황금동교회에는 정대위 목사 내외가 부임해 와 새로운 면모를 갖추게 되었다. 누가 봐도 손색이 없는 교회, 누가 봐도 팀이 꽉 짜인 구성이었다. 정대위 목사 부인 이주선 씨도 원산 월손마르다신학교를 나온 재원이었다. 장로들도 훌륭한 분들로 구성이 탄탄했다. 강익형 장로는 마음으로 교회를 섬기고, 안장로는 성경공부반을 지도함으로써 입으로 교회를 섬겼으며, 목공일을 하던 임장로는 손으로, 심장로는 머리로 섬김으로써 몸과 마음과 지혜와 지식으로 섬기는 잘 짜인 당회가 구성되었다.

특히 강장로는 푼돈 들고 김천에 와서 큰 부호상이 된 분이었는데 김천사람들은 "그이야말로 참 크리스챤이다."라고 칭찬했다. 그는 장사해서 언제나 교회헌금 먼저 하고 그 다음에 생활하시는 분으로서 정말 의로운 분이었다. 나는 이같은 장로님들과 목사님 그리고 남녀제직 등 여러 교우들의 한없는 사랑을 받으며 힘든 줄 모르고 교회를 섬겼다.

그런데 사건이 생겼다. 마침 우리 황금동교회에서 부흥집회가 열리고 있었다. 좋은 집회였다. 그 집회가 끝나자마자 대구의 도경찰서에서 나를 호출하는 연락이 왔다. 나도, 교회도 무슨 영문인지도 몰랐다. 일단 그때 대서소를 하시던 안장로님의 안내를 받으며 대구 도경찰서로 갔다. 그때는 도경찰서라고 하면 "나는 새도 떨어뜨린다.할 만큼 무서운 곳이었다.

대구에 도착한 우리는 우선 경신학교 교장댁으로 가 하룻밤을 자고 다음날 경찰서로 갔다. 하야시란 무서운 일본사람이 도경찰서장으로 있었다. 그러나 나는 담담했다. 심문이 시작되었다. 하야시는 연필과 종이를 주면서 그동안 한 일을 쓰라고 했다. 달리 한 일이 없으니 쓸 것이 없었다. 나는 아무것도 쓰지 못하고 연필만 쥐고 앉아 있었다.

그 동안 안장로님은 겁에 질린 표정으로 안의 동정을 살피며 애절한 기도만 드리고 있었다고 한다. 우리 안장로님은 기도의 장로님이었다.

하야시는 잠시 후 내게 무슨 책 하나를 내밀었다. 놀랍게도 그 책 표지엔 「김천 황금동교회 독립운동사」라고 적혀 있었다. 그리고 송창근, 강익형, 정대위 그리고 끝에 증인 공덕귀란 글씨가 함께 쓰여 있었다. 그 안에는 지난 수요일 밤에 정대위 목사가 설교한 것이 고스란히 나와 있었다.

그날 밤, 정대위 목사는 천로역정에 관한 설교를 했었다, 기독교도가 장망성을 떠나 천성을 향해 가는 여정을 재미있게 설교했다. 그 순간 나는 놀랐다. "우리 교회에 스파이가 있었구나."하는 불길한 생각이 스쳐갔다.

바로 그때 또 하야시는 "전쟁을 위해 교회 종을 바칠 때 집사들이 울었다는데 그게 누구냐."고 다그쳤다. 나는 "그 일은 내가 부임하기 전에 있었던 일이라 모르는 일이다."라고 맞섰다. 그러나 하야시도 물러서지 않았다. 좌우간 독립운동을 했으니 이름을 대라는 거다.

나는 정신이 더 맑아졌다. 지금 생각하면 성령이 분명 내 곁에 계셔서 나에게 용기를 주신 것이 틀림없다. 전혀 두렵지가 않았다.

나는 "한 일이 없으니 할 말이 없다."며 응수했다.

우리의 설전이 맴돌자 하야시는 나를 다짜고짜로 마루바닥에 눕혀놓고 고춧가루 탄 물을 사정없이 먹였다. 나는 정신이 더 맑아졌다. 죽으면 죽으리라고 각오를 한 것도 아니었는데 이상한 힘이 솟았다. 때리지는 않았지만 더러운 욕지거리로 모욕을 주었다.

그때 심장로가 달려왔던 기억이 난다. 하야시는 심장로에게 나를 데리고 지정한 여관에 가서 재우라고 명령했다. 밖에 있던 안장로에게는 그대로 가라고 소리쳤다. 나는 여관에서 하룻밤을 묵었다.

다음날 아침 일찍 하야시 도경찰서장이 나타나서는 김천으로 돌아가라고 했다. 그 대신 교회상황을 수시로 보고해 달라는 조건이었다. 나는 속으로 "너희가 나를 스파이로 만들 작정인 모양이지만 어림없는 소리."라고 비웃으며 11시 차로 김천으로 올라왔다.

김천에 올라온 나는 즉시 송창근 목사님께 자세한 내막을 다 말씀드렸다. 위험을 감지한 송목사님은 내게 다시 일본으로 건너가 신학공부를 좀더 해가지고 오는 것이 좋겠다고 하셨다. 그리고 자신이 구상하고 있다는 계획을 말씀해 주셨다.

그때 송창근 목사님과 김재준 목사님은 소위 대동아전쟁이 끝나면 우리나라에 무슨 변화가 올 것이라 믿고 있었다. 물론 해방이란 말은 입에 올리지 않았다. 그래서 두 분은 전쟁이 끝나면 서울 가서 신학운동을 펼 계획을 가지고 준비를 하고 있는 중이라고 하셨다. 그리고 "그 준비 중 한 가지가 공선생이 공부를 좀더 해가지고 와서 함께 일하도록 하자는 것이니 다시 일본으로 건너가 공부를 더하고 오는 게 좋겠다."고 하셨다.

알고 보니 그 분들은 벌써부터 요꼬하마 선생님들과 편지를 주고받으며 준비를 해온 터였다. 그리고 송목사님은 자신의 월급에서 거금을 구해 주셨다. 그리고 친구분이 영도에 계시니 그 댁으로 가라고 하였다. 부산 영도에 있는 정장로님 댁이었다. 그 따님은 마침 일신 동창인 정화분 씨였다.

그 길로 나는 곧 부산으로 내려갔다. 정장로는 지혜를 짜내서 요꼬하마로 가는 도항증을 마련해 주기 위해 애를 썼다.

마침내 나는 도항증을 받았다. 다시 현해탄을 건너 일본에 무사히 도착했다. 추억이 깃든 요꼬하마 공립신학교에 다시 유학의 짐을 풀게 되었다. 기숙사에 들어서니 선생님들과 옛날 동무들이 반갑게 맞아 주었다.

소위 대동아전쟁으로 일본에도 많은 변동이 있었다. 우선 전국에 있는 신학교가 모두 남·녀 두 신학교로 통폐합이 되어 동경에 있는 남자신학전문학교와 여자신학전문학교로 변해 있었다. 문부성 정식 전문학교령에 의한 학교였다. 나는 동경여자신학전문학교에 정규생으로 시험을 치고 4학년에 입학을 했다. 하나님의 무궁하신 사랑에 감사했다.

김재준 목사님이 내게 편지를 보내 주셨다. 나의 경찰서 연행이 전화위복의 계기가 되었다며 격려를 해주었다. 내가 생각해도 전화위복이었다. 송목사님을 존경하는 친지 한 분이 내 학비를 어김없이 보내주어 나는 아무 불편 없이 다시 신학공부에 정진할 수 있었다. 새로운 분위기에서 좀더 깊은 공부를 하느라 노력했다. B29가 백주에도 동경만 일대를 저공으로 날으는 전쟁 공포 속에

서 꿈같은 1년이 가버렸다.[181]

두 번째로 송창근의 슬하를 떠난 제자는 조선출이었다. 그는 김천 황금정 교회 인근의 작은 교회 4곳을 맡아서 목회하고 있던 중에 송창근 목사의 지도에 따라서 의성읍 교회에 갔다가 경찰에 연행되어 14일간 유치장에 갇혀서 고생했다. 그때의 일이 그의 저서에 다음과 같이 기록되어 있다.

1942년 크리스마스 때의 일이다. 그 당시 경북 의성군은 교회수가 많기로 유명하였다. 한 군에 장로교회만 하여도 30여 처나 되었다. 그런데 그 군 경찰서에 배라고 하는 유명한 고등계 형사가 있었다. 이 자는 그 경찰서 급사로 들어가서 그 당시에는 고등계 형사주임으로 있었다. 그만하면 그 위인이 어떻다는 것을 짐작하고도 남음이 있을 것이다. 이 자가 결국은 의성군 내의 교회당 문을 다 닫게 한 후 마지막으로 의성읍교회마저 문을 닫아버렸다. 그 교회의 마지막 교역자가 정일영 목사였다. 그러나 그 당시 경북노회로서는 어떻게 해서든지 의성읍 한 교회만이라도 문을 열었으면 하고 연구한 끝에 일본서 신학공부를 한 필자를 목사로 파견해서 교회 문을 열어볼 계획을 세우고 그 적기를 노리고 있었다.
그런데 그때 마침 일본 대판한인교회 강경옥 장로님이 의성읍에 오시게 되었다. 그때 형편을 말하면 그 당시 의성군수가 강명옥 씨였는데 강경옥 장로님의 친동생이었기 때문에 그 집에 다니

181) 공덕귀, 『나, 그들과 함께 있었네』, 여성신문사, 1994, 61~65쪽.

러 오신 것이다(강명옥 군수는 해방 후 자유당 시절에 법제처장을 오래동안 역임하였다). 경북노회는 그 기회를 이용하여 필자를 의성읍 교회로 파견했는데, 송 박사님이 그렇게 일을 만드신 것이었다.

그래서 필자는 1942년 12월 23일 의성읍에 가서 그 익일 경찰서에 들어가서 인사를 하고 그날 밤 미리 마련된 절차대로 군수 관저에서 군수와 강 장로와 3인이 회동하여 그 익일 크리스마스 예배를 드리기로 하고 순서는 필자가 주인격이니까 사회를 하고 강 장로님은 손님이니까 설교를 하기로 하고 헤어져서 오다가 그 교회의 장로의 인도로 어떤 교인 댁에 들려서 밤참을 같이 먹고 익일 교회에 갔는데, 예의 배 형사주임이 와서 예배 전에 잠시 서에 와 주었으면 좋겠다는 것이었다. 예배 후에 가겠다고 아무리 사정했지마는 불여의하여 서에 갔더니 미리 작정한 대로 구속되고 말았다. 이유는 2인 이상 불법집회를 했다는 것이다. 즉 그 전날 밤 어느 교인의 집에 가서 밤참 먹은 것을 불법집회로 간주하고 필자 외에도 그 교회 장로를 비롯하여 다른 장로들도 다 구속하였다.

그 후 한 번도 심문 받은 일이 없이 14일 만에 출감되었는데 나와서 알고 보니 아내가 와서 의성에 있지 않겠다는 시말서를 써냈다는 것이었다. 교인 중에 누군가 아내에게 전보 치기를 『센후구 못데 쭈마 수구 고이』 즉 『한복 가지고 아내 곧 오라』고 했다는 것이었다. 그때 아내는 이유를 잘 몰랐는데 송 박사님은 전보를 보시고 곧 아내를 불러서 두툼한 한복 한 벌 가지고 가라고 하시면서 둘째 아들 승규를 동반시키셨다는 것이다. 그 후 해방시까

지 의성에서는 교회 문을 열지 못했다.[182)

1942년 연말쯤에 시국이 얼마나 악화되었는지를 선명하게 보여주는 증언이다. 일제는 1941년 12월 8일에 태평양전쟁을 일으킨 뒤 전국적으로 "귀축미영박멸(鬼畜米英撲滅 : 귀신 같고 짐승 같은 미국과 영국을 박멸하자)."이라는 구호를 내세우고 전쟁을 독려했다. 그런데 기독교는 '귀축미영'과 직결되어 있는 종교였기에 혐오와 학대의 대상으로 몰렸다. 웬만한 기독교 관계 인사들은 '미국의 스파이'로 몰려서 곤경을 치렀다. 그리고 일제는 전국적으로 '기독교 교회 없애기'에 나섰다. 그래서 경찰의 힘이 강한 지방일수록 더욱 빠르고 단호하게 교회들의 문 닫기가 실천되고 있었다.

이때 경상북도 의성군의 경우, 더욱 심하게 '교회 문 닫기'가 실행되어 의성군 안에 있는 교회가 전부 문을 닫았던 것이다. 그러자 의성군 안에 단지 한 곳, 의성읍교회 하나만이라도 문을 열어 교회의 기능과 역할을 하도록 만들기 위해서 송창근 목사가 나선 것이었다.

당시 의성군수 강명옥은 동경제대를 나온 일본 유학생 출신의 기독교인으로서 고등(사법)고시를 통과하여 의성군수로 임명받은 사람이었다. 아마도 동경 유학 시절에 송창근과 잘 알고 지낸 사이였던 듯하다. 그래서 의성읍교회의 문을 열 수 있는 여건을 조성하고자 송창근 목사와 강명옥 군수가 사전에 미리 짜고 "강명옥 군수의 친형이 크리스마스에 일본에서 왔기 때문에 의성읍교회에서 예배를 드린다."고 하는 모양새를 갖추어서 교회 문을 열기로 하고 조선출 목사를 파견했던 것

---

182) 조선출, 『칠백 번의 미소』, 대한기독교서회, 1975, 50~52쪽.

이다. 그래서 의성군에 도착한 조선출 목사가 크리스마스 전날 밤에 군수 관저에서 강명옥 군수와 강경옥 장로와 함께 세 사람이 회동해서 다음 날에 드릴 예배순서와 맡을 역할 등을 사전에 의논해서 미리 정해놓은 것이다.

그러나 현직 군수의 그처럼 적극적인 지원에도 불구하고 '의성읍교회의 교회 문 열기'는 참혹하게 실패하고, 조선출 목사는 2주 동안이나 유치장에 갇혀서 고생하다가 김천으로 돌아왔다. 조선출 목사는 의성 경찰서 유치장에 있을 때 발에 걸린 동상 때문에 오래도록 몹시 고생했다고 한다.

조선출 목사가 의성에서 돌아온 지 약 1개월쯤 뒤인 1943년 2월에 경주 안강교회에서 청빙을 받았다. 그는 송창근 목사와 상의한 결과 부임하기로 결정했다. 그들이 이사 갈 때, 송 목사는 그들과 동행하여 안강까지 데려다 주었다. 그것은 안강의 공안 당국을 향하여 조선출의 배후에 자신이 있음을 과시하기 위한 조치였다. 그런 식의 시위가 조금이라도 효과가 있기를 바라고 제자의 이사에 동행하여 현지까지 함께 간 것이다. 그 후 조선출 목사는 안강교회에서 해방을 맞았고, 1946년 9월에 서울에 올라갔다고 한다.

마지막으로 송창근 목사의 곁을 떠난 사람은 황금정교회 부목사로서 직접 모시고 있던 정대위 목사였다. 정대위는 자신의 저서에서 당시의 일을 언급하면서 "제2차 세계대전이 더욱 가혹해지고 일제의 압력이 우리 교회들 위에 더 무겁게 쌓여지던 1943년 경에 만우 선생의 지시에 따라 영주읍교회로 전임하게 된 것이었다. 그리고 거기서 나는 일경에 쫓겨 마침내 내 고향인 만주로 돌아가게 되었던 것이다. 그리고 나는 북간도 용정에서 목회하던 중에 거기서 1945년에 해방을 맞이하였다."183) 고 기록해 놓았다.

정대위 목사의 저서에도 '교회 폐쇄'에 관한 이야기가 나온다. 영주 읍교회에서 목회 중에 일제 당국은 영주읍에 있는 두 군데 교회를 하나로 합치게 하고 한 교회는 문을 닫게 했다. 게다가 새로 영주공립농업학교를 신설하고 영주읍교회 건물을 빼앗아 사용하려고 가진 핍박을 가하는데 정대위 목사가 완강하게 버티자, 교회에다 "교회 문을 닫든지 정 목사를 내어 보내든지 둘 중 하나를 택하라."는 최후통첩을 보내는 바람에 할 수 없이 짐을 싸들고 만주의 고향으로 돌아갔는데, 그때가 '1943년 초여름'이었다는 것이다.184)

제자들을 주위에서 죄다 멀리 떠나보내고, 송창근은 홀로 김천 황금정교회의 목회를 하면서 그 사악한 시간들이 흘러가기를 기다렸다. 다만 일경의 고문을 당한 즉시 황급하게 주선하여 일본으로 유학 보냈던 공덕귀만은 1년 동안의 유학을 끝낸 뒤에 다시 김천으로 돌아와서 송 목사 아래서 전도사로 일했다.

그러한 시국의 악화와 그대로 맞물려 있었던 송창근의 삶도 결코 순탄하지 않다. 1942년 봄부터 송창근 목사는 '경북노회 상무위원장' 또는 '국민총력 경북노회 연맹 이사장'이란 직함을 지니고 있었다. 그것은 전혀 그 자신의 선택의 문제가 아니었다.

1937년에 중일전쟁을 일으킨 일본은 1938년에 전국의 모든 단체와 개인을 망라하여 하나의 전시체제로 편성한 '국민정신 총동원 조선연맹'이란 전시통합체제를 발족시켰다. 그것을 1941년에 보다 확고한 체

---

183) 정대위, 『노닥다리 초록 두루마기』, 종로서적, 1987, 49쪽.

184) 정대위, 『노닥다리 초록 두루마기』, 종로서적, 1987, 131~136쪽.

제로 재개편한 것이 '국민총력 조선연맹'이었는데, 전 종교계의 모든 조직체들도 그 산하 조직으로 흡수되어 들어가도록 강제 당했다. 그렇기 때문에 생긴 직함이었다.

경북노회는 본래 중심지가 대구여서 김천에 있는 교회 정도의 변방의 목회자에게는 그런 직책이 주어질 이가 없었으나, 송창근이 본래 지니고 있던 위상과 명성 때문에 억지로 떠안겨진 직책이었다. 그렇기 때문에 당시 총독부가 저지른 기독교 탄압의 여러 가지 자취에 송창근의 이름이 얹혀져 있다. 그것은 다음과 같은 사례에 해당했다.

일제는 전쟁물자가 부족한 것을 메우려고 1942년에 들어서서 전국적으로 모든 교회의 종과 철제 종각을 전쟁물자로 헌납하도록 강요했다. 그래서 전국 각지의 교회에서 종과 철제 종각들이 떼어져 헌납되었다. 경북노회에서도 종 및 철제 종각을 떼어서 헌납하기로 결의했다. 그래서 그 일에 대한 공문이 1942년 5월 7일자로 '국민총력 경북노회 연맹 이사장 송창근'의 이름으로 나갈 수밖에 없었다. 당시 공문을 보면 다음과 같다.

소화17(1942)년 5월 7일
국민총력 경북노회 연맹 이사장 송창근

○○○전

철물 회수는 현하 긴급한 정세이라 오노회(吾老會)에서는 관내 수백여 교회에서 사용하고 있는 종 및 철제 종각 기타 철물을 일제히 헌납하기로 결의하였기로 자(玆)에 통지하오니 귀지(貴地) 관계관청(경찰서, 경찰서 주재소)에 의뢰하여 속속 헌납하고 좌기

양식에 의거 보고해 주심을 요망함.185)

당시 이런 종류의 공문에는 시국에 대한 아부성 발언이 으레 첨부되어 있는 것이 보편적이었다. 그런데 이 공문은 전혀 그렇지 않고 매우 사무적으로 "철물 회수는 현하 긴급한 정세이라"라고만 간략하게 언급한 것이 특히 눈에 뜨인다.

또한 교회 병합과 폐쇄가 계속 단행됨에 따라서 경북지방 일대의 교회 폐쇄에 관한 공문도 같은 날짜로 '경북노회 상무위원장 송창근'의 이름으로 나갔다.186)

1943년에 들어서서는 조선총독부에 의해서 조선 장로교를 일본 기독교 교단과 합치는 작업이 강행되었다. 그래서 1943년 4월 30일에 경북노회가 해산되었다. 그리고 한 달 뒤인 5월 27~28일에 '일본 기독교 조선 장로교단 경북 교구회' 창립총회가 열려서 새 조직체로 발족했다. 그 창립총회에서 제1대 교구장 신후식 목사를 비롯한 임원들이 선출되었다. 1944년 12월 24일에는 제2대 임원의 선출이 있었는데, 송창근 목사는 이때 부교구장으로 선출되었다. 제3대 임원 선출은 1945년 8월 9일에 시행되어 임원이 다시 바뀌었다. 그리하여 송창근 목사는 '1944. 12. 24 ~ 1945. 8. 8.'의 기간 동안에 '일본 기독교 조선 장로교단 경북 교구회 부교구장'을 지냈다.187)

일본이 태평양전쟁에서 패전의 위기에 몰리면 몰릴수록 일제 당국의

---

185) 이재원, 『대구장로교회사 연구(1893~1945)』, 도서출판 사람, 1996. 201
　　쪽.

186) 이재원, 『대구장로교회사 연구(1893~1945)』, 1996, 204~206쪽.

기독교 탄압은 병적으로 더욱 심해졌다. 1945년 7월에는 조선총독부가 '비상전시체제에 부응하기 위해서'라는 명목으로 조선 안의 모든 기독교 교파들을 하나로 통폐합하여 '일본기독교 조선교단'이라는 이름의 단일 교단을 만들도록 강요하여 실행시켰다.

이때 통리 김관식 목사(장로교), 부통리 김응태 목사(감리교), 서기 김종대 목사(장로교), 총무국장 송창근 목사(장로교), 교학국장 변홍규 목사(감리교) 등으로 임원이 선출되었다. 이 단체는 지방의 하부조직을 조직하다가 해방을 맞았기에 그간 한 일은 전혀 없었다. 그래도 서류상으로는 '1945. 7. 19. ~ 1945. 8. 15.'의 기간 동안 존속한 것이고, 송창근 목사는 이 단체에서 한 달이 못 되는 기간 동안 '총무국장'을 지낸 셈이 되었다.[188]

동시에 일제 말기에 일제는 송창근 목사로 하여금 경북 각지에 강연을 다니도록 강요했다. 강연 장소와 시간까지 정해서 내려 보냈다고 한다. 그래서 강원용 목사가 증언하는 바, "일제의 강요로 이곳저곳에서 강연을 하도록 강요받았는데, 송 목사는 정치 이야기는 일부러 안하고 신불출 저리 가라고 할 정도로 사람들이 배꼽 잡고 웃을 수 있는 이야기들만 했다. 일본에 협력하는 일을 그런 식으로 교묘하게 피해간 것이었다."는 상황이 벌어졌던 것이다. 강 목사의 이야기에 나오는 '신불출'은 당대 최고의 만담가로서 명성이 높던 사람이다.

이것이 일제 강점기 시대에 송창근 목사가 처했던 상황과 입장과 행했던 일의 전부였다. 그런데 오늘날에 와서는 그런 단체의 임원으로 선

---

187) 이재원, 『대구장로교회사 연구(1893~1945)』, 1996, 210~213쪽.

188) 『일제협력단체사전』, 민족문제연구소, 2004, 659~660쪽.

출된 사실과 문제의 '강연' 때문에 '일제 시대의 친일 행적'이라고 의심 받고 지탄의 대상이 되어 있다.

오늘날에 와서 당시에 송창근 목사가 보인 위와 같은 행적을 되돌아 볼 때, "송박사가 강철 같은 의지의 사람이기 보다 평화적이고 문인적 인 기질의 인간성이었던 때문에 결국 그러한 미로(迷路)에 빠져들게도 된 듯싶다."189) 라고 보는 평가가 대체적으로 받아들여지고 있는 듯하 다. 그가 수양동우회 사건으로 감옥살이를 하고 나온 뒤에 주위 사람들 에게 자주 "젊었을 때는 몰랐으나 나이 사십을 넘어서 해 보니까 정말 못할 일이더라. 이제 더 이상 감옥에는 못 가겠다."고 말했다는 증언도 그런 인상을 확고히 하는 데 일조를 했다.

그러나 당시 송 목사가 처했던 정황을 모두 챙겨서 살펴보면 그렇게 단순하게만은 볼 수 없다. 송창근 목사는 총독부 당국자들을 상대로 그 런 정도의 양보를 하는 대신, 그 대가로 얻을 수 있는 것과 얻어야 할 것을 확실하게 챙기려고 애쓰고 노력했던 인상이 강했기 때문이다.

최소한 교회 문 닫기와 관련된 일만 해도 그렇다. 일제 말엽에 이르 러서는 김천 지방에서도 교회 문 닫기가 강력하게 실현되었다. 그래서 다른 교회들은 모두 문을 닫았는데, 오로지 송창근 목사가 목회하는 황 금정교회 하나만 문을 닫지 않고 살아남았다는 것이다.

당시 송창근 목사가 어떤 심정으로 강연을 다녔는지를 직접 말해주 는 매우 중요한 자료가 있다. 조선신학교 졸업생인 김삼수(金三守) 목 사의 증언이다.

---

189) 만우 송창근선생기념사업회, 『만우 송창근』, 74쪽.

내가 송박사를 처음 뵙고, 알게 된 것은 일본 폭정하에 경북 김천 황금동교회에 오셔서 목회하시던 때였습니다. 나는 그 인군(隣郡)인 선산(善山) 지방에서 내가 시골 교회 임시 전도사로 지낼 때가 한참 일제 말엽인데, 즉 제2차대전 말기였습니다. 그때 나는 일본경찰들이 너무 교회를 괴롭히고 방해하는 것이 싫어서 조그만 농장 하나를 찾아 숨어 있기를 원하였습니다. 마침 작고 한적한 과수원을 낙동강변에 구득(購得)케 되어 그곳을 심신의 수양소로 삼고 있던 때인데 송박사께서는 그 무서운 일경들의 감시를 받으시면서도 조선 예수교 장로회(舊名) 제1선 목회자로서 머리를 깎으시고, 국민복을 입으시고, 다리에 감발을 치고 당신이 맡으신 시찰 경내 각 교회를 순방, 위로하시고 격려하시던 차 내가 살고 있는 작은 농막(農幕·선산군 고아면 관심동)까지 찾아 주시기에 나는 너무 기쁘고 반가왔습니다.

그날 밤을 불결한 방이지만 목사님께서 쉬시게 되어 나는 조용한 시간에 진귀한 말씀을 들을 수 있었습니다. 니고데모가 주님을 밤에 만난 느낌도 났습니다. 그 밤에 말씀이 지금도 생생하게 나에게 교훈되고 있습니다. 이러한 기회를 가졌다는 것이 내 일생에 큰 다행이었다고 느낍니다. 나같이 미약한 자에게도 용기를 북돋우어 주셨다고 봅니다. 목사님 말씀이 "나도 하루에 몇 번씩이나 현하 괴로운 교회를 두고 산중이나 혹은 농막에 찾아들어 은신(隱身) 수양(修養)코저 생각나지만 나 편히 지내자고 교회를 두고 들어갈 용기가 없다고, '울면서 겨자 먹기'로 울면서라도 교회 양군(羊群 : 양의 무리)을 살펴야 되고 건사해야 될 것이 아닌가? 하나님께서 불원간 선히 해결 주실 것이니 걱정할 것 없다는 말씀과 또한 이 위기에 교회를 버려두고 산중에 들어 기도하며 수양하는 친구들이나 옥중에 가서 수난하는 친구들도 뜻있는 일이로되, 수난의 현실 교회를 지키는 것이 또한 중대한 사명이라, 이러한 모양이 되어 다니는 것일세.하셨습니다.

이 말씀이 철없는 나의 가슴에 무한한 충격이 되었다고 봅니다. 과연 나 자신이 전도사로 교회생활이 너무 괴롭기에 농원(農園)을 찾아 은신(隱身) 안일(安逸)을 꿈꾸는 비겁한 생활이었다는 데서 낯이 뜨거웠습니다. 돌이켜 생각해볼 때, 당시에 많은 교역자들이 교회를 버리고 산중이나 농막 수양 생활한 것에서 참된 목회자의 사명정신(使命精神)이 살아 있었던가 생각해 봅니다. 그 수난기에 은신 수양한 목회자들 중에는 해방이 되자, 다시 교회로 나와서는 도리어 자기들이 교회 수난의 제1선에 일한 자세를 하며 신사참배 문제 등의 형식적인 문제로 화제를 일으켜 교계를 소란케 하던 일들은 대단히 섭섭한 일들이 아닐 수 없다고 봅니다.190)

이러한 김삼수 목사의 증언은 훗날 두 가지 점에서 크게 주목을 받았다.

첫째는 '송창근 목사가 일제 말기에 어떤 소신과 생각으로 마지막까지 교회를 지키고 교단 조직에 몸을 담고 있었는가.'에 대해서 극명하게 밝혀주는 자료로서이다.

둘째는 일제 말기에 송 목사가 하고 다닌 모습에 대한 증언으로서의 가치였다. 송창근 목사가 "머리를 깍으시고, 국민복을 입으시고, 다리

---

190) 김삼수, 「眞實을 위해 사신 분」, 『만우 송창근』, 1978, 399~400쪽.

에 감발을 치고 자신이 맡은 시찰 경내를 순방하고 있더라는 것인데, 그것이 현재는 '옷차림까지 일제에 아부하는 모습으로 다녔다'고 인식되어 있는 처지이다. 그래서 현재 '일제 말기의 송창근 목사'를 비웃는 조건의 하나가 되어 있다.

그러나 그런 비웃음은 그 시대의 보편적인 옷차림이 어떤 것이었는가를 전혀 모르는 데서 온 정말로 무지한 웃음거리 중 하나에 불과하다. 일제 말기에는 조선총독부의 강요에 의해서 행세하는 사람들의 옷차림과 머리 모양새가 모두 그래야만 했었다. 그 시대를 살았던 사람들은 모두 아는 사실이다. 그런데도 불구하고 김삼수 목사가 굳이 그런 모습을 구체적으로 명기해 놓은 것은, 그처럼 잔혹했던 시대상을 강조하려던 의도에서였다고 보인다.

'국민복'이란 옷은 양복을 군복 비슷한 디자인으로 만든 것인데, 일제 말기의 전쟁시기에는 모두들 그런 모습의 '국민복'을 입고 머리를 빡빡 깎아야 했다. 그래서 당시 김재준 목사도 바로 그런 옷차림새와 머리 모양을 하고 조선신학원을 꾸려나가고 있었다. 그에 대한 증언이 조향록 목사의 자서전에 다음과 같이 기록되어 있다.

내가 장공 김재준 선생을 처음 만난 것은 1940년 4월 9일 오전 9시였다. 서울 종로구 승동교회 1층에 있는 조선신학원 교수실에서였다. 고향 선배 이명하 형이 송창근 박사를 통해 장공 선생을 나에게 소개하였기 때문에 처음 만났지만 생소하지 않았다. 조선신학원은 첫 학기를 개강한 지 며칠이 지난 때여서 교수들은 강의에 나가고, 사무실에는 장공 선생 밖에 없었다. 40대 초반이었던 선생은 머리를 빡빡 깎고 카키색 일본 국민복 차림으로 자리에 앉

아 나를 맞아주었다.[191]

　당시의 실정이 이러했음에도 불구하고, 현재 송창근 목사만 억울하게 비판 받고 비난당하고 있는 것이다.

　말이 나온 김에 여기서 불가피하게 짚고 갈 일들이 있다.

　일제 강점기 시대가 어떤 시대였는지, 이제는 오히려 제대로 모르는 시대가 되었다. 그 시대를 살았던 사람들이 그 시대의 고통 중에서 자신과 직결된 아픈 상처에 대하여는 모두들 입을 다물었기 때문에 그리되었다. 그 결과, 일제 강점기의 더없이 잔혹하고 비참했던 시대상이 오히려 가려지고 만 상황이 되었다. 그러나 이제는 있었던 일은 있었던 대로 없었던 일은 없었던 대로 바르게 드러내어서 역사의 실체를 똑바로 바라볼 때가 되었다. 그렇게 할 때 비로소 역사가 바르게 서고, 바르게 선 역사만이 제대로 된 전진을 보장하기 때문이다.

　관련자들이 의도했던 안 했던 간에 실제 역사가 왜곡된 사례 중에서 가장 대표적인 것이 창씨개명 문제와 신사참배 문제이다. 일제시대를 살았던 분들은 거의 대부분 창씨개명을 하고 신사참배를 했다. 그 시대에는 그렇게 살 수밖에 없었다.

　그러나 해방이 되자 그런 사실에 대해서 거의 모두들 입을 닫았다. 너무도 부끄럽고 참혹해서였다. 처음에는 서로 모두 알고 있는 사실인데 함께 입을 닫았다. 눈 가리고 아웅 하는 격이었다. 그런데 세월이 흐르다 보니까 그런 사실을 아는 사람들은 자꾸 죽어갔고, 점차 입 밖에 내어 굳이 말하지 않으면 그런 사실이 있었다는 것을 서로 모르는 세

---

191) 조향록, 「장공 김재준 선생」, 『八十自述』 (하), 신지성사, 2001, 249쪽.

상이 되었다. 그래서 이번에는 세상이 모르도록 의도적으로 입을 열지 않았다.

그런 세월이 오래 쌓인 결과, 요즘 젊은이들은 창씨개명과 신사참배는 친일파들만이 한 것으로 알고 있다. 심지어 조선독립운동의 죄목으로 재판을 받고 일제 감옥에서 옥사한 시인 윤동주가 창씨개명을 했다 해서 "윤동주는 친일파였다."고 공공연하게 소리 높여 비난하는 세상이 되었다. 그러나 그런 이들도 대부분 집안 어른들이 말을 안 해주어서 자신들의 집안 어른들도 창씨개명과 신사참배를 했던 것을 몰라서 그러는 경우가 많을 수밖에 없는 것이다.

창씨개명제는 중일전쟁 시기에 시행된 간악한 제도였다. 일제 당국은 1940년 2월 11일부터 '새 이름'을 계출받기 시작했는데, 1941년 연말까지의 '창씨개명' 계출자가 전 조선 인구의 81.5%에 달했다. 당시 창씨개명을 하지 않고 버틸 수 있는 사람은 특수층에 속했다.

조선 시대에 사람들이 욕 중에서 가장 심한 욕으로 받아들였던 것이 "성을 갈 놈!"이란 욕이었듯이, 본시 조선인들은 자신의 성명에 특별한 집착을 갖고 있는 민족이었다. 그렇기 때문에 성을 갈고 이름을 가는 '창씨개명'을 한다는 것은 견딜 수 없는 오욕에 속했다.

그러나 일반 민중은 창씨개명을 하지 않고는 도저히 살아갈 도리가 없었다. 그것이 일상생활의 모든 문제, 심지어 먹고 사는 기본이 되는 식량배급 문제에까지 직결되어 있었기 때문이다. 오히려 부유하고 권력층에 속하는 친일파들 측에서는 창씨개명을 하지 않고 당당하게 버틴 사례들이 많았다.

창씨개명제도가 실시된 1940년 2월이면, 송창근으로서는 수양동우회 사건에 계류되어 있을 때였다. 재판에 미칠 영향 때문에라도 창씨개명을 하지 않을 도리가 없었다. 송창근은 '은지원(恩地圓)'이라고 창씨개명을 했다.

필자의 부친 송두규 목사로부터 들은 이야기에 의하면, 송창근 목사가 이름에 대하여 풀이하기를, 성인 '은지(恩地)'는 곧 은혜로운 땅인 '가나안 복지'를 뜻하여 그렇게 지었다고 하더라는 것이다. 본관인 '은진(恩津)'과의 연계도 생각했을 터였다. 송창근 목사는 이름으로는 둥글 '원(圓)'자를 선택했다. '은혜로운 땅에서 원만한 존재'로서 거하기를 바랐던 마음이 드러난다.

이때 김재준 목사는 '송하암(松下巖)'이라고 창씨개명을 했다. 송하암은 '소나무 아래 바위'라는 뜻이다. 일종의 선적(仙的) 느낌을 풍기는 작명이었다.

신사참배 문제 역시 해방 직후에는 서로 모두 잘 알면서도 일체 입을 다물었다. 그러다가 세월이 오래 흘러 아는 사람들이 드물게 된 뒤에는 아예 그런 일이 없었던 듯 서로 모르쇠로 지냈다. 그러나 일제 말엽에 깊은 산중에 들어가 세상과 인연을 모두 끊고 산 사람과 신사참배 거부로 옥중에 들어가 있었던 사람이 아닌 한, 당시 거의 모든 사람이 신사참배를 했던 것이 사실이다.

송창근 목사도 신사참배를 했고, 김재준 목사도 신사참배를 했다. 김재준 목사는 조선신학원을 운영하고 있었으므로 더욱이나 정해진 기일마다 학생들을 인솔하고 경성신사에 참배하러 다녀야 했다. 당시 그를 따라 남산의 경성신사에 가서 신사참배를 했던 제자들이 그 일을 증언하고 있다. 당시 신사참배를 하지 않는 학교는 모두 폐교되었기 때문에, 해방될 때까지 존재했던 학교의 선생들과 학생들은 모두 신사참배를 한 사람들일 수밖에 없다.

물론 한경직 목사도 했다. 한경직 목사의 경우, 계속 입을 다물고 있다가 해방된 지 47년 만인 1992년 6월 18일에 미국에서 템플턴 상을 받으면서 수상 기념 축하예배의 인사말에서 자신이 일제시대에 신사참배를 했음을 고백하고 참회하여 큰 화제가 되었었다.

송창근의 김천 시대 후반부는 그처럼 시대가 주는 오욕으로 점철된 시기였다. 그러나 그는 그런 속에서도 그는 자신에게 주어진 임무를 부지런히 실천하고 있었다. 김삼수 목사의 증언에 있는 대로 "머리를 깍으시고, 국민복을 입으시고, 다리에 감발을 친모습으로나마 "당신이 맡으신 시찰 경내 각 교회를 순방, 위로하시고 격려"하는 일을 쉬임 없이 실행하고 있었던 것이다. 그의 그러한 삶의 태도는 '하나님 앞에 선 자'로서의 자의식이 확고하지 않으면 존재하기 어려운 것이었고, '언젠가 다가올 새 시대'를 확실하게 믿고 있지 않는다면 실천하기 어려운 일이었다.

24. 그리던 해방, 조선신학교 교장 취임

1945년 8월 15일, 일본 소화 천황의 '무조건 항복'으로 해방이 되었다. 김천에서 해방의 소식을 들은 송창근 목사는 그 날로 서울로 올라갔다고 한다.

당시 조선신학원은 개교한 지 6년째였다. 그간 학원장이 세 차례나 바뀌었다. 1940년 4월에 제1대 학원장으로 취임한 김대현 장로가 9월에 별세하여, 제2대 학원장으로 윤인구 목사가 취임했다. 1943년에 윤인구 목사가 떠난 뒤에는 제3대 학원장으로 김재준 목사가 취임했다.

그간 신학원은 자체 소유 건물이 없는 채로 이리저리 떠돌며 지냈다. 처음에는 승동교회 1층을 빌어서 교육을 시작했고, 정동의 일본인 교회의 건물을 빌어서 쓰기도 했으며, 덕수교회 건물을 빌어서 사용하기도 했다.

막상 해방이 되었을 때, 조선신학원은 전교생들이 모두 평양에 있는 군수공장으로 노력봉사를 하러 가 있어서 서울에 없었다. 그간 일본 경찰은 조선신학원의 교육을 방해하기 위해서 전시를 이유로 학생들의 수업을 수시로 방해했다. 개별적으로 사상 조사를 받고 검거된 학생도 있고, 영등포 지역 도로 보수 작업에 학생들을 자주 징발해서 일을 시켰다. 또 학생들에게 징용장을 자꾸 보냈다. 그래서 징용문제 때문에 학생들이 자꾸 빠져나갔다. 고향에 가서 동사무소나 면사무소 또는 무슨 조합원이 되면 '요원(要員)'이란 명목으로 징용이 면제되었다. 그래서 자꾸 빠져나가 고향에 돌아가는 것이었다.

그래서 교수진에서는 차라리 전교생이 단체로 일정한 일터에 가서 일하면서 수업을 받는 것이 낫겠다는 생각을 하게 되었다. 그 결과 평양 선교리에 있는 종연(鐘淵) 군수공장에 가서 일하게 되었던 것이다.

1945년 5월 1일, 전성천 교수의 인솔로 40여 명의 학생들이 평양으로 갔다. 학생들은 모두 공장 기숙사 3층에 수용되었고, 두 반으로 나뉘어서 일했다. 한 반은 공장에서 광석을 녹여 유산을 생산하는 과정에서 생기는 재를 처리했고, 다른 한 반은 선반기계로 노동했다. 작업을 서둘러 일찍 끝내고 남은 시간을 공부에 쓰겠다는 교섭은 다른 노동자들의 항의로 여의치 않았다.192)

당시 그 공장에 가서 노동했던 송두규 목사의 증언에 따르면, 작업하다가 옷에 약품이 튀면 즉각 구멍이 푹푹 뚫렸다고 한다.

서울에 있는 덕수교회의 간이 교사에는 강원하, 이일선, 은명기, 김준식 등 7명의 학생들이 새로 1학년으로 들어와서 수업을 듣기 시작했다. 2,3학년 학생들이 모두 평양에 가고 없는데, 그들이 와서 1학년이 생긴 거라서 김재준 목사가 많이 반가워했다고 한다. 1학년 7명은 6월 말까지 서울에서 수업하고 7월 초에 그들도 평양 군수공장으로 갔다고

---

192) 50년사 편찬위원회, 『한신대학 50년사』, 한신대학 출판부, 1990, 27쪽.

한다. 평양의 학생들은 군수공장에서 8·15를 맞았다. 학생들은 해방 다음 날에 기차를 타고 서울로 왔다.193)

해방과 더불어 즉각 조선신학원에도 획기적인 변화가 일었다. 우선 9월의 가을 학기 개강에 맞추어 교수진을 대폭 충원했고, 피난민 학생들이 많이 몰려들었다. 이사회에서는 신약과 목회신학 교수로 송창근, 영어와 실천신학 교수로 최윤관, 교회사 담당으로는 공덕귀를 전임강사로 발령했다.

가을 학기 동안에 이사회에서는 다음 학기부터 신학원을 이끌고 갈 제4대 원장을 새로 뽑았다. 원장 후보는 제3대 원장인 김재준 목사와 송창근 목사 두 사람. 이사회에서 논의 끝에 투표에 부쳐서 송창근 목사가 제4대 원장으로 선출되었다. 이때의 상황을 두고 김재준 목사는 다음과 같이 기록해 놓았다.

교장194)은 내가 맡고 있었지만, 바뀌는 새 역사에 따라 교장도 바뀌는 것이 좋겠다 생각하여 나는 만우를 밀었다. 만우는 교회정치에 능했기 때문에 스스로도 장(長) 되기를 원하고 있었다. 그런데 이사회에서는 상당히 주저하고 있었다. 그 이유를 짐작은 하지만 여기서 공개할 성질의 것은 아닐 것 같다.

나는 완강하게 학장직을 사양했다. 그리고 아주 강력하게 만우

---

193) 『한신대학 50년사』, 한신대학 출판부, 1990, 26~29쪽.

194) 이때는 아직 조선신학원 시절이었기 때문에 공식 칭호는 '신학원장' 또는 '학원장'이 맞음. 김재준 목사는 여기서 '교장' 또는 '학장'으로 지칭하고 있다.

를 밀었다. 그래서 만우가 학장이 되었다.

　이 소문이 전해지자 조선출은 명동 어느 다방에서 축하연을 차리고 나까지 초청했었다. 그런데 강원도에서 개척교회하는 강원하 목사는 동자동 내 사택에 와서 통곡했다. 이러나 저러나 내게는 뜬 구름이었다. 그렇게 심각할 것도 없고 그렇게 즐거울 것도 없는 잔 물결이었기 때문이다.195)

　위의 글에는 실제와 다른 오류들이 많이 들어 있다. 김재준 목사는 "내가 아주 강력하게 만우를 밀었다."고 썼지만 실상은 전혀 그렇지가 않았다. 그래서 이사회의 제4대 원장 선정작업이 '김재준과 송창근' 두 사람을 놓고 투표까지 갔던 것이다. 김재준 목사가 정말로 강력하게 송창근을 밀었던 것이라면 굳이 투표라는 절차를 치를 일 자체가 아예 없었을 것이다.

　게다가 김재준 목사는 "만우는 교회정치에 능했기 때문에 스스로도 장(長) 되기를 원하고 있었다."는 말로 송창근을 '교회정치꾼'으로 몰았다. 그러나 그때까지의 송창근의 삶 전체를 모두 돌이켜 보아도 송창근이 '교회정치에 능하다'라는 폄훼를 받을 일은 전혀 없었다. 그럼에도 불구하고 당대로부터 사십여 년이라는 세월이 흐른 뒤에 가서 글을 쓰면서 김재준 목사는 그런 말을 거침없이 써놓았다.

　또한 그는 "그런데 이사회에서는 상당히 주저하고 있었다. 그 이유를 짐작은 하지만 여기서 공개할 성질의 것은 아닐 것 같다."라는 애매모호한 말로 '송창근에게는 원장이 되기에 심각한 결격사유가 있다'는

---

195) 김재준, 『만우 회상기』, 한신대학 출판부, 1985, 41쪽.

의미를 강력하게 풍겼다. 감히 "송창근이 친일했다."고 말하지 못하는 대신에, 사람들로 하여금 그렇게 생각하도록 만드는 간접어법을 쓴 것이다. 그것은 실제로 '공개'한 것보다 더 심하게 사람을 물고 들어가는 일에 해당한다. 나중에 김재준 목사는 그런 간접화법으로는 끝내 시원치가 않아서, 다음과 같이 좀더 강력한 방식으로 '송창근 친일파'라는 구도를 시사했다.

> 그때 김상돈이 반민족행위자 처단을 위한 특별재판소장으로 임명되어 있었다. 그때 친일파 숙청작업이 있었는데 이런 사실도 만우의 신경에 짐이 됐던지 모르겠다. 어쨌든 그는 너무 신경질적이었다.[196]

'김상돈이 특별재판소장'이었다는 것도 오류이다. 반민특위는 부산 대표 김상덕이 소장이고 서울 대표 김상돈은 부소장이었다. 김상돈은 일본 동경의 명치학원 신학부에서 신학을 전공한 기독교계의 유명인사로서 송창근, 김재준 등과 모두 친한 사이였다.

그리고 "이 소문이 전해지자 조선출은 명동 어느 다방에서 축하연을 차리고 나까지 초청했었다."라는 부분도 전혀 사실이 아니다. 조선출은 당시 경북 안강교회에서 목회하고 있었고, 그가 서울에 올라온 것은 다음 해인 1946년 9월이었기 때문이다. 누군가 다른 사람이 주도하여 축하연을 열었는데, 김재준 목사는 그것을 송창근의 직제자인 '조선출'이 한 일이라고 착각한 것이다. 그가 축하연에 참석하지 않았음이 드러난

---

196) 김재준, 『만우 회상기』, 한신대학 출판부, 1985, 43쪽.

다. 김재준 목사 자신이 한 말대로 "내가 아주 강력하게 만우를 밀었다."라는 것이 사실이라면 '축하연에 초청'한 것이 비난 받을 일이 전혀 아닐 터인데, 그것을 그토록 유감스럽게 이야기하는 데 김재준의 진심이 담겨 있는 것이다.

"강원도에서 개척교회하는 강원하 목사는 동자동 내 사택에 와서 통곡했다."라는 부분도 사실과 달랐다. 강원하 목사에게서 직접 들어본 그때의 일은 다음과 같았다.

당시 강원하는 조선신학원 1학년 학생이었다. 그는 1945년 4월에 조선신학원 1학년 학생으로 입학한 이래 1학기 동안 김재준 교수에게서 교육 받았다. 송창근 목사는 해방이 된 뒤 2학기가 시작되어 학교에 나왔을 때 처음으로 보았다고 한다. 그런데 2학기의 어느 날 채플시간이 끝난 뒤인데, "이사회에서 원장을 송창근 교수로 바꾼다."는 공고가 나붙었다. 공고를 보고 놀라서 교무실로 쫓아갔더니 김재준 목사가 멍하게 서 있었다. "이게 어찌된 일입니까?"하고 물었는데, 김재준 목사에게도 인간적인 서운함이 있는 것 같았다. 그래서 그 앞에서 저도 모르게 눈물이 흘러내렸다는 것이다.[197]

그런데 그 일을 두고 김재준 목사는 "강원도에서 개척교회하는 강원하 목사는 동자동 내 사택에 와서 통곡했다."고 써놓은 것이다.

송창근 교수가 신학원장으로 취임한 것은 1946년 3월이었다. 이리하여 조선신학원의 제4대 송창근 원장 시대가 열리게 되었다.

1945년 10월에는 학교 건물과 재산이 대거 마련되는 놀라운 변화가 있었다. 조선신학원에서 일본식 종교의 하나인 천리교(天理敎)의 재산

---

197) 강원하 목사 면담. 2006. 1. 3.

전부를 일본인의 재산 곧 '적산(敵産)'으로서 일괄 접수한 것이다.

조선신학원 이사장인 김종대 목사가 '천리교 재단'의 재산을 발견했는데, 서울 시내에만도 동자동에 있는 본부와 영락정에 있는 서울 지부 외에도 열 곳이나 되는 지교회와 포교소와 부속재산 등 40여 곳에 달하는 부동산이 있었다.

그것을 차지한다면 남녀 신학교를 경영할 수 있을 뿐 아니라 새로운 교회를 여럿 쉽게 개척할 수 있었다. 그래서 '영어가 되는' 조선신학원 교수 4인조(송창근, 김재준, 최윤관, 한경직) 및 정대위 목사 등이 당시 조선을 통치하고 있던 미군정청을 상대로 천리교 재산 접수에 나서서 재산을 모두 옮겨 왔다. 그리고 작고 소소한 부동산들은 팔아서 신학원 운영비로 썼다.

천리교 재산을 접수할 때 있었던 우스운 일화가 있다. 천리교 소유였던 삼각지에 있는 건물을 옆에 있던 상명여고의 배상명 여자 교장 측에서 무슨 사유를 붙여서 점유하고 조선신학원 측과 분쟁을 일으켰다. 그런데 당시 적산 처리의 최고 책임자였던 남궁 혁 박사가 무슨 이유에서인지 여학교 측에 유리하게 처리해 버렸다.

송 박사는 남궁 혁 박사와 오랜 친구 사이였다. 송 박사가 중앙청에 있는 남궁 박사의 사무실에 가서 남궁 박사와 시비를 가리던 중에 갑자기 같이 간 사람에게 "얘, 가서 '유똥치마' 하나 가져 와라!"하고 소리쳤다. 그래서 남궁 박사 사무실이 그만 웃음판이 되었다. 남궁 박사가 치마 입은 쪽을 보아준다 하여 당시 한창 유행이던 '유똥치마'를 가져오란 것이었다.[198]

---

198) 만우 송창근선생기념사업회, 『만우 송창근』, 76쪽, 285~286쪽.

이 일이 김재준의 글에는 다음과 같이 기록되어 있다.

해방 직후 적산 접수에 미쳐 돌아가던 때 애기다. 우리가 합법
적으로 접수한 천리교 재단 목록에는 용산 근처에 있는 광대한 집
회실과 기숙사를 겸한 대하(大廈)도 들어 있었다. 그 집을 상명여
고 교장(女子)이 남궁 처장에게 말하여 이중으로 계약했다. 그래
서 '계쟁 중의 적산'에 들었다. 그러나 실상으로는 이미 상명여고
에 넘겨준 것이었다. 만우는 여자 의복을 한 벌 갖고 가서 양복 위
에 치마 저고리를 입고 남궁 처장 앞에 나타났다.

"당신은 치마 저고리 앞에서는 법도 의리도 없이 '예, 예' 하는
것 같으니 나도 치마 저고리를 입었오!"

만우에게는 영웅주의(heroism)가 있었다. 영웅이 되려면 전술
과 전략이 필요하다. 싸움에서는 이겨야 한다. 그는 때를 못 만난
영웅이었다. 그는 '정(情)'과 '한(恨)'이 넘치는 영웅이었다. 이것은
내 망평일 수도 있겠기에 독자의 동조를 기대하지 않는다. 그러나
내게는 둘도 없는 친구요, 동지요, 형제다.199)

남궁 박사의 사무실에 가서 시비를 가리던 중에 송창근이 농담으로
"애, 가서 '유똥치마' 하나 가져 와라!"하고 소리친 것이, 김재준의 글
에서는 "만우는 여자 의복을 한 벌 갖고 가서 양복 위에 치마 저고리를
입고 남궁 처장 앞에 나타났다."는 것으로 발전한 것이다. 그리고 그
일을 두고 '만우는 때를 못 만난 영웅' 운운 하는 평까지 붙여졌다. 실

---

199) 김재준, 『범용기』, 풀빛, 1983, 208~209쪽.

로 이해하기가 매우 난감한 글이다.

천리교 재산을 접수한 뒤에 조선본부 자리인 동자동 건물로 조선신학원이 옮겨갔다. 그리고 1945년 12월 2일, 첫째 주일에 각지에 있는 천리교 자리에서 동시에 세 개의 교회가 시작되었다. 동자동의 조선본부 자리에서 송창근 목사가 '성 바울 전도교회'를 시작했는데, 현재 서울성남교회의 전신이다. 영락정의 서울 지부 자리에서는 한경직 목사가 '베다니교회'를 시작했는데 곧 현재 영락교회의 전신이다. 장충동에 있는 지부 자리에서는 김재준 목사가 '야고보교회'를 시작했는데, 오늘날 경동교회의 전신이다.

1945년 9월 신학기가 시작되면서 해방 뒤 처음으로 입학생을 모집했는데, 200명 가까운 학생들이 입학했다. 해방의 감격과 열기가 그대로 드러난 신학교육의 현장이었다. 학생들은 각지에서 밀려왔다. 평양신학교와 일본 동경신학교를 비롯한 다른 신학교 출신들은 물론 감리교와 성결교 등 다른 교파 출신들도 있어서 초교파적인 학원 분위기가 조성되었다.[200) 당시 많은 신학생들이 동자동 신학교 구내에 있는 기숙사에 기숙했고, 구내에는 교수들의 사택도 있었다.

동자동 새로운 교사에서 신학교육이 제대로 실시되기 시작했다. 송창근은 같은 구내에 있는 전에 천리교 관장의 사택이었던 집에 살면서 신학생들에 대한 전인교육에 힘썼다. 새벽마다 기숙사를 점검하여 새벽기도회에 나오지 않는 학생들을 색출하여 혼을 내고, 문 창호지가 더러 찢어진 문을 보면 아예 마구 뚫어버려서 새로 깨끗하게 문을 바르고 살게 만들었다. 그런가 하면 자주 군고구마 봉지나 과일 바구니를

---

200)『한신대학 50년사』, 한신대학 출판부, 1990, 37~38쪽.

기숙사의 학생들 방에 들여놓아주기도 했다. 부인과 불화로 고민하는 신학생에게는 해결방안을 제시해 주기도 했다.

그러던 어느 날 천리교 조선본부였던 큰 건물에 방화로 보이는 불이 나서 모두 타버리고 송창근 목사가 사는 사택까지 불이 번져서 함께 타버렸다. 송 목사가 소유한 많은 서적들이 모두 재가 되었다. 송 목사는 "이젠 내 설교가 다 죽었다."라고 탄식했다고 한다. 천리교 재산을 모두 빼앗긴 데 원한을 품은 천리교 신도의 방화였으리라고 짐작들을 했다.

송창근은 1946년 3월부터 제4대 원장으로 근무하기 시작했다. 그는 원장으로 취임한 즉시 미군정의 문교부와 교섭하여 조선신학원을 학사·석사·박사의 학위를 줄 수 있는 정규대학과정의 교육기관으로 승격시키는 작업을 시작했다. 그리하여 이듬해 7월에 드디어 인가를 받아 내었다. 단지 다른 신학교와의 관계상 학교 이름은 '조선신학교'로 하는 조건이었다. 이로써 조선신학교가 남한 유일의 대학과정 신학교가 되었다.

그런데 이 과정에서 매우 중요한 헌신이 있었다. 정규대학으로 인가 받기 위해서는 일정 규모 이상의 재산을 적립해서 재단법인을 설립해야 했는데, 당시 조선신학원 측으로서는 그 재원을 마련할 길이 전혀 없었다. 1939년에 조선신학교를 세우려고 할 때에 김대현 장로에게서 기증받은 돈은 모두 없어진 지 오래였고, 새로 큰 돈이 나올 데는 전혀 없었던 것이다. 그래서 송창근 원장은 거제도 옥포에 있는 진정율(陳正律) 장로와 교섭하여 임야 50만 평을 무상으로 기증받아서 재단법인을 설립하는 데 성공했다. 워낙 기증받은 땅덩어리가 컸기에 아무리 시가를 싸게 친다 해도 재단법인 설립 요건에 충분했다는 것이다.

진씨 가문에 전해 내려오는 이야기로는 "진정율 장로와 그 동생이 송창근 목사에게 워낙 반해 있었기 때문에 그토록 큰 규모의 무상 기증을 단행했다."는 것이다. 송창근과 진 장로 가문의 인연은 송창근 목사가 부산에 내려가서 성빈학사를 하고 있을 때 만나서 친하게 지냈던 것에서 비롯되었던 것인데, 이때 그렇듯 시의적절하게 소중한 희생과 헌신을 해주었다.

진정율 장로의 그토록 거대한 재산 기부야말로 "송창근의 '벽'을 '문'으로 만드는 일"에 해당했다. 송창근은 평소 "벽이라도 문이라 믿고 밀고 나가면 문이 된다."라는 지론을 가지고 살았는데, 그 신념으로 이 일도 밀어붙여서 성사시킨 것이다.

1947년 7월에 대학과정인 '조선신학교'로서 문교부 인가가 나오자, 이사회에서는 즉시 조선신학교 제1대 교장으로 송창근을 선임했다. 이리하여 당시 전국의 신학교 중에서 최초로 학위를 줄 수 있는 대학과정의 신학교가 된 것이다. 그래서 10월에 대학 인가를 기념하는 큰 잔치를 베풀었다. 조선신학교는 6·25 피난 중에 부산에서 문교부로부터 '한국신학대학'으로 교명을 바꾸는 허가를 받았다. 그리하여 전국의 신학교들 중에서 처음으로 학교 이름에 '대학'이란 칭호를 붙인 학교가 되었다.

조선신학교를 운영하는 데 송창근 교장은 고생을 매우 많이 했다. 매월 말에 교수들 월급을 줄 때가 되면 늘 이리저리 돈을 마련하느라고 애썼다. 다른 교수들은 학교 재정 문제에 대해서 전혀 아무런 신경도 쓰지 않았다. 그저 송 박사 혼자서 교수들 월급을 마련하느라고 갖가지로 노력했다는 것이다. 그때 사정이 이장식 교수의 글에 다음과 같이 기록되어 있다.

나는 동란(動亂)이 난 해 4월에 학부 제1회로서 신학교를 졸업하고 학교에서 전임(專任)으로 남아 기르치라는 명을 받고 부푼 마음을 가지고 가르칠 과목(주로 어학과 서양문화사)을 준비하고 있었다. ……한국에서 교파 신학교로서 최초로 대학인가를 받아서 학부 졸업생을 내었고 이제 2,3년만 더 있으면 대학원도 설치할 수 있게 되었던 것이다. 다만 학교재정이 어려워서 송박사님이 늘 고통을 받으셔야 했는데 월급 때가 되기만 하면 사환 이종성씨를 시중의 몇 후원자들에게 바쁘게 심부름을 시켜서 돈을 받아오게 독촉하셨다. 또 자기가 친히 나가셔서 돈을 만들어 오시기도 하였다.201)

이때 조선신학교 경영은 대단히 어려웠다. 당시 이 신학교가 조선예수교장로회의 유일한 교단 신학교였다. 그리고 이제는 해방이 된 때이지만 미국 장로교 선교부로부터나 교단으로부터도 원조가 없었다. 다만 캐나다 연합 교회가 약간의 원조를 했을 뿐이었다. 교수진에는 송창근 박사를 비롯해서 조직신학의 김재준 교수, 신약의 조선출 교수, 영어와 영신학 독습의 최윤관 교수, 실천신학의 한경직 교수, 그리고 교회사의 서고도(Scott) 교수들이 전임교수였다. 그리고 강사로서는 신약의 지동식 교수, 구약의 프레이저(Fraser) 캐나다 선교사, 종교학의 최거덕 목사, 기독교 교육의 로스(Ross) 캐나다 선교사 등이 있었다.202)

---

201) 이장식, 「최후의 교수명단과 신분증명서」, 『만우 송창근』, 373쪽.

202) 이장식, 혜암 이장식 자서전 『창파에 배 띄우고』, 2001, 87쪽.

조향록 목사도 송창근 목사가 친지를 찾아가서 신학교 운영자금 마련하는 모습을 직접 목격한 기억을 다음과 같이 술회했다.

"초동교회 장로이던 정훈 장로가 함북 경원 분인데, 명동에서 큰 신식 약방 운영하고 있었다. 내가 그 곳에 자주 갔는데, 거기서 송 박사를 자주 만났다. 월급 때가 되면 신학교 운영자금을 마련하러 오신 것이었다. 약방에서 나가실 때면, '또 어디 가서 비럭질을 해야 하겠나'라고 말씀하시곤 했다."203)

그런가 하면 미군의 구제물품 담당자와 사적으로 교섭하여 새벽에 구제물품 창고에 가서 구제물품을 얻어다가 팔아서 신학교 운영자금으로 쓰기도 하고 직원들과 신학생들에게 나눠주기도 했다. 그 일이 조선출 목사의 글에 다음과 같이 기록되어 있다.

천리교 재산을 접수하여 동자동에는 남자 조선신학교를, 영락동(지금은 저동)에는 여자 조선신학교를 경영하다가 다시 두 신학교를 합쳐서 조선신학교 남자부와 여자부가 되고 송창근 목사가 교장이 되었다. 그리고 나는 통합 후에 송창근 교장의 명에 의하여 여자부가 있는 영락동에 이삿짐을 풀게 되었다. 와 보니 한경직 목사가 여자부 부장 겸 영락교회 목사로 계셨고 공덕귀(후일 윤보선 대통령 부인) 선생이 여자부 교수 겸 사감이었다. 나는 살기는 여자부에서 살았지만 주로 동자동에 가서 가르치는 일과 살림을

203) 조향록 목사 대담, 2005. 12. 22.

맡아, 말하자면 송창근 교장의 비서 노릇을 하게 되었다. 이리하여 나의 서울 생활이 자리를 잡게 된 셈이다.

그러나 그것은 문자 그대로 파란만장한 고생길이었다. 많은 고생 중에도 제일 어려운 것은 경제 문제였다. 명색이 학교인데 운영비가 있어야지, 학생들은 많이 모여들었지만 학비가 있어야지. 교수들의 생활비가 어디서 나오는지 나는 잘 모르지만, 내가 아는 바는 마침 어디서 화물자동차 하나를 구해가지고 미군 구제물품 창고에서 구제물품 보따리를 얻어 해결하곤 한다는 것이었다. 당시 그 창고가 북창동 시경(市警) 자리였는데 그곳 총책임자가 천주교 신부였다. 송 목사님의 지시대로 전날 밤에 신부에게 닭 두어 마리를 갖다 주고 다음날 아침 만날 시간을 정하고 오는 것이었다. 나는 새파랗게 젊은 사람이니까 무관하였지만 그래도 명색이 교장이란 양반이 새벽 미명에 창고에 나와서 신부와 악수하는 것을 보면 참으로 눈시울이 뜨거운 일이 한두 번이 아니었다. 이런 일이 주로 새벽에 이뤄졌기 때문에 그 고충을 아는 이는 거의 없다.[204]

이러한 경제적 고충 속에서도 조선신학교는 점점 체계가 잡혀가면서 빠르게 발전하고 있었다.

---

[204] 조선출, 만계 조선출 목사 회고집 『은발의 뒤안길』, 66~67쪽.

25. '성 바울 전도교회' 목회 및 미국여행과 와병

해방 이후에 조선신학교에 사방에서 학생들이 밀려 왔다. 송창근은 물 만난 물고기처럼 신학교육의 현장을 사랑하고 교육에 힘을 쏟았다. 송창근이 담당한 과목은 목회신학이었다. 그는 경험과 체험에서 우러 나온 살아 있는 강의를 했다. 당시 조선신학교에는 우수한 학생들이 많이 몰려들었다. 강원용 장준하 문익환 문동환 이우정 등이 모두 이때 조선신학교에 들어와서 교육 받던 학생들이다.

그런 학생들 중에서 송창근 교장과 강원용(1917~2006) 학생과의 애증에 얽힌 관계는 매우 특별했다. 강원용은 학생이면서도 이미 사회적으로 유명했던 저명인사였다. '1백년 만에 하나 나오는 연설가'라는 평이 있을 정도로 뛰어난 대중연설가였던 그는 해방 정국에서 전국 각지로 다니면서 정치 연설을 하면서 수천 명 청중 동원을 예사로 하던 뛰어난 인재였다. 그러나 송창근은 강원용이 소위 '정계의 3영수(이승만, 김구, 김규식)' 등 정치계 인사들과 가까이 지내고 그들을 위해 연설을 하고 다니는 일을 끔찍하게 싫어했다.

정동감리교회에서 전국 기독청년대회가 열렸을 때 송창근은 강사로 와서는 4천 명 청중 앞에서 사회자인 강원용을 가리키며 "여러분, 그리스도를 주(主)로 믿는 기독 청년들은 오늘 반기독교주의자들을 몰아내야 해요. 반기독교주의자가 무언지 아시오? 내가 말하는 반기독교주의자는 '반기독교(反基督教)'가 아니라 '반기독교(半基督教)'인데, 예를 들면 오늘 저녁 사회를 보는 강원용 같은 사람이 전형적인 반기독교주의자요. 반은 기독교운동 하고 반은 정치운동 하는 사람 말이요."라고 말했을 정도였다.

강원용 목사가 기억하는 '교수로서의 송창근'은 매우 인상적이다. 송창근은 자기관리를 어찌나 철저하게 하는지 극도의 정통 보수파 인사들에게도 책잡힐 일이 전혀 없었다는 것이다. 그가 보니, 송창근은 불필요한 갈등이 일어나는 것을 사전에 차단하는 데 신경을 크게 쓰더라는 것이었다. 예를 들어 목사고시에 대비하여 학생들에게 예수교 장로회의 '교리문답'을 외우게 하는 준비를 시킬 때도 그러했다. "문 : 사람의 사는 제일 되는 목적이 무엇이뇨? 답 : 하나님의 영광을 드러내는 것이오."라고 되어 있는 교리 문답을 어미까지 본문 꼭 그대로 외우게 했다는 것이다.

강원용 목사가 특히 인상적으로 기억하는 것은 송창근 목사의 대여성관계였다. 송 목사는 매우 잘 생긴 헌칠한 미남으로서 남성만이 아니라 여성들에게도 정말 인기가 많았다. 주위에는 늘 내로라 하는 잘난 여성들이 흘러넘쳤다. 그런데도 자기 관리를 어찌나 철저하게 했는지 스캔들이 일체 없었다. 송 목사는 스캔들이 일어날 소지 자체를 아예 차단하기 위해서 가까이 있는 여성들에게 모두 자신을 '아버지'라고 부르게 했다. 그래서 나이가 몇 살 차이가 나지 않는 여성까지도 송 목사를 "아버지"라고 불렀다. 일단 "아버지"라고 부르는 이상, 남녀의 관계로 갈 수는 없는 일이었다는 것이다.[205]

송창근은 조선신학원에서 교수로서 강의를 하는 한편 목사로서 '성 바울 전도교회'에서의 목회에도 큰 정열을 기울였다. 1945년 12월 2일 주일에 동자동 천리교 조선본부 자리에서 18명이 모여서 예배를 드림으로써 문을 연 '성 바울 전도교회'는 빠르게 발전하여 이내 2년 안에 7백 명 교인이 모이는 대교회로 발전했다. 교인들은 송창근 목사의 설교에 반하고 예배의식에 반해서 모여들었다. 그런 사례 중 하나로 작곡가 나운영 교수와 그 부인인 메조 소프라노 유경손 장로가 1946년에 '성 바울 전도교회'에 나오게 된 일을 들 수 있다. 유경손 장로의 자서전에서 당시 일을 살펴본다.

우리는 주일마다 애기를 업고 청파동에서 걸어서 덕수교회를 다녔다. 어느 주일날 동자동 길을 걷고 있는데 길가에 바울교회 (서울성남교회의 전 이름)라는 교회 간판이 보였다. 그날은 좀 늦기도 했고 덕수교회에서 책임을 맡고 있는 것도 없고 하여 그 교회로 들어가 예배를 드렸다.

건물은 일제 때 천리교가 사용하던 낡은 건물이었고 의자는 간이의자로 소위 호떡의자였다. 하지만 예배를 끝내고 나온 우리는 완전히 황홀지경이었다. 교인들의 자리 배치는 앞에서부터 차례로 가족이 같이 앉았고 찬송을 부를 때는 온 교인이 화음을 넣어 불러서 무슨 합창단의 합창 연주 같았다. 그런 가운데서도 제일 우

205) 강원용 목사 면담. 2005. 11. 18.

리를 사로잡은 것은 목사님의 설교였다. 그 목사님은 유명하신 송창근 목사님이셨다. 우리는 그때부터 성남교회를 다니기로 했다.206)

'성 바울 전도교회'에는 신학생들도 많이 나왔다. 그래서 신학생들에게는 목회실습을 하는 현장으로서의 기능도 갖고 있었다. 그런데 '성 바울 전도교회'라는 이름으로 1년쯤 지난 뒤에 노회에서 특이한 이름은 오해를 부를 소지가 있다고 이의를 제기함에 따라서 교회 이름을 '성남교회'로 바꾸었다.207)

1947년 봄부터 송창근 원장에게는 두 가지 고통이 밀어닥쳤다. 하나는 '신학생 51명의 진정서 사건'이었고, 다른 하나는 '친일 시비'였다.

먼저 '진정서 사건'을 본다. 그 사건은 신학생 51명이 김재준 교수와 송창근 교수 및 정대위 교수의 강의 내용에 불만을 품고 그에 항의하는 진정서를 1947년 4월 18일에 대구에서 열렸던 제33회 총회에 제출함으로써 일어났다. 그들은 주로 평양신학교에 다니다가 해방 뒤에 월남한 신학생들이었는데, 세 명의 교수들 강의 내용에서 문제를 잡아 가지고 "조선신학교에서 정통신학이 아닌 자유주의 신(新) 신학을 강의한다."는 내용의 진정서를 작성하여 제출한 것이다.

---

206) 유경손, 『나를 택하여 주신 하나님』, 운경유치원, 1997, 51쪽.

207) '성남교회'는 경기도 성남시가 생겨서 교회 명칭에서 혼란을 야기하는 경우가 있어서, 1982년 11월 22일에 교회 이름을 '서울성남교회'로 다시 바꾸었다.

송창근 교수에 대한 혐의점은 '신약공관복음 자료 문제'에 관한 다음과 같은 네 가지 발언이었다.

①공관복음서 중에는 마가복음이 제일 먼저 된 것인 바 이 복음은 로기아에 의해 쓰인 것.

②마태복음 기사의 4분의 3은 추상이고 4분의 1은 마가복음과 타 자료에서 취했다는 것.

③복음서 기자의 인격적 영감설을 설명함에 있어서, 성경은 금광과 같아서 그 중에는 금도 있고 돌도 있는데 우리에게 중요한 것은 금뿐이라고. 〈그러나 우리는 성경 전체를 금으로 본다.〉

④ '성서신학이란 것은 성경의 종교적 생명을 그 시대에 합당한 방법을 찾아 해석 설명하는 것이요, 그래서 성서를 역사적 과학적 방법으로 연구함으로 가장 합리적인 연구 결과를 찾아내고자 함'이라 함.

그 외에 "과거 평양신학교는 학생들을 무지케 하여 지도코자 하는 노예교육이라 공격했다."는 것이 하나 더 추가되었다.

정대위 교수에 대한 혐의점은 하나였다. 학생들 앞에서 "자기는 이때까지 그리스도의 속죄론에 대하여 이해치 못하였다. 하나님과 자기 사이에 예수라는 존재가 없다면 문제는 단순한데 예수가 끼어 있어서 이해치 못하다가 지난 수난주간에 한경직 목사의 이사야 53장 설교 시에 처음으로 바늘구멍만치 이해하였다."라고 했다는 것이었다.[208]

그러나 김재준 교수의 경우는 달랐다. 학생들의 근본 타킷은 김재준 교수이었다. 김재준 교수의 구약 강의는 고등비평학을 수용한 것으로서, 학생들의 진정서에 기재된 조목도 24개나 되었고 분량도 매우 많

---

208) 『한신대학 50년사』, 1990, 59~60쪽.

았다. "모세 5경을 모세가 쓰지 않았다고 하고, 노아 홍수설에 대한 역사성을 부인하고, 이사야 40장에서 66장까지는 저자 불명 운운했다.등등으로 이어지는 고발이었다. 김재준 교수의 강의는 예를 들면, 노아의 홍수설에 대하여 "성경에는 '온 세계가 물에 덮였다고 했는데, 그때는 지구가 둥근 것을 몰랐다. 육안으로 보는 것만 그랬다.'라고 말했다."는 식이었다.

그래서 총회에서는 1947년 5월에 조사위원회를 구성하여 문제가 된 세 교수를 직접 조사해 보기로 했다. 그 사건은 단순한 성서관이나 교리의 문제뿐만이 아니라 교회정치와 교권 문제까지 두루 얽혀 있는 사건으로 발전했다.

정대위 교수는 이 사건을 당하면서 굉장한 충격을 받았다고 했다. 그가 이야기하는 당시의 사건은 다음과 같다.

나는 그 당시 학부에서 고급 그리스어를 가르치고 있었는데, 문제가 된 바로 그 얘기는 그 클라스에서 한 이야기의 내용을 전혀 무시하고 말끝을 잡아 왜곡시킨 것이었다.

나는 너무도 억울해서 기막힌 웃음을 터뜨릴 수밖에 없었다. 그런데 이 고발 문제에 대해서 총회는 하나의 조사위원을 구성하여 신학교로 보내왔다. 이 기회에 나는 내가 말한 것으로 되어 있는 문제의 발언을 해명할 수 있어야 할 것이었다. 그럼에도 불구하고 만우 선생은 나에게 그런 기회를 주지 않으셨다. "장공 선생이 너무도 문제가 될 수 있는 구약학설을 자꾸 발표하셔서서이런 문제가 된 것이니 총회의 조사위원들이 나오는 경우엔 함구하여 "임자일랑 아무말도 하지 말라"는 것이었다. "제발 임자일랑 아뭇소리 하

지 말라"고 하는 만우 선생의 말씀에 나는 정말 그대로 복종하고
야 말았다. 그러지 않으면 문제는 더 악화될 것이라는 것이다.

그 일이 있은 다음엔 만우 선생의 함구령에도 물론 유감스런 것
을 느꼈지만 또한 그 정도의 이야기가 그토록 왜곡되는 신학교에
서 나는 떠나야겠다고 거의 감정적인 결심을 하였던 것이다.209)

김재준 목사는 이 일에 관해서 자서전인 『범용기』에 이렇게 기술
해 놓았다.

나는 구약개론과 조직신학을 강의했다. 모세 5경도 역사 비판학
적으로 해석했고, 창세기도 문서설을 그대로 소개했다. 학생들은
열심으로 필기했다. 나는 학생들의 청강하는 태도에 감심했다.

그런데 총회 날짜가 가까와 오자, 학생들은 자기들이 신임하는
피난 목사에게 그 강의 노트를 제시하며, 이것이 소위 '신신학'이
란 것이 아니냐고 문의했다. '성경 문자 무오설'을 비판 없이 받아
들인 목사들은 "큰일 났다"고 설레었다 한다.

이 학생들의 연서로 한신 학우회 소집을 그 당시 회장인 문익환
(文益煥)에게 제청했다. 학우회가 모였다. 그들은 김재준 교수 배
척 결의문을 통과시키려 했다. 그러나 여지없이 부결되었다.

그러자 그들은 대구 총회에 직접 호소하기로 하고 노트를 인용
하면서 고소문을 작성하여 총회원들에게 배부할 계획을 진행시키
고 있었다. 이에 당황한 송창근 학장은 그래서 지급 전보로 나를

209) 정대위, 『노닥다리 초록 두루마기』, 51~52쪽,

불러 올린 것이었다.

　나는 대수롭잖게 느껴졌다. "신학도 '학'인데 비판 없이 성립되는 '학'이 어디 있느냐?"하고 일소에 붙였다.

　총회에는 신학교장이 참관인으로 출석해야 했다. 교회를 위한 교직자 양성의 책임을 맡은 위치에 있기 때문이다. 그는 총회에 학교의 상황과 사업을 보고해야 했다. 그래서 학장은 대구에 갔다.

　학생들은 학장을 빼놓고 직접 총회원에게 접촉했다. 총회에서는 기다렸다는 듯이 총회로서의 김재준 심사위원회를 구성했다. 일종의 종교재판소, 다시 말해서 '인큐지션(Inquisition)이다.

　그런 경우에 교장인 만우로부터 한 마디 항의도 없었다는 것은 납득이 가지 않는다. "그들이 우리 신학교 학생이니만큼 심사하든 처벌하든 내가 책임지고 재량껏 할 것이고 총회에서 직접 개입할 성질의 것이 아니다."라고 항변해야 할 것이었다는 말이다.210)

　그러나 "교장인 만우로부터 한 마디 항의도 없었다는 것은 납득이 가지 않는다."는 김재준의 말은 일방적인 주장에 해당한다. 당시 조선신학원은 형식상 그 경영형태가 예수교 장로회 총회가 직영하는 남한에서 유일한 신학교였다.

　그런 만치 신학생들이 '신학교 교수들의 신학노선 문제'를 직접 총회에 고소한 사건에 대하여 "우리 신학교 학생들의 일이니 내가 재량껏……."이라는 단계는 이미 떠난 일이었기 때문이다. 더구나 송창근 자신도 학생들의 고소문 속에 들어 있는 상태인 만치 그런 말을 해봤

---

210) 김재준, 『범용기』, 풀빛, 1983, 182~183쪽.

자 먹혀들 처지가 아니었다.

당시 전임강사로 강의하고 있던 이장식 교수는 이 일에 대해서 자서전에서 이렇게 술회했다.

한국 장로교계가 김재준 교수의 신학사상 문제로 몹시 시끄러워졌을 때, 송창근 박사님은 물론이고 다른 교수들도 되도록 평화스럽게 이 문제가 해결되기를 바랐다. 총회 조사위원들이 1947년 5월에 김 교수님을 만나 문제시된 조목들은 심문한 후, 그의 신앙이 '이단'이 아님을 밝혔으나, 교회 정치꾼들은 문제를 확대하려고만 애썼다. 만일 송 박사님이 6·25때 납북되지 않았더라면, 장로교의 분열을 모면할 수 있었을 것이라고 말하는 사람들이 많았다.

송 박사님은 글을 쓰거나 또는 다른 모양으로 김 교수를 옹호하기 위한 적극적인 운동을 하지 않고, 다만 반대하는 사람들을 설득하고 무마시키는 일을 주로 하셨다. 나는 교무실에서 일을 하면서 지방에서 김 교수에 대하여 흥분해서 송 박사님을 찾아온 목사들을 여럿 보았다. 이때 송 박사님은 커피를 끓여서 그분들에게 대접하고 그들의 어깨에 손을 얹고 만지시면서 그들을 무마시키는 것을 보았다.

그런데 신학생들 중에는 송 박사님이 김 교수님을 적극적으로 지지하지 않는다고 생각하여 의심하는 사람들이 있었으나 그것은 오해였다. 신학생들 중에는 조선신학교 측에서 아예 새 교단을 만들어서 갈라서는 것이 상책이라고 주장하는 격렬파도 있었다. 그러나 송 박사님 생각은 되도록 교회 분열을 막아보자는 것이었다.211)

당시 송창근 원장이 김재준 목사의 편을 적극적으로 들지 않고 반대파를 무마하는 데 힘썼던 것은 교회 분열을 막으려는 의도에서였다. 그리고 더 솔직히 말하자면, 송창근 자신도 김재준의 그러한 강의 내용에 대해서 불만이 있는 것을 참고 있었던 것이다.

그것은 "김재준의 강의가 틀렸다."는 것이 아니라, "그런 식의 강의는 아직은 이르다."라는 차원의 불만이었다. 말하자면, 고린도전서 3장 1~2절의 말씀, 곧 "형제자매 여러분, 나는 여러분에게 영에 속한 사람에게 하듯이 말할 수 없고, 육에 속한 사람, 곧 그리스도 안에서 어린아이 같은 사람에게 말하듯이 하였습니다. 나는 여러분에게 젖을 먹였을 뿐, 단단한 음식을 먹이지 않았습니다. 그때에는 여러분이 단단한 음식을 감당할 수 없었습니다. 사실 지금도 여러분은 그것을 감당할 수 없습니다."라는 말씀이 그대로 해당되는 사안이라는 판단이었던 것이다.

그러한 당시의 송창근의 생각을 증언하는 분이 있다. 그 시절에 최측근에서 송창근 원장을 모셨던 최순복212) 장로이다. 그녀의 증언에 의하면, 이때 송창근 원장은 김재준 교수에 대하여 그 나름의 불만을 크

---

211) 이장식, 『창파에 배 띄우고』, 2001, 91~92쪽.

212) 최순복(1914~) 장로 : 미국 조지아 주 아틀란타 거주. 2005. 6. 7. 대담. 최 장로님은 송창근 목사에 대해서 "강한 자에게는 범 같고 약한 자에게는 인자한 어머니 같은 분이었다."고 회고했다. 신학교에서도 김재준 교수의 얼굴을 세워주느라고 "이분은 앉아서 하늘을 나는 사람."이라고 말하는 등 학생들에게 좋은 인상을 심어주려고 애썼다고 한다.

게 가지고 있었다는 것이다. "아직은 때가 아닌데, 시간이 좀 지나면 저절로 다 해결되는 것을 가지고 미리 그럴 필요가 전혀 없는데, 책권이나 몇 권 먼저 읽었다고 해서 자꾸 이야기해서 불필요한 말썽을 만든다."고 말하더라는 것이다.

당시 장로교 총회가 보낸 조사위원회의 위원 중 한 사람이었던 문재린 목사는 다음과 같은 증언을 남겼다.

1940년 김대현, 송창근, 김재준 등 뜻있는 기독교인들이 조선교회를 이끌어 갈 목회자를 자주적으로 키우려고 조선신학교를 설립했다. 이 학교에 외국에서 교육받은 신학자들이 교수로 들어와 성서의 새로운 해석을 강의하니, 이제껏 선교사들이 전해 준 정통 보수 신학만을 믿어 온 이들 중에서는 이를 받아들이지 못하는 경우가 있었다.

1947년, 평양신학교 졸업생들을 포함해 조선신학교 재학생 50여 명이 이른바 '이단' 교수들을 쫓아낼 것을 요구했다. 문제가 된 교수들은 이 학교의 핵심인 김재준, 송창근, 정대위 교수였다. 그러자 장로교총회와 학교에서 공동으로 조사위원회를 구성했고, 나도 이 학교 이사였기에 조사위원회에 참여하게 되었다. 조사위원은 함태영, 계일성, 김원일, 이장익, 문재린 등 한국인 6명과 미국 북장로교 선교사, 남장로교 선교사 한 명씩 해서 모두 8명이었다.

송창근 교수의 발언 중 문제가 된 것은 4복음서 중에서 마가복음이 제일 먼저 쓰였다고 했다는 것이었다. 성경을 문자 그대로 믿는 사람들은 신약에 수록된 순서대로 마태, 마가, 누가, 요한복음이 차례로 기록되었다고 믿었던 것이다. 송창근을 불러 어느 복음서가 제일 먼저 쓰였느냐고 물으니 "마태복음"이라고 대답하고 나가 버렸다. 그는 정치를 잘 아는 사람이라 이런 일로 말썽을 일으키고 싶지 않았을 것이다.

지금 기억은 안 나지만 정대위 교수도 정말 말도 안 되는 것으로 문제가 되었다. 그도 요령껏 대답하고 빠져 나갔다.

그런데 김재준 교수는 아주 논문을 복사해 와서 나누어 주고는, 성서의 내용이 역사적으로 전부 사실은 아니라고 말했다 해서 정죄한다면 갈릴레오의 지동설을 문제 삼은 중세 기독교와 같은 잘못을 저지르는 것이라고 강변했다. 나는 그래도 일을 원만히 해결하고 싶어서 김 목사에게, 성경의 내용에 글자 그대로는 역사적 사실이 아닌 것이 있으나, 그 본뜻에서 성경이 잘못된 것은 아니지 않느냐고 물었더니 그렇다고 대답했다. 그래서 내가 위원들에게 김 목사가 성경이 잘못됐다고 하지 않았잖으냐고 하니, 그들은 문 목사가 질문을 교묘하게 해서 그렇다고 반박을 했다.

한국인 조사위원들의 의견은 3 대 3으로 갈렸다. 그래서 다음 날 일찍 이장익 조사위원을 설득하러 찾아갔더니 계일성 조사위원과 같이 있기에 두 사람에게 이야기했다. 이 신학교는 총회의 신학교이고, 그 교수들은 학교를 설립한 당사자들이며 학장이다. 그런데 그 교수들이 나가겠느냐. 안 나가면 총회에서는 신학교를 따로 세워야 하고 총회가 갈라질 텐데, 그러지 말고 당신들도 나도 학교에 들어가서 직접 강의하면서 그들을 잘 지켜보고, 정말 문제가 있으면 그때에 쫓아내자고 설득했으나 소용이 없었다.

선교사들은 내용이 어떻게 돌아가는지 알지도 못하면서 교수들이 신신학이라는 말만 듣고 그들 편이 되어, 투표 결과가 3 대 5

로 교수들을 내보내는 것으로 결정이 났다. 학교 이사회에 보고했
더니 위원회 결정을 따르겠다고 하기에, 내가 일어나 자초지정을
설명하니 그럼 안 되겠다고 하고, 총회에 위원회 결정을 따르지
않기로 했다고 통보했다.

그러나 1953년 대구에서 열린 38회 총회에서 김재준 목사와 캐
나다 선교사 서고도 목사가 제명되었다. 그리고 김재준을 따르는
사람은 모두 제명하기로 결정함으로써 장로교는 둘로 갈라지게 되
었다. 김재준의 신학은 해외의 보수적인 교단에서도 인정되는 것
인데도 선교사들에게 보수적인 신학만을 배워 온 한국 교단은 수
용할 수 없었던 것이다.213)

송창근은 그 사건을 무마하기 위해서 갖은 노력을 다했다. 다음 해인
1948년 4월 20일에 새문안 교회에서 열렸던 제34회 총회에서 김재준
이 제명될 위기에 처하자, 그것을 막으려고 그가 강원용에게 "'청년'들
을 동원하여 막으라."고 지시했던 일은 유명한 일화에 속한다. 강원용
목사의 글에 그 전말이 이렇게 기록되어 있다.

새문안 교회에서 예수교 장로회 총회가 열리고 김재준 교수의
추방안이 한창 토의되던 때다. 그때 나는 한국신학대학 학생회 회
장이었다. 어느 날 밤에 그는(송창근) 나를 그의 방에 불렀다. "너
희 청년들이 그게 무슨 꼴이냐. 그래 그 못된 늙은이들이 죄 없는

---

213) 문영금 문영미, 문재린 김신묵 회고록 『기린갑이와 고만네의 꿈』, 삼인,
      2006, 221~224쪽.

김 교수를 간교한 방법으로 추방하는데 그저 보고만 있어?하기에 "알겠습니다. 생각해 보고 행동하겠습니다."하고 나와서 학생회 임원들과 의논하여 다음 날 학생 200여 명을 새문안 교회에 동원시켰다. 김 교수의 이단설에 대해 그에게서 직접 배우고 있는 학생회 대표에게 언권(言權)을 달라는 언권 청원서를 정식 청년부를 통해 제출했다. 그러나 총회는 이 언권 청원에 대해 회중에 물어보지도 않고 묵살한 채 김 교수의 추방을 결의하려 했다. 결국 언권을 달라고 소리를 지른 것이 도화선이 되어 총회는 결의를 못한 채 수라장이 되었다. 나는 송 목사님이 속으로 칭찬하려니 생각했다.

그러나 뜻밖에도 그가 매우 흥분해서 야단야단하더니 결국 이 사회 압력으로 내게 무기정학을 선고했다. 몹시 화가 나서 그를 찾아가서 항의조로 이야기 했더니 "야, 이 어리석은 녀석아, 내가 청년들이 왜 가만히 있느냐고 했지 학생들이라고 하더냐? 네가 기독청년연합회 간부니 청년들이 무엇 좀 하라고 한 것인데, 우리 학생들을 동원시키면 도대체 어떻게 한단 말이냐?"하는 것이었다.214)

송창근이 그처럼 갖가지 방법을 동원하여 무마하고 있던 동안에는 사건 자체가 그대로 가라앉을 전망이 있었다. 그러나 그가 6 · 25로 납북된 뒤에 알력과 갈등이 계속해서 확대 재생산을 거듭한 결과 1953년에 결국 장로교단이 둘로 나뉘는 대분열로 끝이 났다. 그 와중에서 양

---

214) 강원용, 「애증의 갈등 속에서 자란 정」, 『만우 송창근』, 360쪽.

편 모두 큰 상처를 입었다.

지금은 당시 원수처럼 격렬하게 싸우면서 분열된 상대편인 예장(예수교 장로회) 측의 신학대학들에서도 성서신학을 이른바 '고등비평학'을 수용하여 가르치고 있다. 송창근의 예상대로 된 것이다. 그런 걸 생각하면, 당시 송창근이 말했다는 "아직은 때가 아닌데, 시간이 좀 지나면 저절로 다 해결되는 것을 가지고 미리 그럴 필요가 없는데⋯⋯."라는 한탄이 새삼 절실하게 마음에 와 닿는다. 신학생들에게 좀더 시간을 주었으면 고등비평학을 수용할 수 있게 되었을 텐데, 평양신학교에서 보수 일변도의 교육만 받던 '어린아기 같은' 신학생들에게 대뜸 '젖'이 아니라 '단단한 음식'을 먹이려고 했던 것이 당시 김재준 교수의 교육 방식이었던 것이다.

다음으로 있었던 일이 '송창근의 친일 시비'였다.

그가 일제 말기에 강연을 다녔던 일 때문에 '출옥 성도 모임'에서 그의 이름을 '친일파' 명단에 넣었다는 이야기가 들려 왔다. 출옥 성도 모임이라 함은 신사참배를 거부하여 투옥되었다가 해방을 맞아서 출옥한 교인들을 말했다. 그들은 대단한 기세로 일제시대 기독교인들의 행태를 논죄하고 정죄하였고, '친일파 명단'이란 것을 작성하여 발표했다. 그런데, 송창근의 이름도 그 '친일파 명단' 안에 들어 있다는 것이었다.

일제 말엽에 송창근은 조선총독부 당국자의 강연 요구를 소화하면서도 실제로는 그들의 요구에 따르지 않으려고 노력했다. 그래서 강연을 하기는 하면서도 그 내용은 총독부 당국자들이 청중들에게 해주기를 원하는 이야기 대신에 웃기는 만담 같은 이야기로 채웠다. 그런데 그처럼 섬세하게 노력했음에도 불구하고 바로 그 행위에 의해서 해방된

내 나라에서 '친일' 시비에 걸린 것이다.

송창근 목사는 매우 큰 충격을 받았다. 마음이 크게 상했다. 조그마한 거리낌이라도 있는 것을 못 견뎌 하는 맑은 성품 때문에, 그는 계속 마음이 상해서 어쩔 줄을 몰라 했다. 그 속상함은 고혈압을 불러왔고, 그는 계속 머리가 아파서 '노싱'이란 두통약을 줄곧 복용하게 되었다.

강원용 목사의 이야기에 따르면, 일제시대에 정말로 친일했던 목사들은 그 명단에 들어 있어도 전혀 아무렇지도 않아 하더라는 거였다. 그런데 실제로는 친일을 하지도 않은 송 목사가 그 명단에 들었다 해서 하도 속상해 하기에 "뭐, 그런 걸 가지고 그렇게 마음 상해 하십니까!"라고 말리면 "아니다."라고 하면서도 계속 마음 상해 하더라는 거였다.

한번 의기가 꺾이자 두통이 날로 더욱 심해졌다. 더군다나 1948년에는 "'반민 특위'라는 것이 조직되어서 친일 인사들을 체포하여 재판한다."는 소식이 전해지더니, 1948년 10월 23일에 '반민족행위 처벌법'이 국회에서 통과되었다. 그렇게 하여 조직된 반민 특위는 1949년 1월 5일부터 업무를 시작했다. 박흥식, 이광수, 최남선 등의 인사들이 속속 체포되어 조사를 받기 시작했다.

송창근은 '출옥 성도 모임'에 의해서 "친일행위를 했다."고 지적당한 뒤로는 자신감을 잃었다. 그래서 반민 특위에서 아무런 연락이 없었지만 스스로 위축되어 스스로 고통을 겪었다.

그런 상황에서 마침 밥 죤스 대학에서 초청장을 보냈다. "1년 동안 머물면서 공부하라."는 초청장이었다. 송창근은 미국에 가서 조선신학교를 위한 기금도 모을 겸 떠나기로 결심했다. 여권 수속이 끝나 그가 미국으로 떠난 것은 1949년 2월이었다.

밥 죤스 대학은 사우스 캐롤라이나 주의 그린빌에 있는 대학이었다. 대학 측은 신학교 교장의 대우로서 귀빈으로 모셨다. 거기서 때로 강의도 듣고 때로는 다른 곳에 산재해 있는 제자들도 찾아보면서 지냈다. 이때 대학 부속병원에서 진찰해 보니 심한 고혈압 증세였다.

당시 그의 미국생활 중에서 특기할 것은 피츠버그에 있는 웨스턴 신학교의 졸업식 행사에 참석한 일이었다. 마침 그 해에는 웨스턴 신학교의 '1930년 클라스'가 전체 동창회의 초청 대상이었기에 그도 초청 받은 것이다.

웨스턴 신학교 졸업식과 졸업생 재상봉 행사에서 그는 특별 대우를 받았다. 신학교 교장이라 해서 헤드 테이블에 앉게 하고 연설도 하게 했다. 그는 연설에서 한국과 조선신학교의 현황을 설명하고 도서관에 비치할 서적이 필요함도 말했다. 연설이 끝나자 모두들 기립박수를 했다고 한다. 미국 각지에서 큰 교회를 맡아 목회를 하고 있는 동창들은 조선신학교를 위하여 특별헌금과 서적 모으기를 할 것을 결의했고, 송창근이 자신들의 교회를 순방해 주도록 서둘러 일정까지 짰다.

그처럼 일이 일사천리로 은혜롭게 진척되는 것에 크게 고무된 송창근은 기쁜 마음으로 일단 밥 죤스 대학으로 돌아가서 여행준비를 하기로 했다. 그리고 순회여행을 떠날 준비를 다 마치고 차표까지 사놓았는데, 뜻밖에도 뇌일혈로 수족마비를 일으켜서 쓰러졌다. 몸을 움직일 수 없고 입도 돌아가서 말이 제대로 되지 않았다. 1949년 5월 31일의 일이었다.

그래서 모든 계획과 일정이 취소되었다. 그는 입원하여 치료를 받고 겨우 조금씩 움직일 수가 있고 어눌하게나마 말도 하게 되자 하와이로 옮겨가서 휴양했다. 하와이에 있는 김태묵 목사가 자택에 모시고 지내면서 지성껏 간호했다고 한다.

그는 어느 정도 움직이게 되자 귀국했다. 1년 1개월 만의 귀향이었다. 그런 상태에서도 조선신학교를 위한 기증품들을 받아 모아서, 송 박사가 하와이를 떠날 때는 그간 신학교를 위하여 모아진 짐이 거의 조그만 화물선 한 배를 채웠다고 한다. 그는 그 짐을 실은 화물선에 올라서 하와이를 떠났다고 한다.

그가 서울에 도착한 때는 1950년 3월 14일이었다. 조선신학교에서는 귀국 환영회가 열렸다. 그는 지팡이를 짚고 학생들과 교수들 앞에 나와서 연설을 했다. 그 유명한 '소'와 '무덤' 이야기가 나온 연설이었다.

여러분, 나는 빈 손으로 갔다가 빈 손으로 돌아왔소이다. 그러나 일 년 동안 미국에서 병을 얻어 누어있으면서도 열심히 기도하고 염려한 것이 우리 신학교 일이었습니다.

여러분, 우리는 소가 되자고 말하고 싶습니다. 평생토록 열심히 일하고 죽어서도 고기요 가죽이요 뼈요 할 것 없이 하나도 버릴 것 없이 모든 것을 다 바치는 소야말로 우리의 숭엄한 선생이라고 생각합니다.

나도 소와 같은 심정으로 이 신학교를 위하여 마지막 하나까지 바치는 정성을 가지렵니다. 내 생명을 건지시어 다시 고국에 돌아오게 하신 하나님의 뜻도 그것이라고 생각합니다.

나는 여러분께 부탁 드리고저 합니다. 이담에 내가 죽거든 신학교 정문 밑에 묻어 주십시오. 그래서 여러 신학생들이 내 몸을 밟고 드나들게 되면 나의 기쁨이 되겠습니다.

'남산' 위의 개가 아무리 달을 보고 짖은들 그것이 우리에게 무슨 상관이 있습니까? 우리는 우리가 옳다고 믿고 따르는 길을 꾸준히 걸을 따름입니다.

학생들은 물을 끼얹은 듯한 숙연한 자세로 그의 귀국 후의 첫 소리를 들었다.215)

이때 그가 말한 "내가 죽거든 신학교 정문 밑에 묻어 달라."는 말은 그의 비극적 죽음과 더불어 유명한 말이 되었다. 일찍이 스코틀랜드의 종교개혁가 존 녹스도 같은 말을 했다고 하는데, 이장식 교수는 그 말뜻을 다음과 같이 풀이했다.

"신학생들로 하여금 '자신의 존재와 그 의의와 열정과 투지를 기억하라'는 뜻이라고 생각한다."216)

그로부터 석 달 뒤에 6·25가 발발했고, 송창근 교장은 납북되어 생사를 모르게 되었다. 서울이 수복된 뒤에 돌아온 교수들과 학생들은 돌아오지 않는 송창근 교장과 그의 유언과도 같았던 그 말을 생각하고 몹시 슬퍼했다고 한다.

---

215) 만우 송창근기념사업회, 『만우 송창근』, 126쪽.

216) 이장식, 2004. 10. 25. 대담.

26. 비극의 6 · 25, 그리고 납북

　6 · 25전쟁이 발발했을 때, 송창근 목사는 조선신학교 교장으로서 동자동의 조선신학교 사택에 있었다. 1950년 3월에 귀국할 때만 해도 보는 사람이 붙잡고 끝없이 울었을 정도로 심하게 상한 모습이었으나, 집에 돌아온 뒤 두 달 동안에 예상보다 빠르게 회복되고 있었다. 그러나 발병 전과는 비교할 수 없도록 아직도 완전히 회복되지는 못한 상태로서 한여름에도 내복을 입고 있어야 하는 정도였다. 그런데 6 · 25전쟁이 일어난 것이다.

　성남 교회 교인들과 조선신학교 신학생들이 피난용 마차를 준비하고 시골로 피신하게 하고자 했다. 그러나 송창근 목사는 거절했다. "나야 미국에서 이미 죽었을 목숨인데 살겠다고 어디를 가겠나. 건강도 이렇고. 어쨌든 나는 마지막까지 신학교를 지킬 테니 내 염려는 말라."고 하면서 움직이려고 들지 않았다는 것이다. 그러면서 일요일이 되면 신학교와 같은 구내에 있는 성남 교회의 예배를 인도하고 대담하게 설교를 했다.

이때의 피난 거절에 대하여 서로 다른 해석들이 있다.

하나는 강원용 목사의 견해인데, 송 목사가 지녔던 공산당의 생리에 대한 이해가 다소 감상적이었던 것으로 보는 시각이다. 그는 이렇게 기술했다.

6·25 사변 후 나는 김재준 목사님과 함께 도농리에 나가 피신해 있었다. 그 동네는 비교적 안전한 곳이었다. 서울 시내에서는 목사들을 차츰 검거한다는 소문이 들려왔다. 나보다는 김목사님께서 송목사 걱정을 몹시 더하셨다. 드디어 내가 모시러 들어갔다. 변장을 하고 겨우 그의 집을 찾아냈다. 그에게 시골로 함께 나가자고 말씀드리니 웃으시면서, 바지를 쑥 올려 보였다. 그때가 여름이었는데, 그는 속샤쓰를 입고 지내는 병중이었다. 내게 보여준 것은 이런 몸으로 어떻게 피신하겠느냐 하는 뜻도 있었지만, 붉은 사람이 보호해 줄 것이란 뜻도 있었다. 그의 교회에 나오던 집사 중에 월북한 사람이 있었는데, 그 후 박해받는 그의 가족을 극진히 돌보아 주었었다. 그 자가 월남해서 송목사를 찾아와 송목사의 신변은 절대 책임지고 보호하겠다고 약속했다는 것이다.[217]

강 목사는 송창근 목사가 월북했던 사람의 말을 신뢰했기 때문에 피난을 가지 않고 버티다가 희생당한 것으로 보았다. 아직 공산당을 경험해 본 일이 없어서 그런 이야기를 그대로 믿었다고 생각하는 것이다.

그러나 송 목사가 실제로 당시 공산당의 위험을 감상적으로 받아들

---

217) 강원용,「애증의 갈등 속에서 자란 정」,『만우 송창근』, 361쪽.

였던 것은 아니라는 증거가 있다. 조향록 목사가 이야기하는 바, 송 목사에게 피신을 권했다가 "농촌이 더 불안하다."는 이유로 거절당했던 일에 대한 증언이다.

　　8월 3일 아침, ……나는 송 목사님께 우리 신사동 마을로 가시어 방 한 칸을 빌려서 계시자고 권했다. 그랬더니 송 목사님은 그쪽 말죽거리에 내 사돈이 사는데 그 곳도 안전한 곳이 못된다고 했다. 그 말씀은 마을마다 공산당 세포가 있어 밀고하기 때문에 농촌이 더 불안하다는 뜻이었다. 나는 그때 목사님을 신사동에 오시도록 하고 싶었으나 생사를 보장할 수 없는 상황에서 더 이상 강권할 수가 없었다.

　　내가 목사님께 인사를 드리려고 하니 반쯤 누워 계신 송 목사님은 내 손을 덥석 잡으면서 "이제 언제 다시 만나노."하며 말끝을 맺지 못하시고 두 뺨이 젖도록 눈물을 흘리시는 것이었다. 나는 차마 그 슬픈 모습을 쳐다볼 수 없어 얼굴을 숙이니 나도 눈물이 가리어 목사님의 얼굴이 똑똑히 보이지 않았다.218)

난시에 몸을 보전하는 데는 서로 빤히 아는 농촌보다는 사람 많은 도시가 낫다는 것은 일리가 있는 이야기였다. 물론 그런 측면의 고려도 있었겠지만, 송창근 목사가 이때 피난을 거절한 것에는 보다 복합적이고 근본적인 이유가 있었다고 보여진다.

첫째, 자신은 '병든 몸'이라는 자의식이 강했다. 건강한 사람도 피난

---

218) 조향록, 『八十自述』 (상), 신지성사, 2001, 220~221쪽.

한다는 것은 큰일이다. 하물며 병든 몸으로 피난길을 떠난다면 주위 사람들에게 막심한 폐를 끼칠 수밖에 없다. 그것을 크게 꺼린 것이다.

둘째, "마지막까지 신학교를 지키겠다."는 의지가 강렬했다. 그것은 일제시대의 행적과 맞닿아 있는 각오로서, 자신이 일제 말기에 보다 철저하고 단호하게 행동하지 못한 것에 대한 뼈저린 후회 때문에 이번만큼은 철저하게 버티겠다고 생각한 것이다.

그러나 그 길이 결코 쉽지 않으리라는 예상이 있었다. 그렇기 때문에 조 목사와 헤어지면서 그토록 눈물을 흘린 것이다. 그가 자녀들은 모두 피난 보내고 사모님과 단둘이서만 성남 교회 사택에 남았다는 것도 서울에서 버티는 것을 위험하게 생각했다는 것을 방증한다.

서울이 인민군에게 점령당한 6월 28일부터 8월 23일 사이에 송창근 목사는 몇 차례나 공산당에 끌려가서 신문을 받고 도로 풀려나왔다. 최근에 미국을 다녀왔다는 것 때문에 심하게 닦달을 당하기도 했다. 그러다가 8월 23일 오전 7시에 끌려간 것이 마지막이었다. 그는 다시 돌아오지 못했다.

그는 갔다. 그리고 그가 보여준 신앙의 전범과 그의 사상과 신념과 행적이 그의 뒤에 남아서 오늘도 후인들을 일깨우고 있다.

그의 삶을 돌아보면, 그가 20대에 설정한 '자기건축'이라는 명제에 한평생 한결같이 충실하게 부응하는 삶을 살았음을 알 수 있다.

그는 '자기건축'에 대해서 설명하기를, "개인이 각각 자기의 가치를 자각하고, 향상과 발전을 힘쓰며 충실을 도모해서 최후에 위대한 자기를 건축하려는 것"이고, "성실한 마음으로 형제를 대하고, 형제의 가치와 권위를 일점이라도 손상하지 않으면서, 자기의 가치와 권위를 강대하게 하는 것을 말하는 것"이며, "자기의 행복과 존엄을 힘쓸 것뿐이 아니라 형제에게도 그와 같이 하는 것"을 말한다고 했다.

그리고 "진실된 의미에서 형제를 사랑하고 불쌍히 여기는 이타적(利他的) 행위는, 자기의 방면으로 보면 곧 나를 사랑하고 나를 귀히 여기는 나를 위하는 이아(利我)의 한 방법이라 한다. 그렇기 때문에 진정한 자기건축은 오로지 이타적 행위에서만 찾을 수 있는 것이다. 남에게서 받기만 하는 생활을 말하는 것이 아니라 할 수 있는 데까지 남을 위하여 내가 아는 것이나 내가 가진 것을 아끼지 않고 나눠주는 생활이 곧 자기건축자의 취할 대도(大道)라 한다. 형제를 사랑하고, 긍휼히 여기는 이타의 행위가 자기건축의 고향이라 한다."고 풀이했었다.

그런데 그가 한세상을 살아간 방식이 바로 그러했던 것이다. 그런 삶을 힘써 살아간 끝에, 그는 우리 민족의 대비극이었던 6·25의 한가운데에서 희생되었다.

송창근 목사의 부모님은 고향에서 동생이 모시고 살고 있었는데, 해방이 되자 월남해서 송 목사와 함께 살았다. 어머니 신봉암 님은 월남한 뒤 이내 돌아가셨고, 아버지 송시택 옹은 1949년 10월에 별세했다.

그는 부인 김재권 여사와의 사이에 2남 3녀를 두었다. 장녀 한나, 장남 윤규, 차남 승규, 차녀 옥순, 삼녀 시온이 있다. 부인 김재권 여사는 1962년에 별세했다. 현재 한나, 윤규, 승규는 별세했고, 나머지 유족은 미국에 살고 있다.

27. 송창근의 사상과 유산

송창근의 삶과 사상을 일관한 것은 '하나님과 사람에 대한 사랑'이었다. 그는 그것을 향하여 항상 자신의 전부를 열어놓고 살아간 사람이었다. 그의 사상의 외피는 다양하면서도 그 내용은 하나님과 인간에 대한 사랑이라는 점에서 하나로 일관되어 있었다.

주재용 교수는 그의 사상의 다양함을 '1. 성빈사상, 2. 말씀의 신학, 3. 기독교 윤리신학, 4. 민중신학, 5. 민족교회의 신학, 6. 실천적 목회신학'[219]으로 정리했다.

그는 '감격'의 사람이었다. '감격'은 그의 삶의 근본 토대였다. 그래서 찬송가를 불러도 열정적으로 힘 있게 불렀다고 한다. 이장식 교수의 회고록에 '찬송가를 부르는 송창근'의 모습이 들어 있다.

---

219) 주재용, 「만우 송창근의 삶과 사상」, 『만우 송창근 전집』 Ⅱ, 175~201
쪽.

나는 성바울교회에서와 신학교 예배실에서 송창근 박사님의 찬송 부르시는 모습을 눈여겨 보았다. 그는 찬송가 책을 한 손에 높게 드시고 힘차게 그리고 큰 목소리로 부르셨다. 그는 감격을 가지신 분이었다. 그가 해방 전에 <청년>지에 감격을 강조하는 글을 쓰신 것을 나는 훗날 언젠가 읽은 적이 있다. 그는 젊었을 때 열혈(熱血) 청년이었다. 그가 계성중학교의 신앙수양회에 오셔서 젊은 학생들 앞에서 열정적이고 고무적인 설교를 하셨던 것을 나는 기억한다. 그는 청년들을 끄는 매력을 가지신 분으로 감격이 없는 신앙은 죽은 신앙이라고 말씀하셨다. 그의 본을 받은 신학생들이 학교 예배시간에 찬송을 힘 있게 그리고 화음을 맞춰서 크게 부르곤 했는데, 외국인 손님들 역시 크게 감명 받은 일이 많았다.220)

찬송을 부르는 모습이야말로 기독교인들이 지닌 신앙의 참된 열정을 가감 없이 드러내는 바로미터에 해당한다. 송창근 목사가 찬송을 부를 때 "찬송가 책을 한 손에 높게 드시고 힘차게 그리고 큰 목소리로 부르셨다."라는 것은 그의 감격이 늘 살아 움직이는 것이었음을 극명하게 드러낸다.

그는 삶의 아름다움을 즐기는 탐미주의자이기도 했다. 그는 설교 시간에 자주 "죽은 개의 이빨에도 아름다움이 있다."고 말하고는 했다.

그는 또한 '사람'을 키우는 일에 특별히 마음과 정성을 쏟은 사람이었다. 그러한 그의 소신과 생각을 잘 드러낸 글 한 편이 『신학지남』에 실려 있다. 그가 평양 산정현 교회에서 목회하면서 『신학지남』에

---

220) 이장식, 『창파에 배 띄우고』, 94~95쪽.

자주 기고하던 때 쓴 것으로 추정되는 글이다.

전당건축(殿堂建築)에서 인간건축(人間建築)에

사도 베드로가 그리스도의 품위(品位)에 대하여 정당한 이해를 가진 때 주께서는 베드로에게 '반석(磐石)'의 칭호를 주시고 다시 그 '반석' 위에 당신의 교회를 건축하기로 약속하셨습니다. 그러면 교회 건설의 기초는 무엇입니까? 그리스도에 대한 정당한 이해를 가진 '인격(人格)'이 아니고 무엇입니까? 옛사람도 '백년지계(百年之計)는 재어수인(在於樹人)'이라고 했으니 인물 기르는 것이 건설의 기초원리임을 알 것입니다.

그런데 50년래의 조선교회는 과연 '반석' 같이 흔들리지 않는 인물을 양성하기에 얼마나한 계획과 노력을 하여 왔습니까? 선배들의 노력이 크기는 하지마는 지금껏 주 안에서 참으로 위대한 인물을 가지지 못한 것은 아직도 조선교회가 그 터전이 다져지지 않은 것을 의미함이 아닙니까?

예배당 짓는 정성은 상당합니다. 그러나 인물 짓는 정성은 거의 없다 하여도 과언이 아닙니다. 유위한 청년남녀 중 조금만 성의 있게 붙들어주고 도와주면 주 안에서 큰일을 맡아 할 수 있을 것을 짐작하면서도 다들 보는 체 안하고 아는 체 안하므로 마침내는 곁길로 나아가 타락의 구렁텅이에 떨어져 민멸(泯滅)해지고 마는 참극을 얼마나 많이 보고 있습니까? 인물을 아낄 줄 모르고 인물을 감사할 줄 모르고 인물이 지극한 보배인 줄 모르는 교회가 어찌 주 앞에서 축복을 받을 수 있겠습니까?

교회의 기초는 돈이 아니오 규칙이 아니오 오직 바른 믿음 가진 '인격'에 있는 것을 생각하여 전당건축에서 인물건축에 새로운 계획과 노력을 아끼지 않아야 할 것입니다.221)

위와 같은 말을 송창근은 그냥 하지 않았다. 자신의 전부를 걸고 자신의 전부를 쏟아서 말했다. 그는 실로 평생토록 '주 안에서 제대로 된 사람을 제대로 기르는 일'에 헌신했다. 그는 또한 하나님의 나라를 지상에 이루는 길은 곧 제대로 된 신학교육에서 비롯된다고 보았기 때문에, 그는 신학교를 세우고 경영하는 일에 자신을 모두 바쳤던 것이다.

오늘날, 송창근에 대한 재조명의 요구가 새롭게 머리를 들고 있다. 그가 남긴 유산과 그가 제시한 길이 새삼 선명하게 우리의 나아갈 바를 지시하고 있기 때문이다.

강원용 목사는 송창근이 보여주었던 '새로운 목회자상'에 주목한다. "인간 중심의 신학이 아니라, 하나님이 창조한 모든 피조물, 그것은 동물, 식물뿐이 아니라 하늘에 있는 새, 저 푸른 하늘에 지나가는 달아, 별들아! 그렇게 노래 부르는 바로 그것이 송 목사님의 사고였다."면서, "오늘의 생태계, 에콜로지가 21세기에는 아주 중심적인 문제인데 이것이 송 목사님의 사상 속에 뚜렷하게 있다."222)고 지적했다.

그런가 하면, 교회사학자 민경배 교수는 송창근에 대하여 다음과 같이 평가하고 있다.

---

221) 『신학지남』, 1935년 1월호

222) 강원용, 「송창근 목사와 그의 시대」, 『만우 송창근전집』 II, 373쪽.

송창근(1898-1950)은 한국교회가 그 역사 50년에 정치적으로 얽힌 일제 하의 시련기에서 그 노도를 헤치고 나아갈 방향을 지시하였던 신학자로 그 기치가 드높은 인물이다. 그가 왕성하게 활동하였던 1930-1940년대는 선교사들의 언필칭 토착성을 구조적으로 강행하려고 하였던 때였고, 그 과정에서 신앙유형 간의 갈등이 노출되어 한국교회에 일대 지각변동의 회오리가 몰아치던 때였다.

그런 난시에 역사를 꿰뚫어 보고 비록 대세의 적조(積阻)가 있었으나 고독과 소외를 마다하고 시대적 소명감이라 확신한 일에 맹진하여 한국교회의 정로(正路)를 멀리 지시하다가 간 시대의 예언자, 그가 바로 송창근이었다.

그가 신학자로서 그리고 신앙인으로서 걸어 간, 길고도 먼 길은 한국교회 어느 누구도 아직은 간 적이 없는 험준한 원로(遠路)였다. 그에게서 우리는 한국교회 도처 어디든 둘러 본 탐색과 추구의 길, 그 흔적을 역력히 볼 수 있다. 그는 훗날에 우리에게는 우리가 가야할 길을 보여준 지도(地圖)였다. 그는 그렇게 한국교회의 지도(地圖)를 그리고 간 역사의 사자(使者)였다.

그가 모든 신학의 한국적 지형(地形)을 다 섭렵하고 교회사의 전통을 다 일괄하고서 한국교회의 신앙 전통이라 본 것이 이 복음주의 내연의 역사 외연이었다. 그가 "무슨 파(派) 무슨 파(派)를 떠나 교단사를 망라한 한국교회사 전체의 정통의 준봉(峻峰)이라는 의미가 이래서 밝혀진다.

송창근은 한국교회의 모든 가능한 기독교 신앙의 유형 전부를 (일단은) 포괄하여 내장한 상태에서 그 전통을 구형(構形)하려고 한 대단한 시도로 한국교회의 지형도(地形圖)를 그렸다. 그는 실로 어떤 교단의 유권적 전거(典據)로서의 위상을 굳힌 인물로 기억되지는 않을 것이다. 그는 어거스틴처럼 신구(新舊)와 보혁(保革), 남북과 정교(政敎), 이런 것을 다 품을 수 있는 독특한 구조를 가진 신학을 구상화(具像化)할 수 있어서, 누구든지 다 그에게 마지막 참고(參考)를 하고 싶은, 그런 지도를 남긴 것이다.

하지만 묘한 것은 한국교회가 그 치열한 정통 논쟁에서 하나를 선택해야 하는 기로에 섰을 때 그는 왠지 어떤 섭리에 의하여 그 현장에서 격리(隔離)된다. 그의 이미지 전승을 위한 절차인 듯하였다. 그래서 그는 지금도 다들 어디서든 되돌아 보여지는 치솟은 준령(峻嶺)으로 빛나고 있다.223)

12살의 나이에 공부하기 위해서 생애 최초의 가출을 감행한 이래, 송창근은 늘 벽과 맞서 싸웠다. 그가 자주 토로했다는 말처럼, "벽도 문이라고 믿고 밀고 나가면 문이 된다."는 것은 그의 삶의 체험에서 울어난 지혜였다. 그는 평생 수많은 벽을 만났고 그 벽들을 하나하나 밀고 나가 문으로 만들어 통과하면서 자신의 삶을 보다 완전한 형태로 끌어올렸다.

북간도와 서울과 일본과 미국에서 받은 여러 가지 형태의 교육을 토대로 자신을 완성해간 그는 평양 산정현교회의 목회, 부산에서의 도시빈민 선교, 김천 황금정교회에서의 목회, 그리고 조선신학교에서의 신학교육을 통해서 세상을 변화시켜서 보다 하나님의 나라에 가까운 곳

223) 민경배,「송창근의 신학과 한국교회」,『만우 송창근전집』Ⅱ, 206~225쪽.

으로 만들려고 노력했다. 그에게 '미래'는 이미 닥쳐온 현실 안에 있는 그 무엇이었다. 그는 그 현실을 보다 나은 것으로 만들기 위해서 혼신의 힘을 다했다.

그는 사람들에게 여러 형태의 인상을 남겨 주었다. '유머에 능했고, 인정다웠고, 창의적이었고, 용감했고, 민족애에 불타는 애국자'(김재준), '총명한 위에 다독하고, 다정한 위에 결벽한 사람'(김인서), '경건, 학문, 선교의 신학교육 이념을 정립하신 이'(김정준), '교계인사 중 가장 멋있고, 사랑스럽고, 존경하는 분'(강원용), '불이면서 물이신 분'(박한진), '신학이론이 아니라 신학의 실상, 삶의 실상, 한국교회의 실상을 가르쳐주신 이'(김영수), '복음주의적 경건주의자'(민경배), '성빈과 화해사상의 민족목회자요 신학자'(주재용)224) 등등 그에 대한 회상의 대역은 매우 넓다.

그의 인간적인 측면에 주목한 김경재 교수는 "만우의 언행과 그의 탁월한 영적 지도력은 그가 가지고 태어난 개인 심리적 유형과 능력, 그리고 그가 후천적으로 연구하고 노력하여 습득한 자질에 힘입은 바가 적지 않을 것이다. 그의 다정다감한 미학적 감성능력, 그의 인간을 사랑하는 휴머니즘적 기질, 그의 인간관계에서 갖는 포용력과 판단력, 사물과 사건의 본질을 꿰뚫어보는 통찰력, 특히 교육과정에서 엄격한 부성적 측면과 인애하는 모성적 측면의 절묘한 조화, 인간집단체의 조직력과 그 운용능력 등등 실로 타의 추종을 불허할 만한 능력을 스스로 함양하고 발휘하여 한국 개신교사에서 드물게 보는 큰 인물로서 모든 사람의 존경을 받는다는 것이 당연하다."225)고 지적하고 있다.

---

224) 김경재, 「만우의 학위논문에 나타난 바울신학의 중심주제」, 2003, 2쪽.

돌아보면 그가 품었던 하나님에 대한 사랑의 크기와 인간의 삶에 대해 지녔던 뜨거운 이해와 가없는 포용력의 크기가 현기증을 일게 한다. 그가 평생에 걸쳐 씨름했던 명제는 '하나님'과 '하나님 앞에 선 인간'이었다. 그래서 그는 '인간 건축'을 부르짖었다. 그는 "교회의 기초는 돈이 아니오 규칙이 아니오 오직 바른 믿음 가진 '인격'."이라고 선포하고, 한국 교회로 하여금 그러한 성취를 이루도록 하기 위하여 자신의 전부를 바쳤다.

그는 가고, 이제 우리 앞에는 그가 걸어간 길이 남았다. 그 길을 어찌할 것인가. 그것이 지금 우리 앞에 놓인 과제요 현안이다.

---

225) 김경재, 「만우의 학위논문에 나타난 바울신학의 중심주제」, 2003, 2쪽.

저자 후기

송우혜

만우 송창근은 하나의 거대한 산맥이다. 날카롭고 높고 차가운 산맥이 아니라, 몹시 크고 높되 그 안에 모든 것을 따뜻하게 품어서 키우고 다정하게 보듬어주는 거대한 산맥이다. 지난 몇 년간 그 산맥 안을 이리저리 헤매면서 그의 실체를 마주 대할 때마다 행복했다. 그의 신앙, 그의 인격, 그의 삶, 그의 신념……. 그 모든 것들이 어찌 그렇게도 아름답고 청결한 조화를 이루고 있는지 실로 놀라웠다.

진정한 위인은 어떤 사람인가.

송창근의 생애는 그 대답을 극명하게 보여주고 있는데, 그가 홀로 걸어간 발자취가 너무도 선명하고 분명하여 눈이 시릴 정도였다.

일본의 관동대진재로 수많은 무고한 조선인들이 희생된 뒤 들이닥쳤던 그 잔혹한 겨울에, 그는 '자기건축(自己建築)'이란 명제를 생각해내었고, 평생토록 그것을 굳게 붙들고 살아갔다. 그에 대한 확신 때문에 그의 발걸음은 흔들림이 없었고, 그의 삶은 감격으로 차 있었으며, 그의 생활은 활기찬 생명력으로 약동했다.

그것은 실로 새로운 형태의 삶이었다. 인간에게 그런 삶이 가능하다는 것을 세상에 보여줌으로써, 그는 인간 전체의 삶의 질을 한 차원 더 높은 곳으로 끌어올렸다. 그래서 그는 진정한 위인이다. 돌아보니, 그러한 위인의 전기를 쓰면서 그의 삶의 실체에 가까이 접근할 기회를 가졌다는 것은 커다란 축복이었다.

'전기'는 불가불 여러 형태를 갖기 마련이다. 누군가의 생애를 다룰 때 '어디에 주안점을 두느냐'에 따라서 집필의 성격과 방향이 달라지기 때문이다. 그런 점에서 이번 작업에는 즐거운 고통이 따랐다.

송창근 목사님의 전기를 준비하는 과정에서 필자가 큰 매혹을 느낀 부문은 그의 사상과 신앙의 형태였다. 그가 남긴 글들—논문과 기사와 에세이들을 분석한 결과, 참된 기독교인의 사상과 신앙이 도달할 수 있는 또 하나의 새로운 지평을 발견했기 때문이다. 그것은 매우 즐거운 충격에 해당했다. 그것은 김경재 교수가 송창근 목사님의 글을 분석하고 느꼈던 기쁜 놀라움과 통하는 것이었다.

김경재 교수는 『신학지남』에 실린 송창근 목사의 「조선인의 신앙을 논함으로 성서적 신앙에 이르고자 함」(1934년 3월호)이라는 빼어난 논문을 읽고, 그것이 20세기의 세계적 신학자 폴 틸리히가 쓴 『신앙의 역동성』(1957년)이란 뛰어난 저서의 논지와 너무나 닮은 것에 놀라서 "최고의 신학적 통찰과 영적 분별력을 가진 하나님의 종들은 시공을 넘어서 이렇게 서로 통하는 면이 있음을 발견하고 한국이 낳은 자랑스런 신학자 만우 선생에 대한 존경과 자긍심이 후학들에게 너무나 크다."라고 기쁘게 고백했던 것이다.

그럼에도 불구하고, 필자는 이 전기에서 그토록 매혹적인 송창근의 사상과 신앙에 주안점을 두지 않았다. 그 대신 '송창근의 생애'의 실체에 대해서 면밀하게 추구하기로 했다. '송창근'을 바르게 이해하는 기본조건은 그의 생애에 대한 정확한 인식인데, 그 점에서 커다란 문제가 개재되어 있음을 알았기 때문이다.

송창근 목사님을 다룬 최초의 전기인 『만우 송창근』이 1978년에 나왔을 때, 그를 잘 아는 분들 사이에서 불만과 불평이 나왔다. "송 목사님을 제대로 드러내지 못했다."는 원망이었다. 이번에 그의 전기를 준비하는 과정에서 당시에 왜 그런 반응이 나왔는지를 알게 되었다. 그 책의 일부를 이루고 있는 '앞뒤가 안 맞는 괴이한 희화화(戱畫化)'가 문제였다. 또한 의외에도 김재준 목사님의 글에 의해서 오해하게 된 부분들도 있었다.

이 전기에서는 그런 점들까지 다루고 챙겨서 '송창근'이란 인물의 실체를 정확하게 밝히려고 노력했다. 목적이 그러했기에, 집필 과정에서 작은 문제도 검증이 필요한 것에는 많은 지면을 할애했고 큰 문제도 아주 명백한 일은 간결하게 묘사했다.

신학자로서, 또는 사상가로서의 송창근의 진면목에 대해서는 달리 연구하여 그 실체를 선명하게 밝혀낼 분들이 나오기를 바란다.

송창근 목사님은 늘 "벽도 문이라고 믿고 밀고 나가면 문이 된다."고 말했다고 한다.

벽을 문으로 만드는 사람.

그는 불가능함을 가능함으로 만드는 힘과 의욕을 지녔던 분이었다. 그가 벽을 밀어서 만들어 놓은 문을 통해서 한국 기독교계의 많은 인재들이 배출되었다. 장공 김재준 목사를 필두로 하여 줄줄이 늘어선 그의 후학들이 여러 갈래로 도도하게 흘러내리는 신학 연구의 큰 흐름을 이루고 오늘도 하나님과 인간에 대하여 연구하고 고뇌하며 환희하고 있다. 하나님이 그에게 허락하신 크신 축복이다.

이 책을 쓰는 데 도움을 주신 분들이 많다. 증언해 주신 강원용 목사님, 조향록 목사님, 강원하 목사님, 이장식 박사님, 최순복 장로님을 비롯하여 자료를 제공해주신 고신대학교 이상규 교수님과 자료 찾기에 도움을 주신 한신대학교 최성일 교수님에게 감사드린다.

그리고 송우정(송창근 목사님의 차남 승규 님의 딸, 미국 버지니아 주 미들로디언 거주) 아우에게 감사한다. 이 책을 쓰기 위한 자료를 찾고자 미국에 답사여행을 갔을 때 그녀는 몸소 운전하면서 프린스톤 신학교와 밥 존스 대학을 비롯한 여러 답사 장소에 동행해 주었고, 어느 날은 햄버거로 점심 끼니를 때우면서 뉴욕에서 아틀란타까지 하루에 다섯 개 주를 지나는 강행군을 했었다. 참으로 인상 깊고 아름다운 취재 여행이었다.

책 쓰기를 마친 지금, 무거운 짐을 내려놓은 나그네 같은 느낌이다. 이처럼 아름다운 삶을 살았던 분의 생애가 나의 글로 인하여 조금이라도 더 정확하게 세상에 알려지기를 바라는 마음 간절하다.

송창근 목사님은 저자의 육촌 할아버지로서 '우혜(友惠)'라는 이름을 직접 지어주신 분이다. 저자가 전에 『윤동주 평전』을 썼다는 이유로 『송창근 평전』을 써 달라는 요청을 받았을 때, 처음에는 강력하게 거절했었다. 그러나 요나처럼 도망치다 못해 할 수 없이 일을 떠맡았다. 일을 하는 내내 자신의 능력 부족을 절감했으나, 할아버지께서는 모두 이해하고 용서해 주시리라고 믿는다.

송창근 연표 ....

1898. 10. 5.	함경북도 경흥군 웅기면 웅상동에서 출생.
1910.	김재권 씨와 결혼. 가출하여 북간도에 가서 명동소학교 입학. 명동중학교를 거쳐서 소영자의 광성중학교에서 수학.
1914.	이동휘 선생, 시베리아로 떠나면서 "너는 본국에 돌아가서 목사가 되라."고 지시함. 고향집으로 돌아옴.
1916.	가출하여 서울에 가서 피어선 성경학원에 입학.
1919. 3.	피어선 성경학원 졸업. 남대문교회 조사가 됨.
1920. 1.	재등실 총독 저격사건'(강우규 의사사건) 때문에 일경에 체포되어 여러 날 동안 고문 받다가 강우규 의사의 자수로 석방됨.
1920. 1.	독립운동 관련 창가를 인쇄하여 배포한 일로 일경에 체포되어 고초를 겪음.
1920. 3. 19.	경성지방법원에서 '징역 6월'을 선고받음.
1920. 8. 하순	복역을 끝내고 함북 웅기의 고향집에 근친하러 감 웅기, 회령 등지에서 연설. 『동아일보』 보도. 이때 김재준을 찾아가서 서울에 가서 신학문을 공부할 것을 권유.

1921. 5.	생애 최초의 논설 「교회를 발전시키려면 우리는 어찌할까」를 집필, 『청년』잡지에 게재.
1922. 4.	일본 유학. 동양대학 문화학과에 입학.
1922. 7~9월초.	일본 동경조선기독청년회의 모국 방문 순회 전도 강연단의 일원으로 전국 각지를 돌면서 강연.
1923. 1.	동경 YMCA의 이사로 선임됨. 1926년 3월에 동경의 청산학원 신학부 졸업 때까지 계속 이사로 활약함.
1923. 9.	여름방학 때 조선에 들어왔다가 관동대진재로 인하여 일본의 조선 동포들이 당한 참혹한 희생에 경악하고 분노하여 2학기에 일본에 가는 것을 포기. 조선 YMCA가 만든 출판사 창문사에서 발간하는 월간잡지 『신생명』에 기자로 취직함.
1923. 12. 1.	창문사에서 역편서 『바울과 그의 신앙』을 출간. 잡지사 업무로 1달 동안 함남과 함북과 북간도 일대를 여행함.
1924. 4.	다시 일본에 건너가서 신호신학교에 전입하여 신학을 공부하기 시작함.
1924. 7.	여름방학에 조선에 들어와서 영어소설『오버디힐』을 번역. 창문사에서 11월 20일에 출간함.
1924. 9.	일본 동경에 가서 감리교 신학교인 청산학원 2학년으로 편입함. 동경 YMCA의 이사로서 '성서연구반'을 지도.
1926. 3.	청산학원 신학부 졸업.

1926. 9. 20.	일본 횡빈 항구에서 미국으로 떠남.
1926. 10. 11.	미국 샌프란시스코에 도착. 샌프란시스코 신학교에 입학.
1927. 9.	프린스턴 신학교에 전입.
1928. 9.	피츠버그의 웨스턴 신학교로 옮김.
1930. 5.	웨스턴 신학교 졸업. 신학사와 신학석사 학위 받음.
1930. 9.	덴버의 아일리프 신학교 박사과정 입학.
1931. 6. 17.	아일리프 신학교 졸업. 박사학위 받음.
1931. 7~12월.	귀국 도중 로스앤젤레스에 5개월 머뭄. 흥사단에 입단함.
1932. 1. 5.	서울 도착.
1932. 4.	평양 산정현교회 부임. 목회 시작.
1932. 7.	수양동우회에 입회함.
1932. 9.	2학기부터 숭실중학교 성경 교사로 부임.
1936. 4.	산정현교회 사임하고 부산행.
1936. 4.	부산 남부민동에서 '성빈학사' 운영 시작.
1937. 10. 28.	종로경찰서 형사에게 체포되어 서울로 압송됨. '수양동우회 사건' 발발.
1938. 12. 8.	수양동우회 사건, 초심에서 전원 무죄 판결이 내림. 보석 상태로 풀려남.
1939. 3.	'조선신학교' 설립 준비 착수. 기성회 총무로 활약.

1939. 가을.	조선총독부에서 보석상태에서 활동함을 막아서 북간도 용정의 김재준을 불러 신학교 설립 사무를 맡김.
1940. 1.	경상북도 김천의 황금정교회 부임.
1940. 8. 21.	수양동우회 사건, 제2심에서 '징역2년' 형을 선고 받음.
1941. 7. 21.	수양동우회 사건, 제3심에서 전원 무죄 판결.
1941. 가을.	경성신학교 운영을 추진했으나 총독부의 방해로 실패. 이후 김천 황금정교회 목회에 전념.
1945. 8. 15.	해방. 서울로 가서 조선신학원 신약과 목회신학 담당 교수가 됨.
1946. 3.	조선신학원 제4대 원장으로 취임함.
1949. 2.	밥 죤스 대학 초청으로 미국행.
1949. 5.	피츠버그의 웨스턴 신학교 졸업식 참석. '1930년 졸업생 재상봉 모임'에서 연설. 피츠버그의 웨스턴 신학교 졸업식 참석. '1930년졸업생 재상봉 모임'에서 연설.
1949. 5. 31.	밥 죤스 대학 기숙사에서 뇌일혈로 쓰러짐. 입원 가료와 하와이 전지 요양으로 다소 회복됨.
1950. 3. 14.	귀국.
1950. 6. 25.	6·25 전쟁 발발.
1950. 8. 23.	공산당에 의해 납북.

벽도 밀면 문이 된다

초판 1쇄 펴낸날   2008년 11월 27일
재판 1쇄 펴낸날   2025년 11월 14일

지 은 이   송우혜
펴 낸 이   이기성
기획편집   서해주, 최인용, 권희연
책임마케팅   이수영, 김정훈
펴 낸 곳   도서출판 생각나눔
출판등록   제 2018-000288호
주　　소   경기도 고양시 덕양구 청초로 66, 덕은리버워크 B동 1708호, 1709호
전　　화   02-325-5100
팩　　스   02-325-5101
홈페이지   www.생각나눔.kr
이 메 일   bookmain@think-book.com

• 책값은 표지 뒷면에 표기되어 있습니다.
　ISBN　978-89-93336-36-8(03230)